하나님과 함께하는 일상

하나님과 깊은 사귐으로 안내하는 365 묵상집

하나님과 함께하는 일상

지은이 | 임영수
초판 발행 | 2015. 11. 25
4쇄 발행 | 2023. 1. 31
등록번호 | 제1988-000080호
등록된 곳 | 서울특별시 용산구 서빙고로 65길 38
발행처 | 사단법인 두란노서원
영업부 | 2078-3352   FAX | 080-749-3705
출판부 | 2078-3331

책값은 뒤표지에 있습니다.
ISBN 978-89-531-2422 6 03230

독자의 의견을 기다립니다.
tpress@duranno.com   www.duranno.com

※본문에 사용된 성경은 특별한 표기가 없는 한, 개역개정임을 밝힙니다.

두란노서원은 바울 사도가 3차 전도여행 때 에베소에서 성령 받은 제자들을 따로 세워 하나님의 말씀으로 양육하던 장소입니다. 사도행전 19장 8-20절의 정신에 따라 첫째 목회자를 돕는 사역과 평신도를 훈련시키는 사역, 둘째 세계선교(TIM)와 문서선교(단행본·잡지) 사역, 셋째 예수문화 및 경배와 찬양 사역, 그리고 가정·상담 사역 등을 감당하고 있습니다. 1980년 12월 22일에 창립된 두란노서원은 주님 오실 때까지 이 사역들을 계속할 것입니다.

하나님과 깊은 사귐으로 안내하는 365 묵상집

하나님과 함께하는 일상

임영수 지음

두란노

묵상 안내의 글

사람은 누구나 매일 일정한 양식을 먹음으로 살아갑니다. 그러나 매일 양식 먹기를 귀찮아하여 한 번에 평생의 양식을 다 먹을 수는 없습니다. 일정한 양의 칼로리를 매일 섭취해야만 합니다. 그리고 음식을 먹되 아무거나 함부로 먹어도 안 됩니다. 건강에 해롭지 않고 자기 체질에 맞는 음식을 먹어야 합니다. 건강한 삶은 좋은 영양 섭취와 밀접한 관련이 있습니다.

신앙생활도 마찬가지입니다. 이 현실에 사는 동안 영의 양식을 먹어야 영적으로 건강해질 수 있습니다. 한 번 은혜를 경험했다고 해서 그것으로 다 되는 것은 아닙니다. 매일 일정한 양의 영적 양식을 먹어야 영적으로 건강해집니다. 예수님은 "일용할 양식을 하나님께 구하라"고 하셨습니다. 예수님이 말씀하신 일용할 양식에는 육신의 양식만이 아닌 영의 양식도 포함됩니다. 영의 양식을 매일 섭취해야 삶의 의미, 목적을 바르게 가지고 살아갈 수 있습니다.

오늘의 풍요로운 삶에서 사람들은 영적으로 몹시 목말라합니다. 풍요로움으로 인한 안정된 삶과 더불어 삶의 분주함이 인간에게 하나님을 더 이상 필요로 하지 않게 하거나 하나님을 피상적으로 의지하게 합니다. 그런데 하나님을 필요로 하지 않는 곳에는 반드시 허무, 공허, 불안의 상징인 광야가 자리합니다. 그러한 가운데서 인간이 아무리 도덕적으로 살려고 해도, 아무리 정신적인 수양을 많이 해도 내면 깊은 곳에 자리 잡은 그 광야를 극복하지 못한다는 것입니다.

광야를 넘어서는 길은 하늘에서 내려오는 생명의 빵을 먹는 것뿐입니다. 예수님은 생명의 빵을 먹음으로 허기진 광야 길을 통과할 수 있다고 말씀하셨습니다. 그 생명의 빵을 먹는 자는 새 힘을 얻어 독수리가 날개를 치며 솟아오르듯 올라갈 것이요, 뛰어도 지치지 않으며 걸어도 피곤하지 않을 것이라고 하셨습니다(사 40:31).

이 묵상집은 그날그날 일용할 양식으로 편집했습니다. 제가 그동안 모새골 주일 강단에서 선포한 말씀과 발행된 책들 가운데서 글들을 발췌하고, 교회력에 따라 배열했습니다. 여기에 실린 내용들은 모두 성경 말씀을 선포한 것들입니다. 일용할 양식으로 실린 이 글들은 분명한 하나의 주제를 가지고 있습니다. 그날의 묵상 제목은 그날의 묵상으로 들어가는 데 도움이 될 것입니다.

그날 분의 내용을 한 번 읽고 책을 덮지 말고 최소한 몇 번 반복해서 읽은 후 거기에 담긴 내용을 묵상하면서 하나님과 대화하기를 바랍니다. 여기 실린 글들은 성경 말씀을 읽고 음미하고 하나님과 대화하는 과정에서 나온 것입니다. 묵상을 돕기 위해 말씀 중 중요 구절을 하단에 표기하고 해당 성경 본문을 밝혀 두었습니다.

그날그날 묵상의 말씀이 독자들에게 반드시 좋은 영의 양식이 될 것으로 확신합니다. 한두 개 정도의 내용을 골라 읽다가 그만두지 말고 인내를 가지고 매일 그날 분의 양식으로 섭취해 가면 은혜의 바다로 들어갈 수 있습니다. 매일매일 하나님의 포근한 품에 안긴 안정 속에서 신앙생활을 하게 할 것입니다. 하루하루 이 책을 묵상하는 가운데 신앙인으로서 만족스러운 삶을 줄 것이며 사명에 대한 확신과 정체성에 대한 분명한 인식을 심어 주고, 삶의 소유는 풍족하지만 삶의 목적과 의미가 결여되어 있는 우리 시대의 그리스도인들에게 믿는 이유와 믿는 즐거움을 분명 제공해 줄 것입니다. 사랑하는 형제자매 여러분이 이 묵상집을 시작하는 오늘부터 하나님과 좀 더 깊은 사귐을 갖는 한 해가 되기를 간절히 바랍니다.

2015년 11월 모새골에서

임영수 목사

차례

묵상 안내의 글

1월

우리는 올해도 살아가면서 진리가 무엇인가를 계속 깨달아 가야 합니다.

그렇지 않으면 우리의 삶이 단조로워지고 무의미성에 빠지게 됩니다.

그리스도를 통해서 우리는 진리를 깨달아 갑니다.

그리고 그리스도를 통해서 생명을 공급받아 가게 됩니다.

그분을 통해서 늘 삶의 의미를 되찾게 되고, 삶의 목적을 깨닫게 되고,

삶의 기쁨을 회복해 가는 길을 배우게 됩니다.

새해 시작을 그리스도와 함께

새해를 맞이했습니다. 우리가 맞이한 새해는 태초에 하나님이 천지를 창조하실 때처럼 땅이 혼돈하고 공허하며 어둠이 깊음 위에 있지는 않습니다. 우리는 모든 피조적인 것들이 엄연히 자리 잡고 있는 창조의 세상에서 다시 새해를 맞이합니다.

그러나 우리가 살고 있는 이 세상은 다른 의미에서 혼돈, 공허, 어둠이 깊은 세상입니다. 그렇지만 이러한 현실에 희망의 복음이 있습니다. 그것은 "보라 내가 만물을 새롭게 하노라"라는 하나님의 선언적인 약속입니다. 우리는 이 약속의 나팔 소리를 듣고 지난해와 새해를 잇는 잠자리에서 일어났습니다. 혼돈, 공허, 어둠이 깊은 세상이지만 이러한 무질서를 새로운 질서로 바꾸어 가시는 분은 우리가 아니고 창조주시며 구속주가 되시는 삼위일체 하나님이십니다. 우리는 올해도 이 창조주 하나님의 창조의 사역에 참여하도록 초대받고 있습니다.

우리는 예수님과 함께 하나님의 부르심에 응답해 가야 합니다. 왜냐하면 우리는 예수 그리스도를 통해서 우리의 창조적인 삶의 길을 발견해 갈 수 있기 때문입니다. 그리스도를 통해서 우리가 가야 할 길을 안내받지 아니하면 우리는 방황하게 됩니다. 그래서 우리는 묵상적인 삶 속에서 늘 그리스도를 묵상할 수 있어야 되는데, '이런 상황이라면 그리스도께서 어떻게 하셨을까?', '이런 경우에는 그리스도께서 어떻게 하셨을까?', '이런 난처한 딜레마에 빠져 있을 때는 그리스도께서 어떻게 하셨을까?' 하면서 늘 그리스도를 현재적인 존재로서 우리의 길을 조명해 주시는 분으로 받아들이고 함께해야 합니다. 그래서 우리는 그리스도와 함께 이 새해를 출발해야 할 것입니다.

우리는 그리스도를 통해서 진리를 배우고 깨달아 가게 됩니다. 올해도 우리는 삶을 살아가면서 진리가 무엇인가를 계속 깨달아 가야 합니다. 그렇지 않으면 우리의 삶이 단조로워지고 무의미성에 빠지게 됩니다. 그리스도를 통해서 우리는 진리를 깨달아 갑니다. 그리고 우리는 그리스도를 통해서 생명을 공급받아 가게 됩니다. 그분을 통해서 늘 삶의 의미를 되찾게 되고, 삶의 목적을 깨닫게 되고, 삶의 기쁨을 회복해 가는 길을 배우게 됩니다.

보좌에 앉으신 이가 이르시되 보라 내가 만물을 새롭게 하노라 하시고(계 21:5).

그리스도 예수에게서 배우십시오

우리는 그리스도를 통해서 섬김의 삶을 배워 가야 합니다. 만물을 새롭게 하시는 하나님의 창조 사역에서 이루어지는 삶의 방식은 섬김의 삶입니다. 섬김은 자신을 비하시키는 것이 아닙니다. 섬김은 서로를 존중해 주면서 자신의 자유를 다른 사람을 위해서 할애해 가는 것을 말합니다. 우리는 가정에서도 섬김의 삶을 배워야 합니다. 아내는 남편을 섬기는 법을 배우고, 남편은 아내를 섬기는 법을 배우고, 자녀는 부모를 섬기는 법을 배우고, 부모는 자녀를 섬기는 법을 배워야 합니다. 또 믿음의 공동체 속에서는 서로가 서로를 섬기는 법을 배워 가야 합니다. 섬김의 삶 가운데 제일 중요한 것은 늘 남의 덕을 높여 주는 것, 남의 이름을 존중하게 만들어 주는 것입니다.

우리는 이제 다른 사람으로부터 늘 많은 칭찬을 들으려 하고, 다른 사람으로부터 너무 많은 호감을 얻으려고 애쓰지 말아야 합니다. 우리는 그러한 데서 자유로워져야 합니다. 나 자신으로부터 자유롭지 못하면 늘 남으로부터 칭찬과 인정을 기대하게 되고 호감에 목말라합니다. 섬김은 남의 명예와 덕을 존중해 주는 것입니다.

또한 우리는 예수님에게서 복종의 삶을 배워 가야 합니다. 복종의 삶은 자기 비하가 아닙니다. 자기 경멸이 아닙니다. 진정한 복종은 자기 부인에서 나오는데, 자기 부인은 자기 멸시가 아닙니다. 자기 부인은 다른 사람에게 양보할 수 있는 자유를 의미합니다. 우리가 복종한다는 것은 얼마든지 자신이 누릴 수 있고 당당하고 정당함에도, 자유롭게 자신을 위해 얼마든지 사용할 수 있음에도, 그런데도 자신의 유익보다는 다른 사람의 유익을 위해 양보하는 자유, 그런 것을 말합니다.

우리는 가정에 대해서 복종하는 법, 교회에 대해서 복종하는 법, 국가에 대해서 복종하는 법, 가난한 사람에 대해서 복종하는 삶 그리고 권력에 대해서 참된 복종이 무엇인가를 올해도 계속 배워 가야 합니다.

너희 안에 이 마음을 품으라 곧 그리스도 예수의 마음이니 (빌 2:5-8).

단순한 삶

우리는 예수님으로부터 단순성의 삶을 배워 가야 합니다. 우리 사회는 요즘 너무 궁리가 많은 것 같습니다. 궁리가 많다는 것은 하나님을 신뢰하지 못한다는 데서 오는 것 같습니다. 기독교의 단순성은 타 종교의 단순한 삶과는 다릅니다. 기독교의 단순성은 하나님을 깊이 신뢰하는 가운데 그분이 나의 일생을 주장하고 계시다는 것을 깊이 깨달아 가며 내일에 대한 염려에서 해방되는 가운데 이루어질 수 있습니다. 서로 나누고 서로 베풀며, 쌓아 두는 것보다 흩트리는 것을 좋아하면서 단순해지는 것을 말합니다. 기독교의 영성사(史)를 읽어 보면 성인들의 삶이 아주 단순한 것을 보게 됩니다. 내일 먹을 것이 없는데도 걱정하지를 않습니다. 여행을 떠나면서 한 벌의 옷만 가져가도 편안합니다. 그것은 하나님을 깊이 신뢰하는 가운데서 오는 것입니다.

재물을 자꾸 쌓고 모으다 보면, 그것을 지키고 그것을 보존하는 데 신경을 많이 쓰게 됩니다. 그래서 내가 살고 있는 집, 내가 타고 다니는 자동차, 내가 사용하고 있는 물건, 이 모든 것들을 한번 점검해 볼 필요가 있습니다. 내가 살고 있는 집이 나에게 편안함을 주고 나를 섬겨야지, 내가 그 집을 섬기면 안 됩니다. 사탄은 우리로 하여금 모든 가치를 혼돈하게 만들고, 목적을 거꾸로 만들어 우리를 하나님으로부터 떠나게 하려고 합니다.

우리는 오늘의 세상에서 단순한 삶을 배워 가지 아니하면 하나님을 잃어버리게 됩니다. 생명을 잃어버리게 됩니다. 건강을 상실하게 됩니다. 돈 주고 살 수 없는 것을 상실하게 됩니다. 그래서 우리는 단순성의 삶을 배워 가야 합니다.

이 세상에는 돈 주고 살 수 없는 아주 값진 것들이 있습니다. 그것은 예수를 믿음으로 말미암아 소유할 수 있는 것들입니다. 그런데 그러한 것들을 피조적인 것들로 인해서, 잘못된 생활 방식으로 인해서 상실한다면 이것은 다른 어떤 것으로도 보상받을 수 없습니다. 그렇게 살지 않기 위해서 우리는 삶의 우선순위를 그 나라와 그 의에 두어야 합니다. 오시는 하나님의 나라에 우리 삶의 최우선 순위를 두어야 합니다.

이 세상의 외형은 지나감이니라(고전 7:29-31).

나 자신과 함께 주님의 초대에

하나님의 초대에 우리의 희망, 기쁨이 있습니다. 만약 하나님의 초청이 없는 세상이라면 우리의 삶은 얼마나 어둡고 절망적일지 모릅니다. 올해도 우리에게는 분명 삶의 목적과 과제가 있습니다. 그래서 우리는 '누구와 함께 이러한 하나님의 초청에 참여해 갈 것인가'를 묻지 않을 수 없습니다.

우리는 나 자신과 함께 이 초청에 응해야 합니다. 여기에서 말씀드리는 나란 다른 사람에 의해 평가받고 있는 나, 나의 이상 속에 있는 나, 사회적인 지위나 재물이나 학벌과 연관되어 있는 나가 아닌 진정한 나 자신을 의미합니다. 진정한 나 자신은 치유가 필요한 나, 허물이 있는 나, 꾸미기를 좋아하는 허세가 있는 나, 유혹에 쉽게 빠지는 나, 예민한 나, 의심이 많은 나, 지극히 자기중심적인 나입니다. 즉 하나님의 자비와 긍휼이 필요한 나입니다. 그럼에도 불구하고 하나님이 용서하시고 받아 주시는 나, 하나님의 능력으로 계속 변화의 가능성을 지니고 있는 나입니다. 바로 이런 나와 함께 한 해를 시작하게 됩니다.

하나님은 그러한 나와 만나 주기를 기뻐하시는 분입니다. 하나님은 나를 부르시고 그분의 의도대로 빚어 가시는 분입니다. 성서에서 우리가 발견하게 되는 점이 있습니다. 하나님은 인간을 부르실 때 사람의 이름을 부르셨습니다. 번호를 부르거나 별명을 부르지 않으셨습니다. 그러한 사실은 하나님이 나를 받아 주시고, 나를 상대해 주신다는 것을 의미합니다. 허물 많은 나를 그럼에도 좋아하신다는 것을 우리가 알 수 있습니다. 우리는 우리 자신의 나약함이나 허물을 숨기려 해서는 안 됩니다. 그리고 죄로 인해 좌절해서도 안 됩니다. 오히려 그러한 사실의 나를 나 자신이 인정하고 받아들이면서, 하나님도 그러한 나를 받아 주시고 용납해 주신다는 사실을 인정하면서 이 한 해를 시작해야만 합니다.

너희는 귀를 기울이고 내게로 나아와 들으라 그리하면 너희의 영혼이 살리라(사 55:1-3).

우리와 언제나 함께하시는 하나님

하나님은 창조 때부터 인간과 함께하기를 원하셨습니다. 그래서 인간을 자신의 형상대로 지으시고 함께하셨습니다. 그런데 인간이 하나님과 함께하는 삶에 실패했습니다. 인간은 하나님을 떠나 숨었고, 외로움과 불안, 공허, 영원한 동경과 같은 경험을 갖고 살게 되었습니다. 불안, 두려움, 공허가 부정적인 경험이라면, 동경은 긍정적인 경험입니다. 그 후 하나님은 인간을 찾고 기다리시며 장차 인간과 함께하시는 분으로 성서에 묘사되어 있습니다.

그 하나님이 이스라엘 역사에서 자신이 누구라는 것을 드러내셨고, 예언자들을 통해 장차 우리와 함께하겠다는 약속을 주셨습니다. 이사야 41장 10절에 그분의 현존 방식이 아주 구체적으로 묘사되어 있습니다. 하나님이 너와 함께하겠다는 것은 인격적 관계를 묘사한 것입니다. 하나님의 현존 방식은 '나와 그것'이 아닌 '나와 너'의 관계입니다. 이 관계에는 영적 교류와 함께 사고, 감정의 교류, 의지적인 결단이 다 포함되어 있습니다. 하나님이 함께하시는 방식은 먼저 우리와 함께하는 관계의 형성입니다. 여기서 하나님은 나의 하나님이 되십니다. 그리고 그 관계를 견고하게 하십니다. 두려움과 불안, 공허에서 해방시키십니다. 실제로 하나님과의 교제에서 현저하게 느끼는 긍정적인 경험은 거룩한 자존감과 함께 담대함입니다. 그다음, 참으로 너를 도와주되 의로운 오른손으로 붙들겠다고 하셨습니다. 하나님과의 관계에서는 언제나 거짓, 불의, 나약함, 비열함에서 벗어나게 되는데 그것은 참으로 하나님의 도우심을 깨달아 가는 데서 경험됩니다.

하나님은 예수 그리스도를 통해서 하나님 자신의 현존 방식을 분명하게 드러내셨습니다. 하나님의 도우심은 우리를 새로운 피조물이 되게 하고, 새로운 삶을 살게 합니다. 우리가 이 세상에서 참된 하나님의 백성으로서의 정체성을 잃어버리지 않고 하나님이 기뻐하시는 뜻대로 살아가도록 도와주십니다. 하나님은 우리가 완전히 그의 뜻에 순종할 수 있도록 도와주십니다. 예수께서 십자가를 앞에 놓고 고민하고 괴로워하실 때 그 잔을 받아 마실 수 있도록 그를 도우셨습니다. 하나님은 우리가 우리의 삶에서 그분과 언제나 함께하는 삶을 살 수 있도록 도와주십니다.

두려워하지 말라 내가 너와 함께함이라(사 41:8-10).

하나님께로 가까이 다가가려면

영성 생활에서 언제나 강조되는 것이 있습니다. 하나는 언제나 은밀한 가운데 계시는 하나님 앞에서 행동해 가는 거룩한 헌신의 행위입니다. 그리고 다른 하나는 하루하루의 삶의 순간에서 영원한 가치의 대상을 볼 줄 아는 영적 안목입니다.

그러한 행위와 안목에서 우리는 거룩함을 경험하게 되고, 그 거룩한 경험은 우리를 영원한 차원의 세계로 인도해 갑니다. 그것은 돈으로 살 수 없는 것입니다. 거기에 우리가 그렇게 추구하는 행복이 있고 희망과 기쁨이 있습니다. 이러한 하나님 나라의 보화는 하루아침에 얻을 수 있는 것이 아닙니다. 시간이 걸립니다. 이것은 영적 훈련을 성실하게 쌓아 가는 사람에게 허락되는 하나님 나라의 보상입니다.

하나님이 소중히 여기시는 것을 깨달아 가지 않으면 누구도 하나님 앞에 설 수 없습니다. 그리고 하나님으로부터 멀어져 갑니다. 그리스도인들이 종교 행사에 그렇게 많은 시간과 물질을 드리면서도 하나님으로부터 멀어져 가는 이유는 거기에 있습니다. 세상의 시류를 따라 살아가는 삶에서는 하나님께로 다가갈 수 없습니다.

이 과부는 그 가난한 중에서 자기의 모든 소유 곧 생활비 전부를 넣었느니라(막 12:38-44).

은밀한 헌신의 행위

예수님은 우리가 볼 수 없는 것을 보십니다. 예수님은 두 렙돈, 즉 자신의 생활비 전부를 넣은 가난한 과부(막 12:41-44)에게서 하나님의 창조에 참여하려는 신실한 마음뿐 아니라 자신의 필요를 채워 주실 하나님을 믿는 믿음을 보셨습니다. 이것은 예수님 외에 그 누구도 보지 못했습니다. 다른 사람들의 시선은 대중적 과시 행동에 더 쏠려 있었습니다. 그러나 예수님은 그에게서 하나님이 소중히 여기시는 것을 보셨습니다.

켄 가이어(Ken Gire)는 "행동의 영적 의미는 대중의 시선 집중과 반비례한다"고 했습니다. 그리고 "행렬과 같은 대중 행사는 의미보다 볼거리의 측면이 강하다"고 했고 "종교적 행렬도 전혀 다를 바 없다"고 했습니다.

옛날이나 지금이나 종교적 행사는 자기를 드러내기 위한 것이 많이 있습니다. 그래서 종교 행사는 많아도 거기에 영적으로 깊은 의미와 가치를 부여하는 경우는 그렇게 많지 않습니다. 그러한 행위 뒤에는 언제나 씁쓸함과 공허만이 있습니다.

예수께서 보시는 것은 은밀한 헌신의 행위, 아버지께서 보시고 갚으시는 거룩한 행위입니다. 예수님은 여인의 행위에서 바로 그것을 보셨습니다. 모든 군중의 시선으로부터, 모든 칭찬으로부터, 인간적인 모든 박수갈채로부터 자유롭게 사는 한 가난한 과부의 헌신의 행위는 세상 사람들에게는 별것 아니었지만 하나님께는 매우 아름다운 것이었습니다. 예수님은 '하나님께 소중한 것'을 보실 수 있었습니다. 아브라함 헤셸(Abraham Heschel)은 "거룩한 세계를 느낀다는 것은 곧 하나님께 소중한 것을 느끼는 것이다"라고 했습니다. 은밀한 가운데 보시는 하나님 앞에서 하는 행위에서 거룩함을 느낄 수 있고, 그 거룩함에서 하나님께 소중한 것을 발견할 수 있습니다.

은밀하게 하라 은밀한 중에 보시는 너의 아버지께서 갚으시리라(마 6:2-4).

그리스도의 사랑

바울의 기도에는 "그리스도의 사랑을 알게 하소서"라는 내용이 나옵니다. 에베소서 3장 18절에서 사도 바울은 에베소의 그리스도인들이 그리스도의 사랑의 너비와 길이와 높이와 깊이가 어떠함을 깨닫기를 원합니다. 19절에서는 이것을 자기 혼자만이 아니라 모든 성도들과 함께 깨닫기를 원합니다. 바울은 지식보다 월등히 뛰어난 그리스도의 사랑을 알기 원합니다. 바울이 그리스도의 사랑을 알도록 간구하는 목적은 에베소의 그리스도인들이 하나님의 모든 충만함에 이르기까지 충만해지는 것입니다. 하나님의 사랑은 우리를 충만하게 합니다. 그러한 충만을 그리스도의 사랑을 통해서 알게 됩니다.

그리스도를 통해 보여 주신 하나님의 사랑은 다함이 없는 사랑입니다. 그 사랑은 모든 것을 마음으로 보게 합니다. 우리의 눈은 표면을 봅니다. 다른 사람의 윤곽과 불만, 분노, 근심, 고통만을 봅니다. 그러나 마음은 모든 사람의 마음에서 자기 자신과 그리고 세상과 평화롭게 지내고 싶은 갈망, 자신의 상처 입은 삶을 하나님께 맡기고 하나님 안에서 치유 받고 싶은 갈망, 자기 자신과 조화롭게 지내고 싶은 갈망을 봅니다.

그리고 사랑은 계속해서 나눌 때에만 유지됩니다. 사랑을 나누는 데 행복이 있습니다. 이 세상에 오로지 자신만을 위한 행복은 그 어디에도 없습니다. 다른 사람과 나눌수록 커지는 행복이야말로 우리를 진정 행복하게 합니다. 우리가 즐겨 부르는 기도송 "사랑의 나눔 있는 곳에 하나님께서 계시도다"의 가사처럼 하나님이 계시는 곳에 사랑의 나눔이 있고, 사랑의 나눔이 있는 곳에 하나님이 계십니다.

능히 모든 성도와 함께 지식에 넘치는 그리스도의 사랑을 알고(엡 3:17-19).

영혼의 친구

예수님은 "너희는 나의 친구이다. 이제부터는 내가 너희를 종이라고 부르지 않겠다. 종은 그의 주인이 무엇을 하는지를 알지 못한다. 나는 너희를 친구라고 불렀다. 내가 아버지에게서 들은 모든 것을 너희에게 알려 주었기 때문이다"(요 15:14-15, 새번역)라고 말씀하셨습니다.

예수님이 우리를 친구라고 하신 것은 자신이 우리의 친구로서 언제나 함께하겠다는 뜻입니다. 예수님은 언제나 우리와 함께하시되 친구와 같은 우정으로 함께하십니다. 특별히 예수님을 영혼의 친구라고 한 데는 예수님의 우정은 일반 친구의 우정과는 다르다는 뜻이 포함되어 있습니다.

낙원에서 추방된 후 인간은 영혼의 친구를 잃어버렸습니다. 예수님은 포도나무와 가지의 비유에서 그 사실을 암시하셨습니다. 포도나무 가지는 당연히 포도나무에 붙어 있어야 합니다. 몸체에서 분리된 가지는 아무것도 할 수 없습니다. 분리되어 있다는 것은 영원한 우정에서 단절되어 있음을 의미합니다. 우정의 단절은 우리 옆에 영원히 있어 줄 친구를 잃어버린 것입니다.

예수님이 우리의 친구가 되신다는 것은 영혼의 친구로서 영원히 우리 곁에 있겠다는 의미입니다. 우리의 영혼의 친구로서 영원히 우리와 함께하시는 예수님의 우정은 밤이나 낮이나, 비가 오나 바람이 부나, 가뭄이 들 때나, 봄·여름·가을·겨울 어느 때에나 우리와 함께합니다. 사계절을 통해 포도나무는 변합니다. 봄에는 나무에 새싹이 돋아나고 꽃이 피고, 여름에는 열매를 맺고, 가을에는 영글고, 겨울에는 깊은 휴면을 취합니다. 영혼의 친구 예수님의 우정은 생의 각 계절의 의미를 일깨워 줍니다.

너희는 내가 명하는 대로 행하면 곧 나의 친구라(요 15:14-15).

이웃과 함께 살아가는 법

우리는 소유, 명예, 권력을 연계 지어서 이웃을 평가할 때가 많습니다. 그러나 우리와 더불어 하나님의 초청에 응해야 할 이웃은 나의 이해, 용서, 위로가 필요합니다. 그들은 내가 생각하는 것처럼 그렇게 위대하거나 열등하지도 않습니다. 그들도 하나님이 사랑하시고 부르시는 형제자매들입니다. 그들은 나의 비판의 대상도, 질투와 시기의 대상도, 나보다 우월한 존재도 아닙니다. 그렇다고 나의 경멸의 대상도 아닙니다. 그들은 단지 나와 다른 존재일 뿐입니다. 하나님은 획일적인 것이 아니라 다양한 것을 좋아하시는 분입니다. 하나님은 모든 사람을 똑같이 만드시지 않고 각자 유일하게 만드셨습니다.

사람들이 결혼할 때 속는 것은 대부분 서로가 같다고 해서, 자신과 맞는다고 해서 결혼을 한다는 점입니다. 그러나 결혼해서 살다 보면 시간이 흐를수록 나와 너무나 다른 상대라는 것을 알아 가게 됩니다. 그 사실을 빨리 터득하면 갈등이 별로 없으나, 그 사실을 빨리 터득하지 못하면 서로가 서로를 굴복시키려 하고, 자기 의도대로 상대방을 맞추려고 하면서 갈등을 빚게 됩니다. 서로가 다름을 인정하고 나의 삶의 태도부터 바꾸어야 합니다. 부부는 남성과 여성이라는 점에서 다릅니다. 서로가 다른 성이면서 하나님이 유일하게 만드셨다는 점에서 다르고 서로가 받은 은사가 다릅니다.

우리는 올해도 서로 다른 이웃과 함께 살아가는 법을 배워야 합니다. 그것이 하나님의 새 질서 아래에서 살아가는 삶의 라이프스타일입니다. 그렇게 하기 위해서는 서로를 존중할 줄 알고, 서로를 배려할 줄 알고, 서로를 받아들일 줄 알아야 합니다. 그리고 그리스도 안에서 우리 서로 각자 지체라는 것을 인정해야 합니다. 우리 몸에 여러 지체가 있으나 다 하는 일이 다릅니다. 모양새도 다릅니다. 그러나 어느 한 지체라도 없으면 그 몸을 지탱해 가기가 어렵습니다. 우리 모두 그리스도 안에서 지체요, 다 유일성을 가지고 있습니다. 받은 은사가 다릅니다. 그러므로 우리는 서로 다른 사람들과 함께 한 해를 살아가는 법을 배워야 합니다. 서로가 다르다는 것을 먼저 인정하고, 마음 문을 열고 서로 형제자매의 관계를 유지해 가면서 한 해 동안 하나님의 창조의 사역에 참여해 가야 합니다.

너희는 그리스도의 몸이요 지체의 각 부분이라(고전 12:12-27).

자연과 함께 살아가는 법

자연은 우리가 잘 관리하고 돌보아야 할 우리의 친구요, 우리 삶의 집입니다. 우리는 자연 없이는 살아갈 수가 없습니다. 우리가 자연을 마구 착취하고 훼손시킴으로 인해 우리가 받는 상대적인 고통이 매우 심각한 수위에 이르고 있다는 것을 오늘 우리는 피부로 느끼고 있습니다. 우리가 소외를 느끼고, 내면의 고갈을 느끼는 것은 단순히 믿음이 없어서만이 아닙니다. 아름다운 자연 속에서 자연을 보고 살아감으로 그러한 것들이 많이 해소되는 것을 저는 많이 경험했습니다. 자연이 훼손됨으로써 오는 내면의 문제가 상당히 크다는 것을 깨닫기도 했습니다. 자연이 그만큼 중요합니다.

우리는 자연과의 단절, 이웃과의 단절에서 생기는 모든 문제를 철야 기도로, 하나님께 받은 은사로만 해결해 보려는 환상을 많이 가지고 있습니다. 그 문제가 자연과 단절이 되고, 이웃과 단절이 되고, 자기 자신과 단절된 데서 오는 내면적 병임에도 불구하고 그것을 모릅니다. 그래서 묵상의 삶이 필요합니다. 묵상적인 삶을 통해서 우리가 무엇을 상실하고 있는가, 우리가 회복해야 할 부분들이 무엇인가, 우리의 잘못된 삶의 방식이 무엇인가를 발견해 가게 됩니다. 그래서 묵상적인 삶은 우리의 삶을 통합시켜 갑니다.

하나님은 세상을 창조하시고 인간을 창조하셔서 세상 가운데 두셨습니다. 그리고 인간에게 그것을 관리하고 보존하도록 하셨습니다. 인간이 머물라고 두신 둥우리인 자연이 오늘에 와서 매우 심각할 정도로 손상을 입었습니다. 이렇게 가다가는 인간이 안정되게 살 수 있는 자리가 없어질 것 같은 위기감이 점점 더 많이 느껴집니다. 우리가 자연을 아끼고 사랑하는 만큼 자연도 우리에게 안정과 평화의 삶의 터전을 제공해 주는 것입니다. 자연은 우리의 삶의 중요한 부분이라는 것을 받아들여야 합니다.

우리는 자연과 함께 하나님의 부르심에 응해야 합니다. 자연은 정복의 대상이 아니라 우리 삶의 중요한 한 부분입니다. 자연을 억압하면 억압한 만큼 우리에게 무서운 존재로 다가올 것입니다. 우리는 자연과 함께 살아가는 훈련을 쌓아 가야 합니다.

하나님이 뭍을 땅이라 부르시고 모인 물을 바다라 부르시니(창 1:9-12).

사역자의 삶

우리는 하나님이 창조하신 세상을 돌보는 사역자로 살아가는 사람들입니다. 그런데 하나님이 창조하신 세상을 돌보는 사역자로 살아가는 일은 인간적으로 볼 때 흥겹게 콧노래를 부르며 살아갈 수 있는 낭만적인 일은 되지 못합니다. 하나님의 사역자로서의 삶은 낭만과 자기만족의 길과는 거리가 멉니다. 이 길은 섬김의 길로서 우리 자신을 부인하는 길이며, 우리 자신을 초월해 가는 길입니다. 우리는 그렇게 살아가는 데서 눈으로 볼 수 없는 다른 현실과 접하게 됩니다. 우리는 그러한 현실을 접하면서 하나님이 창조하신 세상이 어떤 현실임을 알아 가게 됩니다. 그리고 오시는 하나님을 간절한 마음으로 기다리게 되며 그분을 찬양하게 됩니다. 그러한 점에서 우리는 이 현실에 살면서 이 현실에 속하지 않은 사람으로 살아가게 됩니다.

우리는 하나님이 창조하신 세상이 저 피안(彼岸)의 세계에 있는 것이 아니고 이 현실에 있다는 것을 더 깊이 확신하며 살아가게 됩니다. 하나님의 정원을 돌보고 가꾸는 사역자들은 그러한 세상을 현실에서 경험하고 맛보며, 그러한 세상을 약속으로 바라보면서 살아갑니다. 우리는 세상에서, 어떤 상황에서 무슨 일을 하든지 그것에 매이지 않습니다. 그리고 언제나 그 현실에서 창조주 하나님, 사랑의 하나님을 드러내는 일이 우리의 삶의 의미이며 가치가 됩니다. 비록 몸이 불편해서 다른 사람처럼 자유롭게 활동하지 못한다고 해도 하루하루 하나님의 사역자로 머물고 있다는 그 자체로써 감사할 수 있습니다.

그 이름을 믿는 자들에게는 하나님의 자녀가 되는 권세를 주셨으니(요 1:10-13).

새로운 출발

사회적으로나 개인적으로 우리의 삶이 황폐해지고 뒤죽박죽이 될 때, 그러한 상황에서 어디에서부터 삶을 다시 시작해야 할지 모를 때가 있습니다. 그때에는 나의 경험, 나의 고집, 나의 전제, 나의 원칙 같은 것들을 다 내려놓고 조용히 하나님의 말씀을 듣는 데서부터 새로운 출발을 해야 합니다. 하나님의 말씀은 우리의 상황과 밀접한 관련이 있습니다. 성서에 등장하는 사람들은 그 당시 그들의 상황에서 하나님의 말씀을 들었습니다. 포로 생활에 시달린 이스라엘 백성은 그들의 절망과 좌절의 상황에서 하나님의 말씀에 귀를 기울였습니다. 그들은 그 말씀에서 그들의 개인의 삶, 공동체의 새로운 출발을 할 수 있게 되었습니다. 하나님의 말씀에 그들의 미래가 있었습니다.

우리는 말씀을 읽기 전 잠시 묵상 가운데서 현재의 나 자신의 상황을 조용히 시인하고 받아들이는 준비가 필요합니다. 나의 현재의 상황이 슬픔, 좌절, 방황, 질병, 죽음, 고난, 실패, 두려움, 걱정, 죄 등 그 어떤 문제와 연관이 되어 있든지 그것을 솔직하게 받아들이고 겸허하게 하나님의 말씀에 귀를 기울여야 합니다. 우리가 우리 자신에 대해 정직할 때 하나님의 말씀이 살아 있는 말씀으로 들려오기 시작합니다.

그들 목전에 책을 펴니 책을 펼 때에 모든 백성이 일어서니라(느 8:5-9상).

예수님이 열어 놓으신 길

예수님은 우리가 하나님께로 가는 길이며, 동시에 하나님이 우리에게 오시는 길이기도 합니다. 우리는 예수님을 통하지 않고는 하나님께로 갈 수 없습니다. 그리고 하나님은 예수님 안에서 우리에게 오십니다. 우리에게 하나님께로 가는 길이 열려 있고, 하나님이 우리에게 오시는 길이 열려 있지 않으면 우리의 삶은 암흑입니다. 예수님으로 인해 하나님이 인간에게로 오시는 길이 열렸기 때문에 우리는 하나님과 교제를 갖게 되고, 그 교제에서 하나님의 뜻을 깨닫게 되고, 하나님과 대화를 하게 됩니다. 그리고 하나님으로부터 매일매일 생명을 공급받게 됩니다.

아버지께서 주신 이 생명은 생명의 근원지로부터 늘 신선한 양식을 공급받아야 생기 있게 유지됩니다. 그래야 고갈되지 않습니다. 생명의 근원과 연결되어 있을 때 고난을 극복하는 힘이 생기고, 지혜가 생기고, 생의 의미를 갖게 되고, 희망을 놓치지 않게 됩니다. 그러나 예수님이 십자가에 달려 죽으시지 않았다면 그 길은 열리지 않았습니다. 예수님이 십자가에 달려 죽으심으로 그 길이 열리게 되었습니다. 인간의 도덕적인 의, 심신의 수양으로 그 길이 열리지 않습니다. 인간의 직관으로 그 길을 열 수 없습니다. 인간의 죄로 인해 닫힌 그 길은 인간이 열 수 없습니다. 그런데 예수님이 그 길을 열어 놓으셨습니다. 세상을 극진히 사랑하시는 하나님의 사랑이 그 길을 마련해 놓았습니다.

예수님은 우리에게 하나님이 무엇을 하시는가에 대해 알려 주셨습니다. 예수님은 하나님이 우리를 찾고 계시며, 기다리고 계시며, 우리와의 교제를 원하신다는 것을 알려 주셨습니다. 그뿐만 아니라 우리를 그분 정원의 정원사로 부르고 계신다는 사실을 알려 주셨습니다. 예수님은 그의 삶을 통해 하나님이 무엇을 하시는 분인가를 보여 주셨습니다. 예수님은 세상에 섬기는 자로 오셔서 가난한 자, 억눌린 자, 병든 자, 귀신 들린 자를 고쳐 주시고, 가난한 자들에게 복음을 전하셨습니다. 예수님이 살아가신 그 삶 자체가 하나님이 하시는 일을 드러낸 것입니다. 하나님은 지금도 성령을 통해 그 일을 해 가십니다. 그러한 일에 우리를 사역자로 부르십니다.

내가 곧 길이요 진리요 생명이니 나로 말미암지 않고는(요 14:1-6).

바울의 기도

우리는 우리를 부르신 분이 어떤 분이시며, 우리를 부르신 분의 소망의 내용이 무엇이며, 그러한 구원의 역사를 이루어 가시는 분의 능력이 어떠한 것인지를 알아야 합니다. 우리가 그것을 모르게 되면 우리의 신앙생활은 매우 피상적이게 됩니다. 그리고 우리는 하나님의 작품으로서의 존재 의미를 잃어버리고 살게 됩니다. 뿐만 아니라 우리의 기도는 언제나 허공에서 맴돌다 되돌아오는 메아리가 됩니다.

우리는 하나님께 기도할 때 주로 우리 자신의 문제를 소재로 삼아 기도를 합니다. 자신의 문제가 없는 사람은 기도할 필요를 느끼지 않을 수도 있습니다. 그러나 우리가 무엇을 위해 부르심을 받은 사람이며 어떤 소망의 약속을 가진 사람인가를 분명히 알게 되면 우리 자신의 평안과 번영만을 기도의 소재로 삼을 수 없다는 것을 알게 됩니다. 우리에게는 그것보다 더 절실한 문제가 있습니다. 바울의 기도 내용은 그러한 점에서 우리의 기도가 되어야 합니다.

바울은 첫 번째 기도의 내용에서 하나님에 대한 지식을 언급합니다. 그는 에베소 그리스도인들을 위한 기도에서 그들이 믿는 하나님이 어떠한 분이 신지 더 깊이, 더 바로 알게 해 달라고 기도합니다. 이를 위해 바울은 하나님이 그들에게 지혜와 계시의 성령을 주시기를 기도합니다.

하나님은 그가 택하신 그리스도인들과 교제 가운데서 자신을 지속적으로 알려 주십니다. 우리가 하나님에 대해 여러 가지 표현을 사용하지 않고 오직 한 가지, 즉 하나님을 나의 아버지로 알고 신앙생활을 시작해도 성령의 깨우치심이 함께할 때 아버지 하나님에 대한 경험적인 이해가 지속적으로 갱신(renewal)되어 갑니다. 아버지에 대한 이해가 자라나게 됩니다. 그러한 지식에서 아버지 하나님에 대한 신뢰가 깊어지게 됩니다. 하나님에 대한 이해는 하나님에 대한 신뢰를 더하게 하고, 그러한 신뢰는 염려와 불안에서 우리를 자유롭게 합니다. 그리고 하나님을 경외하고 찬양하는 삶으로 변하게 합니다. 하나님에 대한 참된 지식은 우리가 진정 참된 하나님의 자녀로 살아가게 합니다. 그리고 믿음과 삶의 방법이 일치되게 합니다.

지혜와 계시의 영을 너희에게 주사 하나님을 알게 하시고(엡 1:15-17).

우리의 소망의 내용

바울의 기도의 내용은 영적 깨달음에 대한 것입니다. 바울은 에베소 그리스도인들의 마음의 눈을 열어 '부르심의 소망이 무엇이며', 그리고 '기업의 영광의 풍성함'을 알게 해 달라고 기도합니다.

그리스도인들은 하나님의 위대한 구원의 경륜에 동참하도록 부르심을 받았고, 그리고 하나님 나라의 상속자로 약속받은 사람들입니다. 하나님의 구원의 경륜은 현재의 현실적 사건으로 되어 가면서 아울러 장차 하나님 나라에서 이루어질 완성을 향하고 있습니다. 그리스도인들은 그러한 하나님의 현실과 약속의 상속자로 참여하고 있습니다. 그러한 영광의 약속은 눈이 열리지 않으면 보지 못하게 됩니다. 세상의 염려, 근심으로 이미 받은 것을 누리지 못하게 됩니다. 하나님의 영광의 축복은 그것을 보게 될 때 누리게 됩니다.

하나님의 부르심의 목적은 우리를 하나님의 자녀의 신분으로 살아가게 하시기 위함입니다. 이 현실에서 하나님의 구원의 계획에 함께 참여해 살아가면서 장차 하나님의 구원의 계획이 완성되는 그때에 하나님 나라의 상속자가 되게 하시기 위함입니다. 하나님이 우리를 단순히 일을 위해 부르셨다가 그 일이 끝나면 버리시는 것이 아닙니다. 우리를 그 나라의 상속자로 부르시고, 그 나라의 일에 참여하게 하시고, 그 나라의 영원한 상속자가 되게 하시는 것입니다.

하나님은 우리를 단지 사역을 위한 도구로 부르신 것이 아닙니다. 우리는 하나님의 상속자로, 하나님을 위해 사역합니다. 그렇기 때문에 우리는 우리를 부르신 하나님의 부르심의 소망이 무엇이며, 우리에게 약속된 하나님의 영광스러운 상속이 얼마나 풍성한지를 볼 수 있어야 합니다. 우리에게 역경과 고난, 병과 같은 어려운 일이 있을지라도 우리는 하나님 나라의 상속자로 부르심을 받은 사람이며 우리를 부르신 분을 섬기기 위해 살아가고 있다는 소망을 잊어서는 안 됩니다. 언제나 그것을 생각하고 묵상하며 살아야 합니다. 그것이 우리의 소망의 내용입니다.

부르심의 소망이 무엇이며 성도 안에서 그 기업의 영광의 풍성함이 무엇이며(엡 1:18).

복음의 본질

하나님은 에베소 그리스도인들에게뿐 아니라 오늘을 사는 우리 모든 그리스도인들에게 하나님의 크신 능력을 베푸셨습니다. 하나님 나라의 상속자로 부르심을 받은 그리스도인들은 하나님의 위대한 구원의 경륜을 이루어가는 데 있어서 그 능력의 근원지가 어디인가를 알아야 합니다. 바울은 그 능력의 근원이 죽은 자를 다시 살리신 하나님으로부터라고 말합니다.

바울이 말하는 '능력'은 과거뿐만 아니라 지금 그리스도인들 중에서 여전히 경험되고 있는 현존하는 능력을 의미합니다. 그리고 이 능력은 이 세상 사람들이 말하는 권세, 어떤 물리적인 힘과는 다릅니다. 하나님의 능력은 그리스도인들의 소망을 확실하게 하며, 장래에 그들에게 주어질 영광의 풍성함으로 그들을 온전히 인도할 수 있습니다. 이 현실에서 실제로 하나님의 능력은 사람들을 불러서 회개하게 하시는 데서 나타나고 있고, 그들을 끝까지 악에서 보호하시는 데서 나타나며, 그들을 죽은 자 가운데서 부활시키시고 그리스도와 함께 하늘로 올려 영화롭게 하시는 데 나타나게 될 것입니다.

우리는 이런 능력으로 인해 침착해지게 되고, 불평의 삶에서 벗어나게 되고, 어떤 역경과 고난 가운데서도 그 능력 안에서 그 사건을 보게 됩니다. 우리는 그것을 성서에 나와 있는 하나님의 사람들의 생애 속에서 많이 보게 됩니다. 바울은 이러한 하나님의 지극히 크신 능력을 에베소 그리스도인들이 깨닫기를 기도합니다. 그러한 하나님의 능력이 결정적으로 나타난 사건이 예수 그리스도의 부활입니다.

우리가 언제나 생각하며 기도해야 할 것은 우리를 부르신 하나님을 아는 일에 자라 가야 한다는 것입니다. 그리고 그의 부르심의 소망이 무엇이며, 약속의 영광의 풍성함이 어떤 것이며, 그리고 하나님의 구원의 경륜을 이루어 가는 능력의 근원이 어디로부터인가를 알아야 하는 것입니다. 이것이 바로 복음의 본질입니다. 그래서 우리 신앙의 모든 근거, 우리 신앙의 뿌리는 이 본질에 기초해야 합니다.

능력의 지극히 크심이 어떠한 것을 너희로 알게 하시기를 구하노라(엡 1:19-22).

속사람의 강건함

하나님의 창조에 참여한 자의 삶에서 일어나는 변화가 속사람의 강건함입니다. 속사람의 강건함은 어디까지나 하나님에 대한 신뢰에서 이루어집니다. 다시 말씀드리면, 하나님의 창조에 참여한 자의 삶에서 일어나는 변화가 하나님에 대한 전적인 신뢰입니다. 그리고 그분에 대한 예배입니다.

길이신 예수님에게서 우리가 배워야 하는 것은 하나님에 대한 전적인 신뢰와 복종입니다. 영적 훈련의 선물은 하나님에 대한 신뢰입니다. 하나님을 신뢰하는 가운데서 하나님을 닮아 가게 됩니다. 하나님에 대한 신뢰는 창조적 삶의 처음이며 마지막이기도 합니다. 하나님의 창조에 참여하는 삶에서 경험하는 감격, 희망, 의미, 그분에 대한 경외심은 하나님을 깊이 신뢰하는 가운데서 오게 됩니다. 신뢰가 이루어지지 않을 때에는 감사, 감격이 없습니다. 언제나 순간적이며 일시적인 기분에 의해 좌우됩니다. 비록 어느 순간에 그러한 긍정적 경험에 접했을지라도 신뢰가 약해지면 곧 사라지게 됩니다.

하나님을 신뢰하는 것은 어떤 역경이나 환난 가운데서도 하나님께로 향해 나아가는 지속성을 유지하게 합니다. 길이신 예수님에게서 돌아서지 않게 합니다. 그 길에는 때로 답답할 때도 있고, 회의도 있고, 떨림도 있고, 외로움도 있습니다. 그럼에도 불구하고 길이신 예수님을 떠나지 않고 묵묵히 따르면 또 새로운 전망과 희망, 기쁨의 평원이 전개됩니다.

많은 수의 그리스도인들이 신앙생활을 시작한 지는 오래되었지만 그리스도인으로 성장하지 못하는 것은 하나님에 대한 신뢰가 없기 때문입니다. 주일 예배, 사경회, 성경 공부, 기도회에 참석해 감동도 하고 결심도 하지만, 그 자리를 떠나면 얼마 되지 않아서 모든 것을 잃어버리거나 빼앗기게 됩니다. 그리고 다시 그 이전 상태로 돌아가게 됩니다. 식물에 비유하면 뿌리를 견고하게 땅에 내려야 하는데 그렇지를 못합니다. 혼란과 문제가 많은 세상에 사는 동안에는 시험과 유혹을 피할 길이 없습니다. 그러한 세상에서 신앙의 성장은 하나님에 대한 전적인 신뢰에서 이루어집니다.

그의 성령으로 말미암아 너희 속사람을 능력으로 강건하게 하시오며(엡 3:14-16).

그리스도인의 삶

바울은 "믿음으로 말미암아 그리스도를 여러분의 마음속에 머물러 계시게 하여 주시기를 빕니다"(엡 3:17, 새번역)라고 기도합니다. 하나님의 창조에 참여해 살아가는 자의 삶은 예수 그리스도 안에서 시작됩니다. 그리스도 없이는 그러한 삶이 불가능합니다. 그리스도 자신이 창조의 삶, 그 자체이십니다.

그리스도를 마음에 모신다는 것은 그리스도와 함께 창조의 삶을 살아가는 것을 의미합니다. 그리스도인으로 살아가면서 그리스도와 함께 창조의 삶을 살아가지 않고 자신의 뜻을 실현하기 위해 그분을 이렇게 저렇게 이용할 수도 있습니다. 자기 자신도 모르게 그리스도께서 계시지 않는 가운데서 신앙생활을 해 갈 수도 있습니다. 마음이 답답할 때 위로 정도 받고, 근심이나 걱정거리가 있을 때 하소연 정도 하면서 일상의 삶에서 길이신 그리스도와는 전혀 상관이 없는 자신의 길만을 걸으면서 살아갈 수 있습니다. 하루, 한 주간, 한 달 교회의 예배 시간에 참석해서 그리스도에 대해 듣는 것 외에는 그분과 전연 상관없이 살아가는 것이 가능합니다.

그와는 반대로 하루, 한 주간, 한 달, 일 년을 지나면서 언제나 길이신 주님을 마음으로 사모하며 묵상하면서, 어떤 일이 있으면 '이러한 경우 그리스도시라면 어떻게 하실까?', '이러한 일을 그리스도시라면 어떻게 처리하셨을까?' 하면 일상의 삶에서 그리스도를 삶의 빛으로 삼고 살아갈 수 있습니다. 그리스도께서는 그러한 삶에 함께하십니다. 그리스도께서 계실 자리는 길이신 그분을 삶의 빛으로 삼는 곳입니다.

그런데 그리스도와 언제나 함께하면서 살아가는 그리스도인은 많지 않습니다. 그러므로 새로운 삶은 시작만 있고 진행이나 실현은 없습니다. 그러한 신앙생활에는 찬양도 없고, 경이로움도 없고, 예배도 없습니다. 그러한 삶을 지배하는 것은 하나님의 영, 그리스도의 영이신 성령이 아니고 어둠의 영입니다. 그리스도인이면서 어둠의 영의 지배에서 벗어나지 못하고 살아갈 수 있는 것입니다. 지금 나는 어떠한 삶을 살아가고 있습니까?

그리스도께서 너희 마음에 계시게 하시옵고(엡 3:17).

하나님의 보호 방법

물과 불은 우리 인간 생활에서 매우 필요한 것입니다. 그런데 이사야 43장에서는 생명을 손상시키는 것으로 상징화되어 있습니다. 물과 불은 인간 생활에 없어서는 안 될, 절대적으로 필요한 것이지만 한편 그것들은 우주의 질서를 혼돈과 허무로 만들어 버리는 위력을 가지고 있습니다. 물과 불은 인간이 평생 땀을 흘려 이룩한 업적을 하루아침에 휩쓸어 버리기도 합니다. 물과 불로 인해 입는 손상은 생명에 치명적입니다. 거룩한 분이시며 구원자이신 하나님은 그가 지으시고 불러내신 자들을 이러한 것들에 의해 손상을 입지 않도록 보호하고 지켜 주겠다고 하셨습니다.

우리의 현실에는 우리를 온전하게 형성시켜 가는 일보다 우리의 존재 방식을 왜곡되게 하고 손상시키는 것들이 너무 많이 있습니다. 인간이 만들어 놓은 세속 문화는 사람들을 부패하게 만듭니다. 그릇된 이데올로기는 인간의 존재 방식을 근본적으로 왜곡시키고 삶을 병들게 합니다. 내일의 염려와 근심이 불면의 밤을 가져오고 인격을 분열시킵니다. 자식에 대한 부모의 과도한 야망과 염려가 오히려 자녀를 반항아로 만듭니다. 치열한 경쟁이 인간을 병들게 합니다. 인간에 대한 이해가 없는 진부한 종교적 교리나 생활 철학이 사람을 세우고 건강하게 양육하기보다 얽어맵니다.

우리 주변에는 우리를 손상시키는 것들로 가득 차 있습니다. 하나님은 그가 지으시고 부르신 그의 자녀들을 그러한 상황에서 손상을 입지 않도록 지켜 주십니다. 하나님은 그의 자녀들에게 허락된 삶이 완전히 손상을 입어 헛되이 되지 않고 믿음, 소망, 사랑으로 하나님의 부르심에 끝까지 응답하며 살도록 지켜 주십니다. 하나님은 그의 자녀들을 말씀으로 보호하십니다. 그것이 하나님의 보호 방법입니다.

나는 여호와 네 하나님이요 이스라엘의 거룩한 이요 네 구원자임이라(사 43:1-3).

하나님 아버지께 속한 삶

참자아는 하나님 아버지 집으로 돌아가서 아버지의 품에 안겨 그와 함께 사는 것입니다. 그것이 하나님의 창조에 있는 본래의 우리 자신의 모습입니다. 포도나무 가지가 나무에 붙어 있을 때 가지 본래의 모습으로 드러나는 것과 같이 나라는 존재도 아버지와 함께할 때 참 나의 모습이 됩니다. 아버지와의 분리는 나무에서 떨어져 나간 포도나무 가지와 같습니다.

아버지께 속하지 않을 때 우리는 나의 시간, 나의 의미, 나의 계획으로 가득 차 있습니다. 나의 것에 속하지 않은 것에 대해서는 사람이나 일 모두 관심이 없습니다. 나의 것에 들어 있지 않은 일이 나와 관계가 맺어질 때에는 매우 피곤하고 짜증스럽습니다. 그래서 가급적이면 나와 상관없는 일에는 관여하지 않으려 하고 관심을 갖지 않으려 합니다. 언제나 방어적이고 도피적입니다. 나의 시간과 에너지를 항상 나의 것을 챙기는 데만 소모합니다. 하루의 삶에서 나의 관심, 나의 취미, 나의 무료함을 채워 줄 일만 찾습니다. 열심히 살아가는 것 같지만 거기에는 다른 사람에 대한 사랑의 관심, 배려, 섬김 등 사회적 책임은 전혀 없습니다. 오로지 자신만을 위한 삶으로 하루를 시작하고 하루가 저물게 됩니다.

그런데 진정 하나님께 속한 후에는 나의 것이 점점 없어지게 됩니다. 그 대신 아버지의 시간, 아버지의 일, 아버지의 기쁨, 아버지의 의미가 나의 삶이 되어 가기 시작합니다. 그렇게 되면서 그전에는 전혀 상관이 없던 사람이나 일에 대해 새로운 관심을 갖게 됩니다. 긍휼히 여겨야 할 사람, 용서하고 받아들여야 할 사람, 기도해 주어야 할 사람이 생기기 시작합니다.

나의 삶의 몫이 생깁니다. 그것은 나를 위해 돈을 버는 일, 나의 취미를 위한 일과는 상관이 없지만 내가 져야 할 짐이 있게 됩니다. 전에는 관심도 없던 일이 나의 몫이 되어 그 일을 위해 기도하고 수고합니다. 때때로 그일로 인해 어려움도 있지만 자기 연민에 빠져 다른 사람을 원망하지 않고 그 일이 잘되기 위해 기도하게 됩니다. 그에게는 그 일이 사랑하는 아버지의 일이며, 아버지의 자녀로서 마땅히 담당해야 할 자신의 몫입니다. 그 일을 아버지와 함께 해 가면서 그는 영적으로 점점 더 성숙된 자녀가 되어 갑니다. 그리고 그러한 삶에서 기쁨과 의미, 감사를 발견해 가게 됩니다.

그가 내 안에, 내가 그 안에 거하면 사람이 열매를 많이 맺나니(요 15:5-6).

일상, 하나님의 선물

하나님은 하늘과 땅과 그 가운데 있는 모든 것을 다 이루시고 이렛날에는 창조하신 모든 일에서 손을 떼고 쉬셨습니다. 그리고 하나님이 쉬신 그날을 복되게 하시고 거룩하게 하셨습니다. 하나님이 이렛날을 복되고 거룩하게 하셨다는 것은 하나님의 쉼이 단순한 휴식이 아닌 또 다른 의미의 창조라는 뜻입니다.

하나님은 그분이 창조하신 세상에 인간이 살게 하시고, 잘 돌보고 가꾸며, 생육하고 번성하도록 하셨습니다. 인간의 고귀성이 여기에 있습니다. 또한 하나님은 인간에게 그분이 창조하신 세상에서 살아갈 일상의 삶을 주셨습니다. 하나님이 허락하신 인간의 일상의 삶은 저주스럽고 고통스러운 것이 아닌, 하나님이 축복하신 복되고 거룩한 삶입니다. 여기에서 일상의 삶은 현재 우리가 살고 있는 일상적인 삶 그 자체를 말합니다. 서로 교제하고, 하나님이 주신 양식을 맛있게 조리해서 먹고, 그리고 우리에게 허락된 삶의 영역 각 분야에서 하나님의 영광을 위해 일하는 일상적인 삶, 그 자체를 하나님이 축복하시고 우리에게 선물로 주신 것입니다.

하나님이 쉬신 그 이렛날은 하나님이 창조한 세상에 존재하는 모든 것들에게 생명을 더욱 풍성하게 하시는 날이며, 인간을 위시해서 모든 피조물과 관계를 새롭게 하시는 날입니다. 하나님의 창조에 참여해 살아가는 인간은 하나님이 복되게 하시고 거룩하게 하신 그날에 하나님께 예배드리는 것으로 창조에 참여하는 삶을 시작해서 하나님과 함께 한 주간의 삶을 살아가고, 다시 하나님께 예배드리는 것으로 한 주간을 시작하게 됩니다. 하나님이 쉬신 날은 인간이 하나님의 창조에 참여해서 살아가는 삶에서 언제나 중심에 자리합니다.

그래서 우리가 한 주간의 첫째 되는 날에 와서 하나님께 예배드림으로 인해서 하나님과의 관계가 다시 갱신되고, 나 자신과의 화해가 새로운 각도에서 이루어지고, 갈등과 분열 가운데 있는 이웃과의 관계가 회복이 되고, 하나님이 창조하신 피조 세계의 모든 피조물에 대한 새로운 인식을 갖게 되는 것입니다. 그러면서 또 한 주간을 살아가게 됩니다.

하나님이 그 일곱째 날을 복되게 하사 거룩하게 하셨으니(창 2:1-3).

참자아로의 삶

참자아로 살지 못할 때에는 나의 주변에 내가 당연히 해야 할 나의 몫이 있는데도 불구하고 그 일이 나의 몫으로 보이질 않습니다. 참자아가 아닌 때에는 나라는 존재가 외부의 통제 가운데 있으므로 겉으로 보기에 좋은 것, 내게 유익한 것, 인기 있는 것, 내게 감각적인 즐거움을 주는 것, 양적으로 큰 것만이 보이게 됩니다.

그런데 참자아로 살아가게 되면 하나님과의 관계에서 모든 사물을 보기 시작합니다. 거기에서 그전에 무의미하고 무가치하게 보이던 것들이 새로운 의미로 다가오게 됩니다. 소자 한 사람에게 냉수 한 그릇 주는 일이 매우 고귀하고 아름다운 일이라는 사실을 깨닫게 됩니다. 참자아로 살기 시작하면서 다른 사람과의 비교의 삶에서 점점 벗어나기 시작합니다. 진정한 자신으로 돌아가기 때문에 비교가 없어지고 자유로워집니다. 그리고 자신의 유일함을 보게 되고 그러한 가운데서 자신의 일을 하므로 그 일이 자기에게는 매우 소중하게 됩니다.

하나님 나라는 성령으로 우리 가운데 현존하시는 하나님과 함께 있습니다. 오고 있는 하나님 나라에 참여하는 길은 허영심에서 사업을 많이 하는 데 있지 않습니다. 하나님께로 돌아가 하나님과 함께 머무는 데 있습니다. 참자아의 삶에서는 나만이 착하고 깨끗하게 살다가 천당 가는 데 목적이 있지 않습니다. 마지막까지 하나님의 영광과 거룩하심에 참여해 가는 데 있습니다. 착하고 깨끗하게 살아가고자 하는 데서는 자기 억압이 많습니다. 그러나 하나님의 영광과 하나님의 거룩하심에 참여해 가는 삶에서는 자신을 하나님께 내어 드리기 때문에 자유와 치유가 수반됩니다. 우리에게는 참자아에로의 삶을 위한 기도가 있어야 합니다.

"하늘에 계신 우리 아버지, 저는 당신의 것입니다. 저의 영혼, 정신, 감성, 의지, 지혜, 몸, 소유 모두 당신의 것입니다. 그리고 저의 시간, 재능 역시 아버지의 것입니다. 하나님 아버지, 오늘 하루, 아니 저의 남은 생을 아버지와 함께하며 살아가도록 도와주십시오. 아멘."

청함을 받은 자는 많되 택함을 입은 자는 적으니라(마 22:10-14).

성령의 인도하심을 따라 사십시오

폴 투르니에(Paul Tournier) 박사는 이른 아침에 일어나 라틴어로 된 《성무일도》 중 그날 분의 일용할 양식을 읽고 묵상하면서 얻은 영감이 하루 일과의 중요한 실천 내용이 된다는 사실을 알게 되었습니다. 그의 말을 빌리면, 하루하루 하나님의 명령을 실천해 가면서 얻는 기쁨과 성취감은 세상에서 돈으로 살 수 없는 것이라 했습니다. 폴 투르니에 박사를 전인적으로 통합해 가고 하루하루 남다른 가치와 의미를 갖고 살아가게 만드는 힘과 에너지는, 다시 말해 폴 투르니에 그 자신을 만들어 간 근원적인 힘은 영성에 있었습니다.

메조리 톰슨(Marjorie J. Thompson)은 "영성이란 영성 생활을 할 수 있는 능력이다. 다시 말해, 하나님의 영을 받아들이고 그에 대해 깊이 생각하며 그에게 응답할 수 있는 보편적인 인간의 능력을 의미한다. 결국 영성은 우리에게 하나의 길을 제시해 주고 있다. 즉 영성은 우리에게 신앙을 선택하게 하고, 가치 있는 일에 전념하게 하며, 삶의 방식을 결정하고, 실천적인 신앙생활을 함으로써 우리 안에서 그리스도인의 모습이 형성될 수 있도록 하는 것이다. 그렇게 하는 분은 성령이시다"라고 말합니다.

예배학자인 돈 셀리어스(Don Saliers) 교수는 영성에 대해 이렇게 말합니다. "세계와 이웃과의 관계 안에서 하나님 앞에 활짝 열린 인간성은 하나님의 영을 받아들이고 하나님을 아버지라 부르고 그분을 신뢰하며 그에게 진지하게 응답해 가는 인간의 일상적인 삶에서 나타난다. 우리는 그러한 인간성을 예수 그리스도에게서 발견하게 된다."

몰트만(Jürgen Moltmann)은 "영성은 하나님의 영 안에 있는 삶과 하나님의 영과의 살아 있는 교제다"라고 했습니다. 영성은 어떤 궁극적인 실재에 대한 체험입니다. 그러한 체험은 우리의 존재 전체를 하나로 묶고 통합시켜 나가며, 삶의 의미와 가치를 새롭게 부여하는 역동적인 힘이 있습니다.

너희는 성령을 따라 행하라(갈 5:16-18).

쉼 없는 기도를 위하여

영국의 신학자 윌리엄 바클레이(William Barclay)는 우리가 기도를 쉽게 포기하는 것은 기도에 대한 잘못된 생각 때문이라 지적하며, 이를 극복하기 위해 다음과 같은 기도의 법칙을 이야기했습니다.

첫째, 기도는 하나님이 우리를 위해 무엇인가를 하시는 것이 아니라 우리가 스스로 그 무엇을 할 수 있도록 도와주시는 일이라고 했습니다. 하나님이 우리가 스스로 해야 할 일을 대신해서 하시는 경우는 없습니다. 어린아이는 종종 자신의 숙제를 부모에게 해 달라고 조르지만 그것은 결코 자녀에게 도움이 되지 않습니다. 현명한 부모라면 누구나 자신의 자녀가 스스로 할 수 있을 때까지 지도하고 설명하고 격려해 줄 것입니다.

둘째, 기도는 상황을 바꾸는 것이 아니라 우리를 바꾸는 것이라고 했습니다. 상황은 예전과 다름이 없지만 기도를 통해서 우리는 새로운 관점으로 그 상황을 바라볼 수 있고, 그 가운데서 용기, 힘, 그리고 지혜를 얻을 수 있습니다. 이렇듯 기도는 인생의 어려움을 새로운 능력으로 대처할 수 있도록 우리를 도와줍니다.

셋째, 기도는 도피가 아니라 정복이라는 것입니다. 기도는 어려운 처지로부터 도망가게 하는 일시적인 속임수가 아닙니다. 기도는 우리를 도와서 어려운 상황을 직면하게 하고 더 나아가 이를 정복하게 하는 것입니다.

마지막으로, 기도는 하나님께 듣는 일이라는 것입니다. 기도는 하나님이 꼭 해 주시기를 바라는 것에 대해 말씀드리는 것이 아니라 하나님이 바라시는 바를 듣는 것입니다. 물론 기도는 말하는 것으로 시작합니다. 하지만 언제나 듣는 일로써 마쳐야 합니다. 기도(祈禱)란 글자 그대로 "하나님이시여, 주님은 제가 무엇 하기를 바라십니까?" 하고 묻는 것입니다.

네 골방에 들어가 문을 닫고 은밀한 중에 계신 네 아버지께 기도하라(마 6:5-7).

하나님 아버지와 함께하는 삶

우리가 우리의 생명의 근원이신 하나님과 영적 단절에 처해 있을 때 우리는 다른 환상의 세계를 동경하며 살아가게 됩니다. 그렇지 않으면 우리가 동경하던 환상의 세계에 깊이 빠져들어서 그러한 것들과 관계를 맺으며 삶의 의미를 추구하는 헛된 노력을 하게 되며, 우리는 깊은 절망과 좌절 가운데서 희망이 없는 삶을 살게 됩니다.

사실 우리에게는 의식주의 문제와 우리 자신의 삶을 실현해 가는 문제도 현실적으로 중요하지만 그것보다 더 절실한 문제는 우리의 마음, 뜻, 힘을 다해 사랑할 수 있고 신뢰할 수 있는 대상을 찾지 못한 데 있습니다. 그것이 없기 때문에 삶이 매우 짐스럽고 힘듭니다. 그러나 하나님의 집으로 돌아가서 아버지와 함께하는 삶은 진정한 나 자신으로 살아가는 삶이기도 합니다. 우리들 가운데 이미 아버지와 함께하지 않은 삶을 겪어 본 사람은 아버지와 함께하는 삶이 얼마나 진실되고 참된 삶인지 경험했을 것입니다.

아버지와 함께하는 삶은 인간 역사의 드라마를 벗어나 멀리 피안의 세계로 도피하는 것이 아닙니다. 오히려 현실에서 현실의 문제와 함께 살아가게 됩니다. 그런데 거기에는 우리의 마음, 뜻, 힘을 다해 사랑할 수 있는 분이 계시며 그분에 대한 신뢰가 있습니다. 그것이 이 현실에서 우리의 삶을 긍정하며 살아가게 하는 힘의 원천입니다.

이 내 아들은 죽었다가 다시 살아났으며 내가 잃었다가 다시 얻었노라(눅 15:18-24).

하나님이 열어 놓으신 길

하나님은 그의 말씀으로 그의 자녀들을 두려움, 상상적인 공포, 온갖 유혹, 삶을 파괴하는 온갖 중독에서 보호하십니다. 그뿐만 아니라 하나님은 그의 말씀으로 그의 자녀들을 허세, 위선, 교만, 거짓으로부터 빠져나오게 하십니다. 하나님은 그의 말씀으로 그의 자녀들에게 거룩한 자존감을 세워 주십니다.

우리를 손상시키고, 왜곡되게 하고, 일그러지게 만드는 것들이 우리의 외부에만 있는 것은 아닙니다. 오히려 우리 안에 더 악한 독소들이 있습니다. 그것들을 열거해 보면 집착, 독선, 아집, 남을 통제하려는 마음, 게으름, 핑계, 언제나 남을 탓하는 습관, 상처 등입니다. 하나님은 말씀으로 그의 자녀들을 이러한 것들로부터 치유하시며 구원하심으로 보호하십니다. 우리가 이 현실에서 사는 동안 하나님의 보호를 받을 수 있는 가장 최선의 길은 '하나님이 열어 놓으신 길'로 들어서는 것입니다.

갈라디아서 3장 23절은 "믿음이 오기 전에 우리는 율법 아래에 매인 바 되고 계시될 믿음의 때까지 갇혔느니라"고 말합니다. 독일어 새 번역 성서에는 이 말씀이 "우리가 율법에 사로잡혀 있을 때, 하나님께서 먼저 새 길을 열어 놓으셨다"고 번역되어 있습니다.

사람들은 자신의 생을 보다 안전하고 평안하게 살기 위해 도덕적인 수양을 쌓기도 합니다. 옛날 이스라엘 백성은 그들의 안전을 위해 율법을 엄격하게 지켜 가기도 했습니다. 그러나 그러한 길에는 언제나 한계가 있었습니다. 오히려 그러한 것들이 사람들을 얽어매는 굴레가 되기도 했습니다. 그러한 것들이 하나님의 보호를 받는 데 오히려 방해가 되었습니다. 하나님이 열어 놓으신 새 길은 구원의 길입니다. 구원받은 자로 산다는 것 자체가 하나님의 보호 안에 있는 것입니다.

그리스도와 합하기 위하여 세례를 받은 자는 그리스도로 옷 입었느니라(갈 3:23-27).

하나님을 신뢰함에서 오는 영적 변화

하나님이 창조하신 세상은 매우 아름답고 조화로웠습니다. 더불어 그곳에 사는 인간도 행복했습니다. 그러한 세상이 부조화의 세상이 되지 않기 위해서는 인간이 마음을 다하고 뜻을 다하고 힘을 다하여 하나님을 사랑하고 (신 6:5) 신뢰해야 하는데 그렇지 못했습니다. 아름답고 조화로운 인간의 삶에 유혹자가 침입해 인간을 꾀었습니다. 인간은 그만 유혹자의 꼬임에 넘어가 하나님을 신뢰하는 일을 내려놓고 그의 말을 따랐습니다. 하나님이 아담에게 명령하신 "선악과를 따 먹지 말라"는 말씀에는 '하나님을 신뢰하라'는 깊은 뜻이 포함되어 있었습니다. 그렇게 하면 죽지 않고 영원히 행복하게 살게 된다는 하나님의 약속이었습니다. 인간은 그 약속을 믿고 영원히 사는 삶에 대한 희망에서 하나님을 신뢰해야 하는데 그렇지를 못했습니다.

어떤 대상에 대한 신뢰에는 반드시 믿음과 희망, 사랑이 수반되어야 합니다. 인간은 그것을 잃어버렸습니다. 본문은 인간이 하나님을 신뢰하는 데 실패한 후에 인간의 삶이 매우 황폐해지고 힘들게 되었다는 사실을 증언해 주고 있습니다. 다른 말로 표현하면, 삶이 엉망이 되었습니다.

하나님을 신뢰하는 일에 실패한 후에 인간은 불안, 두려움, 수치심, 갈망과 같은 부정적 경험에 시달리게 되었습니다. 하나님을 신뢰하는 일에 실패한 인간은 하나님이 아닌 다른 것을 신뢰하며 그것을 우상으로 만들어 가게 되었습니다. 그리고 인간의 사랑은 하나님이 아닌 것을 지향하게 되었고, 그것을 과도하게 요구하며, 유한하고 허무한 피조물의 아름다움을 파괴해 가게 되었습니다. 이것이 곧 죄입니다. 신학자 몰트만은 "죄는 교란된 하나님 신뢰이며 불구가 된 하나님 사랑이다"라고 했습니다.

우리는 하나님을 신뢰해 가는 데서 점점 우리 자신의 부정적 경험으로부터 벗어나게 됩니다. 삶의 무의미, 공허로부터 벗어나게 됩니다. 우리는 삶을 새로운 관점에서 긍정하고 사랑하게 됩니다. 그러면서 하나님을 신뢰함으로 경험되는 희망과 기쁨이 우리로 하여금 인간의 문제의 해결이 어디에서부터 시작되어야 한다는 사실을 확인시켜 줍니다. 이러한 현상이 하나님을 신뢰하는 데서 이루어지는 영적 변화입니다.

여호와 하나님의 낯을 피하여 동산 나무 사이에 숨은지라(창 3:1-8).

하나님의 창조에 참여하는 삶

하나님의 아들 예수 그리스도께서 안식일 다음 날 부활하셨기 때문에 그리스도인들은 한 주간이 시작되는 첫째 날을 하나님께 예배드리는 날로 지킵니다. 그 주의 마지막 날을 안식일로 지키는 것보다 주의 첫째 날을 하나님께 예배드리는 날로 지킨다는 것은 더 의미가 깊습니다.

하나님이 엿새 동안 세상을 창조하실 때 창조의 하루하루가 하나님의 의도와 뜻을 향해 진행되었습니다. 그리고 하나님은 마지막 날 쉬셨습니다. 그것이 창조의 리듬입니다. 하나님의 창조에 참여해서 살아가는 삶에는 그러한 리듬이 있습니다. 그래서 우리는 '내 일상의 삶 전체가 창조주 하나님의 활동의 장(場)인데, 나는 하나님의 창조의 동참자로서 살아가고 있다' 하면서 하나님 창조의 구경꾼이 아닌 참여자로서 하루하루를 살아가야 합니다.

창조의 리듬이 깨진 삶은 자꾸 쇠락해 갑니다. 하나님이 창조하신 시간과 공간에서 아무 목적 없이 하루, 한 주간, 한 해를 보내는 것은 시간을 죽이는 것이며, 창조 전 혼돈과 공허, 어둠으로 다시 돌아가는 것입니다. 공허, 어둠은 철학적인 용어로 비존재를 말하는데, 비존재라는 것은 의미도 없고, 목적도 없고, 가치도 없이 그저 먹고 배설하고, 먹고 배설하는 그런 동물적인 수준의 삶을 말합니다. 그러한 삶을 존재한다고 이야기할 수 없는 것입니다. 그러나 하나님의 창조에 참여해서 살아가는 삶은 활력 있는 삶으로, 하나님을 경배하고 찬양하는 것으로 시작해서 하루하루 성취를 향해 나아가는 것입니다. 그것이 창조에 참여해서 살아가는 삶의 율동입니다. 창조에 참여해서 살아가는 삶에서는 하나님이 주신 생명이 죽어 가거나 소진되어 가지 않고 생명의 완성을 향하게 됩니다.

하나님이 우리에게 주신 생명은 가만히 잠자지 않고 어떤 목적을 향해 계속 움직여 가는 특성이 있습니다. 그러한 생명의 리듬에 맞게 살아가는 삶에는 언제나 활력이 있습니다. 그리스도인은 예수 그리스도의 은혜와 하나님의 사랑, 그리고 성령의 교제에서 하나님의 창조의 구경꾼이 아닌 하나님 창조에 참여해서 살아가는 사람들입니다.

그가 하시던 모든 일을 그치고 일곱째 날에 안식하시니라(창 1:31-2:2).

하나님을 신뢰하는 삶

하나님은 깨어진 신뢰를 회복하기 위해 하나님 스스로 그 길을 마련하셨습니다. 하나님이 마련하신 길은 예수 그리스도를 세상에 보내신 일입니다. 예수님은 생명, 빛으로 오셨습니다. 그의 안에서 생명의 근원과 연결됩니다. 예수님은 "나는 길이요, 진리요, 생명이다. 나를 거치지 않고서는, 아무도 아버지께로 갈 사람이 없다"(요 14:6, 새번역) 말씀하십니다.

우리는 예수 그리스도를 통해서 하나님을 알게 되고, 믿게 되고, 하나님의 약속을 갖게 되고, 희망으로 살게 됩니다. 그뿐만 아니라 하나님의 사랑을 알게 되고 그를 신뢰하게 됩니다.

하나님에 대한 신뢰에서 우리는 하나님 나라를 현실적으로 경험하게 됩니다. 그리고 인간 실존 문제에 대한 해답을 얻게 됨과 아울러 현실 세상에서 자유로운 사람으로, 담대하게 그리스도를 증거하는 살아 있는 그리스도인으로 살아가게 됩니다. 하나님을 신뢰하는 가운데서 우리는 우리 자신의 연약함을 넘어서서 하나님이 원하시는 용서, 화해, 사랑을 실천해 가게 됩니다. 그리고 내적으로 치유가 일어나게 됩니다.

그것은 자기 연민에서 점점 자유로워지게 합니다. 신뢰가 없을 때에는 신앙생활을 하면서도 어떤 일에 부딪히면 다른 사람에 대한 원망, 자기 연민에 사로잡혀 비관하며, 이 사람 저 사람에게 자신의 문제를 호소하며 이해와 의로움을 인정받으려 합니다. 우리가 하나님 신뢰를 회복하지 못할 때 자존감도 없고 믿음, 희망, 사랑도 없습니다. 실존 자체가 언제나 불안, 두려움으로 시달리게 됩니다. 그런데 하나님을 신뢰해 가면서 그러한 내적인 문제들이 풀리고 더욱더 하나님을 신뢰해 가게 됩니다. 다른 사람들이 그전의 자신의 모습으로 살아가는 것을 볼 때 긍휼히 여기며 기도하게 됩니다.

우리는 하나님을 신뢰하는 삶의 궤도에 진입했습니다. 우리가 경계해야 할 일은, 우리의 신뢰가 유혹자에 의해 소멸되지 않도록 늘 깨어 있는 것입니다. 그렇게 하기 위해 우리에게는 하나님의 말씀이 있어야 합니다. 그리고 하나님의 사랑을 묵상하고, 하나님의 은혜에 감사하며, 시와 찬미로 하나님을 찬양하는 일에 소홀함이 없어야 합니다.

너희는 마음에 근심하지 말라 하나님을 믿으니 또 나를 믿으라(요 14:1-6).

새 포도주는 새 부대에

사람들이 벌이는 축제는 주로 인간적인 목적을 성취했을 때 이루어집니다. 그리고 그러한 축제 다음에는 축제의 당사자들 편에 참여하지 못한 사람들에 대한 차별, 소외가 있습니다. 예수님이 말씀하신 혼인 잔치는 그러한 것들과는 전연 다른 차원의 것입니다. 예수님이 말씀하신 축제는 하나님이 인간 구원의 길을 마련하신 데 대한 축제입니다. 하나님이 인간 구원을 위해 인간에게 더 많은 금욕적인 생활을 요구하시지 않고, 수고하고 무거운 짐을 지고 가는 사람들에게 그러한 짐을 내려놓고 새로운 삶을 살 수 있는 길을 열어 놓으신 것에 대한 축제입니다. 우리와 함께하시는 하나님이 우리를 하나님의 희망 가운데 있는 새로운 사람으로 만들어 가신다는 기쁜 소식에 대한 축제입니다.

요한의 제자들은 시대의 변화를 알아차리지 못했습니다. 그들은 그들이 지켜 오던 전통에서 새 시대를 바라보았습니다. 그러므로 그들은 새롭게 시작된 새 시대를 맞아들일 수 없었습니다. 예수님은 요한의 제자들에게 이렇게 말씀하셨습니다.

"생베 조각을 낡은 옷에다 대고 깁는 사람은 없다. 그렇게 하면, 새로 댄 조각이 그 옷을 당겨서, 더욱더 크게 찢어진다. 새 포도주를 낡은 가죽 부대에 담는 사람은 없다. 그렇게 하면, 가죽 부대가 터져서, 포도주는 쏟아지고, 가죽 부대는 못 쓰게 된다. 새 포도주는 새 부대에 담아야 둘 다 보존된다"(마 9:16-17, 새번역).

생베 조각이나 새 포도주는 모두 신축성이 있습니다. 낡은 옷에 대고 기운 생베 조각은 처음 얼마 동안은 그 자리에 붙어 있습니다. 새 포도주도 얼마 동안은 그만한 양으로 보존됩니다. 그러나 시간이 지나면서 생베 조각은 늘어나게 되고, 새 포도주는 발효가 되어 부피가 커지면서 둘 다 찢어지게 됩니다. 낡은 옷이나 낡은 가죽 부대는 새것을 감당할 수 없습니다. 하나님 나라에서는 낡은 것과 새것이 공존할 수 없습니다. 그렇게 하려고 하면 이것도 저것도 다 잃어버리게 됩니다. 여기서 생베 조각, 새 포도주는 성령을 상징합니다. 성령의 능력은 모든 인간의 생각이나 규례를 초월합니다. 인간이 만든 제도로 성령의 능력을 제한시키거나 묶어 둘 수 없습니다.

새 포도주는 새 부대에 넣어야 둘이 다 보전되느니라(마 9:14-17).

2월

올해 우리는 홀로 살아가지 않습니다.

우리를 정원사로 부르신 하나님과 함께 살아가게 됩니다.

우리를 정원사로 부르신 하나님은 우리와 함께하시면서

우리를 그가 원하시는 대로 빚어 가실 것입니다. 우리는 하나님의 길들이심 가운데서 순간순간

하나님께 "예"와 "아멘"으로 응답해 가야 합니다. 그것만이 우리가 할 수 있는 최선의 길입니다.

그렇게 되기 위해서 금년에도 하루하루 말씀을 묵상하면서 그 말씀 가운데서

우리를 인도해 가시는 하나님과 친밀한 사귐이 끊이지 않고 이루어져야 합니다.

하나님께 유일한 존재

나라는 존재의 가치는 다른 사람과의 비교에서 평가되지 않습니다. 하나님을 조각가로, 나를 재료로 비유할 때 하나님께 나라는 존재는 유일하다는 데 있습니다. 세상적으로 볼 때 나보다 더 나은 사람이 많이 있지만, 조각가이신 하나님은 나를 만들어 가시기 위해 나를 택하셨습니다. 그런 의미에서 나는 하나님께 유일한 존재입니다.

사람들이 자신을 평가하는 기준은 다른 사람과의 비교입니다. 그러므로 사람들이 자신을 평가하는 기준이 높은 것 같지만 실제로는 매우 낮습니다. 사람들은 자신을 값싼 것들과 동일시하므로 진정한 의미에서 자신이 누구인지 알지 못합니다. 다른 사람이 나를 못났다고 하면 곧 나는 못난 사람, 다른 사람이 나를 잘났다고 하면 나는 잘난 사람입니다. 이러한 자기 이해에서 자신에 대한 신뢰, 다른 사람의 평가에 대한 신뢰는 다 거짓된 것입니다.

나에 대한 진정한 가치는 '하나님이 나를 먼저 사랑하셨다'는 데 있습니다. 누구나 이 사실을 깨닫게 될 때 진정한 자신을 찾게 됩니다. 그 순간에 나의 가치는 이 세상에서 누구와 비교할 수 없는 유일한 것입니다. 그때 우리는 본래의 나를 찾게 됩니다. 그전까지는 나를 잃어버리고 살아갑니다.

하나님이 우리를 사랑하시는 것은 우리의 소유나 장점 때문이 아닙니다. 하나님이 우리를 사랑하시는 데는 아무런 조건이 없습니다. 단지 우리가 그분의 사랑의 작품이라는 데 있습니다. 하나님의 사랑이 아니면 나라는 존재는 없습니다. 나라는 존재가 살아 있다는 사실 자체가 하나님 사랑입니다. 비록 나에게 상처가 있고, 허물이 있고, 실수가 있어도 하나님은 그러한 것들을 개의치 않으시고 나를 사랑하십니다.

이스라엘아 너는 나에게 잊혀지지 아니하리라(사 44:21-23).

하나님의 사랑을 경험하려면

우리에게는 고정관념이 있습니다. 나이가 든 여성은 자신이 이상적으로 생각하는 사람을 만나야 행복해질 수 있다고 생각합니다. 또 고난과 어려움에 처한 사람은 그 어려움이 반드시 지나가야 행복해질 수 있다고 생각합니다.

우리는 고정관념에서 벗어나지 못해 하나님의 사랑을 경험하지 못합니다. 우리는 지속적으로 자신에게 불편한 것, 부족한 것, 신경이 쓰이는 것에만 집착해 현재 하나님의 사랑을 경험하지 못합니다. 어떤 사람들은 완벽주의에 사로잡혀 하나님의 사랑을 경험하지 못합니다. 그들은 자신이 가지고 있는 내적 결함들을 하나하나 지워 버리든가 뽑아 버리려고 하므로 하나님의 사랑을 깨닫지 못합니다. 우리는 이러한 고정관념에서 벗어나 지나온 날들을 돌이켜 보거나 현재의 나를 보게 되면 하나님이 우리를 사랑하신다는 사실을 경험할 수 있습니다.

나라는 존재는 결점 없이, 실수 없이, 생의 짐이 없이 살 수 있는 사람이 못 됩니다. 우리는 모두 하나님 앞에서 죄인이기 때문에 생의 문제를 가지고 살 수밖에 없는 사람들입니다. 신자들의 잘못된 고정관념은 자기에게만은 그러한 것들이 없어야 된다고 생각하는 것입니다. 그 이유는 하나님이 사랑하시는 사람에게는 그러한 일들이 있어서는 안 된다고 생각하기 때문입니다. 병에 걸린 사람, 실패한 사람, 그래서 힘든 여정을 보내고 있는 사람으로서 하나님이 자기를 사랑하신다고 생각하는 것이 어렵습니다. 그들은 자신들이 하나님으로부터 정죄 받았다고 생각합니다.

하나님의 사랑은 현재의 불편한 것, 부족한 것, 마음에 들지 않는 것을 받아들이게 합니다. 나에게는 미운 사람, 짐이 되는 사람, 마음에 들지 않는 사람, 결점이 없어야 한다고 생각하는 것 자체가 교만입니다. 자신을 정죄하는 것도 교만입니다. 겸손과 사랑은 거의 동의어입니다. 사랑은 모자람, 삶의 짐, 결점에 집착하게 하지 않고 오히려 나를 받아 주시고, 용서하시고, 품어 주시는 하나님의 긍휼과 사랑에 감사하게 합니다. 하나님의 사랑을 깨닫고 경험하고 사는 사람들의 공통점은 자신의 부족과 상황의 불편한 점에 대해 집착하지 않는다는 것입니다. 그들은 자신이 허물이 많은 죄인이라는 사실을 인정합니다. 그리고 그러한 자신을 품어 주시는 하나님의 사랑에 대해 감사합니다.

우리가 서로 사랑하면 하나님이 우리 안에 거하시고(요일 4:7-16).

하나님 사랑의 힘

우리들 가운데 그 누구도 인간 역사의 드라마에서 벗어날 수 없습니다. 그런데 하나님이 우리를 사랑하시므로 삶을 긍정하며 살아갈 수 있습니다. 우리들에게는 '절대'가 너무 많습니다. '절대' 그러하면 안 된다든지, '절대' 있을 수 없다든지, '절대' 용서할 수 없다고 말합니다. 하나님의 사랑을 가장 많이 입고 살면서도 하나님의 사랑을 가장 깨닫지 못하고 사는 사람들이 신자들 같습니다.

우리가 느끼는 자격지심, 나무람, 섭함, 분노, 좌절, 열등감은 자기에게는 절대 그러한 일이 있어서는 안 된다는 고정관념 때문입니다. 나는 항상 고상해야 하고, 남에게 인정받아야 하고, 다른 사람은 다 비난받아도 자기는 비난받으면 안 된다고 생각하는 사람들이 교회 공동체 안에도 많습니다. 신자들 가운데 자신이 죄인이라는 사실을 인정하지 않으려는 사람들이 많이 있습니다. 그러한 마음의 태도에서는 현재 우리와 함께하시는 하나님의 사랑을 깨달을 수 없습니다.

예수 믿은 후에 생기는 실제적인 변화 가운데 하나는 고정관념과 선입관에서 벗어나게 되는 것입니다. 사람과 사물을 현실적으로 보고 대하게 됩니다. '너는 이래야 된다'가 아니고 자신의 약함, 다른 사람의 부족함을 인정하고 받아들이게 됩니다. 그렇게 할 수 있게 하는 힘이 하나님 사랑입니다.

우리가 사랑함은 그가 먼저 우리를 사랑하셨음이라(요일 4:16-21).

하나님의 사랑에 보답할 수 있는 최선

예수님 시대에 사회 지도층에 있던 바리새인들과 율법사들은 하나님의 사랑을 독점하고 있는 계층으로 인식되었습니다. 그 반면 가난한 자, 병든 자, 귀신 들린 자, 세리, 창녀들은 하나님의 사랑 밖에 있다고 생각했습니다. 그런데 예수님이 품어 주시고 친구가 되어 주신 사람들은 바리새인들이나 율법사들이 아니고 그 당시 사회에서 버림받은 사람들이었습니다. 그들은 예수님 안에서 그들을 사랑하시는 하나님의 사랑을 경험하고 기뻐했습니다. 그리고 희망을 가지고 새로운 삶을 시작하게 되었습니다.

하나님의 사랑은 결코 멀리 있지 않습니다. 하나님의 사랑은 특정인의 전유물도 아닙니다. 교회 안에서 고난, 어려움, 가난, 사회적 신분이 뚜렷하지 않은 상태에 있을 때에는 하나님의 사랑 밖에 있는 것처럼 여겨지고, 반면에 방언의 은사, 자녀들의 성공, 경제적 윤택, 사회적으로 인정받고 있을 때는 하나님의 사랑이 함께하는 것으로 잘못 강조될 수 있습니다.

우리가 하나님을 신뢰하는 이유는 하나님이 우리를 먼저 사랑하셨기 때문입니다. 하나님에 대한 신뢰는 우리를 사랑하시는 하나님에 대한 우리의 응답입니다. 하나님이 우리에게 요구하시는 것은 우리를 조건 없이 극진히 사랑하시는 하나님에 대한 신뢰입니다. 형제자매들 가운데는 평생 하나님의 사랑 밖에서 맴돌며 삶의 의미와 목적을 찾아 헤매는 사람들이 있습니다. 그렇지 않으면 하나님의 사랑은 제쳐 놓고 자신의 희생과 봉사로 하나님과의 관계를 유지해 보려는 사람들도 있습니다. 우리를 사랑하시는 하나님 앞에서 우리가 할 수 있는 최선은 그의 사랑을 받아들이고 그를 신뢰하는 일입니다.

이 소망을 가진 자마다 그의 깨끗하심과 같이 자기를 깨끗하게 하느니라 (요일 3:1-3).

묵상에서 이루어지는 영적 갱신

예수님과 함께 온 새 시대의 새로운 삶은 잠자는 영혼이 성령의 능력으로 깨어나 그 자리에 함께 계시는 하나님을 깨달아 알고 점진적으로 성령의 열매를 맺어 가는 것입니다. 낡은 시대가 율법을 지킴으로 구원의 길을 열어 가려고 한다면, 새 시대에는 내적 동기가 새롭게 되어 가는 것을 의미합니다. 새 삶은 사람이 만들어 가는 것이 아니고 성령의 힘으로 이루어지는 열매입니다. 사도 바울은 그러한 열매들을 사랑, 기쁨, 화평, 인내, 친절, 선함, 신실, 온유, 절제(갈 5:22-23) 등 아홉 가지로 열거했습니다.

낡은 것의 특징은 정죄와 판단이 많다는 것입니다. 포용력이 없습니다. 자기와 다른 것을 모두 적으로 간주합니다. 그래서 예수님이 오시기 전 유대 사회에는 죄인으로 낙인찍힌 사람들이 많이 있었습니다. 그런데 예수님이 오신 후 새로 시작된 새 시대에서 그러한 사람들이 다 받아들여지고 치유되었습니다. 그리고 하나님의 축제에 참여해 기뻐했습니다. 그들은 그들 자신이 실패한 새 삶을 하나님이 마련해 주셨다는 것을 예수님을 통해 알게 되었습니다. 그들은 그 사실을 알고 하나님께 영광을 돌렸습니다.

새 포도주를 낡은 부대에 담을 때 낡은 것이 터져서 못 쓰게 되는 것과 같은 실제적 사건이 묵상에서 이루어집니다. 묵상에서 이루어지는 영적 갱신에서 자아를 중심으로 쌓아 놓은 벽이 무너집니다. 나의 주관, 나의 원칙이 수정됩니다. 그러면서 새로운 전망이 열립니다. 미움, 싫음, 갈등, 적대가 영원할 것 같았는데 하나님의 현존 가운데서 그러한 것들이 무너지고 하나님의 뜻을 받아들이게 됩니다. 절대로 양보할 수 없는 나의 원칙, 나의 입장, 강한 자존심에 묶여 있는 나의 어리석음을 보면서 절대시하던 것들을 내려놓게 됩니다. 나의 분노, 두려움을 그대로 하나님께 내놓을 때 그러한 데서 풀려나게 됩니다.

그러한 경험은 하나님의 현존 가운데서 보화의 발견으로 이루어지는 옛것의 포기입니다. 강요에 의한 빼앗김이 아닌 자유와 희망, 기쁨 가운데서 이루어지는 포기입니다. 그러한 포기에서 새로운 삶의 형체가 나타나게 됩니다. 내가 만들어 내는 것이 아니고 성령의 힘으로 이루어지는 열매들입니다.

너희는 성령을 따라 행하라 그리하면 육체의 욕심을 이루지 아니하리라(갈 5:16).

새 시대에 살고 있는 그리스도인

그리스도인들은 이 세상에서 낡은 시대에 살고 있지 않습니다. 그리스도인들은 새로운 세상에 살고 있는 사람들입니다. 그들은 낡은 가죽 부대에 새 포도주를 담는 사람들이 아닙니다. 그들은 새 가죽 부대에 새 포도주를 담는 사람들입니다. 그래서 그들을 가리켜 새로운 피조물이라고 합니다. 새 포도주를 담을 수 있는 부대는 겸손과 온유입니다. 그것 없이는 새것을 담을 수 없습니다.

낡은 가죽 부대는 교만, 허세, 자아 중심인데 그러한 것들을 가지고 새로운 삶은 이루어지지 않습니다. 그러한 것들을 중심으로 한 삶에서 새것을 추구한다면 그것은 허사입니다. 새것은 하나님의 영이신 성령에 의해 이루어집니다. 자기가 중심이 된 가운데서 새로운 삶을 설계하고 나름대로 만들어 놓은 금욕적인 방법으로 새로운 삶을 실현해 보려고 할 때 꼭 같은 실패의 반복입니다.

새 시대에서는 나를 중심으로 한 세계관에서 하나님을 중심으로 한 세계관으로 바뀌어야 합니다.

그리스도 안에 있으면 새로운 피조물이라(고후 5:11-17).

하나님의 부르심에 대한 우리의 응답

모세는 이집트의 궁전에서 바로의 딸의 양자로 양육되었지만 그의 동족을 돕기 위해 이집트 사람을 죽이고, 더 이상 그것을 숨길 수 없어서 이집트를 몰래 빠져나오게 되었습니다. 모세는 오늘날 요르단 지역인 아카바 만의 미디안으로 피신했습니다. 미디안 사람들은 유목민이었습니다. 모세가 미디안 사람들에게 쉽게 받아들여질 수 있었던 것은 미디안의 제사장 이드로가 그의 딸을 모세에게 주어 그의 장인이 되었기 때문입니다.

바로의 궁전에서 이집트의 최고의 교육을 받으며 성장한 모세는 하루아침에 망명자의 신세로 전락했습니다. 그러나 그러한 모세가 바로의 학정 아래에서 신음하는 이스라엘 백성을 구원해 내는 사람으로 부름을 받게 되리라고는 모세 자신도 상상하지 못했을 것입니다. 그때까지만 해도 하나님은 모세에게 숨겨진 분이셨습니다. 혹시 그전에 하나님을 알았다 해도 그가 이스라엘과 그렇게 친밀한 관계에 있는 분이시라는 것을 몰랐을 것입니다.

모세는 장인 이드로의 양 떼를 치는 목자가 되었습니다. 어느 날 모세는 양 떼를 몰고 광야를 지나서 미디안 사람들의 성지인 호렙 산으로 들어갔습니다. 모세가 거룩한 산으로 들어갔을 때 그는 떨기에 불이 붙었는데도 타서 없어지지 않는 놀라운 광경을 보았습니다. 모세는 어째서 그 떨기가 불에 타지 않는지를 알아보아야 하겠다고 생각했습니다. 그래서 불이 붙은 떨기나무 가까이 다가 갔습니다. 그때 하나님이 "모세야, 모세야!" 하고 부르셨습니다. 모세는 "예, 제가 여기 있습니다"라고 대답했습니다. 그때 다시 "이리로 가까이 오지 말라. 네가 서 있는 곳은 거룩한 땅이니 너는 신을 벗어라"라는 말씀이 들렸습니다.

도망자, 망명자, 목동 모세는 부르심을 받았습니다. 하나님이 모세에게 주신 사명은 이집트에서 고통당하는 동족을 구하라는 것이었습니다. 모세는 절망하면서 자기는 못한다고 사양했습니다. 겸손처럼 보였지만 사실 겸손은 아닙니다. 모세는 하나님을 신뢰할 수 없었습니다. 그는 하나님이 누구이신지도 잘 모르고 있었습니다.

하나님의 부르심을 따라 새로운 생의 모험을 하는 데 제일 우선하는 것이 하나님에 대한 신뢰입니다. 그를 신뢰하지 않고는 그의 부르심에 "예"라고 응답할 수 없습니다.

내가 누구이기에 바로에게 가며 이스라엘 자손을 애굽에서 인도하여 내리이까(출 3:1-11).

하나님의 현존

모세를 통해 이스라엘 백성을 이집트에서 구해 내신 하나님은 '스스로 있는 자'이십니다. 누구에 의해 존재하시며, 누구의 명령에 따라 행동하시는 분이 아닙니다. 스스로 계시는 하나님은 이스라엘 백성과 함께하시며, 이스라엘 백성이 이집트를 떠나는 전 과정에서 실제 행동으로 자신이 누구인지를 드러내 보이셨습니다. 이스라엘 백성은 이집트를 탈출하는 전 역사의 과정에서 그들보다 앞서서 행동해 가시는 하나님이 어떤 분이신지를 알게 되었습니다. 그들과 함께하시는 하나님은 주무시는 신이 아닙니다. 그들과 함께하시는 하나님은 만물을 새롭게 하시는 구원의 하나님이십니다. 그 하나님은 이스라엘의 역사에서 자신을 드러내셨습니다.

이 사실을 잘 알고 있는 이스라엘 시인은 말하기를, "여호와 앞에 잠잠하고 참고 기다리라"(시 37:7)고 했습니다. 이스라엘 백성이 그들의 역사에서 깨달은 것이 바로 이것입니다. 하나님이 함께하시며, 그리고 그가 원하시는 바를 이루신다는 것을 깨닫게 될 때 모든 인간적인 행동을 멈추게 됩니다. 그 사실을 알지 못했을 때 모세는 자신의 힘으로 자기 동족의 억울함을 풀어 보려고 했지만 실패했습니다. 드디어 그는 좌절해 광야로 도피했습니다. 그 후 모세와 이스라엘 백성은 그들과 함께하시며 그들보다 앞서 행동해 가시는 하나님의 구원의 역사를 경험해 가면서 구원의 하나님을 찬양하게 되었습니다.

우리는 오래전 이스라엘 역사에서 일어난 이러한 일이 오늘 우리들에게 어떤 의미가 있는가를 생각해 보아야 하겠습니다. 이 이야기가 우리와 어떤 관련이 있는가를 물어야 하겠습니다. 떨기나무 가운데로부터 나오는 불꽃 안에서 자신을 모세에게 나타내신 하나님은 예수 그리스도의 십자가와 부활에서 자신을 드러내셨습니다. 거기서 하나님은 세상을 극진히 사랑하시는 분으로 자신을 드러내셨습니다. 사랑의 하나님은 인간을 찾고, 기다리고, 구애를 요청하고, 세상과 인간에 대해 희망의 계획을 가지고 계시는 분으로 자신을 드러내셨습니다. 예수께서 선포하신 오고 있는 하나님 나라와 오시는 하나님이 바로 이 하나님이십니다. 이 하나님은 현재도 우리와 함께하시면서 자신을 우리에게 드러내십니다.

스스로 있는 자가 나를 너희에게 보내셨다 하라(출 3:13-14).

하나님과의 친밀한 사귐

이 세상은 세상을 극진히 사랑하시며 만물을 새롭게 하시는 하나님의 정원
이며, 하나님은 인간을 그의 동역자로 부르십니다. 세상에서 그리스도인
들은 하나님의 정원을 돌보고 가꾸는 정원사들입니다. 하나님은 정원사들
을 통해 자신을 세상에 드러내십니다. 그래서 하나님의 정원사들은 세상
사람들에게 숨겨져 있는 하나님을 드러내야 합니다. 그렇게 되기 위해서
정원사들에게 언제나 요구되는 것은 하나님과의 친밀한 사귐입니다. 하나
님과의 친밀한 사귐을 위해서 부단한 영적 갱신이 있어야 합니다. 영적 갱
신을 위해서 매일 일용할 양식으로 말씀의 묵상이 필수적입니다. 묵상은
우리와 함께 계시는 하나님의 현존 안에서 사는 것뿐만 아니라 그의 현존
으로부터 살아가기 위한 것입니다. 우리는 우리에게 오시는 하나님으로부
터 살아가게 됩니다.

우리는 홀로 살아가지 않습니다. 우리를 정원사로 부르신 하나님과 함께
살아가게 됩니다. 우리를 정원사로 부르신 하나님은 우리와 함께하시면서
우리를 그가 원하시는 대로 빚어 가실 것입니다. 우리는 하나님의 길들이
심 가운데서 순간순간 하나님께 "예"와 "아멘"으로 응답해 가야 합니다. 그
것만이 우리가 할 수 있는 최선의 길입니다. 그렇게 되기 위해서 금년에도
하루하루 말씀을 묵상하면서 그 말씀 가운데서 우리를 인도해 가시는 하나
님과 친밀한 사귐이 끊이지 않고 이루어져야 합니다.

내가 주의 법을 어찌 그리 사랑하는지요(시 119:97-100).

시간을 선용하십시오

우리가 살고 있는 이 현실에는 하나님과의 사귐을 방해하는 요인들이 있습니다. 그러한 요인들 가운데 외적인 요인으로 '분주함', 또는 '한가함'이 있습니다. 분주함은 한 가지 일을 하면서도 정신을 반쯤 다음에 해야 할 일에 쏟게 합니다. 우리는 시간이 우리에게 속한 것이 아니라 우리가 시간에 속해 있으면서 그것에 대한 책임을 져야 하는 것처럼 행동합니다. 분주함 안에서 결코 깨달음은 없습니다. 분주함 가운데서는 우리 앞에 놓인 것을 있는 그대로 볼 수 없습니다. 그리고 참된 우정을 형성할 수도 없습니다. 분주함은 조급함을 동반합니다. 그래서 변화에 대한 조급함을 떨쳐 버려야 합니다. 무엇인가를 보고 깨달으려면 시간이 필요합니다. 친구와 교제하는 데도, 묵상에도 시간이 필요합니다.

한편 너무 한가함은 삶의 의욕을 상실하게 만들고 게으르게 합니다. 어떤 의미에서 때때로 찾아오는 한가함이 아닌 삶 전반에 걸친 무료함은 영적 생활에 방해 요인이 됩니다. 그래서 우리는 한가함, 무료함에서 그날그날을 보내지 않도록 하나님의 부르심에 귀를 기울이며 실천적인 삶을 살아가는 훈련을 해 가야 합니다. 시간을 선용하는 습관을 만들어 가야 합니다.

하나님과의 사귐을 방해하는 요인들로 다음은 결과에 대한 지나친 집착을 들 수 있습니다. 어떤 일이나 상황에 기도하며 최선을 다했으면 결과에 상관없이 하나님을 깊이 신뢰하며, 인내와 소망을 가지고 하나님의 인도하심을 따르며 살아가고자 하는 마음의 태도가 있어야 합니다. 하나님, 그가 의도하시는 대로 분명히 인도하실 것이라는 믿음이 있어야 합니다. 그렇지 않으면 무슨 일이든 빨리 단정하고 거두어 버리게 되고, 자신이 기대하는 결과를 얻기 위해 여기저기 기웃거리며 시간을 낭비하며 세월을 보내게 됩니다.

지혜 없는 자같이 하지 말고 오직 지혜 있는 자같이 하여 세월을 아끼라(엡 5:15-17).

하나님과 연합의 기쁨

아가서는 하나님이 창조하실 때 의도하신 남자와 여자 간의 순수하고 진실한 사랑을 노래하기 위해 기록한 책입니다. 하나님의 형상대로 창조된 최고의 피조물인 남자와 여자의 사랑을 표현하고 있습니다. 남자와 여자 사이의 친밀한 관계는 타락의 결과물이 아니라 창조의 선물입니다. 최초의 인류 아담과 하와는 에덴동산에서 벌거벗었으나 부끄럽게 여기지 않았습니다. 아가서는 그 시절을 상기시키고 있습니다. 성경 안에 아가서가 들어 있다는 사실은 하나님이 우리의 모든 것에 관심을 갖고 계시다는 사실을 일깨워 줍니다.

에덴동산에서 보여 준 아담과 하와의 조화로운 모습은 곧 타락으로 이어졌습니다. 그들의 죄는 성적인 범죄가 아니었습니다. 그것은 도덕적 자율성에 대한 자기주장이었습니다. 아담과 하와는 자신들이 무엇이 옳고 그른가를 스스로 결정할 수 있다는 신념으로 자신들의 입장을 나타냈습니다. 이러한 행동은 하나님과의 교제를 깨뜨렸을 뿐만 아니라 남자와 여자 간의 친밀함도 깨뜨렸습니다. 그들은 더 이상 부끄럼 없이 벌거벗은 채로 서 있을 수 없었습니다. 그리하여 자신의 몸을 나뭇잎으로 가렸습니다.

타락 이전의 남자와 여자 간의 순수하고 친밀한 사랑의 교제에서 우리는 하나님의 사랑을 연상하게 됩니다. 그러한 순수한 사랑의 근원은 하나님이며, 그 교제는 하나님 사랑의 표상이기도 합니다. 하나님은 인간과 사랑의 교제, 즉 영적 사귐을 원하십니다.

초대교회 교부들은 아가서에 기록된 남자와 여자 간의 사랑의 표현에서 인간과 사랑의 교제를 원하시는 하나님을 연상하였습니다. "하나님은 그의 양팔로 인간을 끌어안으시고, 왼팔로는 인간을 겸손하도록 고치시며, 오른팔로는 인간이 하나님에 의해 사랑받고 있는 존재임을 깨닫고 확신하도록 높이시고 위로하신다"고 했습니다.

우리를 품으시는 하나님께 우리가 온전히 안기기만 한다면 고난 가운데서 순결하게 되며, 하나님과 연합의 기쁨을 갖게 됩니다. 우리가 육체적으로, 심리적으로 고통과 갈등을 겪을 때 하나님이 나를 안아 주신다는 사실을 생각하면 진정한 겸손을 배우고, 넘치는 위로를 받을 수 있습니다. 하나님은 우리가 어떤 상태에 있더라도 우리를 거절하지 않으십니다.

그가 왼팔로 내 머리를 고이고 오른팔로 나를 안는구나(아 2:1-6).

하나님의 품에 안기는 시간

하나님이 우리를 품으시는 것은 우리의 의로움, 우리의 착함 때문이 아닙니다. 하나님이 일방적으로 우리를 사랑하시기 때문에 우리를 품으십니다. 이러한 하나님의 사랑을 예수께서 드러내셨습니다. 예수님은 잃어버린 양의 비유를 통해서 하나님이 상처 입은 인간을 찾으시며, 찾은 인간을 품에 품어 주신다는 사실을 알려 주셨습니다. 또한 아버지를 멀리 떠난 아들의 비유에서 예수님은 하나님이 우리를 기다리신다는 사실을 알려 주셨습니다. 하나님이 우리에게 원하시는 것은 의로운 사람이 되는 것이 아니라 우리 자신의 잘못을 시인하고 돌아오는 것입니다. 그러면 그가 우리를 품어 주십니다.

예수님은 하나님이 우리를 품어 주신다는 것을 여러모로 나타내셨습니다. 우리는 예수님에게서 우리를 품어 주시는 하나님을 만나게 됩니다. 하나님은 우리가 그의 품에 깊이 안기기를 원하십니다. 하나님이 우리를 품에 안으신다는 것은 우리와 친밀한 교제를 기뻐하신다는 것을 의미합니다.

묵상의 시간은 우리가 하나님의 품에 안기는 시간입니다. 우리를 품어 주시는 하나님은 침묵으로 응답하십니다. 사실 사랑 가운데서 이루어지는 친밀한 교제에는 많은 말이 필요하지 않습니다. 말이 필요한 단계에서는 우리 자신의 견해, 이의, 반문이 있게 됩니다. 그런데 그러한 단계를 넘어서 그분 품에 안기게 될 때에 말은 필요 없습니다. 단지 그분 안에 있는 사실만으로 족합니다. 그분에 대한 진정한 신뢰에서는 맡김 이외에 다른 행동이 필요 없게 됩니다.

내 안에 거하라 나도 너희 안에 거하리라 (요 15:1-5).

하나님 사랑의 확고함

예수님 안에서 하나님과의 친밀한 교제가 이루어집니다. 하나님은 예수님을 통해 우리에게 다가오십니다. 예수님을 통해 구애를 요청하십니다. 예수님은 말씀으로 우리에게 다가오십니다. 그 말씀을 알아듣게 하시는 분이 성령이십니다. 성령께서 말씀으로 찾아오시는 주님을 보게 하시고, 그 말씀 가운데서 하나님과 교제 가운데 있게 하십니다. 하나님과의 친밀한 교제에서는 말씀 음미의 과정이 점점 생략되고 말씀을 직접 듣게 됩니다.

사도 바울은 예수 그리스도 안에서 이루어진 하나님 사랑의 확고함에 대해 이렇게 말합니다.

"누가 우리를 그리스도의 사랑에서 끊을 수 있겠습니까? 환난입니까, 곤고입니까, 박해입니까, 굶주림입니까, 헐벗음입니까, 위협입니까, 또는 칼입니까?"(롬 8:35, 새번역).

계속해서 말하기를, "나는 확신합니다. 죽음도, 삶도, 천사들도, 권세자들도, 현재 일도, 장래 일도, 능력도, 높음도, 깊음도, 그 밖에 어떤 피조물도 우리를 우리 주 예수 그리스도 안에 있는 하나님의 사랑에서 끊을 수 없습니다"(롬 8:38-39, 새번역)라고 했습니다.

그러나 이 모든 일에 우리를 사랑하시는 이로 말미암아 우리가 넉넉히 이기느니라(롬 8:35-39).

하나님의 품에서 받는 위로

하나님의 품은 우리의 영원한 안식처요, 집입니다. 우리는 하나님의 품에서 안식을 누릴 수 있습니다. 하나님이 우리에게 요구하시는 것은 우리가 돌이켜서 그의 품에 안기는 것입니다. 하나님과의 친밀한 교제는 하나님의 품에 더욱더 깊이 안기는 것입니다. 예수님은 그것을 암탉이 병아리를 품는 것으로 묘사하셨습니다. 예수님은 품에 안기지 않으려는 사람들의 완악함에 대해 이렇게 탄식하셨습니다.

"예루살렘아, 예루살렘아, 네게 보낸 예언자들을 죽이고, 돌로 치는구나! 암탉이 병아리를 날개 아래 품듯이, 내가 몇 번이나 네 자녀들을 모아 품으려 하였더냐! 그러나 너희는 원하지 않았다"(마 23:37, 새번역).

예수님의 아픔은 곧 하나님의 아픔입니다. 하나님은 우리를 품으시려고 하지만 우리는 하나님의 품에 안기지 않으려 합니다. 그렇게 하기를 거부합니다. 그렇게 하면 우리의 모든 것을 잃는다고 생각합니다. 그러나 사실은 그와는 반대입니다. 우리는 우리가 원하는 행복을 거기서 발견하게 됩니다.

하나님은 우리를 품어 주시고, 순결하고 깨끗하고 겸손하게 하시며, 격려하시고 굳세게 하십니다. 여기서 겸손은 도덕적인 덕목이 아닙니다. 우리의 새로운 인간됨 그 자체입니다. 겸손을 깨쳐 가면 진정한 행복을 알게 됩니다. 겸손에서는 자격지심이 없어지고 어느 순간 어디에서나 그 자리에 주님과 함께 있게 됩니다. 가난한 사람들, 어린아이들, 병든 사람들, 청년들, 노인들과 함께할 수 있습니다. 나름대로 자신을 위한 특별한 의미를 찾으려 고심하지 않아도 됩니다. 그저 그 순간이 행복한 순간으로 여겨지게 됩니다.

우리는 자신을 의식할수록 잘 꾸며야 하고, 잘 보여야 하고, 인정을 받아야 하기 때문에 자신이 항상 짐스럽습니다. 말이 많고 변명이 많게 됩니다. 겸손에서는 그것들을 위해 에너지를 소비할 필요가 없습니다. 겸손에서는 자신으로부터 진정 자유롭습니다.

너희 마음을 위로하시고 모든 선한 일과 말에 굳건하게 하시기를(살후 2:13-17).

합력해서 선을 만들어 가시는 하나님

우리의 생의 여정에는 우리가 기대하지 않은 상처, 배신, 모함, 상실 등 많은 부정적인 일들이 얼룩져 있게 됩니다. 이러한 일들이 우리를 아프게 하고, 고통스럽게 하고, 분노와 절망, 배신감을 느끼게 합니다. 그런데 우리의 생의 여정에서 이러한 것들을 긍정적으로 받아들이거나 해소하지 못하고 생을 마친다면 매우 불행한 생이라 하지 아니할 수 없습니다.

창세기를 묵상하면서 하나님이 창조하신 세상에 사는 사람들이 만들어 가는 온갖 어두운 일들을 목격하게 됩니다. 그들의 삶에서 이루어지는 살인, 성적 타락, 거짓, 배신, 질투, 모함, 속임수 등 많은 사건들을 보아 오고 있습니다. 그러한 역사들에서 일어난 많은 사건들이 배신은 배신으로, 모함은 모함으로, 속임수는 속임 그 자체로 끝나 버렸다면 우리는 '도대체 인생의 문제에 대한 해답이 무엇인가?', '왜 우리는 성경을 읽어야 하는가?', '이러한 복잡한 인간사의 문제들은 일반 역사 소설이나 무협지에서 더 흥미진진하게 읽어 갈 수 있지 않은가?'라는 의문을 제기하면서 성경을 덮어 버릴 수 있었을 것입니다.

그런데 성경을 덮어 버리지 못하게 만드는 것이 있었습니다. 그것은 다름 아닌 창세기의 역사가 인간들이 만들어 내는 그러한 복잡한 사건의 무의미한 야사가 아니고 '하나님을 사랑하는 사람들, 그의 뜻대로 부르심을 받은 사람들에게서 모든 일을 서로 합력해서 선으로 만들어 가시는 하나님의 이야기'라는 사실을 확인하게 되었고, 실제로 창세기가 그렇게 마감된다는 사실입니다.

우리는 성경을 읽으면서 성경에 등장하는 인물들이 그들의 생애에서 경험하는 어두운 사건들을 긍정으로 해석하고 받아들이는 것을 보아 왔습니다. 우리는 하나님과 함께하는 삶에서 발생하는 여러 복잡한 사건들이 쓰레기통에 버려야 할 것들이 아닌 매우 소중한 창조의 소재가 될 수 있다는 값진 진리를 발견했습니다. 거기서 우리는 우리가 서 있는 현재라는 시간에서 지나온 과거를 의미 있게 받아들이고, 미래를 희망 가운데서 바라볼 수 있는 근거를 발견하게 되었습니다.

당신들은 나를 해하려 하였으나 하나님은 그것을 선으로 바꾸사(창 50:14-21).

2월 15일

56

참 자유로운 사람의 화신 요셉

창세기는 용서될 수 없는 거짓, 치유될 수 없는 깊고 절망적인 상처, 도저히 화해할 수 없는 원한의 피의 복수, 그리고 살육으로 마감되지 않습니다. 그 대신 이스라엘 공동체를 형성할 터를 마련하는 구원의 사건으로 마무리되고 있습니다. 거기서 우리는 매우 경이로움을 느낍니다. 선을 이루어 가시는 하나님의 창조에서는 인간들이 만들어 내는 온갖 어두움의 일들, 인간들의 잔꾀와 음모, 집념이 모두 그것 자체의 의미와 목적을 상실해 버리는 기적을 보게 됩니다.

사랑하는 아들을 상실한 아버지의 깊은 상처가 그의 삶을 온통 절망의 구렁텅이로 몰아갔는데 그 절망이 오히려 기쁨으로 바뀝니다. 동생을 팔아버린 형들이 그러한 거짓을 영구히 은폐해 그 거짓 가운데서 계속 살아가며 그들의 목적한 것을 얻어 내는 것이 아니고, 그들이 드디어 그러한 불의와 거짓을 떨쳐 버리고 새로운 역사에 참여하는 기적을 보게 됩니다. 더 감동적인 것은 증오와 복수로 지난날의 생의 억울함과 상실을 보상받고자 하는 통속적인 인간 권력의 역사를 극복하고, 지난날의 자신의 한스러운 생의 역사를 은혜와 축복으로 받아들이는 참 자유로운 사람의 화신 요셉의 모습입니다.

'도대체 무엇이 이러한 일들을 가능하게 했는가?' 창세기에는 이러한 물음에 대한 해답이 있습니다. 그러한 일을 이루어 가시는 분은 창조주 하나님이십니다. 그의 안에서는 인간의 어떤 절망과 고통도 삶의 밑거름이 될 수 있습니다. 요셉은 그의 생애에서 그 하나님을 만나고 그를 끝까지 신뢰합니다. 모함, 배신, 절망이 요셉을 악에 빠트리지 못하고 그에게 상처를 입히지도 못합니다. 시험과 악이 요셉을 삼키지도 못합니다. 하나님은 요셉의 생애를 통해 그가 누구임을 나타내 보이십니다. 이것이 창세기의 역사입니다.

두려워하지 마소서 내가 하나님을 대신하리이까(창 50:14-21).

하나님과 함께하는 은혜의 자리

우리는 작은 선행을 하고도 칭찬을 원합니다. 우리는 칭찬, 인정에 매우 목말라 있습니다. 우리는 상처, 모함, 배신에 대해 이는 이로, 눈은 눈으로 갚지 않으면 견디지 못합니다. 그렇지 않으면 그것이 속병이 되든가 정신적인 장애를 일으키는 원인이 되기도 합니다. 분노는 분노로, 배신은 배신으로, 모함은 모함으로 갚아야 합니다. 우리는 위로 하나님으로부터 오는 것으로 살지 못하고 육의 것으로 우리의 갈급함을 채워 가기 때문에 육의 방법으로 살아가게 됩니다. 그러나 요셉은 그러한 것을 넘어섰습니다. 요셉은 하나님으로부터 오는 것으로 사는 사람이었습니다. 그것이 그를 자유롭게 했습니다.

우리에게는 현재의 시점에서 지나온 과거의 상처, 원한, 아픔을 긍정으로 받아들일 수 있고 어떤 절망과 좌절의 자리에서도 미래를 희망으로 바라볼 수 있는 삶의 근거가 있습니다. 그것이 바로 하나님과 함께하는 은혜의 자리입니다. 하나님과 함께하는 곳에서는 그 자리가 죽음, 또는 유혹의 자리이든, 감옥이든, 권력의 자리이든 선을 이루어 가시는 하나님의 창조에 동참하게 됩니다. 그러한 의미에서 하나님과 함께하는 현재는 우리의 시간이 아니요, 하나님의 창조의 시간입니다.

그래서 하나님을 사랑하는 자 그의 뜻대로 부르심을 입은 사람은 그 자리에서 "뜻이 하늘에서 이루어진 것같이 땅에서도 이루어지이다"라는 기도를 하게 되고, 실제로 그러한 창조를 경험하게 됩니다. 우리는 요셉의 이야기에서 그 하나님을 만나게 되고, 그에 대한 깊은 신뢰에서 신실하게 응답해 가는 삶을 만나게 됩니다.

그의 뜻대로 부르심을 입은 자들에게는 모든 것이 합력하여 선을 이루느니라(롬 8:28-30).

하나님의 막중한 사랑

하나님과 함께하는 곳에서는 사고나 죽음의 상황이라도 무의미한 순간이 아닙니다. 그러한 일들은 악을 선으로 이루시는 하나님의 창조의 소재입니다. 그러한 의미에서 우리는 하루, 한 달, 일 년을 헛되게 사는 것이 아닙니다. 우리에게 허락된 생의 시간이 우리의 욕망, 우리의 분노, 우리의 허영심이 성취되는 시간이 아니고, 하나님의 선하신 뜻이 이루어지는 시간이라는 데서 우리는 기뻐하고 감사하게 됩니다.

우리는 하나님의 사랑을 유발시키거나 누릴 만한 아무런 이유를 가지고 있지 않습니다. 하나님의 사랑은 자발적이며 끝이 없습니다. 그는 우리 인간을 사랑하기로 선택하셨기 때문에 우리를 사랑하고 계십니다. 그리스도의 용서를 받아들이고 그와 관계를 맺은 사람이라면 세상의 그 어떤 것도 그와의 사랑을 끊을 수 없고 그 사랑을 감소시킬 수도 없습니다. 이 사실은 우리가 하나님의 무조건적인 사랑 안에서 안전하다는 것을 의미합니다. 하나님의 사랑을 더 많이 받기 위해 의무적으로 해야 할 일은 없습니다. 또 사랑을 덜 받기 위해 할 수 있는 일도 없습니다. 그것은 우리가 그리스도께 속해 있기 때문입니다.

인간의 모든 믿음을 넘어, 이 땅의 모든 소망을 넘어 영원하신 하나님의 사랑이 우리에게 다가왔습니다. 궁극적인 희생의 행동으로 우리를 사서서 그의 소유로 삼으셨습니다. 그러한 사랑에 우리는 어떻게 반응할 것입니까? 어떻게 해야 하나님을 온전히 사랑하는 방향으로 나아갈 수 있을까요? 우리와 함께하시는 하나님을 더 깊이 알아 가고 사랑의 교제를 갖기 위해서는 우리에게 시간과 순종이 필요합니다.

누가 우리를 그리스도의 사랑에서 끊으리요(롬 8:31-35).

영성 형성

영성은 현재의 나의 나 됨과 앞으로 되어 가야 할 나의 모습을 규정해 갑니다. 그리고 영성에 의해서 점차적으로 변화되어 가는 것을 '영성 형성이 되어 간다'고 표현합니다. 사도 바울은 로마서 12장에서 영성 형성에 대해 이렇게 말합니다.

"마음을 새롭게 함으로 변화를 받아서, 하나님의 선하시고 기뻐하시고 완전하신 뜻이 무엇인지를 분별하도록 하십시오"(2절, 새번역)

이렇듯 마음을 새롭게 하고 변화를 일으키는 능력이 영성입니다. 영성은 체험적이면서 지속적인 창조의 특성을 가지고 있습니다. 이 영성은 1년 전의 나와 1년 후 오늘의 나를 다르게 만듭니다. 1년 전의 체험이 그때 나의 나 됨에 결정적인 영향을 주었다면, 1년 후 오늘에 와서 겪는 새로운 체험이 지금의 나 됨을 있게 합니다. 영성은 계속해서 얻는 새로운 깨달음 가운데 새로운 나를 통합해 갑니다. 이러한 과정은 현실에서는 도착 지점이 없습니다. 지금의 현실에서 계속되는 순례의 여정입니다. 이러한 전 과정을 영성생활이라 합니다.

교회에서 사용하는 용어들 중에 신앙생활, 경건생활이라는 단어가 있습니다. 이 두 단어에는 교회 출석, 십일조, 봉사가 내포되어 있습니다. 보통 그러한 것들을 잘하면 신앙생활을 잘한다고 합니다. 그러나 영성생활은 교회 울타리를 훨씬 넘어섭니다. 영성생활은 세계와 이웃과의 관계 안에서 하나님께 응답해 가는 삶의 전 과정입니다. 그 과정에서 하나님과의 교제가 점점 더 깊어지면서 하나님에 대한 감사, 믿음, 복종, 겸손, 긍휼, 봉사, 그리고 기쁨이 더해 가게 됩니다. 결국 기독교 영성은 하나님으로부터 시작해서, 하나님께 의존하며, 하나님 안에서 끝납니다.

마음을 새롭게 함으로 변화를 받아서(롬 12:1-2).

사랑은 하나님 자신입니다

사도 바울에게 있어서 사랑은 우리가 소유할 수 있고 연습할 수 있는 은사가 아닙니다. 사랑은 인간의 모든 가능성과 능력을 뛰어넘습니다. 사랑은 우리를 사로잡아 집착, 자기중심에서 해방시킵니다. 그리고 새로운 세계를 열어 갑니다. 우리는 사랑을 소유할 수 없고, 사랑이 우리를 사로잡습니다.

고린도전서 13장에서 바울의 사랑의 예찬에 담겨 있는 이 사랑이 굴절되지 않고 온전한 사랑으로 실현되어 나타난 곳이 예수 그리스도의 십자가입니다. 예수 그리스도의 십자가에서 실현된 사랑을 보게 됩니다. 거기서 우리는 사랑의 실체이신 하나님을 만나게 됩니다. 바울이 말하는 사랑은 하나님 자신입니다.

신학자 판넨베르그(Wolfhart Pannenberg)는 "사랑의 현실성은 예수 그리스도가 아닌 그 어떤 다른 형태로 이루어질 수 없다"고 했습니다. 그리고 그는 "우리가 자신에게 집착하는데도 불구하고 사랑이 여하한 방법으로 우리 삶에서 항상 활동하고 있다는 이 사실에서 은혜의 하나님의 현재가 불순종하는 이 세상 한가운데서 증명된다"고 했습니다. 우리는 사랑으로 창조되었고, 우리의 삶은 사랑으로 보존되고 유지됩니다. 우리에게서 사랑은 계속 굴절되지만 사랑은 끊이지 않고 계속해서 우리에게 다가옵니다. 사랑은 우리의 행위가 아닙니다. 우리의 덕성도 아니며 우리의 감성도 아닙니다. 물론 자연의 힘도 아닙니다. 은사도 아닙니다. 사랑은 하나님 자신입니다.

방언으로 깊은 영적 무아지경에 들어갑니다. 탁월한 설교가, 탁월한 연주가, 뛰어난 미모 모두 사랑이 없으면 아무것도 아닙니다. 사랑은 우리의 모든 은사를 영적으로 만듭니다. 사랑만이 영원합니다. 왜냐하면 사랑은 하나님이기 때문입니다. 우리는 이 사랑 안에서 하나님과 연합할 수 있습니다. 사랑이신 하나님은 우리의 자기 집착이 극복되는 곳에 오십니다. 이 세상에 자기 집착이 극복된 곳은 예수 그리스도의 십자가입니다. 우리에게 언제나 주시는 하나님의 사랑이 온전한 사랑으로 나타나도록 하나님을 향해 자신을 활짝 열어 놓아야 합니다.

모든 믿음이 있을지라도 사랑이 없으면 내가 아무것도 아니요(고전 13:1-13).

십자가의 길

예수님이 광야에서 40일간 금식 기도를 하신 후에 사탄이 예수님께 나타나서 십자가의 길이 아닌 세상적인 성취의 길을 가도록 시험했습니다. 그 때에 예수님은 사탄의 시험을 단호히 거절하셨습니다. 예수님은 하나님의 뜻을 성취하기 위해 세상에 오셨습니다. 그 뜻을 성취하기 위해서는 자기를 부인하는 길을 가지 않으실 수 없었습니다. 그 길이 십자가를 지는 길이었습니다.

예수님이 십자가를 지셔야 은혜와 평화의 하나님 나라가 현실적 사건이 됩니다. 예수께서 이해하신 메시아의 길은 하나님의 뜻을 이 세상에 실현시키는 것입니다. 그 길의 실현이 예수께서 십자가를 지심으로 이루어져야 한다는 사실을 예수님은 알고 계셨습니다. 바로 여기에 십자가에 숨겨진 신비의 뜻이 있습니다.

만물을 새롭게 하시는 하나님의 창조에서 십자가는 옛것과의 단절이며 동시에 새로운 시작입니다. 십자가 자체로 끝난다면 십자가는 실패와 좌절입니다. 그런데 십자가 다음에 부활이 있습니다. 십자가에서 인간의 공적, 인간의 선행, 인간의 도덕성, 인간의 성취가 다 무력화됩니다. 전적으로 하나님의 능력에 의해서 새 삶이 시작됩니다. 그리고 십자가는 실패한 삶이 다시 시작되는 곳이기도 합니다. 사람들은 자신의 삶을 성취하기 위해 온갖 노력을 다하다 실패하고 좌절합니다. 그렇게 실패한 생이 다시 시작될 수 있는 곳이 십자가입니다.

누구든지 나를 따라오려거든 자기를 부인하고 자기 십자가를 지고 나를 따를 것이니라(마 16:21-25).

십자가, 하나님 뜻의 실현

십자가는 예수님이 하나님의 뜻을 실현하기 위해 자기를 부인하고 온전히 하나님께 복종하신 사건입니다. 그리고 하나님은 십자가에서 자신을 의로우신 분, 용서하시는 분, 해방하시는 분으로 나타내셨습니다. 십자가는 하나님의 능력이요, 하나님의 지혜입니다. 십자가는 인간이 전적으로 하나님의 사랑과 은혜로 새로운 삶을 시작하는 곳입니다. 십자가는 하나님의 은혜의 자리입니다. 이 은혜의 자리에는 인간의 공적, 노력, 의는 모두 무효가 됩니다. 그리고 오로지 하나님의 지혜, 그의 능력, 그의 사랑으로 새로운 삶이 시작됩니다.

십자가에서 시작되는 새로운 삶은 하나님에 대해 맺어지는 새로운 관계입니다. 그 어떤 것도 십자가에서 맺어진 하나님에 대한 관계를 무효화시키거나 하나님의 사랑에서 떼어 놓을 수 없습니다. 그것은 전적으로 하나님에 의해 이루어지기 때문입니다. 연약한 인간이기에 허물이 있어 실족하기도 하고 실패하기도 하지만, 하나님에 대해 맺어진 관계에서는 전적으로 하나님의 은혜로 살아가게 됩니다. 그 누구에게 예속되거나 어떤 다른 힘에 의해 생명이 유지되고 보존되지 않고 오로지 하나님께 예속되어 있으므로 거기에는 자유가 있습니다.

새로운 삶은 십자가에서 시작됩니다. 세상을 창조하신 하나님, 만물을 새롭게 하시는 하나님이 이 세상에 새로운 삶을 시작할 수 있는 유일한 곳을 마련하셨습니다. 그곳은 예수님이 자기를 부인하고 십자가를 지심으로 이루어진 곳입니다. 그곳에서 하나님은 우리를 의롭다 하시며, 우리를 용서하시고, 우리와 관계를 맺으시고, 우리를 자유인이 되게 하십니다.

십자가에 다가가는 사람은 누구든지 십자가에서 자기를 부인하고 온전히 하나님께 복종해 십자가에 달려 죽으신 예수님과 사흘 만에 다시 살아나신 그리스도를 만나게 됩니다. 그분을 통해서 우리를 위해 새 삶을 준비하고 계시는 하나님께로 인도됩니다. 그리고 하나님에 대해 관계를 맺습니다. 죄의 속박에서 벗어나 자유인이 되는 길은 믿음 안에서 하나님에 대한 관계에서 이루어집니다. 예수님은 우리를 하나님께로 인도하는 길이십니다.

제 목숨을 구원하고자 하면 잃을 것이요 누구든지 나를 위하여 제 목숨을 잃으면 구원하리라(눅 9:23-24).

내려놓음

그리스도인은 십자가에서 생겨납니다. 십자가에서 옛 사람이 죽고 부활하신 그리스도와 함께 새 생명으로 태어나는 사람들이 그리스도인들입니다. 그들은 죄의 속박에서 벗어난 자유인들이며 동시에 예수님을 따르는 예수님의 제자들입니다. 예수님의 제자들은 예수님의 삶을 모방하는 사람들이 아닙니다. 그들은 예수님과 같이 자기를 부인하고 예수님의 십자가가 아닌 자기의 십자가를 지고 살아가는 사람들입니다. 우리는 예수님을 따르는 제자로서 우리 각자의 십자가를 져야 합니다.

초대교회 때에는 자기를 부인하고 십자가를 지는 것을 순교로 받아들였습니다. 그래서 초대교회 때의 그리스도인들은 순교를 신앙생활의 최고의 꽃으로 생각했습니다. 초대교회 그리스도인들이 그러한 신앙을 갖게 된 것은 예수님이 곧 오신다는 종말론적 신앙 때문이기도 했습니다. 그다음 중세 때 와서는 예수님을 따르는 제자로서 자기를 부인하고 십자가를 지는 것을 독신으로 수도사가 되는 길로 받아들였습니다. 그때 수도사가 되는 것은 신앙의 최고의 미덕이었습니다.

그러면 오늘 우리 시대에서 자기를 부인하고 예수님을 따르는 길은 어떤 것일까요? 순교자나 수도사가 되는 것일까요? 지금도 이슬람 문화권이나 북한에서 그리스도를 따르는 그리스도인들은 순교를 각오해야 합니다. 그렇지 않은 자유세계에서 사는 그리스도인들의 경우 순교는 생각할 수 없습니다. 우리 역시 여기에 포함됩니다. 우리의 현실에서 자기를 부인하고 그리스도를 따르는 길이 어떤 것일까요?

누구나 그리스도를 따르고자 하는 사람은 현실에서 자기 부인이 무엇을 의미하는가를 생각해야 합니다. 우리의 현실에서 자기 부인은 현실의 생을 포기하는 것, 금욕적인 생활이 아닙니다. 현실 부인은 더욱더 아닙니다. 오히려 그리스도를 바르게 알게 되면 현실의 생을 긍정하게 됩니다. 자기를 부인한다는 것은 그러한 것들을 내려놓는 것입니다. 그리고 하나님을 신뢰하고 그가 요구하시는 일을 받아들이는 것입니다. 하나님을 신뢰할 때는 우리의 주장, 집념까지도 내려놓지 않을 수 없습니다. 하나님에 대한 신뢰는 하나님께 무릎을 꿇는 것입니다.

이제는 내가 사는 것이 아니요 오직 내 안에 그리스도께서 사시는 것이라(갈 2:20).

풍성한 생명에 이르는 길

우리의 생명은 하나님이 주신 선물로, 우리는 그것을 사랑하고 잘 보전해야 할 뿐만 아니라 그것을 실현해야 합니다. 실현되지 않은 생명은 병들게 됩니다. 어린 시절의 마음의 상처가 왜 나쁜가 하면 생명의 실현을 방해하기 때문입니다. 실현되지 않은 생명은 한 알의 밀알이 그대로 있는 것과 같습니다.

그런데 예수님은 생명을 미워해야 한다고 하셨습니다. 생명을 미워한다는 것은 '세상 도피나 신경증적인 자기혐오, 자기 학대, 금욕주의'가 아닙니다. 생명의 근원이 되시는 하나님께는 인간을 향한 요구가 있고, 인간은 그 요구를 받아들여야 합니다. 바로 거기에 하나님의 나라가 현실적으로 임합니다.

예수님 시대에 바리새인들이나 율법사들이 예수님께 요구하는 것을 예수님이 받아들이셨다면 그는 오랫동안 안정된 생을 누리셨을 것입니다. 그런데 예수님은 그들의 요구를 받아들이지 않고 하나님의 뜻에 순종하셨습니다. 그것이 예수님께는 자신의 생명을 미워하는 일이었습니다. 그렇게 하심으로 생명의 근원이신 하나님과 온전한 일치의 길을 택하셨습니다.

예수님은 현실에 더한 생명을 위해 자신의 생명을 미워하셨습니다. 예수님은 이 세상에서 누리는 생명이 아닌 다른 차원의 생명, 그 생명을 끝까지 붙잡으셨습니다. 십자가의 죽음은 파멸이 아닌 영원한 생명을 얻는 길이었습니다. 그 길은 예수님 자신만이 아닌 모든 인간이 생명의 근원이신 하나님께로 나아가는 길이기도 합니다.

이 우주에는 한 차원 더 높은 생명이 있습니다. 그것은 하나님이 인간에게 요구하시는 하나님의 뜻입니다. 인간이 그 뜻을 받아들일 때 생명의 근원이신 하나님께 닿을 수 있습니다. 인간의 생명이 그 생명에 닿게 될 때 실현됩니다. 그 생명을 얻기 위해서는 현재의 생명을 미워해야 합니다.

현실에서 자신의 생명을 미워한다는 것은 하나님의 요구에 내어놓는 것입니다. 우리에게 하나님의 요구는 한 알의 밀알을 썩게 하는 땅속의 수분이나 자라게 하는 햇빛과 같습니다. 인간은 자신의 생명을 재물로, 명예로, 견고한 집으로, 보약으로만 보전해 가려고 합니다. 생명은 죽어서 변형되어야 합니다. 그 길이 생명을 얻고 더 얻어 풍성하게 되는 길입니다.

죽으면 많은 열매를 맺느니라(요 12:20-25).

자신의 생명을 미워하는 것

예수님은 "내가 있는 곳에는, 나를 섬기는 사람도 나와 함께 있을 것이다"(요 12:26, 새번역)라고 하셨습니다. 예수님이 말씀하신 '내가 있는 곳'은 한 알의 밀알이 변형되지 않고 밀알 그대로 나라고 하는 밀폐된 장소에 보관되어 있는 곳이 아닙니다. '내가 있는 곳'은 밀알이 썩어 새로운 변형을 이룬 장소입니다. 다시 말하면, 자기의 생명을 미워할 때 있게 되는 곳입니다. 그곳은 부활의 새 생명이 전개되는 곳입니다. 우리가 하나님이 요구하시는 뜻을 받아들일 때 있게 되는 곳입니다. 그곳에 하나님이 임하십니다. 십자가에 달려 돌아가신 예수님이 계시는 곳은 죽음의 터널이 아닌 부활의 새로운 지평입니다. 예수님은 바로 그곳에서 우리를 기다리고 계십니다. 그곳은 자기 생명을 미워하고 예수님을 따르는 사람들, 예수님을 섬기는 사람들이 있게 되는 곳입니다. 자기의 생명을 미워하지 않고는 부활의 새 생명에 닿을 수 없습니다.

그리스도인들이 현실에서 자신의 생명을 미워하는 것은 언제나 하나님의 뜻을 우리 자신의 것보다 위에 놓는 것입니다. 우리가 낙심하거나 포기하지 않고 그러한 영적인 삶을 지속해 갈 때 현실에서 생명의 근원이 되신 하나님과 함께하는 삶을 살아가게 됩니다. 우리의 생명을 미워하는 것이 하나님께 더 가까이 다가가는 길입니다. 거기에서는 모든 두려움이 물러가고 자유가 있습니다. 물론 거기에 수고와 고난은 있습니다. 그러나 그러한 고난은 우리의 생명이 더 역동적이 되게 합니다.

이 세상에서 자기의 생명을 미워하는 자는 영생하도록 보전하리라(요 12:25-26).

영성 훈련

하나님은 우리 한 사람 한 사람을 현재의 나로 부르고 계시며, 그 부르심에 응답하도록 도와주십니다. 나를 향한 하나님의 부르심은 영적으로 성장하고자 하는 나의 갈망으로 나타납니다. 이처럼 하나님의 부르심과 나의 갈망이 서로 접합되어 영적으로 성장하는 일이 곧 영성 훈련입니다.

영성생활은 영성 훈련을 통해서 이루어집니다. 기독교 역사에 나오는 성인들에게는 지속적인 영성생활이 있었습니다. 그러나 영성생활의 이면에는 끊임없는 영성 훈련이 수반되었습니다. 그래서 영성 훈련과 영성생활은 매우 밀접한 관계를 가집니다. 영성 훈련은 하나님의 말씀을 듣는 '영혼의 창'이라고도 할 수 있습니다. 세계와 이웃과의 관계 안에서 하나님께 응답해 가려면 영혼의 창이 있어야 합니다.

우리의 지나온 날들을 돌이켜 볼 때 하나님이 우리의 삶에 개입하시는 순간들이 많이 있었습니다. 그러나 우리는 그 순간을 포착하지 못하고 그대로 흘려보내곤 했습니다. 영혼의 창은 고정된 사고의 틀이 아닙니다. 그것은 영적 감수성입니다. 깨끗하고 맑은 영혼의 창을 통해 존재의 가장 깊은 부분에 들려오는 말씀은 우리를 잠에서 깨어나게 하며 새로운 인생 여정을 준비시킵니다. 그리고 인생의 여정에서 판단을 더디 하고 이해를 속히 해야 한다는 단순한 깨달음이 있게 합니다. 또 내게 들려오는 그 말씀은 내가 누구이며, 지금 왜 여기에 있으며, 인생의 이 시점에서 내게 요구되는 것이 무엇인지를 말해 주기도 합니다. 켄 가이어에 의하면 그 창은 하나님의 말씀을 듣는 곳이기도 하지만, 하나님께 소중한 것이 무엇인지 보게 해 주는 지혜의 안목이기도 합니다.

영성생활은 우리 현실 어느 시점에서 끝나는 것이 아닙니다. 이것은 우리가 하나님 앞에 가서 서는 시간까지 계속되는 영적 순례입니다. 그 과정에는 유혹, 시험, 낙심, 실패와 같은 요인들이 있습니다. 이 요인들 때문에 우리의 새로운 시작을 포기해서는 안 됩니다. 우리는 원점으로 돌아가지 말고 그 시점, 그 자리에서 주님과 함께 다시 진행해야 합니다. 영성생활의 주체는 내가 아니고 하나님이십니다. 하나님이 무효라고 하시지 않는 한 우리는 원점으로 돌아갈 이유가 없습니다. 계속 앞으로 나아가야 합니다.

나는 선한 싸움을 싸우고 나의 달려갈 길을 마치고 믿음을 지켰으니(딤후 4:6-10).

우리 존재의 근원

사람들은 행복의 실재가 되시는 하나님을 알지 못해 그 대용품인 피조적인 것들을 섬깁니다. 그러할 때 피상적인 삶을 살게 되고, 편협적이고, 관념적이며, 거짓된 자아에 속아 허구 속에 살게 됩니다. 하나님은 시간과 공간을 초월하셔서 우리와 매우 가까이 계십니다. 예수님과 기독교 역사에서 하나님을 경험한 많은 성인들도 그 사실을 실제로 보여 주고 증언해 주고 있습니다. 성인들의 공통된 증언은, 하나님은 우리의 호흡보다, 감정보다, 의식보다, 생각보다 훨씬 더 가까이 계신다는 사실입니다.

우리도 묵상 생활에서 복잡한 생각, 충동, 집념, 자기주장, 의도적인 의식의 기교와 같은 장애물에 우리의 마음을 빼앗기지 않고 하나님의 임재 가운데 머무는 훈련이 이루어질 때 하나님이 우리와 아주 가까이 계신다는 사실을 깨닫게 됩니다. 그러한 영적 훈련에서 하나님은 우리와 가까이 계시는데 우리의 마음이 그를 떠나 있기 때문에, 하나님과 친밀한 교제 속에 살지 않아 인격적 하나님을 경험하지 못하기 때문에 그가 계시지 않는 것처럼, 또는 멀리 계시는 것처럼 느껴진다는 사실을 알게 됩니다.

이렇게 가까이 계시는 하나님께로 가까이 다가가는 길이 묵상입니다. 묵상 생활에서 가장 큰 깨달음은 우리가 하나님 안에서 살고 움직이고 존재하고 있다는 사실입니다. 우리가 멀리 계신 하나님을 찾아가서 만나는 것이 아닙니다. 우리가 그 안에 있었지만 그 사실을 알지 못하다가 어떤 동기로 비로소 우리가 이미 그 안에 있다는 사실을 깨닫게 됩니다. 우리의 의식의 작동으로, 생각으로, 상상으로 그가 우리와 함께 계시게 하는 것이 아닙니다. 하나님은 이미 우리와 함께 계셨습니다. 그런데 우리는 그 사실을 모르고 산 것뿐입니다. 하나님이 우리와 함께 계시지 않으면 우리는 살고 움직이고 존재할 수 없습니다. 우리는 하나님으로 말미암아 살게 됩니다.

우리는 묵상 생활에서 우리를 조종하는 거짓된 우상들을 하나하나 내려놓고 진정 자신으로 살고 움직이고 존재할 그곳으로 돌아가게 됩니다. 그곳에 하나님이 계시고 진정 우리 자신이 있습니다. 나라고 하는 존재는 하나님을 가까이하는 자리에서 발견되고 확인됩니다.

그는 우리 각 사람에게서 멀리 계시지 아니하도다(행 17:22-27).

하나님에 대한 신뢰

우리와 함께 계시는 하나님에 대해 우리가 할 수 있는 최선의 행위는 그에 대한 신뢰입니다. 하나님에 대한 신뢰는 한 번에 이루어지지 않습니다. 매우 사소한 일에서부터 그에 대한 신뢰를 쌓아 가야 합니다. 특별히 묵상을 할 때 하나님에 대한 전적인 신뢰를 가지고 임해야 합니다. 그렇지 않으면 우리 자신이 주체가 되어 무엇을 만들어 가려고 합니다. 하나님이 우리를 인도해 가실 것이라는 신뢰에서 조용히 그의 현존 가운데 머무는 훈련이 필요합니다. 묵상의 기초는 하나님에 대한 신뢰입니다.

묵상은 우리가 생각하는 것을 이루기 위해 우리의 의식을 작동시키는 것이 아닙니다. 인간적인 어떤 방법이나 기교가 아닌 하나님에 대한 깊은 신뢰가 기초가 되어야 합니다. 전적으로 하나님을 신뢰하며 그에게 우리 자신을 맡기는 것입니다. 그러므로 우리는 언제나 하나님에 대한 신뢰를 가지고 기대 가운데서 그에게 나아가야 합니다. 오로지 그에 대한 신뢰에서 우리의 마음이 그에게 향하게 됩니다. 신뢰가 기초가 되지 않으면 우리 자신이 주체가 되어서 어떤 느낌을 발생시켜 보려고 하는 유혹에 빠지게 됩니다. 그리고 잠잠히 있지 못하고 말로 하나님을 설득하려고 합니다.

다음으로 우리가 할 수 있는 일은 신뢰에서 하나님께 우리의 마음을 여는 일입니다. 하나님을 신뢰하지 못할 때 우리의 마음을 그에게로 열 수 없습니다. 하나님을 신뢰할 때 우리 자신의 모든 노력을 중단하고 침묵 가운데서 그에게 마음을 열게 됩니다.

주의 손이 나를 만들고 세우셨사오니 내가 깨달아 주의 계명들을 배우게 하소서(시 119:73-77).

마음 문을 열고 하나님을 맞아들이십시오

화가 헌트(Hunt William Holman)의 '세상의 빛'(The light of the world)이라는 그림이 있습니다. 그 그림에서 예수님은 등불을 손에 들고 문밖에 서서 문을 두드리고 계십니다. 헌트는 요한계시록 3장 20절, "보아라. 내가 문밖에 서서, 문을 두드리고 있다. 누구든지 내 음성을 듣고 문을 열면, 나는 그에게로 들어가서 그와 함께 먹고, 그는 나와 함께 먹을 것이다"(새번역)라는 말씀을 그림으로 표현했습니다.

그 그림은 문 주변의 덩굴이 아무렇게나 늘어져 있어서 그 문이 오랫동안 닫혀 있었음을 나타내고 있습니다. 그 문은 밖에서 열 수 있는 손잡이가 없어 안에서 열지 않으면 들어갈 수 없습니다. 정말 마음의 문을 열지 아니하면 방법이 없습니다. 주님은 매일 말씀으로 우리에게 찾아오셔서 우리 마음의 문을 두드리십니다. 우리는 그에게 문을 열어 드려야 합니다. 우리가 주님께 우리의 마음의 문을 여는 것이 하나님을 맞아들이는 것입니다. 그리고 그가 하고자 하는 뜻을 이루시도록 전적으로 우리 자신을 그에게 맡겨야 합니다.

우리가 마음을 열 때 하나님은 나를 바르게 세워 가십니다. 나는 순수하지 못합니다. 다른 잡다한 것에 얽매여 있기 때문에 우리 안에 들어오신 그에게 집중할 수 없도록 복잡한 사념(邪念)들이 분위기를 혼란스럽게 만듭니다. 그러나 그러한 것에 마음을 빼앗기지 아니하고 마리아가 자기 집에 들어오신 예수님의 발치에 앉아 그를 바라보며 말씀에 귀를 기울인 것과 같이 주님께 마음을 집중해야 합니다. 처음에는 잘 되지 않지만 지속적인 훈련을 해 가면 묵상의 시간에 매우 자연스럽게 그러한 마음의 태도가 이루어지게 되면서 잡념이 그 시간의 분위기를 흩뜨려 놓지 못합니다.

우리의 마음이 하나님께 점점 고정되어 가면서 우리에게는 새로운 변화가 오게 됩니다. 우리의 마음에 기쁨, 평강, 자유, 희망이 자리하게 됩니다. 그러나 그 자체가 하나님은 아닙니다. 그것은 하나님의 현존에서 이루어지는 경험일 뿐입니다. 그래서 우리는 느낌에 집착하지 않고 우리의 마음을 하나님께로 향해야 됩니다.

누구든지 내 음성을 듣고 문을 열면 내가 그에게로 들어가 그와 더불어 먹고(계 3:20).

3월

하나님은 우리에 대해 희망을 설계하고 계실 뿐만 아니라 그것을 실현해 가게 만드십니다.

우리 가운데 현존해 계시는 하나님은 우리의 삶에 직접 개입하셔서

우리의 삶을 그의 희망의 내용대로 살 수 있게 해 주십니다.

하나님은 우리의 죄를 용서하시고, 우리를 받아들이시고, 우리의 상처를 치유하시고,

우리의 상실을 보상해 주시면서 우리를 세워 가십니다. 우리는 하나님의 그러한 계획에

전적으로 동의해 가야 합니다. 그렇게 함으로 하나님의 뜻이 우리의 뜻이 되고,

우리의 뜻이 하나님의 뜻이 됩니다.

하나님의 현존 가운데 머무는 훈련

우리가 하나님의 현존 가운데 머무는 훈련이 되어 가면 우리의 소원이 바뀝니다. 우리는 하나님께 나아가 무엇을 구하든지 그가 다 이루어 주신다는 믿음으로 우리의 바람을 아룁니다. 그런데 실제로 하나님의 현존 가운데 머물게 될 때 바람이 달라집니다. 우리의 마음이 다른 것에 빼앗긴 상태에 있을 때에는 많은 욕구불만과 불안정 가운데서 살아갑니다. 그런데 하나님이 우리의 마음을 주장하실 때에는 자족함이 있습니다. 그 자족에서 원하는 바가 하나님에 대한 열망으로 좁혀집니다. 그 좁혀짐이 실제로는 참된 세계로 열리는 것이므로 더 넓은 세상으로 들어가게 됩니다.

오랜 기간 동안 어머니의 품을 떠나 있는 어린아이는 아무리 좋은 먹을 것, 놀이기구를 주어도 만족하지 못하고 짜증을 부리고 투정을 합니다. 이것 저것 손에 쥐었다가 던져 버리곤 합니다. 그런데 어머니가 나타나 어린아이를 품에 안을 때 아이는 차분해지고 안정되고 자족하게 됩니다. 어린아이의 이러한 모습은 우리 인간이 머물러야 하는 곳이 어디라는 것을 잘 반영해 줍니다.

헤른후트 형제단(Herrnhut Brethren)의 묵상 본문 중 시편 94편 19절, "내 마음이 번거로울 때에는, 주님의 위로가 나를 달래 줍니다"(새번역)라는 말씀과 누가복음 24장 32절, "길에서 그분이 우리에게 말씀하시고, 성경을 풀이하여 주실 때에, 우리의 마음이 [우리 속에서] 뜨거워지지 않았습니까?"(새번역)라는 말씀을 묵상했습니다. 그리고 알프레드 라우하우스의 "저는 전에 이런 생각을 했습니다. '나는 없어져야 합니다! 하지만 주님의 호의가 나를 서게 했습니다. 제 가슴이 염려로 가득했습니다. 저는 고통 속에서 바닥으로 침륜되었습니다. 하지만 그 자리에서 당신은 나의 곤경을 보고 계셨습니다. 그리고 당신께서 위로하셔서 저를 살아나게 하셨습니다'"라는 말씀을 읽었습니다.

이 말씀에서 우리는 위로의 하나님을 만납니다. 이 글들은 '위로의 하나님'에 대해 묘사하고 있습니다. 우리는 묵상에서 위로의 하나님께로 침묵 가운데서 마음의 문을 열고, 해석하고 적용하려는 노력은 하지 않아야 합니다. 위로의 하나님께 동의해 가야 합니다.

내 속에 근심이 많을 때에 주의 위안이 내 영혼을 즐겁게 하시나이다(시 94:19).

하나님께로 다가가는 길

우리에게는 자신을 드러내 보이기 위해서 살아가는 자기 과시적인 삶, 그렇지 않으면 좌절, 갈등, 질투가 우리 삶의 전부가 되어서는 안 됩니다. 만약 그것이 삶의 전부라면 우리의 삶은 매우 허망합니다. 우리는 자아의 종이 되어 평생 우리 자신의 몫만을 챙기기 위해 살다가 생을 끝내도록 창조되지 않았습니다. 또는 가책, 회의, 영적 방황, 자기 억압의 얽힌 감정에 시달리는 것이 신앙생활의 전부가 아닙니다. 그렇다면 복음의 능력은 거짓입니다.

이러한 것들을 넘어설 수 있는 길이 있습니다. 그것은 막연한 개념이 아닙니다. 매우 구체적인 현실입니다. 우리는 그러한 길을 묵상에서 깨우쳐 갈 수 있습니다. 묵상에서 조용히 하나님과 함께하는 기도의 훈련을 쌓아 가면서 우리는 우리의 복잡한 감정이나 생각을 넘어서 하나님께로 다가가는 길을 배우게 됩니다. 우리는 우리의 그러한 감정을 억압하거나 숨기지 않고 솔직히 드러내 보이면서 우리의 마음을 그러한 것에 빼앗기지 않고 주님이 주관하시도록 우리를 그에게 내어 맡기게 됩니다.

매일매일 묵상하면서 하나님의 길들임 속에서 살아가야 합니다. 그러면 그의 인도하심에 동의하게 됩니다. 우리는 묵상에서 잡다한 감정이나 생각에 동의하지 않고 주님이 주시는 지혜에 동의해 가게 됩니다. 묵상에서 이루어지는 동의는 실제 행동으로까지 이어지게 됩니다.

내 기도에 귀를 기울이시고 내가 간구할 때에 숨지 마소서(시 55:1-3).

좋은 몫을 택하십시오

현대인들의 병은 보다 깊은 삶의 자리를 발견하지 못하는 데서 기인합니다. 오늘의 세속 문화는 겉보기에 좋은 것, 인기 있는 것을 추구하게 하고, 한편으로는 피곤하고 무의미를 느끼게 합니다. 신앙생활을 하는 신자들도 내면의 갈등, 무의미, 가책에 시달리면서 살아가게 됩니다. 그들은 하나님으로부터 오는 위로보다는 조그마한 섬김을 하면서 칭찬과 인정을 구합니다. 조그마한 것을 해 놓고도 칭찬과 인정을 목마르게 기다립니다. 그러한 자신을 정죄하고 받아들이지 못합니다.

그들은 은혜의 자리에서 살지 못하고 율법의 정죄 아래서 살아갑니다. 그들은 하나님의 현존으로 살기보다는 자기가 자신에게 주는 달램으로 위로를 받으면서 살아갑니다. 그러한 가운데서 그들은 여기저기 또 다른 방법을 제시하는 설교를 듣기 위해 찾아다니기도 합니다. 자기 틀에 주님이 동의해 달라고 부르짖기도 합니다. 주님의 뜻에 내가 동의해야지, 내 요구에만 주님이 동의해 달라고 물질을 바치고, 금식을 하고, 밤새도록 부르짖습니다. 인간의 욕망이나 들어주고 소원이나 들어주는 종교는 매우 천박합니다.

누구든지 좋은 몫을 택하지 않고는 이 문제를 해결할 수 없습니다. 그 좋은 몫이란 멀리 있지 않습니다. 지금 현재 이 자리, 이 시간에 현존하시는 하나님께로 다가가는 길밖에는 다른 길이 없습니다. 더 좋은 몫을 택할 때 항상 큰 양보가 있고, 베풂이 있고, 일일이 나 자신의 입장을 설명하고 이해시키려 하지 않아도 만족합니다. 언제나 잠잠하면서도 평온함이 있고, 자족함이 있고, 마음과 행동이 별개의 것이 아닌 하나가 되는 표현을 해 갈 수 있습니다.

마리아는 이 좋은 편을 택하였으니 빼앗기지 아니하리라(눅 10:38-42).

하나님의 희망 가운데 있는 우리의 삶

우리는 인간적인 불행을 당했을 때 너무 쉽게 판단하고 단정해 버립니다. 그리고 절망하고 자기 연민에 사로잡히거나 자신의 불행을 다른 사람에게 책임 전가시킵니다. 그것은 죄입니다. 세상의 미래와 우리 자신의 미래까지도 희망의 하나님 안에 있습니다. 우리는 우리 자신은 물론 다른 사람, 나아가 하나님에 대해서도 나름대로 쉽게 판단하고 규정지어서는 안 됩니다. 경건하게 산다고 생각하는 사람일수록 인간의 불행을 비관적으로 단정 짓는 습관이 있습니다. 신앙의 편견에서 온 것입니다.

그리스도인들이 잘못 생각하고 있는 것 중의 하나는 하나님을 믿는 사람에게는 불행이 없어야 한다는 것입니다. 건강한 아이를 낳지 못한다거나, 아이가 성장 과정에서 병이 들거나, 자녀들이 생각대로 잘되지 않거나, 사업이 잘 안되거나, 집안에 걱정거리가 있으면 하나님의 형벌로 규정지어 버립니다. 그리고 아예 희망을 포기해 버리기 때문에 더 이상 기도할 마음이 생기지 않습니다. 기도를 하기는 하되 재앙을 거두어 달라고 애원하면서 그렇게만 해 주시면 이것도 하고 저것도 하겠다고 헛된 맹세를 합니다.

이스라엘 백성이 바벨론의 포로로 잡혀갔을 때 그들은 절망했습니다. 하나님이 그들을 버리셨다고 생각하기도 하고, 그들이 믿는 하나님은 바벨론 사람들이 믿는 신보다 못하다고까지 생각했습니다. 그러나 예언자 예레미야는 그렇게 생각하지 않았습니다. 예언자는 모든 사람이 절망하는 가운데서 희망의 하나님 안에 있는 이스라엘의 미래를 보았습니다. 하나님의 희망 안에 있는 이스라엘의 미래는 '재앙이 아니라 번영과 희망'이었습니다. 그는 그 사실을 포로로 잡혀간 그의 동족들에게 편지로 알려 주었습니다.

하나님이 세상에 대해 생각하시고 계획하시는 것은 희망입니다. 세상을 결코 포기하시지 않는 것입니다. 만물을 새롭게 하시는 하나님의 창조를 중단시킬 수 있는 것은 세상에 그 어떤 것도 없습니다. 우리는 기도, 또는 묵상할 때 언제나 희망을 가지고 하나님의 현존 가운데로 들어가곤 합니다. 우리의 희망은 하나님이 모든 것을 우리의 생각과 계획대로 다 이루어 주신다는 믿음이 아닙니다. 하나님의 희망 가운데 있는 우리의 운명이 재앙이 아닌 번영과 희망이라는 믿음입니다.

너희에게 미래와 희망을 주는 것이니라(렘 29:10-14).

하나님의 희망에 참여하는 시간

우리의 기도와 묵상은 하나님의 희망에 참여하는 시간입니다. 그 시간에 하나님의 희망에 대치되는 우리의 욕심, 거짓, 위선을 내려놓게 됩니다. 그리고 하나님의 순전한 뜻을 받아들이게 됩니다. 우리는 묵상 중에 불결한 생각, 잡념, 염려, 근심, 충동에 민감하게 반응하지 않고 그대로 흘려보냅니다. 그러한 것들이 하나님의 희망 가운데 있는 것들이 아니고 우리를 속이는 거짓된 것들이기 때문에 묵상 중에서 그러한 것들에 마음을 주거나 동의하지 않게 됩니다.

예수님의 십자가와 부활은 세상에 대한 하나님의 계획이 어떤 것이라는 사실을 잘 반영하고 있습니다. 만약 세상의 미래가 십자가의 형벌 그 자체라면 우리에게는 희망이 없습니다. 예수님의 십자가는 하나님의 사랑인 동시에 하나님을 떠난 인간에 대한 형벌입니다. 십자가가 하나님의 사랑이기도 하기에 십자가의 형벌로 모든 것이 끝나지 않고 부활이 있습니다. 부활은 세상을 극진히 사랑하시는 하나님의 희망 안에 있는 세상에 대한 계획을 드러낸 사건입니다.

예수님 시대에 많은 사람들이 자신의 불행 그 자체 때문이 아니고 잘못된 판단과 단정으로 희망 없이 절망 가운데서 살아갔습니다. 그들은 자신들이 하나님으로부터 버림받았다고 생각했습니다. 그 당시의 종교적 편견이 불행 가운데 있는 사람들이 다시 일어설 수 있는 희망의 근원을 차단했습니다. 그러한 그들이 예수님 안에서 새로운 희망을 발견했습니다. 그들은 하나님으로부터 버림받은 사람이 아니고 하나님이 그들을 사랑하고 계시며 그들을 위해 새로운 삶을 예비하고 계신다는 사실을 알게 되었습니다. 그들은 예수님을 통해 그들의 새로운 미래를 보게 되었습니다.

나의 멍에를 메고 내게 배우라 그리하면 너희 마음이 쉼을 얻으리니(마 11:28-30).

예수님 안에서 우리의 삶은 희망

어느 날 예수님이 제자들과 함께 가시다가 날 때부터 보지 못하는 시각장애인을 만나셨습니다. 제자들은 그의 불행을 하나님의 형벌로 이해하고 예수님께 그 불행이 누구의 죄 때문이냐고 물었습니다. 예수님은 "하나님께서 하시는 일들을 그에게서 드러내시려는 것이다"(요 9:3, 새번역)라고 대답하셨습니다.

예수님은 앞을 보지 못하는 사람에게서 하나님의 영광을 보셨습니다. 그리고 그 영광을 드러내셨습니다. 우리가 불행을 극복하지 못하는 이유는 숨겨진 하나님의 영광을 보지 못하기 때문입니다. 우리가 어떤 불행한 사건에서도 하나님의 영광을 볼 수 있다면 절망하지 않게 됩니다. 하나님의 영광은 겉으로 보기에 화려함, 양의 많음, 사회적인 성공, 경제적 풍요에 있지 않습니다. 하나님의 영광은 오히려 포기하고 절망한 데서 드러납니다.

집을 짓는 데는 그것을 짓는 데 필요한 잘 다듬어진 자재로 목재나 석재가 사용됩니다. 자연석이나 옹이 많은 나무나 울퉁불퉁한 나무뿌리는 쓸모가 없습니다. 그러나 유능한 조각가는 본래 자연 그대로의 모형에 숨겨진 신비스러운 상을 조각해 냅니다. 그것이 유명한 작품이 됩니다. 하나님께는 쓸모없는 생이 없습니다. 하나님은 창조주이시며, 만물을 새롭게 하시며, 사랑이시기 때문에 그에게는 희망이 있습니다. 우리의 삶이 고달프고 힘든 것은 하나님의 희망 가운데서 살지 못하기 때문입니다.

우리에게는 너무 인내가 없습니다. 하나님의 희망을 모르기 때문입니다. 인내는 하나님에 대한 신뢰와 희망을 가진 사람만이 할 수 있는 삶의 태도입니다. 하나님의 희망 가운데 있는 삶을 볼 수 있는 사람은 죽음 앞에서도 찬송합니다. 그 죽음이 영원한 생으로 이어진다는 것을 믿기 때문입니다. 하나님은 우리에 대해 희망을 설계하시고 실현하게 하십니다. 우리의 삶에 직접 개입하셔서 그의 희망의 내용대로 살도록 하십니다. 우리의 죄를 용서하시고, 받아들이시고, 상처를 치유하시고, 상실을 보상해 주시면서 우리를 세워 가십니다. 우리가 하나님의 그 계획에 전적으로 동의함으로 하나님의 뜻이 우리의 뜻이 되고 우리의 뜻이 하나님의 뜻이 됩니다.

나더러 실로암에 가서 씻으라 하기에 가서 씻었더니 보게 되었도다 (요 9:1-12).

하나님의 희망에 참여해 가는 삶

예수 그리스도 안에서 우리의 생은 희망입니다. 그러나 세상과 우리를 위한 하나님의 생각과 계획이 희망이라 해도 우리가 거기에 참여해 가지 않으면 무의미한 것이 됩니다. 하나님의 그러한 희망이 실제로 우리의 현실이 되어야 합니다. 하나님의 희망이 우리의 삶에서 실재적인 것으로 드러나지 않으면 아무 소용이 없습니다.

하나님의 희망이 우리의 삶에서 현실적인 것으로 드러나기 위해서 우리는 하나님의 희망에 참여해 가는 삶을 배워 가야 합니다. 여기서 배워 가야 한다는 말을 훈련으로 표현할 수도 있습니다.

하나님의 희망이 우리의 삶에서 현실적인 사건으로 드러나기 위해서 우리는 부단히 영적 훈련을 해 가야 합니다. 훈련 그 자체가 하나님의 희망을 만들어 내는 것은 아닙니다만 영적 훈련은 우리를 향한 하나님의 희망이 현실적 사건이 되게 합니다. 그러한 의미에서 영적 훈련은 하나님의 희망이 현실이 되게 하기 위해서 우리가 담당해야 할 몫입니다. 영성생활에서는 하나님의 몫이 있고 우리의 몫이 있습니다. 하나님이 우리를 위해 아무리 희망적인 것을 생각하시고 계획하고 계신다고 해도 우리가 거기에 응답하지 않으면 그것이 현실적인 사건이 되지 못합니다.

우리가 두렵고 떨리는 마음으로 우리의 구원을 이루어 가지 않으면 하나님이 우리를 향해 가지고 계시는 희망에 참여하지 못하고 살아가는 사람들이 될 수 있습니다. 그렇게 될 때 우리의 삶에서 하나님이 사랑이시고, 우리를 긍휼히 여기시며, 우리를 위해 희망을 계획하고 계신다는 사실을 거의 찾아볼 수 없게 됩니다. 그러한 삶에서 희망의 하나님을 발견하기는 어렵습니다. 그리고 그러한 삶에서 진정 우리가 왜 하나님을 믿어야 하는가에 대한 이유도 발견할 수 없습니다.

자기의 기쁘신 뜻을 위하여 너희에게 소원을 두고 행하게 하시나니(빌 2:12-18).

모든 상황에서 삶을 긍정하는 것

우리가 삶을 긍정한다고 할 때는 심리적으로 자기 암시를 생각하게 됩니다. 긍정의 철학의 주된 가치는 성공이 그 목표가 되어 있고, 뒤지지 않고 성공하기 위해서는 적극적인 사고 훈련이 필요하다는 것이 많이 강조됩니다. 그러나 영성생활에서 삶의 긍정은 세상적인 성공이 아닙니다. 세상의 관점에서 잘되거나 실패하거나, 병이 들거나, 어떤 상황에서나 우리 가운데서 만물을 새롭게 하시는 하나님의 활동을 보고 그 현실을 감사함으로 받아들이는 것입니다. 사도 바울은 그 사실에 대해 이렇게 말합니다.

"하나님은 여러분 안에서 활동하셔서, 여러분으로 하여금 하나님을 기쁘게 해 드릴 것을 염원하게 하시고 실천하게 하시는 분입니다"(빌 2:13, 새번역).

하나님은 어떤 상황에도 구애받지 않으시고 그분의 기쁘신 뜻에 따라 활동해 가십니다. 저는 가끔 말기 암으로 시한부의 생을 살고 있는 형제자매들에게서 그들 안에서 활동하시는 하나님이 더 선명하게 드러나곤 하는 사실을 볼 때가 있습니다. 그의 모습이 매우 평화롭고, 감사함이 있고, 건강할 때 소유하지 못한 평안과 자족, 자유를 누리는 것을 보곤 합니다.

일반적으로 사람들은 배우지 못하고 능력이 없어 사회에서 소외당한 사람들을 매우 부담스럽게 생각합니다. 그런데 하나님의 사랑에 눈을 뜬 사람은 하나님이 그들을 버리지 않으시고 사랑하시며 함께하신다는 것을 알고 그들의 이웃이 되어 줍니다. 경제적 이해관계에서 이웃으로 긍정할 만한 이유가 없는 대상인데도 불구하고 그들에게서 아무런 보상을 기대하지 않으면서 그들을 섬깁니다.

하나님이 우리 안에서 활동하셔서 우리로 하여금 하나님을 기쁘게 해 드릴 것을 염원하게 하시며 실천하게 하신다는 사실을 깨달은 사람은 삶의 순간을 소중하게 여기며 살게 됩니다. 모든 순간을 소홀히 여기지 않는다는 것은 모든 순간을 긍정한다는 의미입니다. 삶의 긍정은 우리 가운데 활동하시는 하나님과 함께하는 삶을 의미합니다. 하나님은 우리 안에서 그의 기쁘신 뜻을 이루어 가십니다. 그의 뜻이 우리의 염원이 되어 실천하게 하십니다.

주 안에서 항상 기뻐하라 내가 다시 말하노니 기뻐하라(빌 4:4-7).

부정의 삶

몇 해 전 저의 딸이 처음으로 책을 내고 얼마 후 베스트셀러에 들기도 한 일이 있었습니다. 그때 어느 날 아침 저와 아내, 딸이 함께 차를 마시는 시간에 저에게는 그냥 흘려버릴 수 없는 딸의 이야기를 듣게 되었습니다. 딸은 그 일련의 과정에서 깊은 허무를 느꼈다고 했습니다. 그때 저는 "책을 써서 출간하는 일에 허무가 전부가 아니고, 그 허무라는 밭 속에 보화가 있으니 그것을 발견해야 한다"고 말했습니다.

책 출간과 베스트셀러 그 자체가 목적이 될 때 그것을 성취하고 나면 허무밖에 없습니다. 그러나 그 허무의 밭 속에 하나님이 계십니다. 사람은 누구나 허무의 밭에서 보화를 발견하지 못할 때 허무에서 허무로 전전하다 생을 마치게 됩니다. 사도 바울은 자신의 그러한 경험을 이렇게 말합니다. "내 주 예수 그리스도를 아는 지식이 가장 고귀하므로, 나는 그 밖의 모든 것을 해로 여깁니다. 나는 그리스도 때문에 모든 것을 잃었고, 그 모든 것을 오물로 여깁니다. 나는 그리스도를 얻고, 그리스도 안에 있는 사람으로 인정받으려고 합니다"(빌 3:8-9, 새번역).

사도 바울에게는 자기 자신과 동일시했던 것들이 많이 있었습니다. 이스라엘 사람이라는 것, 난 지 여드레 만에 할례를 받았다는 것, 가말리엘 문하에서 교육을 받았다는 것, 바리새파 사람이면서 율법을 모범적으로 잘 지켜 왔다는 것 등입니다. 이러한 것들이 바울 자신이었고, 바울은 곧 이러한 것들이었습니다. 그런데 그리스도를 알고 난 후에 이러한 것들에게서 깊은 허무를 느끼게 되었습니다. 그리고 이러한 것들을 모두 버렸습니다. 우리는 기도와 묵상에서 허무한 것들을 놓아 버리고 하나님께 마음의 자리를 비워 드리게 됩니다.

빌립보의 형제자매들은 허무한 것들에 너무 집착해서 서로 불평과 시비에 빠지게 되었습니다. 그들은 자신들이 되어 가야 할 희망의 삶이 있었는데 그것을 외면하는 위기에 놓이게 되었습니다. 사도 바울은 빌립보 형제자매들에게 그 사실을 다시 일깨워 주었습니다. 허무한 것들에 집착해 있을 때 하나님의 희망 안에 있는 보화를 놓쳐 버리게 됩니다. 하나님 나라에서 중요한 것은 '우리가 어떤 사람이 되어 가는가' 하는 것입니다.

모든 것을 잃어버리고 배설물로 여김은 그리스도를 얻고 그 안에서 발견되려 함이니 (빌 3:7-9).

창조의 삶

하나님은 창조주이십니다. 하나님의 영이 계시는 곳에는 창조가 있습니다. 하나님의 창조는 모든 것이 합력하여 선을 이루게 합니다. 만물을 새롭게 하시는 하나님 안에서는 부정이 부정으로 끝나지 않습니다. 그러나 하나님께는 어떤 불행이나 역경, 상처라도 선이 됩니다.

요즈음 우리가 사는 삶의 공간에 있는 생명체들이 공해로 시들어 갑니다. 공해를 땅에 있는 식물들이 흡수해서 배설하면 흙 속에 있는 미생물들의 먹이가 된다고 합니다. 흙과 식물이 없는 도심지에서는 공해가 그대로 공중에 떠있다고 합니다. 자연의 질서에서 창조의 원리를 생각했습니다. 우리에게 창조의 삶을 가능하게 하는 생명의 에너지가 '생명의 말씀'입니다. 그 사실에 대해 바울은 이렇게 말합니다.

"생명의 말씀을 굳게 잡으십시오. 그리하면 내가 달음질한 것과 수고한 것이 헛되지 아니하여서, 그리스도의 날에 내가 자랑할 수 있을 것입니다"(빌 2:16, 새번역).

한 소녀가 오랫동안 불치의 병으로 누워 있었습니다. 그런데 그 소녀가 복음을 전해 듣고 구원을 받았습니다. 그는 교회에 나가 예배를 드리며 주님을 기쁘시게 해 드리지 못하는 것을 매우 슬퍼하고 있었습니다. 그때 목사님이 병상에서나마 열심히 기도하면 하나님을 기쁘시게 해 드릴 수 있다고 일러 주었습니다. 그로부터 몇 달 후 많은 사람들이 교회를 찾게 되었고, 이상스럽게 그 마을에 신앙의 부흥이 일어났습니다. 그런데 그 소녀는 그 부흥이 어떻게 일어나고 있는지, 누구누구가 새로 교회에 나왔는지 가족에게 자주 묻곤 했습니다. 수개월 후에 소녀는 앓던 병으로 인해 세상을 떠났습니다.

그 후 놀라운 사실이 발견되었습니다. 그 소녀의 베개 밑에서 56명의 이름이 나란히 기록된 기도의 명단이 나왔는데 이들은 마을에 신앙 부흥이 일어났을 때 새로 교회에 나와 구원받은 사람들이었습니다. 각 사람의 이름 앞에 빨간 십자가 표시가 있었는데 소녀가 기도한 사람이 구원받았다는 소식을 들을 때마다 표해 놓은 것이었습니다. 우리는 이 소녀의 이야기에서 생명의 말씀이 어떻게 창조적으로 작용했는가를 알게 됩니다.

나는 주의 말씀을 바라나이다(시 119:81-82).

변화

우리가 지금까지 신앙생활을 해 오는 과정에서 자신도 모르게 삶의 본질을 보는 안목이 열리고, 소유욕에서 점점 해방되어 가는 자신을 발견하게 되고, 매 순간을 창조적으로 살아가는 것이 더 즐겁게 느껴지고, 무엇보다 하나님을 점점 더 신뢰해 가는 가운데서 섬김의 삶의 소중함을 깨달으며 실천해 간다면 그것은 하나님의 희망 안에 있는 삶으로 점점 다가가고 있다고 인정해도 됩니다.

우리가 하나님의 희망 안에 있는 삶에 참여해 가는 것은 사회 투쟁보다 먼저 우리 자신의 삶의 변화입니다. 아무리 사회 투쟁에 앞장선다고 해도 하나님의 희망 안에 있는 자신으로 되어 가지 않으면 그것은 잘못된 것입니다. 하나님의 희망 안에 있는 나는 그전과는 다른 나로 변화되어 가는 것입니다. 그러한 변화의 정점은 자신을 내어 주는 사랑입니다. 사도 바울은 이렇게 말합니다.

"그리고 여러분의 믿음의 제사와 예배에 나의 피를 붓는 일이 있을지라도, 나는 기뻐하고, 여러분 모두와 함께 기뻐하겠습니다"(빌 2:17, 새번역).

예수님은 자신을 십자가에 내어 주심으로 하나님의 희망 안에 있는 삶을 실현하셨습니다. 예수님은 자신이 하나님의 희망 안에 있는 삶에 참여하는 길은 자신을 대속의 제물로 하나님께 바치는 것이라는 사실을 알고 계셨습니다. 그리고 예수님은 그 삶을 실천하셨습니다. 그러나 하나님의 희망 안에 있는 삶은 십자가로 끝맺음하는 것이 아니었습니다. 그것은 부활이었습니다.

우리를 향한 하나님의 생각과 계획은 저주와 심판이 아닌 희망과 평강입니다. 이러한 하나님의 희망 안에 있는 삶을 살아가는 것은 먼저 모든 상황에서 삶을 긍정하는 것입니다. 그리고 부정하는 삶, 즉 하나님께 공간을 내어 드리기 위해 자신을 비우는 삶입니다. 그다음은 창조의 삶, 그리고 변화의 삶입니다. 이러한 삶이 가능하게 해 주시는 분이 하나님이십니다.

너희 안에 이 마음을 품으라 곧 그리스도 예수의 마음이니(빌 2:1-8).

영혼을 소생시키는 길

우리는 신앙생활을 잘하고 못하는 기준을 교회 출석, 십일조, 봉사에 둡니다. 그러한 기준이 잘못되었다고는 생각하지 않습니다. 그러나 그러한 것으로 신앙생활이 전부라고 규정하는 데 대해서는 이의를 갖습니다. 신앙생활은 그러한 범주를 넘어서 매일의 삶에서 하나님과 교제의 삶을 살아가는 것을 포함시켜야 합니다. 우리가 일상의 삶에서 하나님과 교제를 맺고 살아가는 것을 영성생활이라고도 합니다. 영성생활은 저 피안의 세계로 도피하는 것이 아니라 현실에서 하나님과 교제의 삶을 살아가는 것입니다.

영성생활은 인간 역사의 드라마에서 하나님과 함께하는 삶입니다. 그것은 예수 그리스도의 은혜와 하나님의 사랑과 성령의 교제 안에서 사랑하는 형제자매들과 모든 피조물과 새로운 연대 관계를 맺고 사는 것입니다. 그것은 세상에서 하나님 없이 인간적인 이해관계에서 이루어지는 교제와는 다릅니다. 이 관계는 새로운 피조물로 전향된 후에 이루어지는 새로운 삶의 방식입니다. 그전까지는 같은 것들끼리 순전히 인간적인 이해관계에서 이루어지는 관계에서 살아왔다면, 새로운 피조물이 된 후에는 그러한 이해관계를 초월해서 하나님의 사랑 안에서 이루어지는 관계에서 살아가는 것입니다. 이 관계는 성령의 능력 안에서 점진적으로 성숙된 교제로 발전되어 갑니다.

교회 안에서 가장 많이 듣고 사용하는 단어 중의 하나가 믿음입니다. 믿음의 정의, 목적지는 '무엇'이 아니라 '누구'입니다. 믿는다는 것은 하나님과 관계를 맺는 것입니다. 이 관계가 깊은 사랑의 교제로 발전되어 가면서 하나님에 대한 신뢰가 형성됩니다. 사람은 누구나 세상에 태어나기 전부터 관계에서 인간으로 형성되고, 태어난 후에도 관계에서 인격으로 형성되어 갑니다. 태어나기 전에는 어머니의 태에서 자기의 형체를 입게 됩니다. 그리고 태어난 후에는 어머니의 품에서, 그다음 가족, 친구, 모든 피조물과의 관계에서 한 인격으로 형성되어 갑니다. 사람에게는 이러한 관계에서도 채워지지 않는 관계에 대한 목마름이 있습니다. 그러한 목마름은 사랑의 하나님과 교제에서만 해소될 수 있습니다.

내 영혼을 소생시키시고 자기 이름을 위하여 의의 길로 인도하시는도다(시 23:1-6).

인간의 진정한 행복의 조건

세상에서 그리스도인들은 하나님과 관계를 맺고 사는 사람들입니다. 그 관계를 맺게 된 동기와 매개체는 각기 다 다릅니다. 하나님은 우리 인간과 관계를 맺으실 때 다양한 상황과 매개체들을 통해서 찾아오십니다. 예를 들면 질병, 실패, 외로움, 감옥, 죽음, 절망 등입니다. 그리고 매개체로서는 설교, 성만찬, 성경, 은사, 자연, 신앙 서적, 친구, 신앙적인 문학 작품 등입니다.

다양한 상황에서 서로 다른 매개체로 이루어진 관계가 사랑의 교제로 발전되어야 합니다. 그렇지 않으면 관계가 소원해지거나 소멸하게 됩니다. 이 관계가 얼마나 발전되어 가느냐에 따라 우리는 생의 염려, 불안, 두려움, 내면의 상처와 같은 것들로부터 자유로워질 수 있습니다. 그리고 세상을 살아가는 우리의 태도도 많이 달라지게 됩니다. 하나님과의 관계는 오로지 하나님과 수직의 관계에 국한되지 않고 나 자신, 이웃, 자연과의 관계로 넓혀지게 됩니다.

제가 지금까지 목사로 살아오면서 보아 오고 있는 것은 대부분의 그리스도인들이 하나님과의 관계가 사랑의 교제로까지 발전되지 못하고, 생의 위기나 그들이 추구하는 행복을 위해 때때로 찾아가는 정도로 이용되고 있는 것입니다. 그러한 관계에서 자신의 소원대로 무엇이 되면 하나님이 계시고, 그렇지 않으면 하나님이 계시지 않는다고 단정하기도 합니다. 하나님의 현존이 어디까지나 나 중심적입니다. 그러한 상태에서 하나님은 그들의 삶에 아무런 영향을 미치지 못하십니다.

우리는 우리 자신에게 유익이 되느냐, 그렇지 않느냐에 따라 관계를 맺고 끊기도 합니다. 가급적 부담이 되지 않고 어느 정도 도움이 되는 한도에서 관계를 유지하려고 합니다. 그러나 하나님은 그렇지 않으십니다. 하나님은 우리와 이해관계에서가 아닌, 우리를 사랑하시기 때문에 우리와 관계를 맺으려 하십니다. 그리고 사랑의 교제를 원하십니다. 인간 행복의 조건은 하나님과 사랑의 교제의 발전과 비례합니다.

오직 여호와의 율법을 즐거워하여 그의 율법을 주야로 묵상하는도다(시 1:1-2).

하나님과의 교제

이 세상은 하나님이 극진히 사랑하시며 돌보시는 정원입니다. 하나님 정원
의 정원사들인 우리는 어떤 동기와 매개체로 하나님과 관계가 형성된 사람
들입니다. 그 관계가 사랑의 교제로 발전되기 위해서 끊임없이 영적 갱신이
있어야 합니다. 그렇지 않고는 하나님의 정원을 돌보는 사역자의 본분을 다
할 수 없습니다. 사역자에게 요구되는 것은 하나님에 대한 사랑, 충성, 순종
입니다. 그리고 자기를 초월해 가는 영적 성숙입니다. 제가 몸담고 있는 모
새골에서는 정원사들의 영적 갱신이 공동체의 핵심 가치에 포함됩니다.

모새골에서는 영적 갱신을 위한 길로 묵상을 강조합니다. 묵상은 하나님
과 교제의 삶을 살아가는 데 아주 좋은 길입니다. 이것은 시간이 좀 걸리지
만 그 방법을 잘 배워 가면 우리의 영적 생활에 크게 도움이 됩니다. 이것
은 하늘나라의 보화를 발견하는 길이기도 합니다.

모새골에 피정으로 들어온 자매 한 분이 떠나는 날 아침에 남긴 이야기가
생각납니다. 자기는 세상이 너무 시끄럽고 복잡해서 좀 조용한 곳에서 쉬
기도 하고, 하나님과 교제를 가지려고 모새골을 찾아왔다고 했습니다. 며
칠 동안 모새골에 머물면서 세상이 시끄러운 것이 아니라 자신의 내면이
매우 복잡하고 시끄럽다는 것을 알게 되었고, 자신의 문제는 밖에 있지 않
고 자기 안에 있다는 것을 알게 되었다고 했습니다.

예수님은 "기도할 때에 네 골방에 들어가 문을 닫고 은밀한 중에 계신 네
아버지께 기도하라"(마 6:6)라고 하셨습니다. 예수께서 말씀하신 조용한 골
방이 우리의 내면에 형성되려면 밖에서 맺은 관계를 내려놓아야 하고, 그
리고 내면의 복잡한 것들도 내려놓아야 합니다. 우리 가운데 계신 하나님
은 밖이나 안의 시끄럽고 복잡한 것을 내려놓을 때에만 만날 수 있습니다.
우리의 마음이 내면의 시끄러움에 제압되어 있을 때에는 하나님과 교제는
불가능합니다. 하나님과 교제는 생각을 넘어 마음으로 이루어집니다. 우
리가 은밀한 가운데 계신 하나님께 우리의 마음을 열어 놓을 때 하나님과
나만이 있는 골방이 형성되면서 잡념, 무의식에서 나오는 어두운 감정을
하나하나 골방 밖으로 내보내게 됩니다. 그러면서 외부의 소음으로부터
점점 자유로워질 수 있습니다.

여호와여 나의 말에 귀를 기울이사 나의 심정을 헤아려 주소서(시 5:1-3).

영혼의 쉼터

시편 23편에서 히브리 시인은 영혼의 소생함을 얻는다 하였습니다. 시인은 그의 삶의 현실에서 영적 결핍을 경험할 때도 있었고, 사망의 음침한 골짜기를 통과해야 하는 아주 어두운 밤과도 같은 때도 있었습니다. 그리고 원수들의 멸시와 천대, 모함으로 그의 자존감이 모두 없어지곤 하는 때도 있었습니다. 그런데 시인에게는 그러한 생의 짐들을 내려놓을 수 있는 쉼터가 있었습니다. 그러한 쉼터를 푸른 풀밭, 쉴 만한 물가로 묘사하고 있습니다. 시인은 그곳에서 영혼의 소생함을 얻고, 잃어버린 바른 길을 다시 찾아갈 수 있었습니다.

영혼의 쉼터는 단순히 쉬는 곳이 아닙니다. 그곳에서 새로운 힘을 얻게 되고, 다시 시작할 수 있는 용기를 얻게 되고, 감사의 마음으로 삶을 헤쳐 나갈 힘을 얻는 곳입니다. 그곳은 자기 자신과 하나님과 다시 만날 수 있는 곳입니다. 하나님과 다시 만남으로 영적 갱신이 이루어집니다. 하나님과 만남에서 우리는 나 중심의 삶의 계획들을 수정하거나 내려놓게 됩니다.

우리에게는 하루, 또는 주 중, 그렇지 않으면 한 달에 최소한 며칠 동안만이라도 푸른 초장, 잔잔한 물가가 필요합니다. 거기서 모든 것들을 다 내려놓고 조용히 나 자신과 하나님과 대면이 이루어집니다. 그러한 곳에서 우리는 가면을 벗게 되고 진정한 나 자신으로 돌이킬 수 있습니다. 거기서 우리의 내면에 이루어진 골방의 분위기가 쇄신되곤 합니다. 그리고 우리는 우리의 현실을 침착하게 살아갈 수 있습니다. 시류에 따라 동요하지 않고 살아갈 수 있습니다. 우리가 인생을 살아가는 힘이 어디로부터 오는지를 바로 알게 되면 말씀을 읽고 묵상할 시간이 없다는 말을 하지 않게 됩니다.

그가 나를 푸른 풀밭에 누이시며 쉴 만한 물가로 인도하시는도다(시 23:1-6).

하나님 앞에 조용히 머무는 순간

오케스트라를 지휘하는 유능한 지휘자가 처음 악장에서 마지막 악장까지 지휘할 때 악장의 분위기에 따라 몸의 동작도 달라집니다. 태풍이 일어 바다 물결이 요동치거나 지진이 일어나는 것과 같은 격정의 소절에서 그의 몸 전체가 격정적으로 움직입니다. 그러다 다시 고요함, 적막함의 분위기로 접어들 때에 지휘자는 몸을 움직이지 않고 조용히 움직임 없이 머물곤 합니다.

일반적으로 지휘대에 올라선 지휘자는 곡의 시작부터 마지막까지 몸을 움직이는 것이 지휘라고 생각합니다. 그래서 지휘자가 지휘대 위에서 가만히 서 있는 것을 두고 지휘를 하지 않는 것이라 생각할 수 있습니다. 그러나 그렇지 않습니다. 자기가 지휘하는 곡을 완전히 해독하고 있는 지휘자는 동작을 할 때와 하지 않을 때를 명확히 구별하게 됩니다. 그에게는 조용히 동작 없이 머무르는 순간이 더 심도 깊은 지휘입니다.

우리의 삶에도 조용히 하나님 앞에 머무는 순간이 필요합니다. 우리가 세워 놓은 생의 계획을 밀고 나가기 위해 기도가 필요하고 말씀 적용이 필요한 것이 아닙니다. 우리가 하나님이 연주하시는 곡의 리듬에 따라 살아가기 위해 그러한 순간이 필요합니다. 우리는 이 세상에서 사는 날 동안 지속적으로 하나님께로 돌이키는 일을 중단하지 않아야 합니다.

하나님과 교제의 삶은 하나님을 생각하면서 사는 것이 아니고, 마음으로 그분을 모셔 들이고 그에게 우리의 마음을 고정시켜 가는 데서 이루어집니다. 우리의 마음이 하나님께 고정되어 가면 일할 때나 식사할 때, 다른 사람과 대화할 때에도 하나님과 함께하는 것을 경험해 갈 수 있습니다.

주는 나의 하나님이시니 나를 가르쳐 주의 뜻을 행하게 하소서(시 143:8, 10).

기도의 정수

도날드 블뢰쉬(Donald G. Bloesch)는 "참된 기도의 정수는 자신의 내면 깊은 곳의 소원과 곤핍을 하나님이 들어주실 것이라는 확신 가운데서 하나님 앞에 가지고 나와서 진심으로 간구하는 것이다"라고 했습니다. 또한 종교개혁자 마르틴 루터(Martin Luther)는 "가장 힘 있는 기도는 통곡과 눈물로 기도드리는 것이다"라고 했습니다.

이러한 기도는 하나의 탄원입니다. 탄원 외에 참된 기도에는 다른 몇 가지 요소들이 있습니다. 그러한 것들로 찬양, 감사, 고백을 들 수 있습니다. 찬양과 감사는 둘 다 그리스도인들에게 필요한 기도입니다.

우리의 기도가 오직 탄원에만 치우칠 때 너무 이기적이 될 수 있고, 그러한 기도는 원시 기도와 별로 다를 바 없게 됩니다. 우리의 탄원들이 그리스도 왕국의 진보와 하나님의 뜻에 종속될 때 기도는 그리스도 중심과 하나님 중심이 됩니다. 우리의 기도가 개인주의적이거나 원시적인 것이 되지 않기 위해서는 하나님이 그리스도를 통해 우리를 위해 하신 그 일에 기도의 초점을 맞추어야 합니다. 그럴 때에 보다 순수하고 깊이 있는 기도를 할 수 있습니다. 또한 그렇게 될 때에 자기중심적인 데서 해방될 수 있습니다.

찬양과 감사는 간구의 결과로 드려지는 기도입니다. 하나님께 진심으로 간구할 때에 그 간구에 대한 응답으로 하나님께 드리는 찬양과 감사가 비롯됩니다. 그것은 간구의 부산물이 아닌 기도의 절정이라고 할 수 있습니다.

한편 고백의 기도는 찬양과 경배보다는 탄원과 관련이 있습니다. 우리가 우리의 죄를 고백할 때 주님은 그 고백을 들으시고 우리를 용서해 주십니다. 물론 우리는 피조물로서 창조주 하나님을 찬양하지만, 그 앞에 설 때마다 우리 자신의 곤핍과 부족을 느끼지 않을 수 없기 때문에, 우리의 깊은 내면적 요구는 언제나 그의 은총과 용서를 향하고 있습니다. 우리 그리스도인의 이상과 목표는 하나님의 뜻과 일치하는 것이요, 그의 아들 예수 그리스도를 닮는 것이기 때문에 기도에서 탄원의 요소를 배제할 수 없습니다.

내가 소리 내어 여호와께 부르짖으며 소리 내어 여호와께 간구하는도다(시 142:1-2).

영적 순례자

우리 그리스도인들은 이 세상에서 영적 순례의 길을 걸어가는 순례자들입니다. 이 순례의 여정은 이 세상에서 우리의 생명의 연한이 다하는 날까지 계속됩니다. 그러나 이 순례는 나 혼자만이 걷는 외로운 여정이 아닙니다. 이 순례의 여정에는 사랑의 교제가 있습니다. 이 교제는 이 현실에서뿐만 아니라 영원한 하나님 나라에서도 계속됩니다. 영적 순례의 성공과 실패는 이 교제가 바르게 되느냐, 그렇지 않느냐에 있습니다.

이 교제는 삼위일체 하나님과 사랑의 교제입니다. 하나님과의 교제에서 우리가 먼저 하나님을 사랑하지 않고 하나님이 먼저 우리를 사랑하셨습니다. 우리가 하나님을 대적하고 있을 때 그리스도께서 우리를 위해 죽으셨습니다. 하나님의 사랑은 자발적이며 끝이 없습니다. 그는 스스로 사랑하기로 선택하셨기 때문에 우리를 사랑하고 계십니다. 그리스도의 용서를 받아들이고 그와 관계를 맺은 사람이라면 세상의 어떤 것도 주님의 사랑에서 그를 끊을 수 없고 그 사랑을 감소시킬 수 없습니다.

우리가 하나님의 사랑을 더 많이 받기 위해 의무적으로 해야 할 일은 없습니다. 문제는 그러한 사랑에 우리가 어떻게 반응할 것인가 하는 것입니다. 우리는 그를 마음을 다하고, 목숨을 다하고, 뜻을 다하고, 힘을 다하여 온전히 사랑할 수 있어야 합니다. 그렇게 되는 데는 시간이 걸립니다. 시간이 걸리는 이유는 하나님이 부족하시거나 그의 사랑이 불완전해서가 아닙니다. 그의 사랑이 너무 크기 때문입니다.

하나님을 온전히 사랑하기 위해서는 그를 더욱더 깊이 알아 가야 합니다. 그러나 하나님은 크시고 우리의 마음은 매우 좁고 편협하기 때문에 하나님을 알아 가는 데는 시간과 순종이 필요합니다. 우리는 그를 알아 가기 위해 그가 우리를 위해 하신 일을 배워야 합니다. 단순히 지식으로만 아는 것이 아니고 경험적으로도 알아 가야 합니다. 그렇게 하기 위해 시간을 따로 선택해 독거, 침묵, 기도, 성경 읽기 등 영적 훈련을 쌓아 가야 합니다. 그러한 과정에서 하나님과 의사소통이 이루어지게 되고, 거기서 적절하게 반응하게 됩니다. 순종은 이러한 의사소통에 적절하게 반응하는 것입니다.

우리의 사귐은 아버지와 그의 아들 예수 그리스도와 더불어 누림이라(요일 1:1-3).

자신을 사랑하십시오

우리가 영적 순례의 여정에서 교제를 갖는 대상은 우리 자신입니다. 영적 순례의 여정에서 우리 자신을 올바르게 사랑하려면 우리 자신을 바르게 알아야 합니다. 우리가 우리 자신이 누구인가를 바르게 알아야 우리 자신을 올바르게 사랑할 수 있습니다.

우리는 우리 자신이 어떤 때는 싫어지기도 하고 좋아지기도 합니다. 다른 사람이 나를 칭찬하고 좋게 보아 주면 자신이 좋아지고, 다른 사람에 의해 평가가 나쁘게 되면 좌절합니다. 우리는 돈이 있거나 좋은 물건을 갖게 되면 자긍심이 생기고, 그렇지 않을 때는 주눅이 듭니다. 우리는 우리 자신의 가치가 어디에 있는지 잘 모릅니다. 그렇기 때문에 자신을 올바르게 사랑하지 못합니다. 우리는 우리 자신을 잘 알지 못하기 때문에 우리 자신을 몹시 괴롭히고 피곤하게 합니다.

우리 자신을 올바르게 사랑하기 위해서는 '우리 자신을 어떤 기준에서 보아야 하는가'가 중요합니다. 우리는 우리 자신을 다른 사람의 평가에 의해서, 또는 소유로 규정해서는 안 됩니다. 우리 자신을 올바르게 사랑하기 위해서는 하나님이 우리를 보시는 관점에서 우리 자신을 보아야 합니다. 하나님은 우리를 보실 때 우리의 학벌, 미모, 가문을 보시지 않습니다. 하나님은 우리의 '타락과 존엄' 모두를 보십니다.

하나님께 우리는 매우 존엄한 존재이면서 동시에 훼손된 존재입니다. 우리는 하나님을 멀리 떠난 존재이면서 하나님이 애타게 기다리며 찾고 계시는 존재입니다. 우리 그리스도인은 하나님께 발견된 존재이며 하나님께 구속받은 존재입니다. 우리는 더 이상 죄의 노예가 아니며 죄와 사망에서 해방되었습니다. 우리는 하나님의 자녀이며 그리스도와 함께한 후사입니다. 우리가 우리 자신을 사랑하는 것은 하나님께 사랑받는 존재이며 하나님께 귀한 존재이기 때문입니다.

우리에게 그 성령을 풍성히 부어 주사 우리로 그의 은혜를 힘입어 의롭다 하심을 얻어(딛 3:3-7).

이웃 섬김

우리의 영적 순례의 여정에서 맺어지는 교제에는 우리의 이웃이 있습니다. 우리는 우리의 이웃을 다정하게 사랑하는 법을 배워 가야 합니다. 우리가 하나님과 사랑의 사귐 가운데 있다고 하면서 형제자매를 사랑하지 아니하면 하나님을 사랑한다는 것은 거짓말이 됩니다. 형제자매를 다정하게 사랑하는 구체적 행동은 섬김을 받는 것이 아니고 섬기는 것입니다. 우리가 하나님과 사랑의 교제 가운데 있다는 사실을 나타낼 수 있는 장소가 다른 사람과 함께하는 자리입니다. 예수님은 세상을 극진히 사랑하시기 때문에 세상을 섬기기 위해 오셨습니다.

그런데 다른 사람을 지속적으로 섬기기 위해서 우리의 섬김의 자원을 다른 사람으로부터 공급받으려 하지 말고 하나님으로부터 공급받아야 합니다. 우리가 하나님으로부터 자원을 공급받지 않으면 다른 사람으로부터의 인정, 칭찬에 목마르게 되고 다른 사람을 있는 그대로 받아들이지 못하게 됩니다. 결국 섬김은 실패하게 됩니다.

무슨 일을 하든지 마음을 다하여 주께 하듯 하고 사람에게 하듯 하지 말라(골 3:22-25).

용서

우리가 형제자매들과 지속적으로 사랑의 교제를 맺어 가기 위해서는 용서하는 법을 배워야 합니다. 우리가 다른 사람을 용서하는 것은 우리 자신이 먼저 하나님으로부터 용서를 받았기 때문입니다. 그러므로 우리 역시 다른 사람을 용서해야 합니다. 우리가 다른 사람과 사랑의 교제를 맺어 가는데 제일 큰 방해물은 상대를 있는 그대로 받아들이지 못하고 우리의 관점에 맞추어 가려는 것입니다. 그러다 보면 상대방의 허물과 약점을 받아들이지 못합니다.

자신에게 상처를 주는 사람들을 용서하다 보면 우리 역시 용서가 필요한 사람임을 깨닫게 되고, 또 다른 사람들에게 상처 주는 사람이라고 쉽게 간주해 버리는 사람들과 우리가 그렇게 다르지 않다는 사실을 인정하게 됩니다. 우리에게는 자신의 실수는 변명하고 남의 허물에 대해서는 비난하려는 자연스러운 경향이 있습니다. 자신이 처한 상황에 대해서는 은혜와 이해를 구하면서 남이 똑같은 상황에 처했을 때는 정의와 처벌을 주장합니다.

성경은 하나님의 용서를 경험한 사람들인 우리에게 다른 사람의 입장에 서라고 가르칩니다. 그리스도 안에서 우리는 잘못을 저지르는 사람에게 정의보다는 은혜를 베풀어야 합니다. 신약에서 용서를 표현하기 위해 쓰던 용어 가운데 하나로 '자비롭게 처리하다'라는 말이 있습니다. 그러나 때때로 이러한 행동은 힘들고 부자연스럽습니다. 범죄자가 받을 만한 공정한 대우가 아닌 것 같기 때문입니다. 다른 사람을 용서한다는 것은 나에게로부터 빼앗아 간 어떤 것을 보상해야 할 의무에서 그들을 풀어 주는 것입니다. 루이스 B. 스머즈(Lewis B. Smedes)는 《용서의 기술》에서 이렇게 말했습니다.

"잘못을 저지르는 사람들을 잘못에서부터 풀어 줄 때 당신은 당신의 내면 세계에서 자라던 악성 종양을 제거하는 것이다. 죄수 한 명을 해방시켜 주었는가? 그 죄수는 바로 당신, 자신이다."

하나님의 용서를 경험한 사람으로서 남을 용서하는 것은 참으로 믿음 있는 행동입니다. 화낼 권리를 포기해 자신의 소유를 주장하지 않고 하나님의 정의로우심에 맡겨 드리는 일이기 때문입니다.

네 형들이 네게 악을 행하였을지라도 이제 바라건대 그들의 허물과 죄를 용서하라(창 50:15-21).

소망의 이유

초대교회 형제자매들에게 있어 가장 중요한 소망의 이유는 예수 그리스도의 다시 오심이었습니다. 그런데 그들이 기대하고 있는 것처럼 주님은 속히 오시지 않았습니다. 그리고 그리스도인들에 대한 핍박은 점점 더해졌습니다. 사회적으로 그리스도인으로서 득 볼 만한 까닭이 하나도 없는데도 불구하고 그리스도인으로 살아가는 일은 영적으로 다른 사람이 경험하지 못한 확실한 소망의 이유 없이는 불가능합니다.

사도 베드로는 그의 시대에 살고 있는 믿음의 형제자매들에게 소망의 이유를 묻는 사람들에게 분명히 답변할 수 있도록 준비하라고 말했습니다. 어느 시대에서나 믿지 않는 사람들은 그리스도인들을 주시합니다. 그 이유는 그리스도인들의 생활 방식이 자신들과는 다르기 때문입니다. 예수를 따르는 일이 사회적으로 명예롭지도 못하고, 경제적으로 부유해지는 것도 아니고, 고난이 있음에도 불구하고 그러한 일을 포기하지 않는 것을 볼 때 믿지 않는 사람들은 그리스도인들에 대해, '무엇 때문에 어려운 사람들을 저렇게 돌보아 주는가? 무엇 때문에 불의와 타협하지 않고 손해를 보면서도 올곧게 살아가려고 하는가? 무슨 이유로 시간과 물질을 다른 사람들을 위해 아끼지 않는가? 무슨 이유로 때를 따라 교회에 출석하는 일에 그리 열심인가? 도대체 저들이 가진 소망의 이유가 무엇인가?'라는 의문을 갖게 됩니다. 그리스도인들이 열등하게 살아갈 때보다 주님을 진지하게 따를 때 그 시대 사람들은 그리스도인들의 소망의 이유에 대해 관심이 더 큽니다.

그리스도인들의 소망의 이유는 그 시대 사람들이 가진 사회적 통념을 넘어서는 것이 되어야 합니다. 그리스도인들이 자기 시대에서 진정 하나님 나라와 그의 의를 진지하게 추구해 갈 때 믿지 않는 사람들은 그리스도인들의 소망의 이유를 묻게 됩니다.

너희 속에 있는 소망에 관한 이유를 묻는 자에게는 대답할 것을 항상 준비하되(벧전 3:13-17).

하나님과 교제하는 삶

저는 역사적으로 그리스도인들이 자기 시대에 가지고 있었던 소망의 이유를 밝히려고 하지는 않겠습니다. 우리 시대에서 믿지 않는 사람들이 저에게 소망의 이유를 묻는다고 할 때, 또는 그리스도인으로서 소망의 이유를 발견하지 못해서 방황하고 있는 사람들에게 답변할 내용이 있습니다. 만약 그리스도인이나 그리스도인이 아닌 사람이 저에게 "당신이 가진 소망의 이유가 무엇입니까? 어떤 소망의 이유를 가졌기에 그리스도인으로 살아가고 있습니까?"라고 묻는다면 저는 이러한 몇 가지 답변을 할 수 있습니다.

먼저, 제가 믿는 하나님은 창조주이시며 만물을 새롭게 하시는 하나님, 세상을 극진히 사랑하시는 분이십니다. 그는 인간과 교제를 갖기 위해 인간으로 세상에 오셨습니다. 그는 성령으로 우리 가운데 함께하십니다. 저에게는 이 현실에 살면서 그 하나님과 교제의 삶이 있습니다. 저에게 그 교제가 있기 때문에 다른 모든 수평적인 관계가 의미를 갖게 됩니다. 지금이라도 그 교제가 끊어진다면 매우 암담할 것입니다. 저는 그 교제에서 하루하루를 살아갈 수 있는 일용할 양식을 공급받고 있습니다.

그러한 교제로 인해 저 자신을 초월해 가는 삶으로 나아가고 있습니다. 그렇다고 세상적인 것들이 모두 허무하게 느껴지지는 않습니다. 오히려 소유욕에서 해방되기 때문에 유한한 피조물의 아름다움을 보고 사랑하고 즐기게 됩니다. 저는 하나님과 교제에서 저의 삶을 몹시 힘들게 하는 내면의 상처들이 치유되고, 저의 생을 보다 밝게 희망 가운데서 살아가면서, 현실의 삶에서 영원한 생을 소유하게 되었습니다. 이제는 죽음이 저에게 그렇게 무서운 존재가 아닙니다. 저에게 죽음은 제 삶의 완성의 시간으로 받아들이게 되었습니다.

하나님과 교제가 심화되어 갈수록 과거나 미래를 살지 않고 현재를 살아가게 되었습니다. 하나님과 교제가 없을 때에는 내일의 염려가 저를 늘 괴롭혔는데 이제는 내일의 염려에서 해방되었습니다. 저에게 하루하루의 삶은 무의미한 시간의 연속이 아니고 매우 소중한 순간들로 받아들여집니다. 저는 무슨 일이든지 긍정적으로 이해하고 받아들이면서 살아가고 있고, 그러한 삶의 변화가 저의 건강의 비결이 되기도 합니다. 저는 현재에 어려운 일이 생겨도 그 일이 합력하여 선이 될 것을 믿는 것이 습관처럼 되어 가고 있습니다.

주의 말씀을 조용히 읊조리려고 내가 새벽녘에 눈을 떴나이다(시 119:145-149).

하나님과 대화하는 삶

다음으로 저에게는 하나님과 대화가 있습니다. 저에게 하루 중 가장 소중한 시간이 하나님과 대화의 시간인데, 저의 대화에는 말이 있는 대화와 말이 없는 대화가 있습니다. 말이 있는 대화로 기도가 있고, 말이 없는 대화로 묵상이 있습니다. 그러한 대화의 시간이 저의 삶을 쉽게 만들어 갑니다. 그때가 저에게는 매우 즐겁고 기쁨의 시간입니다.

저에게도 생의 문제들이 있습니다. 그런데 그러한 문제가 저를 손상시키지 않습니다. 어떤 문제이건 저는 그것을 하나님께로 가지고 나아가서 매우 진솔하게 아뢰는 것입니다. 저는 그 과정에서 문제에 대한 지혜와 해답을 얻곤 합니다. 저에게 생의 문제는 삶을 창조적으로 살아가는 데 도움을 주는 밑거름이 됩니다. 때때로 부정적인 생각이 저를 힘들게 할 때 저는 그러한 것들과 싸우지 않고 조용히 그대로 하나님께 가지고 나아가서 있는 대로 하나님께 보여 드립니다. 그때마다 거기서 해방되곤 합니다. 저에게는 하나님과 제가 있는 조용한 골방이 있는데 그 골방 분위기는 밖의 어떤 소란함이나 적대적인 공격에도 점령되지 않습니다.

나의 간구가 주의 앞에 이르게 하시고 주의 말씀대로 나를 건지소서(시 119:169-174).

하나님의 현존, 하나님의 사랑

다음으로 저의 소망의 이유는 하나님의 현존입니다. 저에게 하나님은 멀리 계시지 않고 현재 저와 함께 계십니다. 저는 그가 안 계시면 존재할 수 없습니다. 그가 저의 존재의 기원이시며, 원인이시며, 근원이십니다.

하나님은 현재도 저와 함께하시며, 이 현실의 생이 끝나도 저와 영원히 함께하실 것입니다. 저는 이 현실의 생을 마치게 되면 주님이 마련하신 영원한 처소가 예비되어 있다는 것을 알고 있습니다. 이 현실의 생이 끝나면 제가 갈 곳은 어두운 절망의 아골 골짜기가 아니라 영원한 하나님 나라입니다. 저는 저를 지금 이 시점까지 인도해 주신 하나님이 저의 남은 생도 반드시 함께하셔서 하나님의 은혜의 보좌에 설 수 있게 해 주실 것을 믿고 있습니다.

또 하나 저의 소망의 이유는 하나님의 사랑입니다. 하나님이 저를 사랑하심을 저는 알고 있습니다. 사랑의 하나님은 저만 사랑하시지 않고 그가 창조하신 세상의 모든 피조물을 다 사랑하신다는 것을 알고 있습니다. 사랑의 하나님은 세상을 포기하시지 않고 만물을 새롭게 해 가시며 그의 역사를 반드시 완성하실 것을 믿습니다.

너를 지키시는 이가 졸지 아니하시리로다(시 121:1-8).

진정한 자유, 평화와 희망

그리고 자유입니다. 저는 하나님과의 교제에서 인간으로 살아가는 데 진정한 자유를 배우게 되었습니다. 그 자유는 저를 사람들의 시선으로부터 자유롭게 살도록 만들고, 무슨 일을 하든지 사람에게 하듯이 하지 않고 하나님이 보시는 앞에서 살아가게 만듭니다. 그러한 자유가 시대의 풍조에 따라 살아가지 않게 하고, 다른 사람과 비교에서 살지 않게 하고, 다른 사람과 경쟁의 삶을 살지 않게 합니다. 그리고 그 자유가 제 자신의 자아를 넘어선 섬김으로 나아가게 합니다. 그 자유는 이 세상에서 그 무엇으로도 바꿀 수 없습니다.

마지막으로 저는 세상에 대한 하나님의 생각과 계획은 심판과 저주가 아닌 평화와 희망이라는 것을 알고 있습니다. 그러한 사실이 예수 그리스도의 십자가와 부활에서 분명히 드러났습니다. 만약 세상에 대한 하나님의 생각이 심판과 저주라면 십자가 이외에 아무것도 없었을 것입니다. 그런데 십자가 다음에 부활이 있었습니다. 부활은 세상에 대한 하나님의 생각이 어떤 것임을 말해 주고 있습니다. 인간의 운명을 포함해서 모든 피조물의 운명이 절망이 아니고 희망입니다. 우리는 부활의 신비를 완전히 해독할 수는 없습니다. 그러나 예수님의 부활은 만물을 새롭게 하시는 하나님의 마지막이 어떤 것임을 암시하고 있습니다. 우리는 부활에 담긴 신비를 매일의 삶에서 부활의 소망으로 살아가면서 부분적으로 알아 가고 있습니다.

우리에게는 분명한 소망의 이유가 있습니다. 그것은 광야에서 사탄이 예수님을 시험할 때 내놓은 돌을 떡으로 만드는 안정, 높은 곳에서 뛰어내려도 다치지 않을 수 있는 명성이나 인기, 사탄에게 절을 해서 얻게 되는 세상의 권력이 아닙니다. 우리의 소망의 내용은 예수께서 사탄의 시험을 물리치고 살아가신 십자가의 삶입니다. 그러한 삶에 부활의 새 차원의 삶이 있습니다.

화목하게 하신 우리 주 예수 그리스도로 말미암아 하나님 안에서 또한 즐거워하느니라(롬 5:6-11).

창조 가운데 있는 삶

우리가 사용하는 언어 가운데 하나님과 같은 뜻으로 사용하는 말이 '사랑'입니다. 하나님과 사랑은 동의어입니다. 사도 요한은 "하나님은 사랑이심이라"(요일 4:8)라고 했습니다. 하나님은 사랑이시기 때문에 세상을 창조하셨습니다. 세상은 하나님 사랑의 작품입니다. 하나님이 세상을 창조하실 때 살아 있는 모든 것에 선물로 주신 생명은 사랑을 먹고 자랍니다. 생명은 사랑이 없으면 고갈됩니다. 사랑은 삶을 윤택하게 하고 활력 있게 합니다.

사랑은 관계를 형성해 갑니다. 하나님이 창조하신 모든 피조물은 같은 종들끼리는 물론, 서로 다른 종들끼리도 상호 유기적 관계에서 살아갑니다. 어떤 것도 혼자서는 존재할 수 없습니다. 창조의 세계에서는 서로 다른 것이 적대적이고 불편한 것이 아니라 서로를 돕는 이웃입니다. 그것은 하나님의 존재 방식이기도 합니다. 성부, 성자, 성령은 각각 한 분의 인격이시면서 하나이십니다.

우리에게서 나라는 한 인격적 존재가 올바른 관계에 있지 못할 때에는 갈등하고 고통받게 됩니다. 내면의 상처도 관계의 손상에서 온 것입니다. 손상된 관계는 소외를 느끼게 하고, 마음의 문을 닫게 만들고, 사물을 왜곡되게 보고 이해하게 만듭니다. 그러한 손상된 관계에 있는 인격은 다른 사람과 관계를 바르게 갖고 살지 못합니다. 이웃을 자신의 통제 아래 묶어 두려하고, 언제나 비교의 대상으로 바라보며, 오로지 자신이 중심이 되어 모든 것을 판단합니다. 손상된 인격의 특징은 삶의 중심이 하나님이 아니고 자신입니다. 우리가 하나님의 창조에 참여해서 살아갈 때 제일 힘들고 어려운 일이 삶의 중심을 바꾸는 일입니다.

우리 가운데서 활동하시는 창조의 영이신 성령께서는 우리의 삶을 하나님 중심으로 새롭게 형성해 가십니다. 나 자신과의 관계도 새롭게 하시고, 이웃과 다른 피조물과의 관계도 새롭게 하십니다. 성령의 역사로 하나님의 자녀가 태어나게 됩니다. 우리가 하나님의 자녀가 된 것도 하나님의 사랑으로 인해 이루어진 것입니다.

아버지께서 어떠한 사랑을 우리에게 베푸사 하나님의 자녀라 일컬음을 받게 하셨는가(요일 3:1-3).

하나님과의 친밀한 사귐 속으로

우리 가운데서 활동하시는 성령님은 하나님과 우리의 관계를 지속적으로 갱신시켜 가십니다. 그러한 갱신에서 우리는 점점 더 하나님과 친밀한 사귐을 갖고, 그 사귐에서 하나님을 더 신뢰하고 사랑하고, 죄로부터 점점 멀어지게 됩니다.

죄는 사귐을 엉망이 되게 합니다. 죄는 돈, 성, 권력을 우상으로 삼아 살아가게 하며, 쾌락을 삶의 유일한 가치와 의미로 삼아 살아가게 합니다. 하나님이 주신 생명은 하나님과의 사귐에서 사랑을 공급받아야 되는데 죄는 그렇게 하지 못하게 합니다. 죄는 생명이 자꾸 시들어 가게 합니다. 생명이 시들어 가는 데서는 진정한 사귐도 삶의 의미도 없습니다. 하나님이 주신 우리의 일상의 삶이 지루하고 고통스럽습니다. 하나님의 사랑이 없는 곳에는 모든 것이 회색입니다.

우리가 진정 하나님과의 깊은 사귐 가운데 들어가게 될 때 그 사귐 속에서 모든 것이 하나로 통합이 됩니다. 하나님과의 친밀한 사귐 속에서, 사랑의 하나님의 창조 가운데서 하나라는 것을 알게 되고, 모든 것을 분석하지 않고 다 통합적으로 보게 됩니다. 일상적인 삶에서 특별한 것을 추구하지 않는데도 불구하고 그 하나하나를 다 의미 있는 것으로 보게 됩니다.

우리는 특별히 교회에 와서 열심히 땀 흘려 봉사하고, 가난한 자, 억눌린 자를 찾아보는 등 꼭 그렇게 해야만 믿음이 있고, 하나님께 충성하는 것이고, 하나님과 함께하는 것이라고 생각하는 강박관념을 가지고 삽니다. 그러면서도 내면에 갈등과 공허 때문에 고달프고, 그런 이율배반적 삶에서 깊이 고민합니다. 그런데 하나님과의 친밀한 사귐 속으로 깊이 들어가게 되면 꼭 어떤 무리하게 일하는 시간만이 아니라 조용하게 휴식하는 시간에도 하나님이 함께하신다는 것을 깨닫게 됩니다. 휴식 그 자체도 창조라는 것을 깨닫게 됩니다. 하나님과 진정 깊은 사귐 가운데 있을 때에는 큰 것, 작은 것이 문제가 아니고 언제나 하나의 통합적인 삶 속에서 삶이 새로운 의미로 다가오게 되는 것을 경험하게 됩니다. 하나님은 우리에게 일상의 삶을 살도록 허락하셨습니다. 그런데 그 일상의 삶이 지루하고 고통스럽다고 할 때에는 하나님의 창조의 원리와 어긋나는 것입니다.

이는 하나님의 씨가 그의 속에 거함이요(요일 3:3-9).

하나님 창조의 핵심, 사랑

사랑은 하나님의 창조가 있게 하고, 그가 창조한 모든 피조물에게 생명과 함께 부어지고, 그의 피조물들이 존재하게 하는 힘입니다. 하나님 창조의 핵심은 하나님의 사랑입니다. 그 사랑이 하나님과의 사귐을 만들어 갑니다. 사랑은 미움과는 달리 사귐을 만들어 갑니다. 예수 그리스도의 사건은 우리에게 지속적으로 하나님의 사랑을 보게 하고, 느끼게 하고, 경험하게 합니다. 사도 요한은 그러한 사실을 이렇게 말합니다.

"하나님이 우리에게 자기 영을 나누어 주셨습니다. 이것으로 우리가 하나님 안에 있고, 또 하나님이 우리 안에 계시다는 것을 우리는 압니다. 우리는 아버지께서 아들을 세상의 구주로 보내신 것을 보았고, 또 그것을 증언합니다. 누구든지 예수를 하나님의 아들로 시인하면, 하나님이 그 사람 안에 계시고, 그 사람은 하나님 안에 있습니다. 우리는 하나님이 우리에게 베푸시는 사랑을 알았고, 또 믿었습니다. 하나님은 사랑이십니다. 사랑 안에 있는 사람은 하나님 안에 있고 하나님도 그 사람 안에 계십니다"(요일 4:13-16, 새번역).

사랑에서 이루어진 새로운 사귐에서는 일상의 삶이 의미 있는 것으로 살아납니다. 그리고 거룩한 것과 속된 것이 없습니다. 그리고 시간의 흐름이 지루하게 느껴지지 않습니다. 거기서는 나의 시간과 하나님의 시간의 구분이 없습니다. 아무리 사소한 것이라도 귀하게 여기게 됩니다. 그러므로 자연히 죄가 틈을 탈 수 없게 됩니다. 죄는 삶이 무료해질 때, 사랑에 굶주릴 때, 깨진 단지에 물을 붓는 것과 같이 무엇으로도 충족되지 않는 자아의 욕망에 사로잡혀 있을 때 침입합니다. 참된 사랑에서 끊어진 생명의 고갈은 이 세상에 있는 어떤 것들로도 충족시킬 수 없습니다. 오직 참된 사랑의 사귐에서만 그 충족이 이루어집니다.

우리가 사는 이 현실에 하나님의 사랑과 만날 수 있는 유일한 사건이 있습니다. 그것은 예수 그리스도의 십자가와 부활입니다. 하나님은 예수 그리스도에게서 하나님의 완전한 사랑을 계시해 주셨습니다. 예수 그리스도의 십자가와 부활은 이 현실에서 하나님 사랑의 완전한 실현입니다. 우리는 그 사건을 바라볼 때 우리에 대한 하나님의 사랑을 새롭게 확인해 가게 됩니다. 우리는 그 사건을 통해 하나님과 친밀한 사귐에 끊임없이 참여하게 됩니다.

사랑 안에 거하는 자는 하나님 안에 거하고 하나님도 그의 안에 거하시느니라(요일 4:13-16).

사랑의 사귐

우리는 창조의 구경꾼이 아닌 거기에 참여해서 살아가는 하나님의 자녀들입니다. 우리에게는 그리스도 안에서 시작된 사랑의 사귐이 있습니다. 그 사귐은 정체된 것이 아니고, 창조의 영이신 성령께서 우리 가운데 활동하시면서 그 사귐이 더욱 친밀한 사귐이 되어 가게 하십니다. 우리는 그 사귐이 더욱 온전한 사귐이 되도록 성령의 인도하심에 우리 자신을 지속적으로 내놓아야 합니다. 성령의 리듬을 타야 합니다.

우리는 사랑의 사귐 가운데 있기 때문에 사랑하는 일을 그만두면 우리의 사귐도 죽게 됩니다. 사랑은 계속 흐를 때 파장을 일으키게 됩니다. 잔잔한 호수에 돌을 던지면 작은 원이 생겨나면서 점점 큰 원을 그려 파장이 넓어지게 됩니다. 사랑도 그렇게 파장을 일으키게 됩니다. 그러한 파장은 삶의 의미, 위로, 기쁨을 줍니다. 삶의 안정감을 주고, 상처를 치유해 가기도 합니다.

우리는 일상을 살아갈 때 늘 혼자라는 생각을 가지면 안 됩니다. 늘 사랑의 관계성 속에 내가 있다고 생각해야 합니다. 공동체의 형제자매들과 함께 있을 때에도 내 눈에 거슬리는 이들을 판단하고 싶은 유혹이 오면 사랑의 관계성을 생각하고 하나님의 빛 가운데서 형제자매들을 보아야 합니다. 그러면 판단하는 것이 다 없어집니다.

우리가 하나님을 사랑한 것이 아니라 하나님이 우리를 먼저 사랑하셨습니다. 우리의 아버지는 하나님이십니다. 우리는 우리 아버지를 본받아야 합니다. 우리가 이 현실에 살면서 남길 수 있는 유일한 흔적은 사랑입니다. 우리는 하나님 사랑을 깊이 묵상하면서 사랑을 실현해 가야 합니다. 사랑에는 사소한 것, 큰 것의 구별이 없습니다. 우리를 중심해서 살아가는 삶에는 항상 남을 비판할 일, 항상 남에게 기분 나쁜 일, 그것밖에 없습니다. 이 것을 하나님 중심의 사랑의 삶으로 바꾸어 가야 합니다. 사랑에는 특별한 기회도 없습니다. 하나님이 창조하신 시간과 공간은 하나님의 사랑으로 채워져 있습니다. 우리는 그 사랑에 싸여 살아가고 있습니다. 이 현실에서 진행되고 있는 하나님의 창조 활동은 사랑입니다. 그 사랑이 현실에서 구원을 이루어 가고 있습니다. 우리는 하나님이 사랑으로 창조의 활동을 진행하고 계시는 그 현실에서 살아가고 있습니다.

우리가 말과 혀로만 사랑하지 말고 행함과 진실함으로 하자(요일 3:17-24).

영혼이 있는 그리스도인

살아 있는 영과 인간의 고유한 존재 방식인 사귐은 어떤 상황에서나 구애받지 않습니다. 비록 감옥에 있을지라도, 일을 할 때, 운전을 할 때, 홀로 있을 때, 기쁠 때, 슬플 때에도 사귐 안에 있게 됩니다. 영혼이 잠자지 않고 깨어 있다는 것은 사귐이 살아 있다는 의미입니다. 우리의 영혼은 사귐에서 존재합니다. 성령의 능력 없이는 그러한 존재 방식이 이루어지지 않습니다. 이 현실의 삶이 끝나도 이 사귐은 영원히 살아 있습니다.

우리는 단순히 흙으로만 빚어진 존재가 아니라 하나님이 그의 생명의 기운을 불어넣어 살아 있는 생령이 되었습니다. 하나님은 우리를 자아가 아니라 영혼으로 살아가도록 만드셨습니다. 우리는 자아만으로는 존재해 갈 수 없습니다. 인격적 관계도 불가능합니다. 하나님은 우리를 영혼이 있는 존재로 만드셨습니다. 인간은 자아로 태어나지 않고 영혼으로 태어납니다. 사람은 하나님, 다른 사람, 자연과의 관계에서 태어난다는 뜻입니다. 그 관계에서 살아갈 운명의 존재로 태어납니다. 에덴동산은 그러한 관계의 현실을 의미합니다. 영혼을 가진 나는 관계에서 태어나고 관계에서 삶을 실현해 갑니다. 우리는 우리 시대에서 영혼이 있는 그리스도인으로서 교육자, 사업가, 농부, 공무원, 정치인, 예술인 등 각자 맡은 부문에서 살아가야 합니다.

영혼이 있다는 것은 인격적 사귐 가운데서 살아가고 있다는 의미입니다. 그러한 삶이 상품처럼 형상화되지는 않지만 우리의 삶 전반에 새로운 분위기를 조성해 가게 됩니다. 영혼을 가진 사람들이 살아가고 있는 곳은 다릅니다. 그들의 언어, 눈빛, 얼굴 모습, 입는 옷, 사람을 대하는 태도, 몸짓, 집안 분위기, 가꾸는 밭, 그들이 만들어 내는 물건, 그들의 식탁 등 삶 전반에 걸쳐 영혼이 담겨 있습니다. 그것을 영성이라 합니다. 영성은 세상을 떠나 고고히 자신의 자아만을 가꾸는 것이 아닙니다. 영성은 영적인 삶을 살아가는 것입니다.

우리는 오늘 우리 시대에서 '누가 내 이웃인가?'라는 물음에서 이웃을 정의 내리기가 쉽지 않습니다. 그러나 나는 영혼이 있는 이웃으로 살아갈 수 있습니다. 진정 영혼이 있는 사람만이, 영적 삶을 사는 사람만이 이웃으로 설 수 있고 이 사회에 빛을 전할 수가 있습니다. 그리스도인은 오늘 그런 존재로 살도록 현실에서 부름을 받고 있습니다.

생기를 그 코에 불어넣으시니 사람이 생령이 되니라(창 2:4-7).

4월

예수님은 십자가의 삶을 살아가심으로 자신이 하나님의 아들이며 하나님이

누구이심을 드러내셨습니다. 그러한 예수님의 삶의 방식은 예수님의 통치가

완전히 실현될 때까지 그를 따르는 사람들에 의해 계속됩니다.

예수님과 함께 죽고 부활하신 그리스도와 함께 새 생명의 삶으로 살아가는 우리는

그 길을 걸어야 합니다.

예루살렘으로 올라가는 길

광야에서 사탄의 시험을 물리치신 예수님의 영적 여정은 하나님의 뜻에 순종하는 것이었습니다. 예수님의 영적 여정은 오로지 그것으로 일관되어 있었습니다. 예루살렘으로 올라가신 것도 하나님께 대한 순종이었습니다. 그 순종의 길은 십자가를 지시는 일이었습니다. 예수님 자신을 속죄 제물로 내어놓으시는 것이었습니다. 하나님 없이 사는 인간들의 죄를 위해 자신을 속죄 제물로 하나님께 드리시기 위함이었습니다. 그렇게 하심으로 하나님의 거룩한 뜻이 하늘에서와 같이 이 땅에서도 이루어질 수 있게 되었습니다. 예수님이 제자들에게 가르쳐 주신 기도의 내용을 예수님 자신이 그대로 실천하셨습니다.

세상을 극진히 사랑하시는 하나님의 뜻은 인간과 화해였습니다. 다시 말씀드리면 교제였습니다. 예수님은 그 길을 열어 놓으셨습니다. 예수님이 예루살렘으로 올라가심으로 인간들이 하나님께로 나아가는 길이 열렸습니다. 닫힌 길이 열렸습니다.

예수님의 예루살렘 여정에 담긴 숨긴 비밀은 사람들이 생각한 것과는 전연 다른 데 있었습니다. 그 길은 세상의 관점으로 볼 때에는 실패의 길이었습니다. 결국 십자가 형틀에 달려 죽는 비참함 그 자체였습니다. 그런데 거기에 모든 사람들이 새로운 현실을 살아갈 길이 숨겨져 있었습니다. 광야에서 사탄이 제시한 길은 세상적으로 매력적인 길이었습니다. 그러나 그 길은 실패의 길, 거짓된 삶으로 일관하는 허망한 길이었습니다. 인생의 무대에서 다른 사람들에게 보이기 위해 연기를 하다가 마치는 길이었습니다.

예수님은 그 길을 거절하시고 하나님께 순종의 길을 선택하셨습니다. 그 길이 예수님 자신으로 사시는 길이었습니다. 그뿐만 아니라 누구나 거짓된 삶이 아닌 참된 자기 자신으로 사는 길을 열어 놓으셨습니다. 사람들은 자신이 살아가야 할 길을 찾지 못해 평생 방황하며 살다가 두려움과 공포 가운데서 생을 마치게 됩니다. 사람들은 진정 자신이 누구인지를 알지 못하고 살다가 허무하게 생을 끝냅니다. 예수님은 우리가 진정 자신으로 살아가는 길을 열어 놓으셨습니다. 그 길은 땅에 떨어진 씨앗이 죽어야 새 생명의 싹이 돋아나는 것과 같이 옛 자아의 죽음이 함께하는 길이었습니다.

네 왕이 네게 임하나니 그는 겸손하여 나귀, 곧 멍에 메는 짐승의 새끼를 탔도다(마 21:1-11).

예수 그리스도 안에 있는 새로운 삶

그리스도인들은 이 세상에 살지만 보이지 않는 주님의 통치를 받으며 살아 가게 됩니다. 그의 통치는 강압적인 것이 아닙니다. 누구나 자원해서 그의 통치를 받아들이기를 기다리십니다. 누구든지 마음을 열고 그의 통치를 받아들이면 그가 들어오셔서 우리를 인도해 가십니다. 그는 먼저 우리에게 새 마음과 새 뜻을 갖게 하시면서 자기를 따르게 하십니다. 우리가 예수 님을 신뢰해 가면서 그에게 우리 자신을 전적으로 맡기고 순종해 갈 때 그의 통치는 우리의 삶에 자리 잡기 시작합니다. 예수님의 통치는 회개, 깨달음, 실행을 통해서 더욱더 현실적인 삶으로 나타나게 됩니다.

이 우주에 예수 그리스도의 십자가와 죽으심, 그리고 부활이 없었다면 우리의 삶은 매우 암담했을 것입니다. 저는 그러한 사실을 어떤 우주적인 차원에서보다 개인의 삶에서 확인해 가고 있습니다. '만약 주님의 십자가와 부활이 없었다면 현재의 나의 삶이 어떻게 가능할까?'라는 생각을 해 볼 때가 있습니다. 저에게 그리스도 밖에 있을 때와 그리스도 안에 있을 때의 삶은 나이가 더해 갈수록 더욱더 현저하게 차이가 있어 갑니다. 그리스도 안에서 이루어진 희망, 평강, 치유, 보상, 그리고 죽음을 넘어선 저 영원한 삶에 대한 친근감 모두 그리스도를 통해서 이루어진 것입니다.

우리의 새로운 실존은 그리스도 안에 있습니다. 우리는 그리스도와 함께 십자가에서 죽고 그의 살아나심과 함께 하나님을 중심으로 한 새로운 삶으로 태어난 사람들입니다. 우리의 새로운 삶은 이상이 아닌 현실입니다. 우리는 예수님을 통해서 하나님 안에 숨겨진 새로운 삶을 찾아내게 됩니다. 그러한 새로운 삶은 관념이 아니고 경험적인 것입니다. 우리는 그리스도 안에서 새로운 현실을 살게 됩니다. 예수 그리스도 자신이 우리에게는 새로운 현실입니다.

설득력 있는 지혜의 말로 하지 아니하고 다만 성령의 나타나심과 능력으로 하여(고전 2:1-5).

새로운 피조물

기독교 신앙에서 교리는 매우 중요합니다. 그것이 없으면 신앙이 체계화
되지 않을 뿐만 아니라 신앙으로 입문할 수도 없습니다. 그런데 예수님을
믿는다는 것은 단지 교리의 체계에 따라 그를 구주로 받아들이고 세례를
받으면 구원을 받았고, 죽으면 하늘나라에 들어갈 수 있다는 전제가 다는
아닙니다. 그 이상의 것입니다. 예수를 믿는다는 것은 새로운 실존으로 살
아가는 것입니다. 새로운 실존으로 살아가는 그 길이 예수님 안에 있습니
다. 그래서 바울 사도는 이렇게 말했습니다.

"누구든지 그리스도 안에 있으면, 그는 새로운 피조물입니다. 옛것은 지나
갔습니다. 보십시오, 새것이 되었습니다"(고후 5:17, 새번역).

누구든지 그리스도 안에서 새로운 피조물이 되었다는 것은 삶의 중심이 나
로부터 하나님 중심으로 바뀌었다는 사실을 뜻합니다. 그리고 새로운 피
조물의 원형이신 그리스도와 함께 살아가는 것을 의미합니다. 새로운 피
조물의 삶에서 하나님과 교제가 있고, 그리고 그와 대화가 있고, 그분에게
순종이 있습니다.

사람들은 진정 자기 자신으로 살아가기를 원합니다. 다른 사람에게 보이
기 위해 사는 삶이 아닌 진정 자기 자신으로 살아가는 삶을 찾지 못해 이
역할 저 역할로 자신을 꾸며 보게 됩니다. 그런데 사람들이 그렇게 목말라
찾고 있는 자신이 예수 그리스도 안에 있습니다. 예수님은 우리가 아무리
변한다고 해도 다함이 없으신 분으로 우리와 함께하십니다.

너희는 하나님으로부터 나서 그리스도 예수 안에 있고(고전 1:18-31).

주님과 함께하는 여정

기독교 신앙에서는 하나님과의 일치를 신앙의 최고의 덕목으로 삼고 있습니다. 그런데 하나님과 일치를 이루는 길은 예수님과 일치를 이루는 데서 이루어집니다. 그리스도인의 삶의 여정은 주님과 함께하는 여정입니다. 신앙생활에서 경험되는 기쁨, 평강은 신앙생활의 목적이 될 수 없습니다. 신앙생활의 목적은 오직 예수 그리스도입니다.

고난, 답답함, 우울, 슬픔, 두려움, 질병이 찾아올 때 평강, 기쁨은 없어집니다. 그러나 예수 그리스도께서는 없어지시지 않습니다. 어떤 상황에서나 우리의 영적 여정의 동반자, 즉 친구가 되어 주십니다. 그리스도를 잃어버리면 나를 잃어버리게 됩니다. 그리스도인들은 평강, 기쁨을 잃어버리지 않으려고 매우 고심합니다. 그것은 잘못된 것입니다. 우리는 예수 그리스도를 잃어버리지 않아야 합니다. 우리는 마음의 안정을 갖고 내가 원하는 현실을 즐기기 위해 예수를 이용하려 해서는 안 됩니다. 우리는 예수 그리스도와 함께 하나님이 우리에게 요구하시는 삶을 살아가야 합니다.

예수님은 언제나 우리가 되어 가야 할 새로운 나로 우리에게 다가오십니다. 우리가 서로 미워하고, 분열하고, 좌절하고, 헛된 명예심에 사로잡혀 살아갈 때 예수님은 매우 슬퍼하시며 우리에게 다가오셔서 말씀하십니다. "얘야! 지금 너의 모습이 진정 네가 아니란다. 그 거짓된 삶을 지나가게 하고 나와 함께 믿음의 삶, 소망의 삶, 사랑의 삶을 살아가자."

우리는 내가 착한 사람, 다른 사람에게 인정받는 사람이 되어 가지 못한 데 대해 매우 실망합니다. 우리는 매 순간 주님과 함께하지 못한 데 대해서는 아쉬운 마음이나 반성을 하지 못합니다. 우리는 주님을 믿으면서도 주님과 함께하는 삶에는 관심이 없고 내가 착한 사람, 거룩한 사람이 되지 못한 데 대한 갈등을 가지고 살아갑니다. 우리는 주님과 함께하는 승리의 삶을 살려고 하지 않습니다. 주님과 함께하는 삶을 살려면 매 순간 자아를 십자가에 못 박고 부활의 주님과 함께 새로운 나로 살아가는 삶을 익혀 가야 합니다.

나를 따라오려거든 자기를 부인하고 날마다 제 십자가를 지고 나를 따를 것이니라(눅 9:23-26).

예수 그리스도의 희생

예수님이 십자가에서 운명하시기 전 마지막으로 "엘리 엘리 라마 사박다니", 즉 "나의 하나님, 나의 하나님, 어찌하여 나를 버리셨나이까"라고 하신이 절규를 그 시간에 십자가 밑에 있던 사람들도 듣고 하나님이 그를 버리셨다고 생각했습니다. 그런데 예수님이 운명하신 후에 성전 휘장이 위에서 아래까지 두 폭으로 찢어지고, 땅이 흔들리고, 바위가 갈라지는 사건을 통해서 그가 진정 하나님의 아들이시라는 사실이 드러났습니다. 그런데왜 하나님은 그를 버리셨을까요? 도대체 어떤 죄를 지으셨기에 그를 버리실 수밖에 없었을까요?

하나님이 예수님을 버리신 것은 예수님 자신의 죄 때문이 아닙니다. 그것은 하나님을 신뢰하는 일에 실패하고 그와 교제 없이 살아가는 인간의 죄때문입니다. 예수님은 십자가에 달려 죽으심으로 그 죄를 담당하셨습니다. 예수님의 십자가 사건은 죄에 대한 하나님의 심판입니다. 예수님은 그단절의 고통을 경험하신 것입니다. 인간은 그 누구도 그 죄를 담당할 수 없습니다. 하나님은 그 죄를 그의 아들에게 담당하게 하셨습니다.

누구든지 하나님과 교제의 삶, 즉 새로운 피조물의 삶을 살려면 하나님과교제 없이 살았던 삶을 해결해야 합니다. 그렇지 않고는 하나님과 교제가불가능합니다. 하나님과 교제는 옛것들에서 한 가지 더하는 관계가 아닙니다. 그것은 옛것들과의 완전한 단절 후 새로운 차원의 관계이므로 옛것에 대한 청산 없이 불가능합니다. 옛것들과의 관계에서 이루어지는 삶은하나님 앞에서는 형벌의 대상이므로 그 형벌을 예수님이 담당하셨습니다.

나의 하나님, 나의 하나님, 어찌하여 나를 버리셨나이까(마 27:45-50).

위의 것들을 추구하는 삶

사도 바울은 하나님과 교제 없이 살았던 옛 사람의 삶을 땅에 속한 지체들이라고 말합니다. 땅에 속한 일들로는 음행, 더러움, 정욕, 악한 욕망과 탐욕, 분노, 격분, 악의, 훼방, 거짓말 등입니다. 이러한 본성들을 가지고는 하나님과 교제가 불가능합니다. 실제 묵상에서 이러한 것들을 가지고는 하나님과 교제가 이루어지지 않는다는 것을 확인하게 됩니다. 이러한 옛 사람의 본성들은 도덕적인 수양으로 없어지지 않습니다. 이러한 옛 사람은 죽어야 새사람으로 하나님과 교제가 이루어지게 됩니다. 여기서 죽음은 단절을 의미합니다.

그러나 단절만으로는 안 됩니다. 나를 지배하던 것과의 단절 후에 새로운 영의 인도함을 받아들여야 합니다. 예수님의 십자가에서 새로운 삶을 위한 단절이 이루어지고 그의 부활에서 새로운 삶이 시작됩니다.

갈보리 언덕에서의 예수님의 십자가의 죽으심과 부활에서 그동안 숨겨진 하나님의 희망과 평강의 생각과 계획이 드러났습니다. 하나님이 하신 그 일을 믿음으로 받아들이는 사람에게는 언제나 현재의 사건이 됩니다. 사도 바울은 하나님과 교제에서 살아가는 새로운 삶은 위의 것들을 추구한다고 말했습니다.

우리는 오해할 수 있습니다. '땅에 사는 우리는 현실을 살아야 하는데 어떻게 위의 것들만 생각한다는 말인가?' 당연한 질문입니다. 그런데 우리가 위의 것들을 추구한다는 것은 일상적인 삶에서 하나님의 나라와 그의 의를 추구해 가는 것을 의미합니다. 일상의 삶에서 평화를 추구하고, 의를 추구하고, 사랑으로 섬기는 삶을 실현해 가는 것을 의미합니다.

이러한 삶은 하나님과 영적 교제의 삶으로부터 나오는 새로운 삶의 방식들입니다. 그래서 우리는 하나님을 신뢰하며 그렇게 살 수 있도록 언제나 도움을 구해야 합니다. 하나님이 원하시는 삶은 병든 내면이 바르게 치유되고 세워져 가면서 이루어지는 성령의 열매들입니다. 이러한 것들은 우리가 만들어 내는 도덕적인 행위가 아닙니다.

그리스도와 함께 다시 살리심을 받았으면 위의 것을 찾으라(골 3:1-2).

예수 그리스도의 통치

부활하신 예수님은 계속 이 세상에 머물러 계시지 않고 하나님의 오른쪽에 앉아 계십니다. 바울은 "오직 그리스도만이 모든 것이며, 모든 것 안에 계십니다"(골 3:11, 새번역)라고 말했습니다.

부활하신 예수님은 모든 것을 다 통치하십니다. 그런데 모든 것을 통치하시는 예수 그리스도의 통치를 현실에서 찾아보기는 매우 어렵습니다. '예수님이 통치하시는 세상이라면 악, 불의가 없어야 하는데 우리의 현실은 그렇잖지 않는가?'라는 의문을 갖게 됩니다.

우리는 주님의 통치를 인간사에서 성공, 잘사는 것, 모든 일이 다 잘되는 데서만 찾으려 해서는 안 됩니다. 그러한 데서 주님의 통치를 찾으려 하면 우리는 절망하게 되고 하나님을 신뢰하는 일에 또 실패하게 됩니다. 사탄이 예수님을 시험한 내용이 바로 이것이었습니다.

"하나님의 아들에게는 세상적인 관점으로 모든 것이 다 잘되어야 한다."

"십자가의 삶을 살아가는 과정에서는 하나님이 함께하신다는 것을 나타낼 수 없다."

그것이 사탄의 유혹이었습니다. 그런데 예수님은 그러한 거짓에 속아 넘어가지 않으셨습니다. 예수님은 십자가의 삶을 살아가심으로 자신이 하나님의 아들이며 하나님이 누구이심을 드러내셨습니다.

그러한 예수님의 삶의 방식은 예수님의 통치가 완전히 실현될 때까지 그를 따르는 사람들에 의해 계속됩니다. 예수님과 함께 죽고 부활하신 그리스도와 함께 새 생명의 삶으로 살아가는 우리는 그 길을 걸어야 합니다. 그래서 그리스도를 따르는 길이 현대인들에게, 심지어 그리스도인들에게까지도 관심을 잃어 가고 있습니다.

우리가 주님의 고난을 묵상하면서 '나는 지금 무엇을 추구하면서 살아가고 있는가?'를 자신에게 엄숙히 물어야 합니다. 주님의 통치는 마음을 열고 그의 오심을 받아들이는 데서부터 시작됩니다. 거기에서 분열이 일치로, 미움이 용서로, 절망이 희망으로, 어둠이 광명으로, 슬픔이 기쁨으로 바뀌게 됩니다.

오직 그리스도는 만유시요 만유 안에 계시니라(골 3:1-11).

부활의 증인

우리의 신앙 중심에 부활하신 주님이 자리 잡고 계실 때 우리의 삶에는 보이지 않는 변화가 일어납니다. 즉 하나님과 관계가 형성됩니다. 예수님은 마리아에게 이렇게 말씀하셨습니다.

"내가 나의 아버지 곧 너희의 아버지, 나의 하나님 곧 너희의 하나님께로 올라간다고 말하여라"(요 20:17, 새번역).

하나님 아버지께로 올라가신다는 것은 예수님의 현존 방식이 그전과는 다르다는 것을 의미합니다. 부활하신 예수님은 하나님과 함께하시며, 동시에 우리가 하나님께로 가는 길을 만들어 놓으셨습니다. 예수님은 "나 있는 곳에 나를 따르는 자도 함께 있을 것이다"라고 하셨습니다. 예수님이 계시는 곳은 아버지와 함께하는 곳입니다. 누구든지 부활하신 예수님을 영접하는 사람은 그 순간부터 하나님과 관계를 맺게 됩니다. 그것은 우리의 유한한 생명이 영원한 생명의 근원이신 하나님과 연결되는 것입니다. 그때부터 우리는 이 현실에 살면서 영원한 생명과 연결되어 살아갑니다. 어느 때에 우리가 죽어도 영원한 생명과 맺은 관계는 끊어지지 않습니다.

현실에 사는 동안 영원한 생명과 연결되어 있는 생명에는 희망과 기쁨이 있고, 그의 삶이 생명의 근원이신 하나님을 향합니다. 그 영원한 생명은 우리 안에서 예수 그리스도의 형상을 형성해 갑니다. 그리스도인들의 변형은 그리스도의 형상으로 점진적으로 바뀌어 가는 데 있습니다.

그리스도인들은 그 시대의 부활의 증인들이며, 부활하신 주님을 직접 보지는 못했지만 부활의 영을 받은 사람들입니다. 그들은 영원히 사는 새 생명을 얻은 사람들이요 부활의 영으로 다시 태어난 사람들입니다. 그들은 과거의 죄를 다 용서받은 사람들로 영원한 소망이 있기에 현재를 사랑으로 살아갑니다. 우리 역시 우리 시대에 부활의 증인들입니다. 우리가 나아가서 부활하신 예수님을 전할 때 주님이 우리와 함께하십니다. 부활하신 주님은 우리를 통해서 자신을 나타내 보이십니다. 부활의 복된 소식을 듣고 부활의 주님을 영접하는 사람은 영원히 살게 됩니다. 우리는 모두 우리의 삶의 현장에서 부활의 증인으로 살아야 합니다.

내가 내 아버지 곧 너희 아버지, 내 하나님 곧 너희 하나님께로 올라간다 하라(요 20:11-18).

사도 바울의 새 삶에 대한 갈등

사도 바울은 새 삶에 대한 갈망을 둘 사이에 낀 삶으로 묘사했습니다.

"나의 간절한 기대와 희망은, 내가 아무 일에도 부끄러움을 당하지 않고 온전히 담대해져서, 살든지 죽든지, 전과 같이 지금도, 내 몸에서 그리스도께서 존귀함을 받으시리라는 것입니다. 나에게는, 사는 것이 그리스도이시니, 죽는 것도 유익합니다. 그러나 육신을 입고 살아가는 것이 나에게 보람된 일이면, 내가 어느 쪽을 택해야 할지 모르겠습니다. 나는 이 둘 사이에 끼여 있습니다. 내가 원하는 것은, 세상을 떠나서 그리스도와 함께 있는 것입니다. 그것이 훨씬 더 나으나, 내가 육신으로 남아 있는 것이 여러분에게는 더 필요할 것입니다"(빌 1:20-24, 새번역).

사도 바울은 이미 덧입는 삶에 들어와 있었습니다. 현실에서 그 삶을 살아가고 있었습니다. 그러면서 그리스도 안에 있는 온전한 덧입는 삶을 간절히 갈망하고 있었습니다. 사도 바울에게 덧입는 삶은 부활하신 그리스도와 온전히 하나 됨입니다. 그래서 살든지 죽든지 그의 몸에서 그리스도께서 존귀함을 받으시는 것입니다.

덧입는 삶에는 정죄가 없습니다. 여기에는 하나님의 은혜와 평강에서 이루어지는 새로운 우리의 미래가 있습니다. 덧입는 삶에는 하나님의 은혜로 이루어진 하나님의 용서와 하나님과 화해, 그리고 상처의 치유와 상실한 삶에 대한 보상이 있습니다. 그리고 생명의 면류관에 대한 약속이 있습니다.

그러므로 덧입는 삶에서는 하나님에 대한 전적인 믿음이 요구됩니다. 하나님이 반드시 나를 그러한 삶의 목적지까지 인도해 가실 것이라는 믿음이 있어야 합니다. 하나님의 약속 가운데 있는 덧입는 삶은 믿음에서 실현되어 갑니다. 우리는 이러한 삶을 부활하신 예수님 안에서 부분적으로 경험해 가고 있습니다. 그러한 경험은 평안, 기쁨, 자유에 대한 경험입니다. 덧입는 삶에 들어와 있는 사람은 그러한 삶을 간절히 갈망하게 됩니다.

온전히 담대하여 살든지 죽든지 내 몸에서 그리스도가 존귀하게 되게(빌 1:20-24).

안으로부터 바르게 세워져야 할 나

덧입는 삶에는 하나님의 사랑의 통로가 열려 있습니다. 그 사랑으로 하나님과 교제가 있습니다. 부활하신 주님 안에서 이루어진 하나님과의 교제에서 주님이 하신 것과 같이 하나님과 대화가 있게 됩니다.

대화는 우리의 소원 성취를 위해 우리와 멀리 떨어져 계신 분께 제물을 갖다 드리고 종교 의식의 한 순서로 외우는 주문이 아닙니다. 하나님과 교제에서 이루어지는 기도는 우리의 몸을 해치고 학대하면서 숨어 계신 분, 주무시는 분을 깨우는 것이 아닙니다. 하나님과 대화가 가능한 것은 우리가 그와 사랑의 교제 가운데 있기 때문입니다. 우리 자신보다 우리에게 더 가까이 계시는 분과 매우 진솔하고 내밀한 대화입니다. 우리는 어떤 문제도 숨기지 않고 하나님께 나아가서 우리 내면세계의 깊은 곳까지 열어서 아뢸 수 있습니다.

우리는 그러한 삶의 방식을 주님을 통해 알게 되었고 배우게 되었습니다. 실제로 믿고 그대로 살아가게 되면 그 사실이 진실이라는 것이 계속 확증되고 주님에 대한 신뢰가 쌓여 가게 됩니다. 그리고 우리를 위해 주님을 보내 주신 하나님의 사랑에 대해 감사가 있게 되고, 찬양이 있고, 하나님을 신뢰하는 마음이 더 깊어지게 됩니다. 그래서 덧입는 삶에서 나타나는 것으로 하나님 찬양, 감사, 헌신, 사랑, 겸손, 순종이 있게 됩니다.

덧입는 삶은 밖에서부터 안으로가 아닌, 안에서부터 밖으로 이루어집니다. 부활하신 주님이 부활의 영이신 성령으로 우리 내면 깊은 곳에서부터 자리하시면서 우리를 새로운 존재로 세워 가시기 때문입니다. 나는 나에게 얽매여 있고, 다른 사람의 시선에 얽매여 있고, 죄에 얽매여 있습니다. 나를 피곤하고 고통스럽게 만드는 것은 겉 사람이 아닌 병든 속사람입니다. 나 외에 다른 것을 전혀 보지 못하고 살아가고 있는 나, 상처 입은 나, 허구적인 것들로 나를 항상 감추면서 살아가고 있는 나는 안으로부터 바르게 세워져야 할 나입니다.

부활의 영이신 성령께서 우리 안에서 우리 자신이 아니라 새로운 실존이신 주님의 형상을 세워 가십니다. 덧입는 삶의 원형은 부활하신 예수 그리스도이시며 그의 형상으로 우리를 세워 가시는 분이 성령이십니다.

몸으로 있든지 떠나든지 주를 기쁘시게 하는 자가 되기를 힘쓰노라(고후 5:6-10).

덧입는 삶

일반적으로 사람들이 이해하고 있는 부활은 '죽은 사람이 다시 살아나는', 즉 '환생', 또는 '영혼은 소멸되지 않고 내세를 사는 것'이라고 생각합니다. 기독교 신앙에서 부활은 현실의 삶에서 덧입는 것입니다.

바울은 말하기를 "우리는 이 장막을 벗어 버리기를 바라는 것이 아니라, 그 위에 덧입기를 바랍니다. 그리하여 죽을 것이 생명에게 삼켜지게 하려는 것입니다"(고후 5:4, 새번역)라고 했습니다. 사도 바울이 말하는 덧입는다는 표현은 변형(transformation)을 의미합니다. 즉 그전과는 다른 삶을 의미합니다.

우리 그리스도인들은 죽은 후에 다시 살아나는 것을 믿느냐, 믿지 않느냐는 문제로 갈등하고 고민하는 사람들이 아닙니다. 우리는 이미 현실에서 부활의 삶을 살아가고 있는 사람들로, 삶의 방식이 다른 사람과는 다르게 됩니다. 우리는 부활하신 예수 그리스도를 만나고 난 후부터 부활의 삶을 살아가고 있습니다. 우리가 살고 있는 부활의 삶은 이 현실을 넘어서 영원히 지속되고, 마지막 때에 온전한 부활의 삶으로 나타나게 될 것입니다.

'덧입는 삶'(변형된 삶)이란 예수 그리스도의 은혜와 하나님의 사랑, 그리고 성령의 능력으로 이루어집니다. 예수께서 부활하신 후에 그전과 같이 제자들과 갈릴리 지방을 다니시면서 귀신을 쫓아내시고, 병자를 치료하시며, 복음을 전파하시지 않았습니다. 부활하신 예수님은 시간과 공간을 초월하시어 만물을 새롭게 하시는 창조의 역사를 이루어 가십니다. 예수님의 부활로 우리에게는 덧입는 삶의 길이 열렸습니다. 전적으로 하나님의 은혜로 열렸습니다. 덧입는 삶은 보이지 않는 영원한 것에 대한 희망으로 살아가는 삶입니다. 그래서 고난 속에서도 좌절하지 않고 어떤 역경 속에서도 희망을 갖고 살게 됩니다.

사람에게는 누구에게나 영원한 것에 대한 동경이 있습니다. 그 동경은 현재와는 전연 다른 새로운 삶에 대한 것입니다. 그러한 새로운 삶으로 길이 열렸습니다. 사람들이 품고 있었던 동경이 유토피아가 아닌 현실이 됨과 동시에 하나님의 약속으로 되어 있습니다. 예수님의 부활 전에 사람들이 품고 있던 동경이 태어날 때부터 있었던 것이라면 부활 후의 동경은 새 삶에 대한 경험에서 이루어지는 갈망입니다.

하늘로부터 오는 우리 처소로 덧입기를 간절히 사모하노라(고후 5:1-5).

생의 봄을 살아가려면

저의 생을 돌이켜 볼 때 지금의 노년기에 저의 정체성이 더 분명해지는 것을 시인해 가고 있습니다. 그동안 하나님과의 관계에서 치유되고 상실된 것이 보상되면서 진정한 저의 모습으로 회복되어 가는 데서 오는 변형 때문입니다. 열등감, 허구 의식, 교만이 많이 걸러지고, 헛된 욕망의 사로잡힘에서 많이 회복되는 데서 오는 변형입니다. 이러한 변형은 하나님과의 관계에서, 그의 능력 안에서 겸손과 온유, 순종을 배워 가면서 이루어지는 것입니다.

그래서 그리스도 안에서 나이 먹음은 부끄럽거나 두려워해야 할 것이 아니고 감사해야 할 일입니다. 노년기에 오고 있는 하나님 나라에 더 가까이 다가갈 수 있다는 것은 축복입니다. 그러한 의미에서 노년기는 청년기보다 삶을 더 풍성하게 살아갈 수 있는 생의 계절입니다. 생리적으로는 생의 가을 또는 겨울일지라도 내면적으로는 생의 봄을 살아갈 수 있습니다. 이것은 그리스도 안에서 발생되는 또 하나의 역설이며 신비이기도 합니다.

부활이 삶의 폐기가 아니고 삶의 변형이라 할 때, 그 변형은 현세에서부터 시작됩니다. 인간이 영적 존재라는 것은 다른 피조물과는 다른 존재 방식을 가지고 있다는 뜻입니다. 인간이 창조 때부터 하나님으로부터 부여받은 존재 방식은 관계에서 살아가도록 지음 받은 것입니다. 하나님은 인간에 대해 관계를 가지시며, 인간은 하나님에 대해 관계를 가집니다.

이것은 포도나무와 가지의 관계와 동일합니다. 둘은 동일한 관계이지만 가지는 전적으로 포도나무에 의존합니다. 하나님과 인간의 관계는 동일한 영의 관계이지만, 인간의 하나님에 대한 관계는 하나님의 영에 전적으로 의존합니다. 인간 안에 하나님의 영이 내재하지 않으면 인간의 하나님에 대한 관계는 불가능합니다.

이러한 하나님과 관계의 삶은 현세에서부터 시작되고 그 출발점은 예수 그리스도의 십자가입니다. 거기서 새로운 삶의 중심을 찾게 되면서 하나님과 나, 나와 나 자신, 나와 이웃, 나와 자연이라는 새로운 관계가 형성됩니다. 그때의 나는 영적 관계에 있는 인격이요, 이 인격적 관계에서 치유와 보상, 화해가 이루어져 갑니다.

평안하냐 하시거늘 여자들이 나아가 그 발을 붙잡고 경배하니 (마 28:1-10).

부활의 때

봄에 밭에 심긴 씨앗이 배태되어 싹이 나고, 줄기와 가지가 생기고, 잎이 생기고, 꽃이 피고, 열매를 맺는 그 전 과정이 부활의 삶의 표상(vorstellung)이기도 합니다. 그리스도와 함께 십자가에서 죽고 부활하신 그리스도와 함께 새로운 부활의 영으로 시작된 부활의 삶은 부활의 영에 의해 지속적으로 부활의 삶의 형체를 이루어 가게 됩니다. 봄에 땅에 심긴 씨앗이 봄, 여름, 가을에 걸쳐 갖가지 풍상을 겪으며 씨앗 본래의 형체를 드러내는 것과 같이 부활의 삶도 고난, 역경, 실패, 질병, 유혹 등 온갖 시련을 겪으면서 온전한 부활의 삶으로 형성되어 갑니다.

이 부활의 삶에서는 사소한 실수, 실패에 너무 집착하거나 그것을 없애는 데 전력투구해서는 안 됩니다. 그것보다는 적극적으로 형성되어 가는 전체의 흐름을 향해 의지의 결단을 해 가는 것이 지혜로운 태도입니다.

예수님은 "하나님은 죽은 자의 하나님이 아니요 살아 있는 자의 하나님이시니라"(마 22:32)고 하셨습니다. 이 말씀에는 이 세상의 마지막은 죽음의 권세에 의해 마감되는 공허, 허무가 아니라 하나님의 승리, 하나님의 성취의 시간이라는 뜻이 숨겨져 있습니다.

모든 피조물에게 부활의 때가 있다는 것은 고난과 질병, 눈물과 한숨, 울부짖음, 죽음이 있는 이 세상에서 믿음과 희망, 사랑으로 삶을 긍정하면서 살아가게 만드는 삶의 원동력입니다. 어떤 절망적인 상황에서도 희망에서 삶을 긍정할 수 있는 빛입니다. 미움, 증오, 적대감 대신에 지속적으로 나를 넘어서면서 삶의 관계를 인격적 관계로 심화시켜 갈 수 있는 사랑의 힘입니다. 하나님은 살아 있는 사람의 하나님이시므로 부활의 때가 있습니다.

부활의 때는 하나님의 창조의 완성의 시간입니다. 우리 앞에 기다리고 있는 것은 죽음이 아니며 부활입니다. 죽음이 전부라면 우리의 현재의 삶은 의미도 희망도 목적도 가치도 없습니다. 그런데 우리 앞에는 죽음이 아닌 부활의 때가 있습니다. 우리에게는 영원의 시간으로 열린 출구가 있습니다. 이 부활의 힘은 현세에서도 우리의 삶을 새롭게 일으켜 세웁니다. 그리고 현세의 삶이 끝날 때 온전히 변형된 삶으로 우리를 세웁니다.

하나님은 죽은 자의 하나님이 아니요 살아 있는 자의 하나님이시니라(마 22:23-33).

육적인 것과 영적인 것

우리가 살고 있는 이 세상에는 삶을 전망할 수 있는 두 가지 견해가 있습니다. 하나는 육적인 것이며, 다른 하나는 영적인 것입니다. 육적인 것은 하나님의 영이 없이, 하나님의 존재를 인정하지 않고, 하나님과 무관하게 세상에서 살아가는 것입니다. 하나님의 영이 없이 세상을 살아가니 모든 것이 다 자연스럽게 느껴집니다. 그러니 세상이 하나도 잘못된 것처럼 보이지를 않습니다. 영적인 것은 하나님의 영 안에서 세상을 살아가는 것입니다. 하나님의 영 안에서 세상을 살아가면 하나님의 영 없이 살 때와는 세상이 전혀 다르게 보입니다. 세상에서 가장 잘못된 것, 가장 왜곡된 것은 하나님 없이 우상을 섬기면서 피조적인 것들을 붙들고 사는 것이라는 것과, 그것이 가장 큰 죄라는 것이 드러나게 됩니다. 이 세상에서 사는 날 동안 인간의 최고 덕목이요 인생의 목적이라 할 수 있는 것은 오로지 하나님을 예배하고, 찬양하고, 그에게 영광을 돌리는 삶이라는 것을 새롭게 깨닫고 이해하게 됩니다. 그리고 하나님의 영 안에서 살아갈 때 모든 가치가 전도(顚倒)됩니다. 그전에 왜곡되었던 것들이 다시 새로운 의미로 받아들여지고, 그전에 의미 있게 몰두했던 것들을 다 놓아 버릴 수 있습니다.

육적인 것은 피조된 영역을 가리킵니다. 성서에서 말씀하고 있는 육적인 것은 피조된 영역 전체를 가리킵니다. 그런데 이 영역은 유한하고, 연약하고, 허무합니다. 하나님의 영원과 비교해 육은 허무한 가운데 있는 피조된 유한의 세계를 말합니다.

육을 신뢰하는 자는 하나님의 버림을 받습니다. 그가 신뢰하는 육이 사라지듯이 그 자신도 사라집니다. 육은 지나가 버리는 시간의 영역을 가리키기도 합니다. 육 안에 있는 삶이란 거짓된 삶, 그르쳐진 삶, 죽음에 이르는 삶을 말합니다. 육의 영역은 죄 된 것과, 죄로 인한 죽음의 영역을 가리킵니다. 삶을 그르치는 죄의 자리는 저급한 종류에 속한 감성이나 충동이나 본능이 아니라, 전체 인간 특히 그의 영이나 마음 곧 그의 의식이나 의지의 중심에 있습니다. 죽음의 충동에 사로잡혀 사는 삶이 육의 생활입니다. 반면 영 안에 있는 삶이란 참된 삶, 신적인 원천으로부터 늘 생명을 공급받고 사는 삶, 부활의 새 생명으로 인도되는 삶을 말합니다.

육의 몸으로 심고 신령한 몸으로 다시 살아나나니(고전 15:35-44).

부활의 때에 변형된 삶

부활의 때에 변형되어 가는 삶은 아주 희미해 보이지만 우리 삶 속 깊은 내면에서 점점 그 형체가 바뀌어 갑니다. 그래서 삶을 저주스러운 것, 죄악된 것으로 생각하지 않고 새로운 의미와 관점에서 긍정하게 만듭니다. 자기의 이익만을 위해서, 늘 자기중심으로 살던 삶에서 껍질을 깨고 하나님 중심으로 바뀌기 시작합니다. 새로운 성장의 과정이 생겨나면서 그전의 과정에 있었던 떡잎들이 떨어져 나가는 것과 같습니다. 전에 왜곡된 것들에 대한 견해가 치유되고 바른 견해를 갖게 됩니다.

부활 때의 변형된 삶의 모습은 성서에 나타난 많은 하나님의 사람들의 삶 속에서 조명하게 되고, 실제 우리의 현실 속에서도 그러한 삶을 봅니다. 그전에는 죽음이 그렇게 두려웠던 사람이 죽음이 아무것도 아닌 것처럼 생각됩니다. 의를 위해서 사는 삶을 최고의 덕목으로 삼고 살아가는 삶으로 바뀝니다. 언제나 하나님의 영광이라고 하는 삶의 기준을 세워서 옳고 그름을 생각하며 살아갑니다. 자기를 중심해서 선악의 세계를 구분하던 사람이 하나님의 영광이라는 기준 속에서 판단하면서 살아갑니다.

보기 좋게 창조되었던 피조물이 보기 좋은 본래의 모습으로 창조의 의미에 맞게 완성을 향해 빚어집니다. 생명의 하나님이 계속해서 생명을 부여하신 피조물의 삶에 관여하시고, 함께하시고, 내주해 가시면서 보시기에 점점 좋은 삶으로, 아름다운 삶으로 형성됩니다.

성서에서는, 이 물질의 세계는 사탄의 것이고 교회에 와서 기도하고 영적으로 사는 것만이 선하다고 말씀하지 않습니다. 오히려 기독교 신앙을 바로 갖게 되면 남을 죽이고 모함하고, 도착(倒錯)된 생활이 아닌 가운데서 선악의 삶이 거의 없어지게 됩니다. 일원적인 삶이 되니까 율법에 기준한 것이 아닌 하나님과 함께하는 삶에서 구분이 없어집니다.

나와 함께하시는 성령께서 원하시지 않기 때문에 무엇을 하거나 하지 않게 됩니다. 늘 해 오던 똑같은 일이라도 나에게 매우 부담스러울 수도 즐거움을 줄 수도 있습니다. 하나님이 원하시지 않는다고 생각해 유보하면 더 즐겁고 성취감을 느끼는 것은 기독교 신앙의 신비입니다. 여기서 우리의 영혼과 삶이 자라고 성장합니다.

흙에 속한 자의 형상을 입은 것같이 또한 하늘에 속한 이의 형상을 입으리라(고전 15:38-49).

부활 신앙

기독교 신앙을 바로 갖게 되면 선악, 순종, 율법에 의한 지옥과 천당의 문제도 넘어서게 됩니다. 내가 늘 해 오던 일이라도 형제나 자매들이 낙심될 수 있다면 안 합니다. 죄나 이중성격이 되기 때문이 아니라 그를 위해서입니다. 그 기쁨은 그 일을 했을 때보다 더 큽니다. 하나님에 대한 관계와 순종의 삶이 전혀 없이 '나는 이제부터 자유인이다', '나는 무엇이든 할 수 있다' 하면서 다른 사람에게 실망과 좌절을 준다면 참된 자유가 아닙니다.

진정한 자유는 내면 깊이 하나님과의 교제 속에서 옵니다. 그에게 순종함으로써 자유와 감사와 기쁨이 오고, 하나님에 대한 표상이 실제적으로 확실해집니다. 아주 희미하고 모호했으며 추상적이었던 신앙과 주일 예배 한 번뿐이던 삶이 하나님이 매일매일의 삶에 깊이 개입해 오시는 것을 느끼게 됩니다. 그리고 그 하나님이 개입하시는 삶이 귀찮고 부담스러운 것이 아니고 나를 온전한 삶으로, 보기 좋은 모습으로 세워 가는 것을 경험합니다. 기독교 영성은 동양의 타 종교의 영성처럼 영적 세계로 들어갈수록 자기가 없어지는 것이 아니라 정체성이 더 분명히 드러납니다. 그 정체성의 드러남이 열등감과 비교, 오기에서 벗어나 하나님과의 순응 속에서 오는 겸손과 온유의 모습으로 자꾸 바뀌어 가는 것을 봅니다.

우리는 지옥과 천당, 복과 성공의 관점에서 예수 믿으면 안 됩니다. 이제는 부활의 자리에서 미래에 이루어질 것이지만 이미 성취된 약속을 가지고, '생명의 하나님이 나를 현재에도 앞으로도 분명히 변형시켜 가실 것이고 영원히 살아가게 하실 것이다'라는 확신으로 현실의 삶을 이해해야 합니다. 부활의 자리에서 현실을 살아가면서 현재 우리의 모습을 조명해야 합니다. 어렵고 슬픈 일이 있더라도 나나 다른 사람을 단정 짓지 않고 언제나 하나님의 희망의 시간 속에서, 약속된 자리에서 상대방과 자신을 보면서 살아가는 삶, 그것이 부활 신앙입니다. 생명과 부활의 영이신 성령께서 이미 내 안에서 새로운 변형의 역사를 시작하셨다는 것과, 나를 새로운 변형의 삶으로 만들어 가고 계신다는 사실을 인정하고 익숙해지면서 그 삶으로 나아가야 합니다. 성령은 우리를 그의 인도하심 속에서 생명의 삶으로 견인해 가십니다. 우리는 그 부활의 새로운 변형의 삶으로 소망 속에서 살아가야 합니다.

우리도 변화되리라 이 썩을 것이 반드시 썩지 아니할 것을 입겠고(고전 15:50-58).

인생의 봄

부활 신앙을 가진 사람들은 영적 차원에서 인생의 봄을 향유해 갈 수 있습니다. 십자가에 달리신 예수 그리스도와 함께 죽고 그의 부활하심과 함께 새로운 피조물로 태어난 사람은 영적으로 인생의 봄을 살아가는 사람들입니다.

이 인생의 봄은 영원한 생을 위한 시작입니다. 영원을 지향하는 삶에는 지속적인 진보가 있어야 합니다. 진보 없이 마냥 어린아이와 같은 수준에 머물러 있어서는 안 됩니다. 진보의 목표점은 "그리스도의 충만하심의 경지에까지"(엡 4:13, 새번역) 이르는 것입니다. 부활의 새 생명으로 다시 태어난 사람을 가리켜 '그리스도인'(Christian)이라고 합니다. 그리스도인은 계속 성장해야 합니다. 진리를 알고 행하는 데에 어린아이가 되지 말고 계속 자라가야 합니다. 사도 바울이 디모데에게 "말과 행실과 사랑과 믿음과 순결에 있어서, 믿는 이들의 본이 되십시오"(딤전 4:12, 새번역)라고 말한 것과 같이 우리는 신앙생활에서 어린아이로 남아 있어서는 안 됩니다. 계속 성장을 해야 합니다.

부활의 새 생명은 지속적인 변화와 성장에 있습니다. 사람들은 자기 자신도 모르는 사이에 인생의 계절을 상실해 갑니다. 그래서 인생에는 후회와 참회가 있습니다. 그러나 하나님은 우리에게 인생을 다시 시작할 수 있는 또 한 번의 기회를 주셨습니다. 우리는 이 봄을 살아가면서 부활의 증인이 되어야 합니다.

망령되고 허탄한 신화를 버리고 경건에 이르도록 네 자신을 연단하라(딤전 4:6-13).

희망의 출구

"그리스도께서 내 안에서 살고 계십니다. 내가 지금 육신 안에서 살고 있는 삶은, 나를 사랑하셔서 나를 위하여 자기 몸을 내어 주신 하나님의 아들을 믿는 믿음 안에서 살아가는 것입니다"(갈 2:20, 새번역).

인간에게는 누구에게나 자기의 고집, 자기주장, 잘못된 인생관, 신념이 있습니다. 그러한 것들이 자기 자신을 살리지 못하고 결국 나중에는 그러한 것들을 의존한 자기 자신을 죽게 만듭니다. 그래서 죽을 때 잘못 산 것을 후회하고 죽음 앞에서 당황하게 됩니다. 인간은 죽고 나서야 자신의 고집, 편견으로부터 자유로워집니다. 결국 인간을 죽게 만드는 것은 죄입니다.

인간이 아무리 선하고 고상한 생각을 갖고 있어도 그것을 반도 실현하지 못하고 병, 고난, 상처, 전쟁, 재난으로 죽게 됩니다. 그런데 하나님이 인간이 살아 있을 때 자신의 삶을 실현할 수 있는 길을 마련하셨습니다. 하나님이 마련하신 길이 예수 그리스도의 십자가와 부활입니다. 십자가에서 옛 사람이 죽고 부활하신 그리스도와 함께 새 생명으로 태어납니다. 삶의 실현은 예수 그리스도 안에서 하나님을 만나게 될 때 시작됩니다. 그리고 하나님을 신뢰하고 그의 뜻을 따라 살아가는 데서 그 실현이 완성되어 갑니다.

하나님이 그리스도 안에서 행하신 역사적 사건은 인간 구원의 새로운 패러다임입니다. 인간은 자신의 도덕적 이상을 설정해 놓고 그 목표에 도달하기 위해 종교적 수련이나 도덕적 수양도 쌓고, 인문과학과 자연과학에서도 인간 문제에 대한 해답을 제시해 오고 있습니다. 여기서의 공통점은 모두 인간 딜레마에 대한 해결의 길이 인간 행위에 근거하고 있다는 것입니다. 그런데 하나님이 하신 길은 인간 행위가 아닌 전적으로 하나님의 행함에 근거합니다. 오직 거기에서 인간에게 요구되는 것은 전적인 신뢰입니다. 모든 것이 죽음으로 결말짓는 닫힌 역사에서 하나님에 의한 새로운 출구가 생겼습니다. 인간이 새 삶을 시작할 수 있도록 하나님이 이루신 것입니다.

율법의 행위로써는 의롭다 함을 얻을 육체가 없느니라(갈 2:11-16).

그리스도인의 정체성

기독교 역사에서 초대교회 때부터 인간이 살아 있을 때에 옛 내가 죽고 새로운 나로 태어나는 의식이 세례식입니다. 어느 시대에서나 그리스도인은 익명으로 살아갑니다. 성직자나 수도자의 복장을 하고 다니지 않는 한 그가 그리스도인이라는 사실을 다른 사람이 모릅니다. 그런데 그리스도인 자신에게 자신이 그리스도인이라는 정체성이 있습니다. 그것은 갈보리 언덕에서 십자가에 달려 죽으신 나사렛 예수의 죽음에 나 자신도 포함되어 있고, 나는 현재 부활하신 그리스도의 현존 가운데서 살고 있다는 인식입니다. 이러한 사실은 모두 믿음 가운데서 이루어집니다.

자신이 그리스도인이라고 생각하고 있는 사람에게 누가 "당신은 언제, 어디에 근거해서, 무엇에 의해서 그리스도인이 되었습니까?"라고 묻는다면, 그의 준비된 답변은 이러합니다.

"나는 청년 때에 갈보리 언덕의 십자가에서 믿음으로 그리스도인이 되었습니다."

그리스도인은 자신의 행위에 신뢰를 두지 않습니다. 그는 과거, 현재, 미래에 새 창조의 역사를 행하여 가시는 하나님에 대한 신뢰로 살아갑니다. 그리스도인의 믿음은 자신의 선한 행위에 대한 믿음이 아니고 하나님의 행함에 있습니다. 그 믿음에서 새로운 현실이 이루어집니다.

나를 위하여 자기 자신을 버리신 하나님의 아들을 믿는 믿음 안에서 사는 것이라(갈 2:16-21).

헛된 행실로부터의 해방

기독교 신앙에서 구원은 예수 그리스도께서 이루신 하나님의 새로운 삶으로의 부르심, 또는 해방입니다. 하나님의 부르심은 누구에게나 다 열려 있지만 그 부르심이 누구에게나 다 실제의 사건으로 발생하지는 않습니다. 하나님의 구원이 실제의 사건으로 발생되게 하시는 분은 성령이십니다. 성령에 의한 하나님의 구원은 한 사람에게서 과거의 사건이며, 현재 진행되고 있으며, 미래에 완성될 사건입니다. 이 구원은 전적으로 하나님으로부터 주어지는 선물이므로 인간이 은이나 금과 같은 것으로 살 수 없습니다. 그리스도인들은 이미 그의 생애에서 하나님이 부르시는 거룩한 새 삶으로 들어섰고, 그 삶이 진행되고 있고, 미래에 하나님에 의해 완성될 것을 믿고 있기 때문에 소망을 가지고 살아갑니다. 그 소망의 내용은 공허한 것, 허망한 것, 거짓된 것이 아닌 하나님의 약속으로 되어 있는 것입니다.

하인리히 슐리어(Heinrich Schlier)는 베드로전서 13장 18절, "너희 조상이 물려준 헛된 행실에서"를 "여러분의 조상들로부터 물려받은 가짜 삶으로부터"라고 옮겼습니다. 여기에서 '가짜'라고 하는 것은 헬라어로 '마타이오스'(mataios)인데 그 뜻은 '헛된', '공허한', '무(無)'를 뜻합니다. 안셀름 그륀(Anselm Gruen)은 "이러한 비현실적인 삶에 빠져 있는 사람은 자기 자신에 대한 환상으로 가득 차 있게 된다"고 했습니다.

가짜 삶은 낡은 틀을 가지고 있어 우리 안에 숨어 우리를 조종합니다. 사도 베드로는 그 낡은 틀로부터 조종되어 나타나는 헛된 행실로부터 거룩한 삶으로 부르심을 받고 있다고 말하고 있습니다. 하나님은 이 낡은 틀에 묶여서 행한 헛된 생활 방식을 다 용서하셨고, 그 거짓된 삶을 만들어 내는 낡은 틀에서 우리를 자유롭고 온전하게 해 가십니다.

사람들은 조상들로부터 물려받은 낡은 틀로 자신에게 상처를 입힙니다. 이 틀은 사람들이 자신에게 어울리는 삶을 살아가지 않고 헛되고 공허한 삶의 양식에 따라 정해지는 삶을 살아가게 합니다. 수많은 틀은 여지없이 자기 파괴적입니다. 자기 자신을 적대시하고 그에게서 내적 자유를 앗아 가고 노예화시킵니다. 우리는 항상 같은 함정에 다시 빠집니다. 우리가 잣대로 삼는 것이 얼마나 공허하고 헛된 것인지 꿰뚫어 보지 못하기 때문입니다.

전에 알지 못할 때에 따르던 너희 사욕을 본받지 말고(벧전 1:13-18).

흔들리지 않는 믿음

기독교 신앙은 눈에 보이지는 않지만 실재하는 것을 믿게 합니다. 그것은 분명한 사실(fact)에 근거합니다. 그 사실은 창조주 하나님, 예수 그리스도의 구원의 역사, 그리고 우리 가운데서 활동하고 계시는 성령이십니다. 실재하지도 않은 것을 실재하는 것처럼 믿고, 그러한 것들에 자신의 생을 의탁해서 헛되이 살아가는 것은 매우 어리석은 삶입니다. 인간이 이렇게 헛된 생활 방식에 매여 살아가는 것은 인간의 마음이 허망한 것으로 가득 차 있기 때문입니다. 하나님을 떠난 인간의 특성은 허망한 꿈에 사로잡혀 사는 것입니다.

최초의 인류가 사탄으로부터 받은 유혹이 허망한 삶에 관한 것이었습니다. 사탄은 "너희도 하나님처럼 될 수 있다"고 유혹했습니다. 인간이 실제로 하나님이 될 수 없는데 사탄은 그렇게 속였습니다. 여기서 인간은 사실이 아닌 것에 속아 넘어갔습니다. 그리스도인은 가짜 삶에서 해방되어 진짜 삶, 즉 참된 삶에 참여하도록 부름을 받은 사람들입니다.

고대 사회에서 종이나 전쟁 포로는 금이나 은으로 사고팔 수 있었습니다. 그러나 헛된 삶으로부터 해방 받는 것은 안 됩니다. 이 세상을 창조하신 창조주 하나님과 관계를 맺어야 하는데 그것은 예수 그리스도의 십자가의 죽으심과 부활을 통해 이루어집니다.

진짜 삶으로 부름 받은 사람의 믿음과 소망은 실재하시는 하나님을 향하기 때문에 언제나 흔들리지 않습니다. 인간의 실존은 믿음이 있어도 동요하기도 하고, 회의하기도 하고, 불안해하기도 합니다. 그러나 그 가운데서도 언제나 흔들리지 않는 것은 실재하는 사실을 향해 있기 때문입니다.

바다를 항해하는 배가 밤에 폭풍을 만나면 몹시 요동합니다. 사공들은 비틀거리며 멀미를 합니다. 그러한 가운데서도 낙심하거나 포기하지 않고 멀리 보이는 등대의 불빛을 향해 항해를 계속해 갑니다. 흔들리지 않는 믿음이란 믿음의 근거를 자기에게 두지 않고 오로지 하나님을 향해 두는 것입니다. 믿음은 우리가 만든 환상으로부터 우리를 해방시킵니다. 그리고 참된 믿음은 우리를 두려움, 불안, 염려, 걱정으로부터 자유롭게 합니다. 올바른 믿음 가운데서 하나님을 신뢰해 가는 삶은 단순해지게 됩니다.

그리스도로 말미암아 믿는 자니 너희 믿음과 소망이 하나님께 있게 하셨느니라(벧전 1:18-21).

성령으로 시작된 삶

사도 바울에게서 인간은 두 부류로 구분됩니다. 하나는 율법을 가진 인간, 다른 하나는 율법 없이 사는 인간입니다. 이것을 다른 말로 표현하면 이스라엘 백성과 이방 백성으로 구분됩니다. 좀 더 구체적으로 말하면 하나님을 섬기는 백성과 하나님을 믿지 않는 백성입니다. 이렇게 서로 다른 두 부류의 백성이 하나가 되어 다른 하나의 백성이 태어났습니다. 그들이 초기 그리스도인들입니다. 그리스도인들은 성령 안에서 이스라엘 백성과 이방 백성이 하나가 된 새로운 사람들입니다. 그러한 사람들이 그리스도인들입니다. 그리스도인들은 성령으로 태어난 사람들입니다. 그들은 그리스도 안에서 생명의 근원이신 하나님과 관계를 맺고 사는 사람들입니다.

그리스도인들은 어떤 종교의 한 종파의 사람들이라고 하기보다 본래 하나님의 창조 가운데 있는 인간의 모습을 드러내는 사람들입니다. 대부분 교회에서 성령으로 태어난 사람이라고 할 때, 예수를 믿고 난 후에 그다음부터 특별한 신앙의 체험의 단계로 들어가는 과정으로 이해되고 강조되고 있습니다.

실제로 그리스도인들 가운데는 자신이 아직도 성령 없이 살고 있다고 생각하는 사람들이 대부분입니다. 언젠가 미래에 성령을 받으면 자기는 다른 사람과는 다른 사람이 되든가, 아니면 방언을 하는 사람이 될 것이라 생각합니다. 이러한 생각이 그리스도인들에게 현재 자신이 그리스도인이라는 사실을 받아들이지 못하게 하는 이유이기도 합니다. 미래에 성령 체험을 하면 자신의 상처도 말끔히 다 나을 것이며, 인간적인 모든 갈등에서도 벗어날 것이라 기대합니다. 그래서 현재 그들이 스스로 할 수 있는 것까지도 성령 체험 때까지 미루며 살아갑니다.

성령으로 태어난 삶이란 어떤 특별한 체험이라기보다 삶의 방식의 변화입니다. 그 변화는 밖에서 안으로가 아닌, 안에서 밖으로의 변화입니다.

성령으로 시작하였다가 이제는 육체로 마치겠느냐(갈 3:1-5).

생명의 근원

하나님의 창조에서 모든 피조물은 다 하나님으로부터 생명을 부여받았습니다. 그러한 생명 가운데는 식물의 생명, 동물의 생명, 인간의 생명이 있습니다. 하나님이 피조물에게 주신 생명은 하나의 질료(質料, matter)가 아닙니다. 그것은 모든 살아 있는 것들이 호흡하게 하는 기운입니다. 죽는다는 것은 이 기운의 활동이 중단되는 것입니다. 생명은 모든 살아 있는 것들의 고유한 형태를 이루어 가게 합니다.

생명에는 주변 환경이 있습니다. 땅, 자연, 공기, 그리고 다른 생명체들입니다. 생명은 이 모든 것에서 영양을 공급받습니다. 모든 생명의 공통적인 특징은 계속 동요하면서 생명의 근원으로 초월해 가는 것입니다. 이 모든 생명의 근원은 하나님이십니다.

하나님의 창조에서 인간의 생명은 다른 자연의 생명보다 특별합니다. 하나님이 인간에게 부여하신 생명은 하나님과 함께하는 삶을 살아가는 영적 생명입니다. 창세기 2장 7절은 "주 하나님이 땅의 흙으로 사람을 지으시고, 그의 코에 생명의 기운을 불어넣으시니, 사람이 생명체가 되었다"(새번역)고 말합니다. 여기서 '생명체'란 '살아 있는 존재', '하나님과 함께하는 삶을 살아가는 존재'라는 뜻입니다. 인간은 하나님과 함께하는 삶을 사는 한에 있어서만 살아 있는 존재입니다. 그렇지 않을 때에는 인간은 죽어 가는 존재입니다. 그러나 생명의 근원이신 하나님과 함께할 때에는 죽음을 극복한 살아 있는 존재가 됩니다.

하나님의 영, 그리스도의 영이신 성령은 생명의 근원이십니다. 성령은 인간을 다시 태어나게 하십니다. 성령에 의해 태어난 사람은 하나님과 함께하는 삶을 살게 됩니다. 하나님과 함께하는 삶에는 자유, 기쁨, 희망이 있습니다. 그 이유는 거기에 하나님이 함께하시기 때문입니다.

우리의 사귐은 아버지와 그의 아들 예수 그리스도와 더불어 누림이라(요일 1:1-3).

성령 안에서 살아가는 삶

성령 없이 인간의 행위로는 새로 태어날 수 없습니다. 기독교 신앙에서 새로운 인간이란 예수 그리스도를 통해 하나님과 함께하는 삶을 시작한 사람입니다. 도덕이나 율법은 내면으로 새로운 삶이 발생하도록 하지는 못합니다. 그러나 성령은 내면으로 새로운 삶, 즉 하나님과 함께하는 삶을 살게 하십니다. 그리고 하나님의 뜻을 따라 살아가도록 인도해 가십니다.

그리스도인들은 성령의 능력 안에서 하나님과 함께하는 삶을 시작한 사람들입니다. 그들은 자신의 행위를 의지하지 않고 성령의 인도하심 가운데서 하나님을 신뢰해 가면서 하나님이 원하시는 삶을 살아갑니다. 그들에게는 성령으로 이루어지는 열매가 있습니다.

성령은 하나님이 인간을 위해 하신 일을 듣게 하십니다. 창조주 하나님이 인간을 위해 하신 일이 죽어 가는 인간을 영원히 살게 하기 위해서 예수 그리스도를 보내신 사건입니다. 그것을 복음이라 합니다. 그 소식이 성령의 감동으로 들릴 때 하나님의 사랑을 깨닫고 하나님에 대한 믿음이 생겨 하나님과 함께하는 삶을 시작합니다. 그 모든 과정이 성령의 능력 안에서 발생합니다.

하나님은 자신이 우리를 사랑하신다는 사실을 구체적인 역사적 사건으로 나타내셨습니다. 그 사건의 신비가 성령의 감동 안에서 이해되고 받아들여지게 됩니다. 그렇게 될 때 단절되었던 생명의 근원과의 연결에서 오는 긍정적인 경험이 있습니다. 인간이 하나님과 관계 단절에서 느끼는 경험은 무의미, 불안, 갈등, 두려움, 그리움입니다.

그리스도인들은 성령으로 새로운 삶, 즉 하나님과 함께하는 삶을 살아가는 사람들입니다. 성령에 의해 인도함을 받으며, 생명의 근원과 연결된 가운데서 영이신 하나님과 교제 가운데서 살아갑니다. 그래서 외적으로 드러나지 않는, 즉 '나는 성령의 인도하심 가운데서 살아가고 있다'는 정체감이 있습니다.

성령의 인도하심 가운데 중요한 것은 예수 그리스도 안에서 하나님과 관계를 갱신해 가면서 하나님을 신뢰하는 것입니다. 나 자신과 다른 사람과의 관계를 갱신해 가는 것입니다. 성령은 우리를 죽음에서 영원한 생명의 삶으로 인도해 가십니다.

예수 안에 있는 생명의 성령의 법이 죄와 사망의 법에서 너를 해방하였음이라 (롬 8:1-9).

성령의 능력 안에서 자라 가라

그리스도인들은 자기가 원하는 대로 자신이 바뀌지 않는다고 절망하거나, 다른 사람이 자기가 바라는 대로 행동하지 않는다고 갈등해서는 안 됩니다. 성령의 인도하심에 자신을 개방하고 동의해야 합니다. 그의 인도하심에 자신을 내어 맡겨야 합니다. 성령의 능력 안에서 변화가 이루어집니다. 가장 큰 변화는 하나님 중심의 삶으로 점점 바뀌어 가는 것입니다. 마음의 눈이 새롭게 열려 중심이 바뀌어 가는 가운데서 모든 사물을 새롭게 이해하고 받아들이게 됩니다. 정상적인 그리스도인의 삶은 율법이 아니라 성령으로 시작해서 성령으로 살아가는 삶입니다.

성령으로 시작된 삶은 새로 태어난 삶으로 계속 자라야 합니다. 그리스도인은 영적으로 자라야 할 어린아이입니다. 아이에게 충고, 훈계, 책망만 강요하면 병이 듭니다. 아이에게는 생명이 공급되어야 합니다. 생명의 공급은 생명의 근원이신 하나님과의 교제에서 옵니다.

세상적으로 아무리 훌륭한 사람이라 해도 영적으로는 어린아이입니다. 성령으로 태어난 삶은 새로운 인격적 삶의 시작이므로 자라야 합니다. 그리스도인들은 그 아이를 자기 철학으로, 자기 인생관으로, 자기 의로 세워 가려고 합니다. 아이는 생명이므로 인위적으로 만들어 가면 문제가 생깁니다. 성령의 능력 안에서 자라도록 해야 합니다. 성령의 능력 안에서 자라는 아이는 경직되고 강퍅하지 않습니다. 아이는 사랑의 언어를 배우고, 신뢰와 교제와 감사와 긍정을 배웁니다.

인간이 성령으로 다시 태어남은 만물을 새롭게 하시는 하나님의 새 창조 안에서 일어나는 새로운 구원의 현실입니다. 그러므로 성령으로 말미암아 '새롭게 태어난' 사람들이 보게 되는 것은 하나님의 나라입니다. 새로 태어난 사람 앞에는 언제나 부활하신 그리스도께서 계십니다. 새로 태어난 사람은 부활하신 그리스도에게서 하나님의 희망 가운데 있는 그가 되어 가야 자신을 보게 됩니다. 성령으로 태어난 사람에게는 살아 있는 희망이 있습니다. 그는 이 살아 있는 희망과 함께 사랑과 고통, 삶과 죽음을 다르게 경험해 가며 그리스도를 따르는 가운데서 일어나는 경험들을 갖게 됩니다. 그러한 경험들은 자기 경험이며 동시에 하나님 경험입니다.

너희는 성령을 따라 행하라 그리하면 육체의 욕심을 이루지 아니하리라(갈 5:16-18).

내적 상처의 치유

사람은 누구에게나 내적 상처가 있습니다. 성장 과정에서 자신의 욕구가 거절된 것, 즉 받아들여지지 않은 것, 성취되지 못한 것, 강제로 빼앗긴 것들입니다. 대부분의 상처들은 기억되고 싶지 않아서 존재 깊은 곳에 숨겨져 있지만 증상들이 있습니다. 수치심, 분노, 적대감, 외로움, 소외감, 불면, 신경쇠약, 통제되지 않는 충동 등입니다.

하나님은 상처를 가진 우리를 사랑하십니다. 우리를 반기시며 새로운 삶으로 인도해 가십니다. 이러한 사실을 마음으로 받아들이면 우리는 상처를 숨기거나 그로 인한 고통으로 시달리지 않게 됩니다.

상처를 치유 받기 위해서는 그것을 찾아내 대면해야 합니다. 사람들은 자신의 상처를 잊으려 하고, 없었던 것으로 하려 하고, 숨기려 하면서 대면하기를 싫어하거나 상처가 없는 것처럼 위장하려고 합니다. 그렇게 할 때 상처는 치유되지 않습니다. 상처를 거부한다는 것은 자신이 치유가 필요하다는 사실을 받아들이지 않는 것입니다. 그러한 태도로는 아무리 좋은 의사가 있어도 치료받을 수 없습니다.

예언자 이사야는 그를 고난받는 종으로 묘사하고 있습니다. 우리의 질고와 아픔을 걸머진 고난의 종, 그가 예수님이십니다. 자신의 상처를 치유 받기 원하는 사람은 이 고난의 종을 만나야 합니다. 그렇게 하기 위해서는 누군가가 고난의 종을 상처로 고통받는 사람에게 나타내야 합니다. 고난의 종을 생각나게 하는 사람이 있어야 합니다. 그러한 일은 주님과 영적 사귐 가운데서 살아가고 있는 사람, 영성이 형성되어 가는 사람이라야 할 수 있습니다.

상처 입은 사람이 고난의 종을 생각나게 하는 사역자를 통해서 예수님께 다가갈 때 예수님이 그를 안아 주시며, 예수님의 상처와 그의 상처가 서로 만나는 곳에서 예수님의 사랑과 자비가 그의 상처로 흘러들어 가게 됩니다. 그 순간부터 그의 상처는 치유되기 시작합니다. 우리의 내적 상처는 오직 예수님의 사랑과 자비로만 치유됩니다. 상처를 외면하고 받아들이기를 거부하는 것은 주님의 상처를 나의 상처로 인정하지 않는 것이며, 그의 사랑과 자비를 받아들이지 않는 것입니다.

그가 채찍에 맞으므로 우리는 나음을 받았도다(사 53:1-6).

사랑의 사귐 가운데 머무르십시오

우리는 자신의 상처는 물론 다른 사람의 상처도 받아들이지 않고 비판하게 됩니다. 그러나 예수님은 상처 입은 우리를 비판하시거나 거부하시지 않습니다. 그는 우리를 연민의 정을 가지고 감싸 주십니다. 그의 사랑으로 우리의 상처가 치유될 때 예수님의 상처도 낫게 됩니다. 예수님의 몸의 상처는 우리의 상처입니다. 우리는 자신의 상처로 인한 외적인 증상들을 약으로, 또는 그 외 다른 처방으로 없이하려고 합니다. 그러나 우리의 상처는 그러한 방법으로는 치유되지 않습니다. 오직 예수 그리스도의 사랑으로 치유됩니다. 예수님은 죄가 없으시지만 상처 입은 치유자이십니다. 그의 상처는 우리의 상처 때문입니다.

우리 가운데 그 누구도 자신이나 다른 사람의 상처를 치유할 수 없습니다. 그러나 우리는 상처 입은 사람에게 고난의 종을 생각나게 할 수 있습니다. 그렇게 되려면 우리 자신이 우리의 상처와 화해하고 고난의 종 예수 그리스도와 사랑의 사귐 가운데 머물러야 합니다. 예수 그리스도와 함께 사랑의 사귐 가운데 있게 될 때 상처 입은 사람을 비판하거나 거부하지 않고 사랑으로 받아들이게 됩니다. 우리가 상처 입은 사람을 받아들인다는 것은 그의 상처 받은 이야기에 귀를 기울이게 되고 공감하는 것입니다.

우리의 그러한 태도에서 상처 입은 사람은 고난의 종을 생각하게 됩니다. 그리고 우리를 통해 그에게 전달되는 주님의 사랑과 용서를 경험하게 됩니다. 우리는 단지 예수 그리스도의 사랑의 통로가 될 뿐입니다. 그렇지 않고 우리가 상처 입은 사람을 비판하고 거부하게 될 때 상처로 고통받는 사람들은 그들이 거부되고 있다는 데서 실망과 좌절로 더욱 자신의 상처를 숨기게 됩니다.

사역자는 자신의 외로움을 사람들에게 보상받으려 해서는 안 됩니다. 오직 하나님을 깊이 의지하는 가운데서 그로부터 오는 영적 자원을 공급받는 훈련을 해 가야 합니다. 그 비결을 터득해 가는 사람만이 좋은 사역자가 될 수 있습니다.

오직 죽은 자를 다시 살리시는 하나님만 의지하게 하심이라(고후 1:3-10).

인간 불행의 원인

우리는 무엇을 잃어버린다는 것을 주로 돈, 귀금속, 기타 재물에 국한시켜 생각합니다. 그리고 그러한 것들을 잃어버렸을 때에는 상심하기도 합니다. 우리에게는 돈으로 살 수 없는 것들을 잃어버리고 살면서도 전연 의식하지 못하는 것들이 있습니다.

시간도 이에 속합니다. 우리의 지나온 날들을 돌이켜 보면 시간을 잃어버리지 않았다면 현재 나의 삶이 보다 좋아질 수 있었을 텐데, 너무 무의미하게 보냈기 때문에 현재 곤고한 상태에 있을 수 있습니다. 시간과 관련해서 생의 계절을 잃어버렸기 때문에 현재의 삶이 매우 어렵게 느껴질 수도 있습니다. 그리고 삶의 관계를 잃어버리고 살았기 때문에 언제나 외롭게 살 수도 있습니다.

우리가 돈으로 환산할 수 없는 소중한 것들을 잃어버리고 사는 데는 다양한 원인이 있을 수 있습니다. 그러나 그러한 원인들이 결국은 그 누구 때문도 아닌 나 자신의 약함, 무지, 게으름, 성격과 깊은 연관이 있습니다. 우리는 현재 우리 자신의 모습에 대해 그 누구에게도 책임을 전가시킬 수 없습니다. 그렇게 하다 보면 우리의 남은 생도 다 잃어버립니다. 제일 어리석은 것은 현재 모습에 대해 자기가 책임을 지지 않고 모두 다른 사람에게 책임을 전가시키면서 자기 연민에 사로잡혀 사는 것입니다. 그러한 태도는 매우 어리석은 것입니다.

성서에서는 인간 불행의 원인이 창조 때에 본래의 삶을 잃어버렸기 때문이라고 말씀합니다. 우리의 불행이 돈으로 살 수 없는 삶을 잃어버렸기 때문이라고 말씀합니다.

삶이란 태어나서 죽을 때까지 매우 다양한 것들과 관계를 맺는 것입니다. 그러나 다양한 것들이 삶을 형성시키는 것들이기는 하지만 그러한 것들과 관계를 맺고 살아가는 것이 전부가 될 수는 없습니다. 그러한 것들보다 더 소중한 것은 인격적 사귐입니다. 인격적 사귐이 없이 일상생활을 의미 있는 삶으로 살기는 어렵습니다. 삶의 여건들이 비록 원만하지 못하더라도 인격적 사귐을 가진 삶에서는 그렇지 못한 사람보다 더 행복하게 살 수 있습니다. 그리고 역경과 고난도 이겨 낼 수 있습니다.

우리가 스스로 우리의 행위들을 조사하고 여호와께로 돌아가자(애 3:38-41).

사람을 받아 주시는 하나님의 기준

일반적으로 사람들이 다른 사람과 관계를 맺을 때는 전체가 아닌 부분적으로 받아들이는 경우가 많습니다. 외모가 반듯하다거나 사업상 이용 가치가 있어서, 무료한 생활에 말동무가 되기 때문에, 사회적 지위 때문에, 재능이나 재물 때문에 관계를 가집니다. 이 범주에 들지 못하는 사람들은 관계에서 소외됩니다. 그러나 관계에서 소외되지 않고 서로 이용 가치가 있어서 관계를 맺고 사는 사람도 그 관계 역시 피상적인 것이기 때문에 소외를 느끼며 살아가게 됩니다. 소외를 느낀다는 점에서는 관계에서 제외된 사람이나, 자기 나름대로 열심히 관계를 맺고 사는 사람이나 같습니다.

우리는 제자들의 발을 씻기시는 예수님의 모습에 매우 소중한 메시지가 담겨 있음을 보게 됩니다. 예수님이 제자들의 발을 씻기시는 행동에는 우리 가운데 현존하시는 하나님을 드러내며, 그리고 우리가 잃어버린 본래의 삶을 회상시키며 찾게 만드시기 위한 의도가 담겨 있습니다. 발은 우리 몸의 중심을 세워 주는 지체이면서, 누구에게나 내보이기를 꺼려 하는 부분입니다. 그런데 예수님은 그 부분을 손으로 씻어 주셨습니다. 이 모습에서 우리의 한 부분이 아닌 전체를 받아 주시고 품어 주시는 하나님을 만나게 됩니다.

하나님은 사랑이시므로 이용 가치가 있을 때에만 우리와 관계를 맺지 않으십니다. 하나님은 우리 전체를 보시고 한 인격으로 받아들이십니다. 그 외에 다른 어떤 것도 우리와 관계를 맺으시는 조건이 되지 않습니다. 하나님께는 모두가 하나님의 은혜가 필요한 사람들이며, 하나님의 사랑 없이는 살 수 없는 사람들이며, 그들 모두가 하나님의 사랑의 대상입니다.

단지 차이가 있다면 인간 자신에게 있습니다. 자신이 하나님의 사랑을 깨닫고 받아들이는 사람, 그렇지 않고 하나님의 사랑을 받아들이지 못하고 살아가는 사람이 있을 뿐입니다. 우리가 잃어버린 삶을 찾는 것은 우리의 의로움, 우리의 헌신으로는 불가능합니다. 오직 하나님의 사랑 안에서 하나님과 인격적 사귐이 이루어질 때에만 가능합니다.

세상에 있는 자기 사람들을 사랑하시되 끝까지 사랑하시니라(요 13:1-7).

그리스도인의 관계 형성

믿지 않는 사람은 제외하고 예수님을 믿는 사람으로 신앙생활의 본질인 사귐 없이 살아가는 신자들이 많습니다. 그들은 자기 자신을 섬기는 사람들입니다. 그들은 자신의 심사에 걸림이 되지 않는 한에서 다른 사람과 관계를 가집니다. 그렇지 않은 경우에는 이웃이 모두 자기에게 짐이며, 자신의 안정을 해치는 대상입니다. 그래서 그에게 이웃은 없고 자신에게 이익이 되는 한에서 만나는 대상이 있을 뿐입니다.

우리는 예수님에게서 참된 사귐은 다른 사람을 자신의 관점에서 부분으로 받아들이지 않고 전체로 받아들이는 것임을 깨닫게 됩니다. 그러한 관계에서는 외모, 재물, 사회적 지위, 건강 상태가 문제가 되지 않습니다. 오로지 그가 주님 안에서 형제자매이기 때문에 그에게 다가가 발을 씻어 주게 됩니다. 발을 씻긴다는 것은 조건 없이 단지 하나님의 사랑 때문에 그를 친구요 이웃으로 받아들인다는 의미입니다. 그 행위는 세속적인 풍습에서는 종들이 주인에게 바치는 충성의 표시, 또는 주인을 높인다는 의미입니다. 그러나 예수님에게서는 나를 극진히 사랑하시는 하나님이 나를 통해서 당신의 사랑을 드러내시는 행위입니다.

우리는 일상생활에서 다른 사람의 거친 매너 때문에, 다른 사람이 나의 기대대로 살아 주지 않는다고, 내가 원하는 사람이 아니라고, 나의 마음에 들지 않는다고 갈등하며 자신을 고통스럽게 만들어 가기도 합니다. 그것이 십자가라고 생각합니다. 그것은 십자가가 아닙니다. 십자가는 하나님의 창조에 참여해서 살아가는 데서 감당해야 하는 책임, 수고입니다. 십자가는 나를 초월해 가는 삶에서 가능합니다. 그렇지 않고는 십자가의 의미가 없습니다.

다른 사람의 발을 씻기는 것과 같은 의미의 관계 형성은 반드시 발을 씻기는 행위에 한해서만 실현할 수 있는 일이 아닙니다. 우리의 언어의 표현으로도 가능합니다. 다른 사람과의 관계에서 항상 상대방의 덕과 인격을 존중해 주는 말, 직접 대했을 때의 격려, 위로, 진심에서 우러나오는 칭찬은 인격적 관계를 형성해 가는 좋은 길입니다. 그리고 다른 사람을 대할 때 그 사람의 부분적인 것을 가지고 논하지 말고 한 인격으로 대해 주는 훈련은 매우 중요한 일입니다.

선생이 되어 너희 발을 씻었으니 너희도 서로 발을 씻어 주는 것이 옳으니라(요 13:8-15).

5월

인생의 도상에서 삶의 의미가 다 소진되어 영적으로 매우 결핍되어 있을 때

예수님은 우리의 영혼을 소생시키시어 의의 길로 가게 하십니다.

예수님은 지친 영혼을 푸른 풀밭, 쉴 만한 물가로 인도하시어

그에게 새로운 힘을 주시고, 삶을 다시 시작할 수 있는 용기를 주시고,

감사의 마음으로 삶을 헤쳐 나가게 만드십니다.

그리스도인의 존재 방식

자기 자신과 화해의 삶을 배워 가야 합니다. 아무리 인격적 관계를 형성해 가려고 해도 항상 자신을 비하하고, 열등감에 사로잡혀 있고, 다른 사람과의 비교에 익숙해 있으면 인격적 형성은 어렵습니다. 그러한 사람들은 다른 사람의 발을 씻겨 줄 수 없습니다.

자기 자신을 부분적인 것들과 동일하게 생각하는 사람은 다른 사람을 볼 때에도 역시 그렇게 보게 됩니다. 예를 들면 자신의 외모, 재능, 배경, 학벌, 지위와 같은 것들에 자신을 일치시켜 사는 사람은 인격적 사귐이 어렵습니다. 그러한 것들이 있는 한 그는 진정 마음의 문을 열고 다른 사람과 관계를 갖지 못하게 됩니다. 그러한 것이 없을 때에는 모든 관계를 거두어들이고 숨어 버리게 됩니다. 진정 영적으로 자유로운 삶을 배워 가지 못하면 참된 삶을 실현해 갈 수 없습니다.

영적 존재인 인간에게는 다른 피조물이 가지고 있지 않은 존재 방식이 있습니다. 그것은 하나님과 나의 관계, 나 자신과 나의 관계, 나와 이웃과의 관계, 나와 자연과의 관계입니다. 하나님은 창조 때 인간에게 이러한 삶을 실현해 가야 할 과제로 주셨습니다. 그러한 관계에서 인간이 하나님과 관계에 들어갈 때에만 인격적이 됩니다. 그리고 하나님과의 관계에서 지속적으로 순종을 배워 가는 데서 하나님을 더욱더 알아 가게 되고, 하나님과의 친밀한 사귐에로 들어가게 됩니다. 그러한 사귐이 나 자신을 비롯해서 다른 사람, 다른 피조물과의 관계에 있어서도 새로운 관계 형성을 이루어 가게 합니다.

인간은 하나님과의 관계 없이 다른 대상들과 피상적인 관계에서만 살도록 지음 받지 않았습니다. 인간은 하나님과의 친밀한 관계에서 살아가야 하는 존재로 지음 받았습니다. 하나님은 생명의 근원이시므로 나라는 존재가 그 근원과 잇대어 있지 않으면 영적 고갈로 다른 사람과의 관계도 어렵습니다. 영적 고갈에서는 다른 사람에게 무엇을 요구하고 기대하기 때문에 그것이 충족이 되지 않으면 상대에 대해 실망하게 되고 그를 비판하게 됩니다. 그것이 심하면 적대적이 되기도 합니다. 하나님과의 관계 없이 다른 사람의 발을 씻길 때 그를 위해서 발을 씻기는 것이 아니라 자신의 욕구를 만족시키려고 하게 됩니다.

누구든지 자기를 낮추는 자는 높아지리라(마 23:11-12).

삶의 방식

이 세상에 살아 있는 모든 것들은 그들 각기 살아가는 데 필요한 먹이들이 있습니다. 그들은 그 필요한 먹이로 생명을 유지하며 그들의 형체를 이루어 갑니다. 인간에게도 생존에 필요한 양식이 있습니다. 그런데 인간만은 육신의 양식으로만 살 수 없습니다. 그 이유는, 인간은 단순히 육으로만 되어 있는 존재가 아니기 때문입니다. 인간에게는 육신의 양식보다 더한 것이 있습니다. 그러한 것이 있어야 인간답게 살아갈 수 있고 한 인격으로 형성되어 갈 수 있습니다.

예수님의 공생애는 광야에서 40일간 금식 기도 하시는 것으로 시작되었습니다. 그것을 아는 사탄은 예수님을 실패자로 만들기 위해 그에게 찾아와서 시험을 했습니다. 시험의 내용이 모두 세 가지이지만 그 의미는 하나입니다. 사탄이 예수님께 시험한 것은 하나님이 아닌 사탄 자신을 주인으로 섬기고 살라는 것이었습니다. 예수님은 그 유혹과 시험을 물리치셨습니다. 예수님은 분명히 "사람이 빵으로만 살 것이 아니라, 하나님의 입에서 나오는 모든 말씀으로 살 것이다"(마 4:4, 새번역)라고 하셨습니다.

사탄은 인간에게 사람은 빵으로만 살 수 있다고 유혹합니다. 사람들은 그러한 유혹에 쉽게 넘어갑니다. 빵으로만 살 수 있다는 것은 사람이 영적인 존재라는 것을 부인하는 것입니다. 빵으로만 살 수 있다는 것은 사람을 단순히 육적인 존재로 간주하는 것입니다. 예수님은 사람이 빵으로만 하나님의 형상으로 지음 받은 인간이 되어 갈 수 없다는 사실을 일깨워 주셨습니다. 인간은 하나님의 입에서 나오는 말씀으로만 하나님의 형상으로 지음 받은 인간으로 되어 갈 수 있습니다. 그렇지 않고는 하나님의 형상으로 지음 받은 인간으로 되어 가는 일이 불가능합니다.

하나님의 형상으로 지음 받은 인간에게는 독특한 삶의 방식이 있는데 그것은 하나님과 화해의 삶이요, 자신과의 화해의 삶이요, 사람과의 화해의 삶이요, 자연과의 화해의 삶입니다. 이러한 삶으로 살려면 하나님의 말씀이 있어야 합니다.

하나님의 입으로부터 나오는 모든 말씀으로 살 것이라(마 4:1-4).

시냇가에 심은 나무

하나님의 형상으로 지음 받은 인간의 운명은 하나님의 심판과 저주 가운데 있지 않습니다. 하나님의 형상으로 지음 받은 인간은 하나님의 축복 가운데 있습니다. 하나님의 축복 가운데 있는 인간의 삶을 살아가게 만드는 것이 하나님의 말씀입니다. 하나님의 말씀 없이는 그러한 인간이 될 수 없습니다.

옛날 히브리 시인은 하나님의 축복 가운데 있는 인간을 '시냇가에 심은 나무'로 묘사했습니다. "그는 시냇가에 심은 나무가 철 따라 열매를 맺으며 그 잎이 시들지 아니함 같으니, 하는 일마다 잘될 것이다"(시 1:3, 새번역)라고 했습니다. 겉으로 보기에 아름답고 형통한 모습을 나타내는 삶이 될 수 있는 것은 영양가 있는 육신의 양식만을 섭취해서 이루어지지 않습니다. 시인은 그 원인을 이렇게 말합니다.

"악인의 꾀를 따르지 아니하며, 죄인의 길에 서지 아니하며, 오만한 자의 자리에 앉지 아니하며, 오로지 주님의 율법을 즐거워하며, 밤낮으로 율법을 묵상하는 사람이다"(시 1:1-2, 새번역).

하나님의 율법은 말씀을 의미합니다. 말씀을 즐거워하며 그 말씀을 주야로 묵상하므로 하나님의 축복 가운데 있는 삶으로 되어 가게 됩니다. 나무가 시들고 잎이 마르고 열매가 없는 것은 하나님의 저주 가운데 있는 삶을 상징합니다. 그러한 것은 희망이 없는 삶입니다.

하나님의 입으로 나오는 말씀은 우리의 내면의 상처를 치유하고, 병든 자아를 바르게 세워 주고, 올바른 삶의 가치와 목적으로 살아가게 만듭니다. 하나님의 말씀을 매일의 일용할 양식으로 삼고 살아가는 사람은 진정 참인간이 되어 가게 하는 요소가 하나님의 말씀이라는 사실을 깨닫게 됩니다. 말씀으로 죄의 유혹을 이기게 되고, 말씀으로 깨끗하게 됨을 경험하게 되고, 말씀으로 자신이 거룩해짐을 경험하게 됩니다. 하나님의 입으로 나오는 말씀은 사람을 구체적으로 새로운 모습으로 변형시켜 갑니다.

시냇가에 심은 나무가 철을 따라 열매를 맺으며(시 1:1-3).

하나님 보시기에 좋은 삶

하나님이 세상을 창조하실 때 말씀으로 보시기에 좋은 세상을 창조하셨습니다. 말씀이 보시기에 좋은 사건이 있게 했습니다(창 1:31). 하나님이 보시기에 좋은 삶은 하나님과 교제 가운데서 살면서 하나님을 신뢰하며 희망과 사랑으로 현실을 긍정하며 살아가는 것을 의미합니다. 하나님의 입으로 나오는 말씀은 하나님이 보시기에 좋은 사람으로 되어 가게 합니다. 그렇게 되어 가는 사람에게는 다른 사람과 다른 믿음, 희망, 사랑이 있습니다. 그러한 사람들은 생명을 사랑하고, 자연을 보존하고 가꾸며, 하나님을 찬양하는 일을 그의 삶의 최고의 가치로 삼고 살아갑니다. 그러한 사람들의 내면의 건강은 하나님의 말씀으로만 가능합니다.

사람이 빵으로만 살지 않고 하나님의 입으로 나오는 말씀으로 산다는 것은 단순히 생존해 가는 것을 의미하지 않습니다. 자신을 초월해 가면서 하나님의 영광을 드러내는 삶을 의미합니다. 하나님의 사랑 가운데 있는 그러한 본래의 삶은 빵으로만 되지 않고 하나님의 말씀으로 이루어집니다. 사탄의 유혹을 이기고 하루하루 부활하신 주님의 승리에 참여하며 감사와 기쁨, 사랑 가운데서 하나님을 찬양하며, 하나님의 영광을 드러내는 삶을 살아가려면 빵으로만은 안 되며 하나님의 입으로 나오는 말씀의 양식이 있어야 합니다.

성서에 빵으로만 살아가는 저급한 삶의 대표적인 모델이 예수님의 비유에 나오는 집을 나간 둘째 아들입니다. 아버지를 멀리 떠나 다른 곳으로 가서 살아가는 둘째 아들은 전형적인 육적인 삶을 살아가고 있는 사람의 모델입니다. 그렇게 빵으로만 살아간 아들의 말로는 매우 비참한 신세가 되었습니다. 그는 돼지우리를 치우면서 자신의 본래의 운명은 그것이 아니라는 것을 깨닫게 되었습니다. 그의 길이 잘못된 것임을 알게 되었습니다. 그는 사탄의 권세에 완전히 매여 살아가는 인간의 삶을 연출해 냈습니다.

이러한 그를 그 자리에서 일어나 아버지에게로 돌아가게 만든 것은 그의 감성, 그의 사고가 아니었습니다. 아버지가 그를 포기하지 않고 돌아오기를 기다리고 계신다는 그의 내면에서 살아난 말씀이었습니다. 그의 잠자는 영혼을 깨우는 하나님의 말씀이 그가 아버지에게로 돌아가고자 하는 결단을 불러일으켰습니다.

아버지께 가서 이르기를 아버지 내가 하늘과 아버지께 죄를 지었사오니(눅 15:11-24).

하나님의 의도하심대로 살아가는 삶

언젠가 여행을 다녀와서 느낀 것이 있습니다. 사람이 빵으로만 살 수 있다는 잘못된 확신을 갖고 돌을 가지고 빵만을 만들어 공급하며 그것으로만 살려던 사람들에게 예측되었던 재앙이 현실로 다가오고 있다는 사실입니다. 특히 서구 사회에서 기독교가 쇠락해 가면서 점점 다른 종교가 그 자리를 대신하는 것을 보며 그러한 사실을 여실히 느낄 수 있었습니다.

그동안 서구 교회는 기독교 신앙의 본질을 소홀히 해 왔습니다. 그 결과 내면의 황폐함을 느끼고 방황하는 사람들에게 해답을 제시하지 못하는 매우 무력한 종교로 전락하고 있습니다. 그러면서 오늘의 교회 문제는 기독교의 정체성의 문제임을 알게 되었습니다. 오늘의 교회가 하나님의 말씀으로만 살아갈 수 있는 사람들을 길러 내야 하고, 이 세상에서 예수님의 십자가의 삶을 실현해 가고, 사회 모든 분야에서 하나님의 말씀을 실현해 가는 삶의 모습을 보여 주기 위해 새로 태어나는 인고의 과정을 겪어야 함을 깨달았습니다.

저 역시 한때 사람이 하나님의 입에서 나오는 말씀으로 살면 자신이 원하는 것을 얻을 수 있고, 물질적인 풍요를 누릴 수 있는 것으로 알고 믿었습니다. 이 말씀이 하나님이 보시기에 좋은 세상, 하나님의 형상으로 지음 받은 인간이 '본래의 하나님의 의도대로 되어 가기 위해서'라는 진리를 알지 못했습니다. 사람이 진정 서로 사랑하며, 평화를 위해 일하며, 하나님이 창조하신 세상을 아름답게 가꾸고 보전하며 자기를 초월해 가는 삶은 하나님의 입에서 나오는 말씀을 깨달음과 순종에서 이루어집니다. 하나님의 입에서 나오는 모든 말씀은 삶의 모든 영역에 빛을 비추어 줍니다. 숨겨져 있는 삶의 비밀을 드러내 줍니다.

이스라엘 백성이 광야 생활에서 얻은 교훈이 있습니다. 그것은 하나님이 내려 주시는 만나와 메추라기를 통해서 사람이 빵으로만 살 수 없다는 사실입니다. 그들은 외로움, 두려움, 갈등, 미래에 대한 불안으로 삶이 힘들었습니다. 그런데 하늘로부터 내려오는 일용할 양식을 거두어들이면서 하나님이 그들과 함께하시며, 그들을 사랑하시며, 그들의 주인 되심을 알게 되었습니다. 그들의 믿음, 희망, 사랑은 하나님으로부터 발생되었습니다.

내가 전심으로 주를 찾았사오니 주의 계명에서 떠나지 말게 하소서(시 119:1-11).

시험을 견디어 내는 사람

사람은 누구나 시험과 무관하게 살 수는 없습니다. 모든 사람이 시험을 피할 수 없다는 것은 사람이 죄인이라는 것과, 사람들에 의해 만들어진 세속 문화에는 시험을 유발시킬 수 있는 요인이 많다는 것을 의미합니다. 자기가 시험을 당하면서 시험이라는 사실을 알고 있는 사람도 있고, 그렇지 않고 그것을 인생의 여정에서 누구나 겪을 수 있는 자연스러운 것이라고 생각하는 사람도 있습니다. 시험의 결과는 삶을 파괴하지만 그것이 처음에는 사람의 호기심을 불러일으키기 때문에 그것이 나쁜 것이라는 사실을 잘 알지 못합니다. 그러나 일단 거기에 걸려들게 되면 후회가 있게 됩니다. 시험은 사람의 내면에 숨겨진 불만족, 결핍에서 비롯되는 욕망에 불을 질러 거기에 사로잡히게 합니다.

시험은 우리의 판단을 흐리게 하고 본질을 보지 못하게 합니다. 시험은 우리에게 거짓된 생의 프로그램을 제시합니다. 그것이 마치 우리의 행복의 담보인 것처럼 속입니다. 그래서 시험을 물리치기가 어렵습니다. 그러나 시험을 이길 때, 그때의 기쁨과 성취감은 매우 큽니다. 그래서 시험을 이긴 경험은 또 다른 시험을 이기는 밑거름이 됩니다. 시험의 요인이 되는 것은 어떤 특정한 환경이나 대상에 국한되지 않고 모든 상황, 모든 것이 다 해당될 수 있습니다. 왜냐하면 시험의 원인이 우리의 내면에 있기 때문입니다. 믿는 사람들과 시험은 매우 밀접한 연관이 있습니다. 믿는 사람들로서 지난날 시험을 당해 보지 않은 사람이 없을 것입니다. 그리고 현재에도 시험은 늘 우리들 가까이에 있습니다. 우리가 하나님을 믿지만 시험 자체로부터 자유로울 수는 없습니다. 그러나 시험에 들지 않고 살아갈 수는 있습니다. 그 비결은 우리가 온전히 하나님의 임재 가운데 살아가면서 그의 인도하심에 따라 살아가는 것입니다. 그렇게 살아갈 때 시험에 들지 않고 승리하며 살아갈 수 있습니다. 시험에는 주님의 승리가 담겨 있습니다.

시험을 참는 자는 복이 있나니(약 1:12-13).

신앙의 뿌리를 깊이 내리십시오

사람들은 시험의 근원이 외부에서 온다고 생각합니다. 즉 나쁜 친구, 돈, 명예, 권력, 왜곡된 성 등이라고 생각합니다. 그런데 사도 야고보는 시험의 근원이 밖에 있지 않고 내부에 있다는 것을 말합니다. 그는 내부적인 근원으로 욕심, 또는 정욕을 말합니다. 이 내부적인 근원이 외부적인 원인에 접하게 될 때 그것이 사람을 안전한 곳에서 끌어냅니다. 야고보에 따르면 꾐에 빠지게 됩니다. 꾐에 빠진다는 것은 '끌려가게' 된다는 뜻입니다.

욕심은 하나님이 정해 주신 삶의 경계선을 넘어서려는 욕망을 일으킵니다. 그러한 점에서 시험은 외부적인 근원과도 밀접한 관계가 있습니다. 내적인 원천이 욕심이라면 외부적인 근원은 기만, 즉 속임수입니다.

하나님이 우리에게 주신 내적 욕구들은 선하고 아름다운 것들입니다. 우리 자신을 실현하고자 하는 욕구, 성, 식욕, 창조력, 지혜, 재능, 행복을 추구하는 염원 등 그 자체로서 악한 것들은 없습니다. 그런데 그러한 것들이 충분히 성취되거나 충족되지 못하므로 열등감에 사로잡히기도 하고 욕심에 사로잡히게 되어 꾐에 빠지게 됩니다. 꾐에 빠진다는 것은 속게 된다는 뜻입니다. 물고기에게 낚싯밥은 매우 맛있어 보입니다. 그래서 그것을 삼킵니다. 일단 삼키게 되면 낚싯밥에 숨겨진 낚싯바늘에 걸려들게 됩니다.

시험의 근원인 욕심은 잘못된 소유욕입니다. 욕심은 아름다운 것을 아름답게 보지 못하게 만듭니다. 욕심은 잘못된 행복의 꿈을 갖게 만듭니다. 욕심은 하나님과 함께하는 진정한 나 자신이 아닌 거짓된 환상의 세계로 나를 이끌어 갑니다. 욕심이 만들어 내는 또 다른 나로 몰입되게 합니다. 우리의 감정, 이성을 사로잡아 다른 면을 보지 못하게 만듭니다. 그래서 우리는 항상 깨어 있어야 합니다.

최초의 인류 아담과 하와가 아름다운 동산 에덴에서 살고 있을 때 사탄이 찾아와서 시험을 했습니다. 하나님과 함께하는 삶의 행복이 아닌, 하나님 없이 살아가는 잘못된 행복의 꿈을 갖게 했습니다. 시험은 언제나 하나님과 함께하는 참된 나를 하나님과 함께하지 않는 거짓된 나로 살아가게 하려고 합니다. 시냇가에 심긴 아름다운 나무를 뿌리째 뽑아내려는 것이 사탄의 전략입니다. 신앙의 뿌리가 얕을수록 쉽게 뽑히게 됩니다.

오직 각 사람이 시험을 받는 것은 자기 욕심에 끌려 미혹됨이니(약 1:14-15).

거짓된 자아에 속아 사는 사람

모든 유혹과 시험은 창조의 아름다움이 아닌, 욕심에서 사물을 바라보게 합니다. 행복에 대한 그릇된 환상을 갖게 합니다. 특별히 내면의 상처가 치유되지 않고 불안, 무의미, 방황, 결핍 가운데 있는 사람일수록 그러한 시험에 쉽게 빠져들게 됩니다. 현재 삶의 무의미, 불행, 불안정의 이유를 올바른 관점에서 보지 못하게 됩니다. 특별히 세속 문화에서는 인간의 불행의 원인을 자꾸 왜곡시킵니다. 그리고 그릇된 환상을 갖도록 부추깁니다.

시험에서 거짓된 자아는 아주 다양한 가면을 쓰고 우리에게 접근해 옵니다. 우리에게 부족한 것, 다른 사람에게 없는 나만이 소유하고 있는 것들까지도 시험의 원인이 될 수 있습니다. 가난한 사람의 경우 일상에서 당하는 어려운 일들을 다른 사람들이 자기를 업신여겨서 생기는 것으로 곡해하게 합니다. 그러면서 자기 연민의 늪에 빠져들게 합니다. 학벌이 다른 사람처럼 높지 않을 경우 그가 당하는 생의 문제를 그것과 연계 지어 비관적으로 받아들이게 합니다.

진정한 자신으로 살지 못하고 다른 사람의 인정, 칭찬에 의존해서 살아가는 사람의 경우 조그마한 충고나 거절을 받아들이지 못합니다. 그러한 사람의 경우 자신은 매우 착하고 선하다는 거짓된 자아상에 사로잡혀 있기 때문에 자신의 약함이나 부족함을 인정하지 않으려고 합니다. 그에게는 사람을 구분하는 기준이 자신을 인정해 주느냐 그렇지 않느냐입니다.

외모, 건강, 재물, 학벌이 갖추어져 있고, 사회적으로 자기실현이 어느 정도 이루어진 사람의 경우 자신의 안정, 사람들로부터 인정받음이 전적으로 그러한 것들 때문이라는 착각에 사로잡혀 그러한 것들이 그에게 우상이 됩니다. 그 역시 거짓된 자아상에 사로잡혀 있습니다. 그는 신앙을 가졌다고 해도 하나님과 사귐은 없습니다. 단지 자기가 절대시하는 그러한 것들이 자기에게서 떠날 것이 두려워 하나님을 이용할 뿐입니다. 그러한 사람 역시 자기 꾐에 빠져 있습니다. 그는 교만해 하나님이 계실 곳이 없습니다.

먹음직도 하고 보암직도 하고 지혜롭게 할 만큼 탐스럽기도 한 나무인지라(창 3:1-8).

시험에서 벗어나려면

예수님도 시험을 받으셨습니다. 그러나 시험에 빠지지 않으셨습니다. 예수님은 언제나 하나님의 임재 안에서 하나님과 온전한 사귐에서 살아 가셨기 때문에 그에게는 거짓된 환영의 자아가 나타날 수 없었습니다. 예수님께는 아버지 하나님이 없는 다른 세계에 대한 동경이나 꿈이 비집고 들어설 수 있는 틈이 없었습니다. 그러한 면에서 예수님은 참인간, 참 나의 원형이 되십니다. 사도 야고보의 기록입니다.

"시험을 견디어 내는 사람은 복이 있습니다. 그 사람은 그의 참됨이 입증되어서, 생명의 면류관을 받을 것이기 때문입니다"(약 1:12, 새번역).

이 말씀에 아주 중요한 진리가 담겨 있습니다. '시험을 견디어 낸다'는 것은 시험에는 우리가 온전케 되어 갈 수 있는 길이 있다는 사실을 암시하고 있습니다. 우리가 당하는 시험이 우리를 파멸로 빠지게 하는 것이 전부라면 우리에게는 희망이 없습니다. 그런데 시험에는 견디어 낼 수 있는 길이 있고 견디어 내는 사람에게는 생명의 면류관이 있습니다.

시험을 견디어 낸다는 것은 시험에 노출된 거짓 것, 위선, 잘못된 것들을 고치거나 바꾸는 것을 의미합니다. 생의 위기, 신앙의 위기가 올 때 자신의 잘못된 점이 무엇인가를 돌아봐야 합니다. 비바람이 몰아칠 때마다 비가 샌다면 건물의 잘못된 곳을 발견하는 기회가 됩니다. 잘못된 부분을 찾아내서 고치면 그다음에 동일한 어려움을 당하지 않게 됩니다. 그렇지 않고 비바람이 몰아쳐 비가 새고 밤잠을 이루지 못하고 하루의 삶이 뒤죽박죽이 될 때 집을 수선하려고 하지 않고 피곤, 불안, 내면의 갈등만을 없애려고 한다면 그것은 매우 어리석은 행위입니다.

마음의 상처를 자주 받아 착한 사람으로 살려는 결심이 며칠 만에 무너지곤 하는 사람이 있습니다. 꼭 같은 무너짐이 주기적으로 찾아와서 그를 괴롭힙니다. 그러나 그리스도 안에서 자신을 바르게 보고, 그러한 무너짐이 하나님을 의지하지 않고 자기 의로 자신을 세우려고 하는 데 그 원인이 있음을 깨닫고, 삶의 중심을 자신에서 하나님과 사귐의 삶으로 바꾸어 갈 때 시험에서 벗어날 수 있습니다.

온갖 좋은 은사와 온전한 선물이 다 위로부터 빛들의 아버지께로부터 내려오나니(약 1:16-17).

시험에 들지 않게 구하십시오

지금 우리는 전 세계적으로 경제 위기를 맞고 있습니다. 이 위기에서 지금까지의 우리의 거짓과 위선이 무엇인가를 깨닫지 못하고 빨리 안정만을 찾으려 하면 희망의 미래는 없습니다. 우리들 각자가 올바른 의식을 가지고 인내하며 참된 내일을 기다리는 삶의 자세를 취하지 않으면 거짓과 속임수로 안정을 가져다주겠다는 정치인들의 기만에 속아 넘어가게 됩니다. 기독교 신앙, 또는 기독교 영성은 모래 위에 집을 짓고 영원히 행복하게 살려는 사람들의 담보가 아닙니다. 그와는 반대로 현재의 불행의 이유가 무엇 때문이라는 사실을 바르게 알리고, 보게 하고, 잘못된 것을 고치게 하는 것입니다.

결국 믿는 사람이나 믿지 않는 사람 다 시험을 당하는 것은 자기 욕심에 이끌려서, 꾐에 빠지기 때문입니다. 사람들이 욕심에 이끌리게 되는 것은 내면의 공허, 자존감의 결핍, 진정한 자기실현을 이루지 못하고, 자신이 누구인지 모르고 살기 때문입니다. 이러한 모든 것들은 죽음에 이르는 병입니다. 죽음에 이르는 병을 앓고 있으면서 행복하게 살려고 하는 것은 행복의 계획이 매우 잘못된 것입니다. 진정한 행복은 안으로부터 밖으로이지, 밖으로부터 안으로가 아닙니다.

예수님은 우리가 시험에 들지 않고, 악에서 구해 달라고 하나님께 구하라고 하셨습니다. 예수님은 우리가 시험과 무관하게 살 수 없다는 것을 깊이 이해하고 계십니다. 그래서 시험과 무관하게 살도록 기도하라 하시지 않고 시험에 들지 않게 기도하라고 하셨습니다. 우리는 모두 죄인이기 때문에 시험과 무관하게 살 수 없습니다. 시험으로 인해 악에 빠지지 않고 오히려 온전한 사람으로 되어 갈 수 있습니다. 우리가 당하는 시험에는 승리가 담겨 있습니다. 그 승리는 온전함으로 가는 길입니다. 시험을 견디어 내는 사람으로 살 수 있습니다. 시험을 견디어 내는 사람은 영적으로 성숙되어 가는 사람입니다.

시험을 견디어 내는 과정에서 우리는 우리의 거짓된 자아상에서 벗어나서 하나님의 임재 안에서 하나님과 사귐 가운데 있는 참된 나로 되어 갈 수 있습니다.

우리를 시험에 들게 하지 마시옵소서(눅 11:1-13).

나는 양의 문이다

예수님은 자신을 "양의 문"(요 10:7)이라고 하셨습니다. 꿈에서 문은 외적인 환경이나 그 사람 자신 속에서 삶의 새로운 국면, 혹은 새로운 발전이 시작되는 것을 나타냅니다. 그리고 아직 탐구되지 않은 무의식 부분들을 의식화하기 위해 그 영역 안으로 들어가라는 권유를 상징합니다.

사람들은 들어가고자 하지만 문이 어디에 있는지 알지 못해 답답해합니다. 예수께서 "나는 양의 문이다"라고 하신 것은 자신의 내면의 세계로 들어가고자 하는 사람, 영적 세계로 들어가기를 목말라하는 사람은 누구나 예수님을 통해서 들어갈 수 있다는 뜻입니다. 예수님 자신이 '길이요 진리, 생명'이시라는 뜻입니다. 예수님을 통하지 않고는 들어갈 수 없습니다. 예수님은 나 자신, 그리고 하나님을 만나는 길이십니다. 예수님은 구원의 길, 즉 치유와 온전한 사람이 되는 길이십니다. 인생의 도상에서 삶의 의미가 다 소진되어 영적으로 매우 결핍되어 있을 때, 예수님은 우리의 영혼을 소생시키시어 의의 길로 가게 하십니다. 시인은 이렇게 말합니다.

"주님은 나의 목자시니, 내게 부족함 없어라. 나를 푸른 풀밭에 누이시며 쉴 만한 물가로 인도하신다. 나에게 다시 새 힘을 주시고, 당신의 이름을 위하여 바른 길로 나를 인도하신다"(시 23:1-3, 새번역).

시인은 그의 인생의 도상에서 하나님을 푸른 풀밭, 쉴 만한 물가로 그를 인도하시는 선한 목자로 만납니다. 시인이 만난 하나님은 예수님을 통해서 삶에 지친 영혼들을 만나 주십니다. 다시 말씀드리면 영혼에 지친 사람은 예수님 안에서 선한 목자이신 하나님을 만나게 됩니다. 예수님은 삶에 지친 사람들을 향해 "수고하고 무거운 짐 진 자들아 다 내게로 오라"고 말씀하십니다. 예수님은 우리의 삶의 짐을 무겁게 만들지 않으십니다. 그렇다고 예수님이 우리의 짐을 대신 져 주시거나, 우리를 인생의 드라마 밖으로 끌어내시지는 않습니다.

지친 영혼을 푸른 풀밭, 쉴 만한 물가로 인도하시어 새로운 힘을 주시고, 삶을 다시 시작할 수 있는 용기를 주시고, 감사의 마음으로 삶을 헤쳐 나가게 만드십니다.

그가 나를 푸른 풀밭에 누이시며 쉴 만한 물가로 인도하시는도다(시 23:1-6).

하나님께로 들어가는 문

예수님은 우리에게 하나님을 생각나게 하고 보여 주시는 분이십니다. 우리는 예수님에게서 우리 생의 기원이시며, 원인이 되시며, 근원이 되시는 하나님을 만나게 됩니다. 예수님을 통해 우리에게 비치는 하나님은 형벌의 하나님이 아니십니다. 그 하나님은 우리를 기다리시는 아버지 하나님, 그리고 우리를 찾고 계시는 하나님, 우리를 위해 새로운 삶을 준비하고 계시는 하나님, 우리와 사랑의 교제 맺기를 기뻐하시는 하나님입니다.

하나님께로 가는 길을 몰라 방황하는 사람들이 예수님에게서 그를 기다리고 계시는 자비하신 하나님을 만나게 됩니다. 절망과 좌절 가운데 있는 사람이 예수님에게서 그를 찾고 계시는 하나님을 만나게 됩니다. 사람들에게 버림받았다고 생각하고 삶을 포기하려는 사람이 예수님에게서 그를 위해 새로운 삶을 준비하고 계시는 하나님을 만나게 됩니다. 외로움에 시달리는 사람이 예수님에게서 그와 사랑의 교제를 원하시는 하나님을 만나게 됩니다. 사람들은 누구나 자신의 삶의 상황에서 자신의 문제에 해답을 주시는 하나님을 예수님에게서 만나게 됩니다.

예수님은 우리가 하나님께로 들어가는 문이시며, 우리 자신의 내면의 세계로 들어가는 문이십니다. 우리는 우리 내면의 세계로 예수님을 통해 들어갈 수 있습니다. 사람들은 진정한 자기 자신을 받아들이지 못하기 때문에 밖에서 서성거리며 살아갑니다. 사람들은 자신을 자기의 집에서 추방해 버립니다. 그리고 전연 다른 사람이 그 자리에 들어앉아 있습니다. 착한 사람, 깨끗한 사람, 칭찬받는 사람, 다른 사람에게 인정받는 사람으로 행세하는 거짓된 사람이 자기 자신이라고 자리하고 있습니다. 실상 치유되어야 하고, 사랑으로 양육되어야 할 자신은 밖에서 안으로 들어오지 못합니다.

그런데 우리는 그리스도 안에서 그러한 나를 나의 집으로 받아들이게 됩니다. 그리스도께서는 그러한 나를 사랑하시며, 반겨 주시며, 그러한 나를 품에 품어 주십니다. 그리스도를 통해 밖에 추방된 내가 나의 집으로 들어오게 됩니다. 거기서 나에게 휴식이 있고 치유가 시작됩니다.

문으로 들어가는 이는 양의 목자라 문지기는 그를 위하여 문을 열고(요 10:1-6).

이웃에게로 다가가는 문

예수님은 이웃에게로 다가가는 문이십니다. 우리는 우리의 이웃에게로 진정 다가가지 못합니다. 우리는 이웃과 언제나 고립되어 있습니다. 이웃과 고립되어 있다는 것은 이웃과 사랑의 연대를 맺지 못하고 있다는 뜻입니다. 그러므로 많은 사람들 가운데서 살고 있지만 우리는 외롭습니다. 우리는 예수님에게서 우리의 이웃을 형제자매로 맞아들이게 됩니다. 이웃을 용납하게 됩니다. 이웃을 받아들이게 됩니다. 이웃을 섬기는 대상으로 받아들이게 됩니다.

사람들은 자기 자신을 받아들이지 못할 뿐만 아니라, 이웃도 받아들이지 못해 갈등하며 괴로워하기도 합니다. 이웃은 내가 바로잡아야 할 대상이지, 섬겨야 할 대상이 아니라 생각합니다. 이웃은 인정과 칭찬으로 나를 즐겁게 해 주어야 할 대상이지, 내가 그의 명예와 덕을 높여 주어야 할 대상이 아니라 착각하고 살고 있습니다. 우리는 이웃 때문에 항상 갈등하고 괴로워합니다. 이웃을 내 의도대로 조정되어야 할 대상으로 잘못 생각하며 살고 있습니다. 우리에게는 이웃에게로 다가갈 문이 없습니다. 그러나 예수님 안에서 조건 없이 이웃에게로 다가갈 수 있는 문이 열립니다. 이웃과 화해의 문이 열립니다.

예수님 안에서 우리는 우리와 아무 이해관계가 없는 이웃에게로 다가가게 됩니다. 길거리에 버려진 사람, 탈북자, 가난한 사람, 병든 사람, 고난받는 사람, 모두 우리와 상관없어 보입니다. 그런데 예수님 안에서는 그들이 예수님의 친구들이며, 예수님이 돌보시는 사람들입니다. 예수님이 사랑을 베푸시는 자들입니다. 예수님의 은혜 가운데 있는 자들입니다. 그들은 예수님에게서 자신들이 하나님께 버림받은 사람들이 아니라는 사실을 깨닫고 그들을 위해 새로운 삶을 예비하시는 하나님을 만나게 됩니다. 문이신 예수님을 통해서 세상을 버리고 떠나야 할 곳이 아니라 하나님이 극진히 사랑하시는 돌보고 가꾸어야 할 하나님의 정원으로 받아들입니다.

내가 문이니 누구든지 나로 말미암아 들어가면 구원을 받고(요 10:7-9).

예수님 안에서 열리는 희망의 문

예수님은 영원한 세계로 들어가는 문이십니다. 우리는 예수님을 통해 영원한 안식의 세계로 들어가게 됩니다. 그곳에서는 모든 눈물이 닦이며, 다시 죽음이 없고, 슬픔도 울부짖음도 고통도 없습니다. 그곳에는 영원한 안식이 있습니다. 저는 지금까지 목회 현장에서 예수님 안에서 그곳으로 들어가는 많은 형제자매들을 보아 오고 있습니다. 그런데 이 세상에 살고 있는 사람들에게 그 영원한 문이 닫혀 있습니다. 그 문이 닫힌 가운데서 먹고 마시며 현실이 영원한 것처럼 살아가는 사람들이 많이 있습니다. 그들은 자신에게 시시각각 다가오는 생의 위기를 전연 느끼지 못하고 살아갑니다.

초대교회 당시 은혜와 능력이 충만한 사람 스데반은 기독교 역사에서 그리스도 안에서 하늘이 열린 사람으로 살아간 대표적인 사람입니다. 사도행전에 그 사실이 이렇게 기록되어 있습니다.

"그런데 스데반이 성령이 충만하여 하늘을 쳐다보니, 하나님의 영광이 보이고, 예수께서 하나님의 오른쪽에 서 계신 것이 보였다. 그래서 그는 '보십시오, 하늘이 열려 있고, 하나님의 오른쪽에 인자가 서 계신 것이 보입니다' 하고 말하였다"(행 7:55-56, 새번역).

사망의 골짜기를 넘어서 영원한 곳으로 들어가는 문이 예수님이십니다. 예수님 안에서는 죽음이 폐기됩니다. 영원한 시간이 열립니다. 그때 현재라는 시간은 영원의 시간과 잇대어 있게 됩니다. 이 현실에서 생의 문이 열리지 않아 절망 가운데서 살아가는 사람들이 많이 있습니다. 그런데 예수님 안에서는 어떤 절망적인 상황에서도 희망의 문이 열립니다. 예수님 안에서 이 현실은 하나님이 극진히 사랑하시는 정원으로 열립니다. 예수님은 절망의 아골 골짜기에 희망의 문이십니다. 예수님 안에서는 어떤 절망적인 인생도 새로운 시작입니다.

예수님은 양의 문이시며 우리는 그의 기르시는 양입니다. 그 문을 통해서 우리는 구원의 삶, 희망의 삶, 치유의 삶으로 나아갈 수 있습니다.

내가 온 것은 양으로 생명을 얻게 하고 더 풍성히 얻게 하려는 것이라 (요 10:10-15).

어느 장소라도 머물 수 있는 삶의 의미

심리학에서 인간의 인격 형성보다 앞서 있는 것이 인간의 원초적인 신뢰심이라는 것을 말하고 있습니다. 어린아이였을 때 이 신뢰심은 부모에게 집중됩니다. 그러다 나이가 들면 그 연결이 해체되지만 원초적 신뢰심이 사라지는 것은 아닙니다. 그 신뢰심은 하나님의 사랑의 빛에서 완성됩니다. 이 신뢰가 의미의 근원지에 자리 잡게 될 때 영혼의 닻을 내립니다.

우리는 주로 눈에 보이는 현상적인 것들과의 관계에서, 일의 성취와 직업이나 취미, 결혼과 자녀 양육, 여행 등과 같은 것들에서 삶의 의미를 찾으려 합니다. 그 자체로서 가치가 있지만, 우리의 생명을 충만케 하거나 의미를 부여하지는 못합니다. 특히 고난이나 역경 가운데서, 생의 계절에서 의미를 발견하지 못할 때 삶은 매우 어렵고 힘듭니다.

의미는 현실을 충만하게 살아가게 할 뿐만 아니라 미래를 열어 줍니다. 진정한 의미는 현재를 넘어갑니다. 그렇기 때문에 삶의 심원한 의미를 발견한 사람은 현실의 고난을 받아들이고 희망으로 살아갑니다. 우리의 삶이 어렵고 힘든 것은 의미가 채워지지 않기 때문입니다. 의미가 채워지지 않을 때에는 삶의 공허와 무의미로 갈등하게 됩니다. 진정한 의미는 외적인 특별한 자리에 있지 않습니다. 어디에 있든지 그 이면에 있습니다.

제가 잘 아는 상담학 교수에게서 들은 이야기입니다. 그가 미국에서 공부할 때 미국 현지 교회로 임상 실습을 나갔습니다. 어떤 교회 목사님을 찾아뵙기 위해 교회를 방문했습니다. 그때 목사님이 그에게 교회를 두루 안내하는 과정에서 한쪽 구석에서 청소를 하고 있는 중년이 넘은 미국인 남자를 소개했습니다. 목사님은 그가 자기 교회 교인인데 노벨 물리학상을 받은 과학자라고 소개하면서 은퇴 후에 교회에서 봉사로 사찰 일을 담당하고 있다고 했습니다. 하나님의 사랑의 빛은 그가 은퇴 후에 어느 장소에서라도 머물 수 있는 의미를 갖게 만들었습니다.

우리는 안정, 평안 가운데서만 의미를 찾으려고 합니다. 그러나 그 가운데는 공허가 더 커집니다. 오히려 십자가에 진정한 의미가 있습니다. 십자가를 질 수 있는 의미를 가진 사람은 십자가를 감당할 수 있습니다. 하나님의 빛 가운데서 우리는 하나님의 정원을 돌보는 정원사로 살아가게 됩니다.

말씀이 육신이 되어 우리 가운데 거하시매(요 1:1-5, 14-18).

위의 것을 추구하십시오

우리 그리스도인들은 위의 것을 추구한다면 대부분 금욕적인 것, 자신을 억압하는 방향으로 생각합니다. 그러한 생각에서 위의 것을 추구해 가면 오히려 그렇게 하지 아니함만 못합니다. 자신을 억압하면서는 위의 것을 추구하기가 어렵습니다. 자신을 억압하면서 위의 것을 추구하려고 할 때 자기 자신을 소외시키기 때문에 위의 것을 얻을 수도 없고 자신도 잃어버리게 됩니다. 위의 것을 추구한다는 것은 도덕, 또는 율법적인 완전을 추구하는 것이 아닙니다. 저는 이것을 '올바른 행복을 추구하는 삶'이라 해석하고 싶습니다. 사람들은 행복이 땅의 것을 많이 소유하는 데 있다고 생각합니다. 그것은 속임수입니다. 땅의 것들을 가지고는 행복해질 수 없습니다. 참된 행복은 위의 것을 추구하는 데서 이루어집니다.

우리 그리스도인들은 위의 것을 추구하면 성인이나 천사가 된다고 생각할 수도 있습니다. 그래서 위의 것을 추구하는 사람일수록 자신을 소외시킵니다. 그러나 그것도 속임수입니다. 우리의 무의식 안에 있는 미개인은 동화나 신화의 세계를 동경하기 때문에 우리를 그러한 감정에 집착하게 만듭니다. 위의 것을 추구한다는 것은 이상적인 것, 형이상학적인 것, 도덕적인 완전을 추구하는 것이 아니라 올바른 행복의 길을 추구해 가는 것을 의미합니다.

올바른 행복의 길은 올바른 삶을 배워 가는 데 있습니다. 그 배움의 제일 기본이 '있는 그대로의 내가 되는 것'입니다. 저는 유일한 나를 억지로 바꾸려 하지 않습니다. 하나님이 만들어 주신 있는 그대로의 나, 하나님의 사랑으로 보호받고 하나님이 조건 없이 받아 주시는 나로서 살아가는 데 점점 익숙해져 가고 있습니다. 많은 사람들이 자기 자신에게서 도망칩니다. 자신의 불안, 죄의식, 위협적인 상황, 다른 사람과의 갈등으로부터 도망칩니다. 그들은 자신을 소외시키고 이상적인 자신이 되어 가려고 합니다.

위의 것은 멀리 있지 않고 내 안에 있습니다. 그리스도와 함께 죽고 그의 살아나심과 함께 새 생명으로 살아가는 그리스도인들은 그와 함께 그 안에서 위의 것을 추구해야 합니다.

위의 것을 생각하고 땅의 것을 생각하지 말라(골 3:1-4).

진정한 행복

위의 것을 추구하는 것이 진정한 행복을 추구하는 것이라고 할 때 행복은 삶의 쉼터를 발견하는 데 있습니다. 쉼에 관한 매우 소중한 글이 있습니다. "안식처나 영혼의 쉼터란 우리가 부닥친 삶에서 도망쳐 갈 도피를 의미하지 않는다. 그것은 새로운 힘을 얻는 장소요, 다시 시작할 수 있는 용기를 얻고 감사의 마음으로 삶을 헤쳐 나갈 힘을 얻는 장소를 찾는다는 의미를 지닌 것이다."

위의 것은 삶을 새롭게 시작할 수 있는 힘, 삶을 다시 시작할 수 있는 용기, 삶을 헤쳐 나갈 수 있는 감사의 마음입니다. 땅의 것들은 삶의 의미를 소진시키고, 삶의 용기를 빼앗고, 감사의 마음 대신에 탐욕의 노예가 되게 합니다. 삶의 의미가 소진되고, 살아갈 자신이 없고, 나의 마음이 불평과 불만으로 가득할 때 그러한 삶을 회복시킬 수 있는 길은 위의 것으로만 가능합니다.

위의 것을 추구하는 삶이란 때때로 복잡한 삶의 짐을 내려놓고 의도적으로 '푸른 초장, 잔잔한 물가'와 같은 영혼의 쉼터로 찾아가는 것입니다. 거기서 우리는 우리가 추구하는 위의 것을 발견할 수 있습니다. 오늘 우리의 현실에서 위의 것을 추구하지 아니하고 땅의 것들만을 가지고 살고자 생각하는 것은 매우 어리석은 것입니다. 사람은 위의 것이 없이는 살아갈 수 없습니다. 위의 것의 공급원이 있어야 현재를 살아갈 수 있습니다. 사도 바울의 애정 어린 권면의 말에 귀를 기울입시다.

"그러므로 여러분이 그리스도와 함께 살려 주심을 받았으면, 위에 있는 것들을 추구하십시오. 거기에는, 그리스도께서 하나님의 오른쪽에 앉아 계십니다. 여러분은 땅에 있는 것들을 생각하지 말고, 위에 있는 것들을 생각하십시오. 여러분은 이미 죽었고, 여러분의 생명은 그리스도와 함께 하나님 안에 감추어져 있습니다"(골 3:1-3, 새번역).

이제는 너희가 이 모든 것을 벗어 버리라(골 3:8-11).

현재를 향유해 가는 삶

위의 것은 평화, 기쁨, 사랑, 자유인데 이러한 것들은 그리스도 안에 있는 사람들에게 하나님이 주시는 선물입니다. 사람들에게는 누구에게나 그들이 동경하는 성공, 사랑, 인정, 고향이 있습니다. 이러한 것들이 다른 곳에 있지 않고 그리스도 안에 있습니다. 그리스도와 함께하는 삶은 자신과의 화해에서부터 이루어집니다. 위의 것을 추구하는 삶은 인생의 드라마에서 도피하는 것이 아니라, 인생의 드라마 안에서 그리스도와 함께 행복의 삶을 익혀 가는 삶의 지혜입니다.

우리 안에는 내면의 언어들이 있습니다. 그 언어를 잘 알아듣고 이해할 때 보물을 발견할 수 있습니다. 자신의 내면의 언어를 무시하고 항상 외적인 요구에만 자신을 맞추어 살아가는 사람은 위의 것을 발견할 수 없습니다. 위의 것은 밖이 아니라 자신 안에 있습니다.

위의 것을 추구하는 것이 참된 행복을 추구하는 것이라 할 때, 진정한 행복은 '그날그날을 향유해 가는 삶'에 있습니다. 하나님은 과거나 미래에 계시지 않습니다. 하나님은 현재에 계십니다. 그리스도와 함께 사는 사람들은 과거나 미래에 살지 않고 현재에 사는 사람들입니다. 묵상은 현재 그리스도 안에 머물기 위함입니다. 위의 것을 추구한다는 것은 현재를 포기하는 것이 아닙니다. 그것은 현재에 묻혀 있는 보물을 찾아낸다는 뜻입니다.

사람들은 자신이 현재에 산다고 생각합니다. 그러나 소수를 제외하고는 현재에 살지 못합니다. 현재 병상에 있는 사람은 병에서 완전히 나은 후에 자신이 무엇인가 해야 할 일을 계획합니다. 현재 어려움에 처한 사람은 그것이 빨리 지나간 후에 해야 할 일에 대한 계획으로 가득 차 있습니다.

많은 사람들이 현재를 향유하지 못하고 살아갑니다. 그리스도와 함께 산다는 것은 현재에 산다는 것을 의미합니다. 하나님은 인간이 되어 인생의 드라마 안으로 들어오셔서 현재를 살아가셨습니다. 하나님은 우리와 함께 인생의 드라마를 살아가십니다. 그러므로 현재는 주님이 우리와 함께하시는 시간이요, 미래에 우리의 야망을 성취하기 위한 징검다리가 아닙니다. 위의 것은 미래에 있지 않고 현재에 있습니다. 위의 것을 추구하는 것은 현재 주님과 함께하는 삶을 의미합니다.

그리스도의 평강이 너희 마음을 주장하게 하라(골 3:12-17).

주 너의 하나님

예수님은 세상에 계시는 동안 마음과 뜻과 힘을 다해 하나님을 사랑하셨습니다. 그 삶이 어떤 것이라는 것을 보여 주시되 하나님을 드러내셨고, 하나님과 함께하는 인간이 어떤 것임을 드러내셨습니다. 우리는 예수님에게서 우리가 잃어버린 것이 무엇인지를 알게 되었습니다.

하나님은 우리 존재의 기원이시며, 원인이시며, 근원이 되시므로 우리는 그를 사랑해야 합니다. 나라는 존재의 근원은 하나님께로부터입니다. 존재의 근원을 잃어버리는 것은 나를 잃어버리는 것입니다. 하나님이 계시지 않으면 우리는 존재할 수 없습니다. 참 나는 하나님과 함께 있을 때입니다. 우리가 하나님과 함께하지 않을 때에는 그 자리에 다른 것들이 들어서게 됩니다. 그렇게 될 때에 우리는 늘 불안과 두려움에 시달리게 됩니다. 근원으로부터 이탈되어 있기 때문에 다른 것들로 존재의 기반을 삼게 됩니다. 그러한 것을 거짓 자아라 합니다. 인간은 누구나 진정한 자아의 근원이신 하나님과 사랑의 관계를 맺지 못할 때 거짓 자아로 살아가게 됩니다.

하나님은 우리의 삶의 진정한 의미가 되시므로 그를 사랑해야 합니다. 그러한 여정에서 진정한 의미에 접하는 바른길에 들어서지 못할 때 기존과는 다른 것에서 의미를 찾으려 하게 됩니다. 인간의 일생은 진정한 의미를 찾아 떠나는 여정으로 비유할 수 있습니다.

사물에 대한 깊은 관심을 가진 사람이 자기 분야에서 진지하게 탐구의 모험을 해 가면서 성취의 기쁨을 경험해 갑니다. 그가 자신의 모험에서 경험하는 고뇌, 성취의 기쁨은 다른 사람으로서는 이해하지 못합니다. 그가 끝까지 진지하고 정직하게 모험을 해 가게 되면 모험이 도달하게 되는 마지막 도착지는 하나님의 사랑입니다. 하나님의 사랑은 삶의 모험 길에서 부분적으로 목마름을 해갈해 가던 부분적인 의미의 근원지입니다. 거기서 그는 자신을 온전히 넘어서는 삶의 새로운 결단을 하게 됩니다. 그때 결단을 하게 한 의미는 오직 하나님의 사랑입니다. 그 사랑 가운데서 모든 것을 내려놓고 하나님만을 사랑하는 삶으로 살아가게 됩니다. 그때의 삶은 매우 단순하게 바뀝니다. 그 많던 세상적인 관계, 업적, 자랑을 다 내려놓습니다. 거기에 진정한 쉼이 있고 기쁨, 자유가 있습니다.

너는 마음을 다하고 뜻을 다하고 힘을 다하여 네 하나님 여호와를 사랑하라(신 6:1-9).

하나님을 사랑한다는 것은

우리가 하나님을 사랑해야 하는 이유는 하나님이 먼저 우리를 사랑하셨기 때문입니다. 사도 요한은 이렇게 말합니다.

"사랑은 이 사실에 있으니, 곧 우리가 하나님을 사랑한 것이 아니라, 하나님이 우리를 사랑해서, 자기 아들을 보내어 우리의 죄를 위하여 화목 제물이 되게 하신 것입니다"(요일 4:10, 새번역).

우리가 하나님을 사랑해야 하나님이 우리를 사랑하시는 것이 아닙니다. 하나님이 우리를 먼저 사랑하셨습니다. 우리가 하나님을 사랑하지 않는 것은 우리를 먼저 사랑하신 하나님의 사랑을 받아들이지 않는 것입니다. 우리가 머물러야 할 곳은 하나님의 사랑입니다. 하나님의 사랑 밖에는 우리가 우리 자신과 화해해서 조용히 머물 수 있는 곳이 없습니다.

우리가 하나님을 사랑하되 건성으로 사랑하는 척해서는 안 됩니다. 우리의 마음을 다하고 뜻을 다하고 힘을 다하여 하나님을 사랑해야 합니다. 그래야만 우리의 영혼의 문제가 풀리게 됩니다. 그때 자유가 어떤 것이라는 것을 알게 됩니다. 우리의 생의 순례의 종착점은 하나님의 사랑의 품입니다. 우리 모두 하나님의 사랑의 품으로 가게 됩니다. 그곳에 영원한 안식이 있습니다. 우리의 마지막 처소는 하나님의 사랑의 품입니다.

그러면 우리가 하나님을 사랑한다는 것은 무엇을 의미합니까? 그것은 하나님을 우리 삶의 중심으로 삼는 것입니다. 하나님을 예배하는 것입니다. 그리고 이웃을 사랑하는 것입니다.

우리를 사랑하사 우리 죄를 속하기 위하여 화목 제물로 그 아들을 보내셨음이라(요일 4:10).

모든 일에는 때가 있습니다

전도자가 제시하는 해답은 모든 때에 기쁘게 사는 것, 살면서 좋은 일을 하는 것입니다. 그렇게 사는 것이 삶의 기술입니다. 우리는 기쁘게 사는 기술을 배워야 합니다. 전도자가 말하는 기쁘게 사는 것은 삶의 이면에 숨겨 있는 의미를 발견하는 것입니다. 우리가 기쁘게 사는 것을 배우지 못하면 공허와 무의미에 시달리게 되고 우울증에 빠지게 됩니다.

그러면 우리가 기쁘게 살 수 있는 근거가 무엇입니까? 우리가 기쁘게 살 수 있는 근거는 그러한 모든 때에 우리의 삶을 섭리하시는 하나님의 깊은 뜻이 담겨 있다는 것입니다. 우리가 깨닫지 못하는 것뿐이지 세상에서 일어나는 모든 일이 무의미한 것은 없습니다. 하나님은 세상을 사랑으로 창조하셨으므로 그것 자체로서도 모든 만물의 의미가 됩니다.

모든 일에는 밖으로 드러나지 않는 숨겨진 의미가 있습니다. 그 의미의 근원은 하나님이십니다. 우리가 모든 일에 기쁘게 살 수 있는 근거는 하나님의 사랑입니다. 그 사랑이 모든 일의 의미입니다. 모든 때는 하나님의 선물입니다. 우리는 그 선물을 감사함으로 받아들여야 합니다. 감사는 하나님에 대한 신뢰이며 아울러 모든 것이 하나님의 섭리 가운데 있다는 것을 인정하는 것입니다. 기쁘게 살아가는 비결을 배우는 것은 기회를 죽이지 않고 살리는 것입니다. 기회에는 시간이 담겨 있습니다. 기회를 죽이는 것은 거기에 담긴 의미를 발견해서 머물지 못하는 것을 의미합니다.

삶의 모든 때는 변화와 성장의 기회입니다. 변화와 성장의 기회를 놓치면 인생이 무의미해집니다. 우리는 때를 바꾸어 놓을 수는 없지만 변화와 성장은 가능합니다. 하나님은 우리에게 그것을 요구하십니다. 하나님은 우리에게 변화와 성장의 선물을 주기를 원하십니다.

우리는 우리의 삶의 기회들을 죽이면 안 됩니다. 삶의 기회를 죽이지 않으려면 삶의 기술을 배워야 합니다. 삶의 기술은 변화와 성장을 수반합니다. 그것은 하나님의 선물입니다. 그러한 하나님의 선물을 받기 위해 침묵과 묵상의 시간이 필요합니다. 끊임없이 우리를 몰두하게 하는 것, 즉 생각, 야망, 우리를 결정짓는 모든 것에서 손을 놓게 됩니다. 우리가 경직된 상태로 꼭 붙들고 있는 것들을 손에서 놓게 됩니다.

선을 행하는 것보다 더 나은 것이 없는 줄을 내가 알았고(전 3:1-14).

하나님께 발견된 자

우리는 예수 그리스도 안에서 우리를 찾아오신 사랑의 하나님께 발견됩니다. 문제는 하나님이 우리에게 찾아오실 때의 우리의 반응입니다. 예수님 당시의 바리새인들은 그들에게 찾아오신 예수님을 맞아들이지 못했습니다. 그러나 얻어맞고, 상처 입고, 부서진 마음을 가진 세리, 창녀, 죄인들은 예수님을 맞아들였고 하나님의 기쁨에 참여했습니다. 그들은 자신들의 죄가 너무 커서 스스로의 노력으로는 원상 회복이 불가능하다는 사실을 알고 전적으로 하나님의 자비심에 의존하면서 뉘우치며 가슴을 쳤습니다.

하나님께 발견되는 사람은 약한 사람, 가난한 사람입니다. 자신이 원하는 모든 것을 스스로 채워 나가고, 자신의 삶을 스스로 이끌어 갈 수 있는 부자들은 하나님께 발견될 수 없습니다. 아무것도 소유하지 않은 사람은 하나님의 은총에 마음이 열려 있습니다. 그러한 마음이 하나님께 발견되는 장소입니다.

예수님은 가난한 자, 배고픈 자와 정의를 갈망하는 자, 슬퍼하는 자, 자신의 힘으로는 아무것도 할 수 없어서 하나님의 은총만 구하는 자들을 부르고 계십니다. 이들이 하나님 나라를 상속받을 자들이고, 그 마음속에 하나님의 통치에 대한 감각이 있는 자들입니다.

우리를 찾아오시는 하나님에 대해 우리가 할 수 있는 일은 정직입니다. 우리의 고통들에 대해 서로 나누고 대화할 때 우리에게 다가오시는 하나님께 도달할 수 있습니다. 하나님은 우리가 처한 실제적인 상황에 대해 서로 대화하는 가운데 우리에게 다가오셔서 체험할 수 있는 존재가 되어 주십니다. 하나님과의 일치에로 나아가는 영적 길은 자신이 지닌 고통과 생각들을 피하거나 억압하지 않고 직접 대면하는 과정을 거쳐야 합니다. 자신의 죄를 체험하며 눈물을 흘리기도 하고, 자기 스스로는 더 이상 나아질 수 없는 무능함을 체험하기도 합니다.

일반적으로 하나님께 발견된 사람의 공통 경험은 기쁨입니다. 그 기쁨은 잃어버린 자를 찾으신 하나님의 기쁨입니다. 하나님의 기쁨이 하나님께 발견된 사람의 기쁨이 됩니다. 그러한 기쁨에서 우리는 우리 자신의 소중함을 깨닫게 됩니다.

죄인 한 사람이 회개하면 하나님의 사자들 앞에 기쁨이 되느니라(눅 15:8-10).

그리스도인의 목표와 삶

사도 바울은 신앙생활을 세상에서의 경주에 비유했습니다. 그리고 거기에는 분명한 목표가 있고 목표에 도달하기 위해서는 분명한 삶의 방식이 있어야 한다고 했습니다. 목표만 있고 거기에 수반되는 삶의 방식이 없을 때 그 목표에 도달할 수 없습니다.

사도 바울은 신앙생활에서 수반되는 삶의 방식으로 절제를 말하고 있습니다. 바울이 말하는 절제는 그것 자체가 목적이 아니며 목표를 이루기 위한 수단입니다. 목표가 전제되지 않은 절제는 잘못하면 자기 억압이 되거나, 그렇지 않으면 다른 사람에게 보이기 위한 장식품이 될 수 있습니다. 신앙생활에서 전인적으로 요구되는 것이 절제입니다. 그러한 것이 하나의 목표에서 이루어질 때 삶의 통합을 이루게 됩니다. 그러한 목표가 없는 절제는 오히려 인격을 분열시키고 억압하게 됩니다.

신앙생활을 하는 분들은 일반적으로 내세우는 절제로 자신은 담배를 안 피운다는 것, 그리고 알코올음료를 마시지 않는다는 것으로 자신이 그리스도인이라는 사실을 나타내려고 합니다. 그것도 부분적으로 절제에 속합니다. 그러나 그러한 절제가 믿지 않는 사람과는 다른 삶의 목표에 수반되는 것이 아니고, 믿지 않는 사람과 같은 삶의 목표를 추구하면서 그러한 것을 자랑으로 여긴다면 의미가 없는 것입니다. 금연, 금주는 신앙생활을 하지 않는 사람들도 하는 절제입니다.

그리스도인의 절제는 분명히 믿지 않는 사람과는 다른 삶의 목표에서 이루어지는 것입니다. 그 목표에 도달하기 위해서 거기에 따르는 남다른 삶의 절제가 있게 됩니다. 그러한 절제는 자기 억압이 아니고 분명한 목표에서 이루어지는 삶의 통합이요, 거기에서 영성이 형성됩니다. 영성은 절제 그 자체만으로 이루어지지 않습니다. 그리고 목표만 있고 삶이 수반되지 않는 데서 형성되지 않습니다.

너희도 상을 받도록 이와 같이 달음질하라(고전 9:24-27).

영적 생활에서의 절제

사도 바울은 자신이 사도이기 때문에 절제한다고 말하지 않습니다. 그는 분명한 삶의 목표를 가지고 있었습니다. 썩지 않는 월계관을 위해 자신을 쳐서 복종시킨다고 했습니다. 그는 자신의 경주가 목표 없이 허공을 치는 것이 아니라고 했습니다. 바울이 말하는 생명의 월계관은 부활의 새 삶을 의미합니다.

바울은 다메섹 도상에서 부활하신 예수님을 통해서 만물을 새롭게 하시는 하나님을 만났습니다. 그 이후 그의 삶의 목표는 율법의 일점일획도 어기지 않고 지키는 율법주의가 아니라 생명의 월계관이 되었습니다. 바울은 디모데후서 4장 8절에서 그의 사랑하는 믿음의 아들 디모데에게도 "이제는 나를 위하여 의의 면류관이 마련되어 있다"는 사실을 분명히 말하고 있습니다. 바울이 말하는 생명의 월계관은 두말할 것도 없이 부활의 새 생명, 즉 하나님과 영원한 사귐의 삶입니다. 바울은 자신이 이 세상에서 믿음의 경주를 끝내고 그다음으로 그에게 이루어질 영원한 새 생명의 삶을 약속으로 갖고 있으면서 그것을 위해 절제의 삶을 살았습니다. 영적인 삶의 목표에서 이루어지는 절제는 삶을 균형 있게 통합시켜 가기 때문에 인위적으로 만들어 가는 데서 나타나는 것과는 다른 멋을 지니게 됩니다. 그러한 것이 진정한 멋입니다. 그래서 그리스도인의 삶은 멋이 있다고 합니다.

사람들이 자신의 건강이나 아름다움을 유지하기 위해 음식에 대한 절제를 합니다. 그러한 절제도 필요합니다. 그러나 바울이 자신을 쳐 복종시킨다는 것은 그러한 의미의 절제는 아닙니다. 바울의 목표는 영원한 생명의 월계관입니다. 생명의 월계관은 절제가 뒤따르지 않고는 얻을 수 없습니다. 그래서 절제에서 목표가 분명해지게 되고, 분명한 목표에서 삶의 통합이 이루어집니다. 통합된 삶은 외형적으로 볼 때에도 아름답습니다. 참된 멋은 영과 육의 통합으로부터 나오게 됩니다.

영적 생활의 절제는 밖으로 아름답게 보이기 위한 것이 목적이 아니고 내면적인 것이기에 모든 것에 절제를 찾는 것입니다. 몸과 영혼에 이로운 것만을 하는 것입니다. 그렇게 하는 것은 생명의 월계관을 위한 것입니다.

이기기를 다투는 자마다 모든 일에 절제하나니(고전 9:24-27).

존재를 추구하는 삶

생명의 월계관이 목표인 삶에서는 세상적인 성공과 부, 쾌락을 목표로 하지 않고 영원한 삶을 목표로 하기 때문에 삶의 방식이 자연히 소유, 행위를 추구해 가는 삶이 아닌 존재를 추구해 가는 삶이 됩니다. 존재를 추구해 가는 삶을 부단히 실행에 옮기는 데서 영성이 형성됩니다. 그리고 하늘이 열리게 됩니다. 영적 생활에서 영성에 대한 욕심과 세상적인 성공에 대한 야망을 동시에 실현해 갈 수는 없습니다. 그러한 가운데서는 서로가 갈등만을 일으키게 되어 오히려 삶을 분열시키게 됩니다.

존재를 추구해 가는 삶이란 이면의 삶을 추구해 가는 것을 의미합니다. 우리의 삶이 생명의 월계관이 목표가 되어 있다고 해도 세상을 떠나서 살 수 없고 세상에서 활동을 해야 합니다. 그러나 세상에서의 활동이 내면적으로 그리스도와의 친밀한 사귐 가운데서 이루어져야 합니다. 그렇게 될 때 우리의 활동이 영적 목표와 연관을 갖게 됩니다. 우리는 세상에서 홀로 살 수 없습니다. 다른 사람과 함께하며 살아야 합니다. 다른 사람과 함께하는 삶 이면에는 자신과 홀로 있곤 하는 삶이 있어야 합니다. 그렇게 될 때 다른 사람과 함께하는 삶에서 절제가 이루어집니다.

우리는 세상에서 섬김을 받는 것이 아니라 섬겨야 합니다. 그런데 그 섬김에서 다른 사람으로부터 인정, 칭찬을 기대할 때 언제나 상처를 받거나 시험에 들게 됩니다. 그러므로 섬김에서는 모든 영적 자원을 하나님으로부터 공급받아야 합니다. 우리는 세상에서 축적된 에너지를 적용시켜 가야 하기 때문에 언제나 영적 재충전이 필요합니다. 충전이 되지 않은 상태에서는 회의, 고갈, 무의미에 시달리게 됩니다.

나는 달음질하기를 향방 없는 것같이 아니하고(고전 9:24-27).

우리의 생의 목표와 가치

그리스도인들의 삶은 세상 사람과는 다른 목표를 향해 달려갑니다. 그런데 그 과정에는 하나님으로부터 길들임이 있습니다. 하나님은 우리를 길들여 가십니다. 그래서 우리의 한 과정 한 과정이 매우 소중합니다.

맥스 루케이도(Max Lucado)는 그리스도인의 삶을 '모루 위에 놓인 달군 쇠'로 비유했습니다. 대장간에서 대장장이는 쇠를 달구어 모루 위에 놓고 그가 의도하는 모양의 도구가 형성될 때까지 망치로 두들기는 과정을 반복합니다. 그 반복의 과정에서 쇠의 형체는 이전과 똑같지 않습니다. 현재의 과정에서 쇠의 모양은 이전 과정의 모양과는 또 다르게 형성됩니다. 그러한 과정에서 점차 대장장이가 의도한 모양으로 되어 가게 됩니다.

그리스도인의 삶도 그와 같은 과정에서 그리스도의 형상이 이루어지게 됩니다. 우리의 생이 세상을 넘어선 영원에 잇대어지는 목표가 없다면 우리는 사는 동안 먹고 마시고 즐기는 것을 생의 목표로 삼을 것입니다. 그러한 생이라면 정말로 살 만한 가치가 없습니다. 그러한 목표에서 도덕적으로 착하게 산다는 것은 아무런 의미가 없습니다.

우리가 고난이나 질병 가운데서도, 실패에서도 소망과 의미를 갖게 되는 것은 우리의 생의 목표가 현실을 넘어선 영원에 있기 때문입니다. 우리가 절망 가운데 있는 사람들을 찾아가서 위로하고 격려해 일어서게 하는 근원이 이 현실을 넘어서 부활의 새 생명의 삶이 있기 때문입니다. 만약 이 생의 삶이 현실뿐이라면 이미 병이나 사고로 현실의 시간을 잃어버린 사람들에게 줄 수 있는 위로는 아무것도 없습니다.

내가 내 몸을 쳐 복종하게 함은(고전 9:24-27).

그리스도인의 영원한 목표

그리스도인으로서 영원한 목표를 붙잡지 않으면 그의 삶은 참으로 애매모호하게 됩니다. 무엇을 위한 경건이며, 무엇을 위한 선행이며, 무엇을 위한 섬김이며, 무엇을 위한 착함인가를 묻지 않을 수 없습니다. 그리스도인이라고 해서 이 세상의 삶을 부정해서는 안 됩니다. 그런데 그리스도인의 삶의 긍정은 영원한 목표를 향해 달려가는 과정에서 현실의 삶이 가치가 있습니다. 우리의 목표는 행복을 넘어서, 현실을 넘어서 있습니다.

바울은 경기장에서 많은 사람이 경주에 참여하지만 상을 받는 사람은 한 사람뿐이라 했습니다. 상을 받는 사람은 다른 점이 있습니다. 분명한 목표와 철저한 자기 관리가 있습니다. 그리고 실제 경주에 임해서도 적절한 체력 안배, 꾸준함, 좌절을 이겨 내는 인내력 등이 있습니다.

바울은 영적 경주에 임하는 사람에게도 그러한 절제가 있어야 한다는 사실을 암시하고 있습니다. 그리스도인의 경주는 썩지 않을 월계관이 목표입니다. 오로지 이 하나의 목표에 삶의 모든 부분들이 통합되어야 합니다. 바울이 말한 '내 몸을 쳐서 복종시킨다'는 것은 그러한 사실을 뜻합니다. 우리는 상을 받을 수 있도록 경주에 임해야 합니다.

우리가 경주에서 목표에 충만해질 때 삶의 방식에서 목표의 윤곽이 점차 뚜렷해지게 됩니다. 중요하지 않은 것들과 중요한 것들의 구별이 분명해집니다. 그러면서 우리의 삶은 외형적으로 품격이 있는 삶으로 나타나게 됩니다. 그러한 품격에서 나타나는 멋은 세상적으로 잘 꾸민 것과는 분명한 차이가 있습니다. 매우 자유스러우면서 리듬과 절제가 있습니다. 아무런 제한이 없는 것 같은데도 분명한 기준이 있습니다. 그리고 중요한 것이 무엇인지를 알기 때문에 그렇지 않은 것들에 대해서 집착하지 않게 됩니다.

우리는 썩지 않을 생명의 월계관을 얻기 위해 믿음의 경주를 해 오고 있습니다. 아직 목표가 무엇인지 모른다면 목표를 붙잡아야 합니다. 중도에서 잃어버렸다면 새롭게 붙잡아야 합니다. 이 시간까지 목표를 바르게 견지해 오고 있다면 더 굳게 붙잡아야 합니다. 잃어버리지 않기 위해서 반드시 절제가 있어야 합니다. 그것이 세상 사람과 다른 삶의 방식입니다.

우리는 썩지 아니할 것을 얻고자 하노라(고전 9:24-27).

삶의 유예기간

하나님은 선악과를 따 먹을 때에는 반드시 죽는다고 말씀하셨습니다. 그러나 인간은 하나님의 그러한 경고를 무시하고 그 열매를 따 먹었습니다. 그런데도 선악과를 따 먹은 인간은 죽지 않고 에덴동산에서 쫓겨나기만 했습니다. 성서에서 말씀하는 죽음은 단순히 육체적 죽음만은 아닙니다. 영적 죽음도 있습니다. 영적 죽음이란 하나님과의 분리입니다. 선악과를 따 먹은 인간은 하나님의 명령을 어겼으므로 하나님으로부터 분리되었습니다. 그때부터 인간은 벗은 몸인 것이 두려워 하나님을 피해 숨었습니다. 폴 투르니에 박사는 '벗다'는 말을 '보호되지 않다'는 뜻이라 했습니다. 생명의 하나님으로부터 분리된 인간은 영적으로 죽은 인간이 되었습니다. 영적으로 하나님으로부터 분리된 인간은 육체적으로도 죽게 되었습니다. 에덴에서 선악과를 따 먹은 아담과 하와가 하나님으로부터 분리된 후 즉시 죽지 않은 것을 폴 투르니에 박사는 하나님이 인간에게 '유예'를 주셨기 때문이라고 했습니다. 당연히 죽어야 하는데 하나님의 은혜로 유예를 받은 것입니다.

하나님의 명령을 거역한 인간이 즉시 죽지 않고 살아 있는 것은 '은혜의 유예기간'에 보호되고 있는 것입니다. 그 유예의 기간이 사람에 따라 차이는 있지만, 결론은 누구나 다 죽습니다. '유예'라는 말은 법적 용어입니다. 성서에서 생명은 하나님과 교제이며, 죽음은 하나님과 분리입니다. 하나님과 분리되는 것이 죄입니다. 죽음은 죄로 말미암아 온 것입니다. 하나님으로부터 분리된 인간이 죽어야 하는데 살아 있는 것은 일정 기간 은혜의 유예기간 안에서 살고 있기 때문입니다.

이 은혜의 유예기간에는 분명한 의미와 목적이 있습니다. 그 의미와 목적을 상실한 채 살다가 죽으면 인생을 헛되이 살게 됩니다. 이 유예기간에 사람으로서 할 수 있는 최선의 일이 인간을 찾고 계시는 하나님께로 돌이키는 일입니다.

네가 먹는 날에는 반드시 죽으리라(창 2:15-17).

하나님께 발견된 나

하나님께 발견되기 위해서는 숨어 있는 곳에서 나와야 합니다. 나와서 부르시는 분에게로 돌이켜야 합니다. 우리가 하나님을 찾아 만나는 것이 아니라, 우리가 나옴으로써 하나님께 발견되는 것입니다. 하나님의 부르심을 듣고 숨어 있는 곳에서 나와 돌이킬 때 우리는 하나님께 발견됩니다.

우리를 발견하신 하나님은 우리에게 무거운 계율, 그리고 도덕적 의무를 지우지 않으시고 우리를 따뜻하게 품어 주십니다. 사랑으로 품어 주십니다. 그러나 우리는 자신을 스스로 경멸하고 용납하지 못하기 때문에 하나님의 사랑을 받아들이지 못하고 자신의 의로 하나님 앞에 서려고 합니다. 하나님께 발견된 후에도 하나님의 사랑을 온전히 받아들이고 그와 깊은 사랑의 교제를 갖기까지 역시 많은 장애물을 극복해야 합니다. 그 장애물은 하나님 없이 살아가면서 형성된 왜곡되고 손상 입은 우리의 마음입니다.

우리가 하나님의 사랑을 받아들이고 그 안에 거하지 않고는 우리의 두려움이나 불안은 없어지지 않습니다. 이 불안과 두려움이 우상을 만들게 합니다. 우상은 재물, 권력, 명예, 사람 등 다양한 것입니다. 우리가 하나님의 사랑의 품에 안길 때 하나님이 우리 자신을 위해 준비하고 계시는 새로운 나를 보게 됩니다. 하나님의 계획 가운데 있는 나는 하나님에 의해 용서되고, 받아들여지고, 화해되고, 치유되고, 보상된 나로서 하나님과 깊은 사랑의 교제 안에 있는 나입니다.

우리가 하나님과 사랑의 교제 안에 있게 될 때 우리는 과거나 미래로 도피하지 않고 현재를 살게 됩니다. 그 현재는 예수 그리스도의 은혜와 하나님의 사랑, 성령의 교제 안에 있는 현재입니다.

여호와 하나님이 아담을 부르시며 그에게 이르시되 네가 어디 있느냐 이르되(창 3:1-13).

구원의 새 노래

유예기간은 인간을 포함한 모든 피조물들에게 희망의 시간입니다. 새로 태어나는 시간입니다. 진정 자기 자신으로 살아가기를 시작할 수 있는 기회입니다. 하나님은 이 유예기간에 일어나는 모든 사건들을 통해 우리에게 말씀하십니다. 즉 자연의 재해, 질병, 고난, 실패, 사고, 전쟁 등을 통해 말씀하십니다. 이 유예기간에 세상적으로 부러울 것이 없이 잘 살았다고 해도 하나님께로 돌이켜 그와 화해의 삶을 살지 못했다면 그것은 결코 잘 산 것이 아닙니다.

성서적 관점에서 '최고의 선'은 언제나 하나님이 기준이십니다. 이 세상에서 병약하게, 가난하게 살지만 하나님과 사랑의 교제 가운데서, 그의 사랑 안에서, 그의 사랑의 통로로서 현재를 살아가고 있다면, 그는 최선의 삶을 살고 있는 것입니다. 그러한 삶에는 하나님 나라가 언제나 열려 있습니다. 그러한 삶을 사는 사람이 이 현실의 생을 끝마치고 가야 할 곳은 하나님이 예비하신 영원한 본향입니다.

하나님은 예수 그리스도를 통해서 자신이 누구이시며, 무엇을 원하시는가를 분명히 나타내 보이셨습니다. 예수 그리스도께서는 인간을 찾고 계시며 기다리고 계시는 사랑의 하나님을 드러내 보이셨습니다. 인간을 기다리고 계시며 찾고 계시는 하나님께로 돌이키는 데 가장 큰 장애물인 죄를 예수 그리스도께서 십자가에 달리심으로 하나님 자신이 담당하셨습니다. 십자가는 하나님의 사랑이며, 하나님을 떠나 두려움 가운데서 방황하며 고통스러워하는 인간의 고통에 대한 하나님의 아픔과 고통입니다.

예수께서는 그 당시 유대 사회와 종교로부터 정죄 받은 사람들의 친구가 되셨습니다. 그 시대의 정죄 받은 사람들은 하나님도 그들 자신을 버리셨다고 생각했습니다. 그런데 그들이 예수 그리스도 안에서 발견한 것은 전혀 다른 사실이었습니다. 하나님이 그들을 버리지 않으셨고, 그들을 위해 새로운 삶을 준비하고 계심을 알게 되었습니다. 죽었던 그들은 다시 살아났습니다. 그들에게는 구원의 새 노래가 있게 되었습니다. 구원의 새 노래는 구원을 경험한 사람만이 부를 수 있습니다.

우리 주 예수 그리스도로 말미암아 하나님과 화평을 누리자(롬 5:1-11).

성령의 교제 안에서 경험되는 자유

성령이 임하실 때 우리의 삶에서 새로운 교제가 이루어집니다. 지금까지의 교제와는 다른 삼위일체 하나님, 형제자매들과 성령 안에서 이루어지는 교제입니다. 예수 그리스도의 은혜와 하나님의 사랑, 그리고 성령의 교통하심 가운데서 이루어지는 교제입니다. 그리스도인들은 그 교제를 통해 교제 밖에 있을 때와는 다른 경험을 하게 됩니다. 자유의 경험입니다.

성령의 교제 안에서 경험되는 자유는 자기 자신으로부터의 자유입니다. 전에는 자기를 지나치게 의식하는 가운데서 무시당하는 느낌, 불쾌한 감정, 손해 본다는 느낌, 다른 사람을 통제하려는 마음에 언제나 묶여 있었는데 성령의 교제 가운데 그러한 것들로부터 점점 자유롭게 됩니다. 전에는 모든 것을 자신의 이해관계에서 생각하고 판단하고 결정해 왔는데 이제는 점차 다른 사람의 유익을 더 생각하면서 살아가게 됩니다.

성령의 교제 가운데서 경험하는 자유는 형벌의 두려움으로부터의 자유입니다. 그리스도인으로서 행함의 기준이 하나님의 심판이었다면, '하나님이 기뻐하실까 그렇지 않으실까'로 바뀝니다. 하나님과 사랑의 교제가 깊어가면서 사랑하는 분에 대한 순종에 맞추어지게 됩니다.

성령의 교제 안에서는 자신의 의를 드러내는 데서부터 자유롭게 됩니다. 전에는 섬기는 일에서 자신의 의를 드러내는 것이 주된 목적이었습니다. 그러한 섬김에서 그의 관심은 다른 사람의 칭찬, 인정, 명성, 많이 알려지는 것, 결과에 대한 관심, 통계 등이었습니다. 그런데 성령의 교제 안에서 점점 그러한 것들에 대한 관심도가 낮아지고, 하나님과 사랑의 교제에 관심이 모아지게 됩니다. 그 교제에서 삶의 충만을 경험해 가게 됩니다.

죄책감, 자기 멸시, 공포, 불안으로부터 자유를 경험합니다. 그 교제 안에서 예수 그리스도의 은혜와 하나님의 사랑을 받아들이면서 새로운 자존감이 생깁니다. 예수 그리스도의 은혜와 하나님의 사랑이 나의 안에 새로운 나를 세우게 됩니다. 하나님이 나를 사랑하신다는 사실에서 나를 인식하게 되기 때문에, 하나님의 사랑이 나를 존귀하게 하고, 세상에서 경험하지 못한 자유를 경험하게 됩니다.

만일 우리가 성령으로 살면 또한 성령으로 행할지니(갈 5:13-24).

6월

예수님은 우리를 깊은 어둠의 심연에서 끌어내시어

새로운 삶의 지평으로 올려놓으셨습니다.

그래서 우리의 미래는 매우 밝습니다.

허망한 것들로부터의 자유

사람들에게는 자신과 동일시하는 소중한 것들이 있습니다. 사람에 따라 다르지만 누구나 있습니다. 그것들이 손상을 입거나 잃어버리게 되면 곧 자신을 잃어버리는 것과 같은 깊은 상실감에 젖어 있게 됩니다.

그런데 성서의 빛 가운데서 그러한 것들은 우리 자신이 될 수 없습니다. 우리에게 진정 소중한 것은 소유가 아니라 진정한 나 자신입니다. 대부분의 사람들은 이미 가장 소중한 진정한 자신을 잃어버리고 살아가고 있습니다. 그런데 그것을 잃어버렸다고 생각하지 못하고 있습니다. 사람들이 피조적인 것들을 자신과 동일시하며 살아가고 있는 것은 진정한 자신을 잃어버린 증거입니다. 자신을 잃어버렸기에 피조적인 것들을 자신과 동일시하며 살아가게 됩니다.

성서적 관점에서 자신을 잃어버렸다는 것은 존재의 근원을 잃어버렸다는 것을 의미합니다. 사람이 삶의 근원을 잃어버리게 될 때 무엇인가를 붙잡아야 합니다. 그래서 그것과 자신을 동일시해야 합니다. 그렇지 않으면 살아갈 수 없습니다. 그래서 우상이 생겨납니다. 사람은 자신의 근원으로부터 단절되게 될 때 영적 고갈, 무의미, 방황, 두려움을 느끼게 되기 때문에 허망한 것에 사로잡히게 됩니다.

그러면 사람이 어떻게 허망한 것에 묶여 있는 데서 벗어나 진정한 자기 자신으로 되어 갈 수 있을까요? 진정한 자신으로 태어나서 자신으로 되어 가기 위해서는 허망한 것에 묶여 있는 것에서 벗어나야 합니다. 그 길은 예수 그리스도 안에서 가능합니다.

"나는 이것을 이미 얻은 것도 아니며, 이미 목표점에 다다른 것도 아닙니다. 그리스도 [예수]께서 나를 사로잡으셨으므로, 나는 그것을 붙들려고 좇아가고 있습니다"(빌 3:12, 새번역).

사도 바울은 예수 그리스도 안에 있는 진정한 자신을 보게 되었습니다. 예수 그리스도 안에 모든 사람이 되어 가야 할 진정한 자신의 원형이 있습니다. 진정한 자신, 허망한 것들로부터의 자유는 예수 그리스도에게서만 가능합니다.

이제부터 너희는 이방인이 그 마음의 허망한 것으로 행함같이 행하지 말라(엡 4:17-20).

하나님과의 친밀한 교제의 삶으로

우리는 예수 그리스도 안에서 하나님과 사귐 가운데 살지만 무의식 속에는 허망한 것들에 의해서 나 자신으로 되지 못하는 부분들이 많이 남아 있습니다. 그것들로 인해 하나님과 사귐에 동참하기까지는 시간이 걸립니다. 그러한 부분들이 하나님의 영으로 지속적으로 깨어나야 합니다.

우리 각자의 진정한 나의 모습은 "하나님의 형상을 따라 참의로움과 참거룩함으로 지으심을 받은 새사람"(엡 4:24, 새번역)입니다. 사도 바울은 그러한 새사람을 입으라고 말합니다. 여기서 '입는다'는 것은 '되어 간다'는 의미도 됩니다. 그렇게 되어 가기 위해서 우리는 도덕, 또는 율법의 완벽주의의 옷을 입으려고 해서는 안 됩니다. 그러면 또 허망한 것에 사로잡히게 됩니다. 그리스도 안에서 하나님과 친밀한 사귐으로 들어가는 과정에 때때로 우리의 약함을 느끼게도 되고, 자존감의 결핍을 느낄 때도 있고, 다른 사람과의 비교에서 어떤 면에 부족함을 느낄 때도 있습니다. 어떤 사람은 자신이 영적으로 매우 약하다는 것을 느끼기도 합니다. 어떤 때는 무의미를, 공허를 느끼기도 합니다. 그 이유는 전에 묶여 있던 것들에서 풀려날 때 우리의 벌거벗은 본래의 모습이 그대로 드러나기 때문입니다.

하나님과 사귐에서는 하나님께 있는 그대로를 가지고 나아가, 자신의 모습을 그대로 받아들이는 용기가 필요합니다. 그러한 것들 때문에 좌절하고 예전의 삶으로 돌아가서는 안 됩니다. 시험은 밖에 있지 않고 우리 안에 있습니다.

하나님과 친밀한 사귐에는 말이 있는 사귐과 말이 없는 사귐이 있습니다. 기도와 묵상입니다. 우리는 이 두 사귐을 잘 익혀서 하나님과 더욱더 친밀한 교제로 들어가야 합니다. 그렇지 않으면 다시 허망한 것에 묶여 살아가게 됩니다. 기쁨과 안정에 중독되어 현실에 안주하지 말고 진솔한 기도로 하나님이 나를 견인해 가시도록 하루하루를 하나님 앞에 정직하게 서지 않으면 안 될 것입니다.

살아 있는 삶의 의미는 생명의 근원과 연결되어 하나님에게서 공급받아야 합니다. 적당히 믿고서는 험난한 현실에서 그가 원하시는 삶을 살 수 없습니다. 하나님과 깊고 친밀한 사귐의 삶으로 들어가야만 살 수 있을 것입니다.

하나님을 따라 의와 진리의 거룩함으로 지으심을 받은 새사람을 입으라(엡 4:21-24).

경건

기독교 역사를 돌이켜 보면 경건을 금욕적인 것으로 이해하고 강조한 때가
있었습니다. 하나님이 창조하신 보시기에 좋은 세상을 선악으로 구분해서
영적인 일은 거룩하고, 일상적인 삶에서 행하는 일은 악한 것으로 강조되
기도 했습니다. 그러한 생각에서 주일을 포함해서 주 중에 교회에 나와서
예배드리는 일이나 봉사는 거룩한 하나님의 일이며, 삶의 현실에서 행하는
일상적인 일들은 모두 악한 것으로 단정했습니다.

경건은 외형의 꾸밈이나 영적인 것과 육적인 것을 선악으로 구분하는 것이
아닙니다. 경건은 하나님의 형상으로 지음 받은 인간이 살아가는 삶의 방
식입니다. 다시 말씀드리면 인간이 인간답게 살아가는 삶의 방식입니다.
하나님의 형상으로 지음 받은 인간은 다른 피조물과는 다르게 살아가야 하
는 운명으로 규정되어 있습니다. 그것은 하나님과의 화해, 자신과의 화해,
그리고 이웃과의 화해, 자연과의 화해입니다. 이러한 삶의 방식을 바르게
실현해 가는 것이 경건입니다. 이러한 삶을 바르게 실현해 가는 데 가장 중
요한 것이 하나님을 바르게 섬기는 것입니다. 하나님이 보시기에 옳게, 좋
게, 하나님을 공경하며, 하나님의 뜻대로 사는 것입니다.

망령되고 허탄한 신화를 버리고 경건에 이르도록 네 자신을 연단하라(딤전 4:6-8).

존재 추구의 핵심

사람이 살아가는 방식에 두 가지가 있습니다. 하나는 존재를 추구해 가는 길이요, 다른 하나는 행위를 추구해 가는 길입니다. 경건 훈련은 전자의 길입니다. 경건하게 살고자 하는 사람이 존재를 추구해 가지 않고 행위만을 추구해 갈 때 신앙생활에서 공허와 무의미에 빠지게 되고 자기 의를 드러내려고 하는 신앙적인 위선에 빠지게 됩니다. 그리고 그러한 내적 공허를 사람들의 칭찬, 인기, 명예, 물질, 쾌락과 같은 것들로 채우려 하게 됩니다. 존재를 추구해 가지 않는 데서 경건의 삶은 경건의 모양만 있고 능력은 없는 위선이 됩니다.

존재는 하나님과의 사귐에서 하나님으로부터 생명을 공급받는 것이라면, 행위는 그것을 가지고 사용하는 것입니다. 존재는 거룩하신 하나님의 성품에 참여하는 것이라면, 행위는 실천하는 것입니다. 존재는 우리의 삶의 원인을 하나님께 두는 것이라면, 행위는 외적으로 나타나는 결과입니다. 존재를 추구해 간다는 것은 결과를 살지 않고 과정을 성실하게 살아가는 것입니다. 성실성의 삶은 믿음, 소망, 사랑으로 살아가는 것입니다. 여기서 사랑이 최고의 덕목입니다. 사랑은 믿음과 소망에 근거한 현재의 삶입니다. 존재함에서 이루어지는 내면성에는 '작은 지성소'가 형성됩니다. 그리고 삶의 통제소가 세상이 아닌 은밀한 가운데 계시는 하나님이 됩니다.

존재 추구의 핵심은 하나님과 사귐(교제)입니다. 묵상이 말이 없는 하나님과의 사귐이라는 것은 말이 있는 사귐인 기도보다 수동적이라는 의미도 됩니다. 묵상이 수동적이라는 것은 하나님께 적극적으로 구하지 않고 하나님의 음성을 듣는 데 우리의 마음과 생각을 집중시키기 때문입니다.

우리가 수고하고 힘쓰는 것은 우리 소망을 살아 계신 하나님께 둠이니(딤전 4:9-16).

기도

기도는 모든 종교에 다 있습니다. 그런데 기독교 신앙에서 기도는 다른 종교에서의 기도와는 달리 하나님과 사귐에서 이루어지는 대화입니다. 그래서 성서에 나타나 있는 기도의 특징은 피상적이지 않고 매우 진솔합니다. 특히 시편의 감사와 찬양은 이스라엘의 그들의 욕구에 따른 소원 성취에 대한 응답이 아닙니다. 그들을 고난에서 구원해 주신 구원의 하나님, 자비와 긍휼의 하나님께 대한 감사이며 찬양입니다. 그들의 기도와 감사, 찬양의 원인이 그들에게 있지 않고 하나님께 있습니다.

기독교 신앙에서 기도는 거룩하신 분과의 사귐, 즉 '나와 당신'(I and Thou)의 관계에서 발생되는 대화입니다. 대화는 인격적 대상들 사이에서만 가능합니다. 하나님은 한 분의 인격이십니다. 그는 우리를 만나 주시고, 우리와의 사귐을 기뻐하시며, 우리와 대화를 원하십니다. 하나님과 대화에서 하나님은 대화의 주체이시면서 동시에 객체이십니다. 객체이신 하나님과 우리의 관계는 '나와 그것'의 관계가 아니고 '나와 당신'의 관계입니다.

사랑에서 이루어지는 사귐에는 진정한 대화가 있습니다. 진솔한 기도에는 이의, 반론, 의문, 반전이 있습니다. 그러한 기도에서 우리는 진정한 해답을 얻게 됩니다. 우리는 하나님과 대화에서 우리의 갈등, 고뇌, 아픔, 죄책감, 분노를 숨기지 않고 있는 그대로 드러내 보이면서 아뢰어야 합니다. 그러면 그러한 진솔한 기도에서 우리는 우리 자신의 문제에서 해방되어 영적 성숙의 단계로 올라서게 됩니다. 하나님은 진솔한 기도를 원하시며 기뻐하십니다. 하나님과 진솔한 대화가 이루어지면 말없이 그의 안에 고요히 머무는 단계로 들어섭니다. 말없이 하나님의 임재 안에 고요히 머무는 시간에 오히려 말이 있는 기도보다 더 깊은 영적 교감이 이루어집니다. 우리를 우리보다 더 잘 아시는 하나님의 임재 안에서 자신을 있는 그대로 드러내며 그의 의도에 전적으로 맡길 때 더 깊은 만남이 이루어지게 됩니다.

네 골방에 들어가 문을 닫고 은밀한 중에 계신 네 아버지께 기도하라(마 6:6-8).

'현재'라는 때

현재라는 때는 시간과 공간을 다 포함하고 있습니다. 그 시간과 공간을 우리는 지난날의 회상 때문에, 그렇지 않으면 미래에 다가올 염려 때문에 다 놓쳐 버릴 때가 대부분입니다. 그래서 우리는 현재에 머물지만 현재를 살지 못합니다. 우리의 현재는 우울, 염려, 불안, 생의 궁리로 '빨리 지나갔으면' 하는 귀찮은 시간입니다.

그런데 성서적 관점에서 현재라는 때는 그렇게 지겨운 시간과 장소가 아닙니다. 그때는 하나님의 은혜와 긍휼의 시간입니다. 그때는 우리의 염려, 근심, 지난날의 회한, 아쉬움, 섭섭함을 다 내려놓고 우리에게 찾아오시는 하나님을 맞이해야 하는 구원의 시간이며 장소입니다. 현재는 우리의 것이 아닌 하나님의 때입니다. 우리가 하나님의 현재에 참여해 갈 때 우리에게 현재라는 때는 매우 소중한 시간이 됩니다. 우리는 현재에서 살아가는 삶의 신비를 알게 됩니다. 우리는 그러한 현재에서 하나님과 예수 그리스도, 성령 안에서 하나 됨의 삶을 경험해 갈 수 있습니다.

예수님은 언제나 현재에서 하나님과 함께하는 삶을 살아가셨습니다. 예수님께 현재는 예수님 자신의 것이 아닌 하나님의 현재였습니다. 예수님은 어느 순간에도 하나님과 함께하셨습니다. 그것이 요한복음 17장 21절에 이렇게 기록되어 있습니다.

"아버지, 아버지께서 내 안에 계시고, 내가 아버지 안에 있는 것과 같이, 그들도 하나가 되어서 우리 안에 있게 하여 주십시오"(새번역).

그리스도인들이 세상에서 하나가 된다는 것은 어떤 이념으로 모두 의식화되어 간다는 것이 아닙니다. 그리스도인의 하나 됨은 하나님이 우리 안에, 우리가 하나님 안에 있다는 것을 의미합니다. 우리가 그리스도께서 계신 곳에 그와 함께 있게 될 때 창세전부터 하나님이 그리스도께 주신 영광을 경험하고 보게 됩니다.

우리가 하나가 된 것같이 그들도 하나가 되게 하려 함이니이다(요 17:20-26).

하나님의 현존에 참여하는 삶

우리는 봉사의 시간을 정해 놓고 봉사를 합니다. 그러나 그 장소에서 하나님과 함께하지 못할 때가 있습니다. 우리가 기도의 시간을 정해 놓고 열심히 기도하려고 하지만 하나님과 교제가 이루어지지 않는 기도일 때가 있습니다. 우리는 봉사할 때, 기도할 때, 묵상할 때 너무 우리의 궁리, 우리의 신념, 우리의 주장으로 가득 차 있을 때가 많습니다. 그래서 그 시간이 하나님의 영광을 보게 되는 순간이 아니라 우리의 의를 드러내는 시간이 될 때가 많습니다.

우리는 하루를 나의 계획대로, 나의 의도대로 살지 못했을 때 헛되이 보냈다고 합니다. 우리의 일생도 우리가 의도한 바를 성취하지 못했을 때 헛되이 살았다고 합니다. 그러나 우리가 아무리 나의 의도대로 나 자신을 실현해 가더라도 하나님과 함께하지 않는 삶에서는 만족이 없습니다.

예수께서 마르다와 마리아의 집을 방문하셨을 때 마르다는 자기의 계획으로 가득 차 있었습니다. 마르다는 자신의 계획을 하나도 빠짐없이 다 이루어야 주님을 위해 무엇인가를 한 것 같고 스스로 만족할 수 있을 것 같았습니다. 그는 열심히 자기 계획에 몰두했습니다. 동생 마리아가 자신의 계획과 의미에 참여하지 않는 데 대해 갈등을 느꼈습니다. 그러나 실제로 마리아는 언니보다 주님과 함께하는 더 좋은 몫을 택했습니다.

우리는 우리의 계획, 우리의 의미 때문에 주님의 현재에 참여하지 못합니다. 우리의 아쉬움과 후회는 주님과의 관계에서가 아닌, 나 자신의 것을 성취하지 못한 데서 오는 것들입니다. 우리가 하루하루, 아니 우리의 일생에서 후회를 줄이고 살아갈 수 있는 비결은 우리의 것들을 내려놓고 주님의 현재에 동참해 가는 훈련을 쌓아 가는 길밖에는 없습니다. 그렇게 하는 것이 우리 자신을 비우는 삶입니다. 그것이 자아 중심에서 해방되는 길이기도 합니다. 나로써 가득 차 있을 때 하나님과 함께하는 삶은 불가능합니다.

마리아라 하는 동생이 있어 주의 발치에 앉아 그의 말씀을 듣더니 (눅 10:38-42).

자신의 한계를 아십시오

지금까지 인간 역사에서 하나님께 반항의 행위는 양상을 달리할 뿐이지 되풀이되고 있습니다. 그 기원을 거슬러 올라가면 최초의 인류 아담과 하와 때부터입니다. 에덴에서 인간이 하나님이 금하신 '선과 악'을 알게 하는 열매를 따 먹은 것 자체가 이에 속합니다.

인간이 제일 부담스럽게 생각하는 대상이 하나님이십니다. 인간이 하나님을 부담스러운 존재로 여기는 것은 하나님이 인간을 괴롭히시기 때문이 아니라, 하나님이 설정해 주신 삶의 한계를 벗어나고자 하는 욕망 때문입니다.

하나님은 세상을 창조하시고 그가 창조하신 세상에 인간을 살게 하셨습니다. 그리고 하나님은 인간에게 삶의 한계를 설정해 주셨습니다. 그것은 인간을 얽어매고 괴롭히기 위해서가 아니라 사랑하시기 때문입니다. 참된 사랑에는 무한의 자유만이 있는 것이 아니라 사랑받는 자가 지켜야 할 약속이 있고 책임이 있습니다. 그것이 사랑의 사귐 가운데 있을 때에는 아무런 문제가 되지 않지만 사귐에 균열이 생길 때 멍에가 됩니다.

에덴동산에서 인류가 하나님이 설정해 주신 삶의 한계를 벗어났을 때 아주 중요한 것을 잃어버리게 되었습니다. 그것은 하나님과 사랑의 사귐이었습니다. 하나님과 사귐을 잃어버린 인간이 경험하게 된 것은 자유와 평강이 아니었습니다. 그들에게는 잃어버린 사귐에 대한 깊은 동경 가운데서 삶이 무거운 짐이 되었습니다.

인간이 자신의 한계를 넘어 자기 욕망대로 무엇을 이루고자 할 때 하나님을 부담스러운 존재로 여기게 됩니다. 인간이 권력을 손에 넣었을 때 자기중심의 세상을 만들어 가려는 욕망에 사로잡히게 됩니다. 그리고 그러한 욕망을 성취해 가는 데 방해 되는 것을 모두 없애 버리고자 하는 유혹과 시험에 빠지게 됩니다.

인간이 자신의 한계를 받아들이려 하지 않는 것은 하나님을 부인하려는 행위입니다. 인간이 욕망대로 하고 싶을 때 가장 방해물이 되는 것은 하나님이십니다. 하나님이라는 존재 때문에 하고 싶은 대로 하지 못합니다. 하나님만 없다면 인간으로서 더 많은 자유를 누릴 수 있다고 생각합니다. 그 자체가 사탄의 유혹입니다.

하늘에 계신 이가 웃으심이여 주께서 그들을 비웃으시리로다(시 2:1-6).

하나님과의 사귐

에덴에서 하나님과 사귐을 상실한 인간에게 더 큰 자유와 행복은 없었습니다. 오히려 하나님의 축복으로 허락된 출산과 노동은 창조가 아닌 수고와 고생으로 바뀌었고, 이웃은 함께 살아가는 형제자매가 아닌 상처와 피곤을 주는 적대자가 되었습니다. 그리고 죽음은 하나님께로 가는 생명의 통로가 아닌 두려움과 공포, 저주로 변했습니다. 더 큰 삶의 딜레마는 마음의 불안, 삶의 무의미, 소외, 적대감, 갈등, 수치심과 같은 내면의 문제들입니다. 스스로 풀 수 없는 죄에 속박되었습니다. 사람들은 이 묶임에서 풀려나기 위해 나름대로 해결의 길을 찾기도 합니다. 그러다가 스스로 빠져나오기 어려운 중독이라는 올무에 걸려들게 됩니다. 그 문제를 해결하기 위해 하나님이 그의 아들 예수 그리스도를 세상에 보내셨습니다. 그가 인간을 이 묶임에서 풀려나게 하실 수 있습니다.

복음서에는 예수님이 죄의 묶임에서 고통스러워하는 인간을 풀어 놓으신 이야기들이 기록되어 있습니다. 그중에 대표적인 이야기 하나를 말씀드리면 갈릴리 맞은편 거라사 지방 무덤에서 살고 있는 귀신에 묶여 있는 사람을 풀어 주신 사건입니다. 그는 오랫동안 옷을 입지 않은 채 집에서 살지 않고 무덤에서 지내고 있었습니다. 사람들은 그를 쇠사슬과 고랑으로 묶어서 감시하고 있었습니다. 그는 스스로 자신의 몸을 손상시키고 있었습니다. 그러나 예수님은 그를 온전한 사람으로 회복시키셨습니다(눅 8:26-39). 죄의 속박에 묶여 있는 인간의 특징은 스스로 자신의 몸을 손상시킨다는 것입니다.

예수 그리스도를 구주로 받아들일 때 예수님 안에서 상실한 하나님과 사귐이 제일 먼저 회복됩니다. 이 사귐은 현실을 넘어서 영원히 지속됩니다. 오고 있는 하나님 나라의 특성은 바로 이 사귐이고, 우리는 하나님께 길들여지고, 우리의 삶은 영원한 봄을 지향하게 됩니다.

이 세상에는 다양한 삶이 있습니다. 그 다양성은 하나님과 사귐 가운데 있는 삶과 그렇지 않은 삶으로 구분됩니다. 이 사귐이 지속적으로 발전하기 위해서 자기 부인의 삶이 있어야 합니다. 이 사귐에서 하나님은 더 이상 우리에게 방해가 되는 존재가 아니라 우리의 생명, 희망, 사랑이십니다.

여호와께 피하는 모든 사람은 다 복이 있도다(시 2:7-12).

구도자의 삶에서 요구되는 것

우리의 일상적인 삶에는 의도적이건 그렇지 않건 간에 많은 만남이 있습니다. 그 만남에서 우리는 많은 대화를 주고받습니다. 그런데 대부분 진정한 대화보다 피상적인 대화가 이루어집니다. 그래서 우리는 많은 만남 가운데 살고 있으면서도 늘 외롭고 답답함을 느낍니다. 또 살면서 인생의 문제, 종교적 문제 등을 대화 소재로 삼아 열렬히 논쟁을 벌입니다. 그러나 그 대화 속에서는 진정한 만남이 이루어지지 않습니다.

구도자의 삶에서 요구되는 제일 중요한 사항이 정직과 신실, 겸손입니다. 정직과 신실, 겸손 없는 구도자의 삶은 무의미합니다. 구도자의 삶은 다른 사람에게 호감을 사는 데 있지 않고 진리와의 만남에 있습니다. 진리와의 만남은 정직과 신실, 겸손으로 가능합니다. 특히 하나님과의 만남에서 겸손하지 못하면 하나님을 만나는 일은 불가능합니다.

겸손은 윤리적 덕행이나 사회적 덕행이 아니라 하나의 종교적 자세입니다. 겸손은 하나님을 향해 나를 열게 합니다. 안셀름 그륀의 《아래로부터의 영성》이라는 책에 따르면 "상대성에서 유발되는 행위가 아니라 자신의 힘으로는 구원에 이를 수 없음을 경험한 인간이 하나님께 대하여 가지는 기초적이고 근본적인 자세"입니다.

자기 자신이 신앙인이라고 말하는 사람들 가운데도 종교의 주변을 맴돌면서 불필요한 논쟁만을 일삼는 사람들이 있습니다. 그러한 사람들에게 진정한 삶의 변화는 없습니다. 삶의 변화를 가져오지 못하는 신앙생활은 무의미합니다. 삶의 변화가 없는 겉치레의 신앙생활에는 진정한 나눔이 없습니다. 거기에는 피상적이며 비판적인 대화만이 오고 갈 뿐입니다.

바리새인들이 하나님의 나라가 어느 때에 임하나이까 묻거늘(눅 17:20-21).

치료하시는 하나님

인간의 문제가 외형적으로는 매우 다양하고 복잡한 것 같지만 하나의 원인에 기인됩니다. 인간이 하나님 아버지를 잃어버렸기 때문입니다.

성서에 나오는 광야는 바로 그러한 경험의 장소를 상징하기도 합니다. 세속 문화는 내면의 광야를 자라게 합니다. 그 이유는 거기에 하나님이 없기 때문입니다. 하나님이 없는 곳에는 허무와 목마름의 장소인 광야가 자라게 됩니다. 광야에는 목마름이 있습니다. 그런데 마실 물이 없습니다. 하나님은 그러한 장소인 광야에서 이스라엘 백성에게 자신을 치료하시는 하나님으로 드러내셨습니다. 치료의 하나님은 이스라엘 백성에게 마실 물을 공급해 주셨습니다. 이스라엘 백성은 하나님으로부터 물을 공급받아 마시면서 그들의 생명의 근원이 하나님께 있음을 더욱 실감하게 되었습니다.

하나님의 치료는 근원적입니다. 하나님이 자신을 드러내실 때에는 반드시 사건이 수반됩니다. 하나님이 이스라엘 백성에게 쓴 물을 단물로 바꾸는 사건을 통해 자신을 드러내신 것은 단순히 목마름을 해갈시키려는 목적만이 아닙니다. 하나님은 그 일을 통해 계약 관계를 맺은 백성과 더 깊은 신뢰의 관계, 즉 소통이 이루어지는 교제를 원하셨던 것입니다.

치료하시는 하나님은 인간의 고통에 대해 냉담하거나 무관심하지 않으십니다. 하나님의 치료는 보다 깊은 영적 차원입니다. 잃어버린 아버지를 찾게 하시고, 그 아버지와 관계를 맺고 살아가는 과정에서 사건과 말씀을 통해 자신을 알리십니다. 그래서 하나님과의 관계에서는 우연이거나 무의미한 사건은 없습니다. 하나님은 사건을 통해 진정한 신뢰와 순종을 요구해 가십니다. 하나님의 치료는 하나님을 신뢰하지 못하는 병든 마음의 치료입니다.

사람들은 하나님께 병든 마음에서 오는 증상만을 고침 받으려고 합니다. 마음이 병든 사람은 하나님께 자신의 마음을 드리지 않습니다. 아버지를 잃어버리고 아버지와 관계를 갖지 못하고 살아가는 데서 삶은 언제나 무거운 짐이요 굴레가 됩니다. 사람들은 그 굴레를 벗어 버리려고 하지만 하나님은 그러한 태도를 받아들이시지 않습니다. 영적 치료는 하나님과 관계를 맺는 데서부터 시작됩니다.

나는 너희를 치료하는 여호와임이라(출 15:22-26).

하나님의 길들임

예수님은 우리에게 잃어버린 아버지를 찾게 해 주셨습니다. 우리는 예수님에게서 우리를 찾고 계시는 아버지를 만나게 됩니다. 그리고 아버지와 관계를 맺게 됩니다. 아버지와의 관계에서 우리의 부족함, 우리의 필요한 것을 주님의 이름으로 구하게 됩니다. 그때 아버지는 우리의 간구를 들으시고 이루어 주십니다. 세상에서 아버지 없이 방황하며 산다는 것은 자신이 되어 가야 할 자신의 길을 잃어버렸다는 것을 의미합니다. 우리는 아버지와의 관계에서 우리가 되어 가야 할 진정한 우리 자신의 모습을 발견해 가게 됩니다. 그 관계에서 우리는 하나님을 신뢰해 가게 되며, 그 신뢰에서 하나님께 순종해 가게 됩니다. 순종에는 신뢰가 전제됩니다.

우리는 하나님과의 관계에서 우리가 하나님의 것임을 알게 됩니다. 우리는 하나님과의 교제에서 자신과 화해 가운데서 살아가는 삶의 방식을 배웁니다. 하나님이 우리를 사랑하신 것과 같이 우리도 자신을 사랑하며 살아가는 법을 배웁니다. 그리고 이웃과도 화해 가운데서 살아가는 길을 배워 갑니다. 자연과 화해 가운데서 살아가는 길을 배워 갑니다.

우리에게는 모든 순간이 배움의 순간이며 되어 가는 순간입니다. 그 이유는 우리의 미래가 열려 있기 때문입니다. 우리는 하나님이 우리에게 허용하신 삶을 살아가고 있습니다. 하나님이 의도하신 삶을 살아가도록 부름을 받았습니다. 우리는 그러한 사실을 묵상 가운데서 더 깊이 확인해 가고 있습니다. 하나님은 우리를 그와의 교제에서 마귀의 형상이 아닌 하나님의 형상으로 만들어 가십니다.

그래서 우리의 생은 하나님의 길들임 가운데 있게 됩니다. 그 과정에서 우리는 하나님께 순종을 배웁니다. 길들임 자체가 희망이며 기쁨이기에 길들임이 없다면 진정 희망이 없는 삶입니다. 사탄은 우리를 우상의 종이 되게 합니다. 우리의 모든 자유를 빼앗아 갑니다. 그러나 하나님의 길들임에는 희망, 자유가 있습니다. 하나님의 길들임에서 우리는 하나님이 기뻐하시는 사람으로 되어 가게 됩니다. 예수님은 우리를 깊은 어둠의 심연에서 끌어내시어 새로운 삶의 지평으로 올려놓으셨습니다. 그래서 우리의 미래는 매우 밝습니다.

무릇 나를 믿는 자로 어둠에 거하지 않게 하려 함이로라 (요 12:44-46).

하나님은 우리의 목자

시편 23편에서 시인은 인간이 하나님을 믿는다는 것이 무엇을 의미하며 왜 믿어야 하는가에 대한 해답을 제시해 주고 있습니다. 시인이 하나님을 목자로 묘사한 것은 시인 자신과 하나님과의 관계를 나타낸 것입니다. 하나님을 믿는다는 것은 하나님과 관계를 맺고 그의 인도하심을 받는 것입니다. 이 시에서 시인은 왜 그가 하나님을 믿지 않을 수 없는가에 대해, 광야에서 목자가 없이 양들이 살아갈 수 없는 것과 같이 인간이 하나님 없이 존재할 수 없다는 것을 말해 주고 있습니다. 시인은 그의 생의 여정에서 창조주 하나님과의 관계에서 그의 인도하심을 받으며 하나님을 알아 가게 됩니다.

좋은 목자의 인도를 받는 양들은 아무리 위험한 상황에 처해도 안전합니다. 좋은 목자는 생명을 던져 양들을 보호하고, 양들이 만족하게 풀을 뜯으며 물을 마시고 쉴 수 있는 푸른 초장과 물가로 인도합니다.

거기에는 어떤 수식이나 변명이 없습니다. 현재 자신의 영혼의 상태를 있는 그대로 하나님께 드러내 보입니다. 그리고 하나님으로부터 해답을 구하곤 합니다. 하나님은 빛으로 그의 어두운 마음을 밝히시고, 새 생명으로 그의 영혼을 소생시키시고 그를 다시 세우십니다. 그때 하나님과의 관계가 회복되고 다시 하나님의 인도하심 가운데 있게 됩니다. 거기서 새로운 미래가 열리며 그를 집요하게 괴롭히던 염려, 불안, 상상적인 공포가 말끔히 씻겨 나가고 다시 생을 시작하게 됩니다.

우리의 삶은 관계로 형성되어 있습니다. 우리가 일상의 삶에서 맺고 있는 관계는 거의가 다 피상적입니다. 평생을 피상적인 관계에서 살고 있는 사람들은 늘 존재의 결핍에 시달리게 됩니다. 질병만이 우리를 고통스럽게 만드는 것이 아니라 존재의 깊은 곳에 채워지지 않는 결핍이 우리를 언제나 고통스럽게 만듭니다.

우리가 일상생활의 관계에서 많은 대화를 하지만 내적 고갈을 느끼게 됩니다. 그러한 고갈은 먹는 것이나 마시는 것 등 이 세속 사회에서 어떤 것으로도 해갈되지 않습니다. 그것은 오직 생명의 근원이신 하나님과의 관계에서 충족됩니다. 그래서 우리에게는 때때로 푸른 풀밭, 잔잔한 물가가 필요합니다.

여호와는 나의 목자시니 내게 부족함이 없으리로다(시 23:1-3).

죽음의 골짜기에서도 함께하시는 하나님

죽음은 우리와 멀리 떨어져 있지 않습니다. 그것은 생명과 함께 공존하고 있습니다. 그러한 죽음이 질병, 죄책감, 위험, 감옥, 재난, 전쟁, 나이 듦 등과 같은 상황에서 우리에게 매우 두려운 대상으로 다가오곤 합니다. 우리가 죽음의 골짜기를 넘어서지 않으면 안 될 때, 그 누구도 우리와 함께해 줄 수 없습니다. 그래서 그 자리는 매우 외롭고 두려운 자리입니다. 의사도 소용이 없고, 부모도 소용이 없고, 돈도 무기력합니다. 죽음 저편에 무엇이 우리를 기다리고 있는지 모르기 때문에 두렵습니다.

죽음 앞에 섰을 때 그 시간까지 하나님과 자신과 진지하게 화해의 삶을 살지 않고 항상 피상적으로 살고, 남의 시선에 이끌려서 연기나 하면서 살고, 자기를 항상 소외시키고 돌보지 않고 살아온 삶이었다면 죽음의 시간은 소외당한 자신이 무서운 괴물의 모습을 하고 우리 앞에 다가와 보상을 요구하며 우리를 삼키려고 할 것입니다. 그래서 평생 자신을 돌보지 않은 사람, 죽음에 대한 준비가 없는 사람들은 죽음 앞에서 몸부림치게 됩니다.

그러나 믿음으로 자기실현을 꾸준히 하며, 하나님에 대한 깊은 신뢰 가운데 하루하루 주님과 사랑의 관계를 맺어 온 사람들에게 죽음은 아무런 두려움의 대상이 되지 않습니다. 오히려 죽음이 낯설지 않고 친근함을 줍니다. 그래서 믿음 안에서 죽음이 폐기된다는 말이 그런 뜻입니다. 또 다른 생활양식으로 바뀌는 순간입니다.

우리는 그것을 예수 그리스도의 부활 속에서 힌트를 얻게 됩니다. 예수 그리스도의 부활이 주는 의미 가운데 또 중요한 의미가 거기에 있습니다. 죽음과 함께 찾아오는 것은 단절, 고독입니다. 죽음과 대면하는 곳에서 그 누구도 그와 함께할 수 있는 사람이 없습니다. 그의 부모, 형제, 친구, 그 누구도 그와 동행해 줄 수 없습니다. 그러나 유일하게 하나님만은 그 자리에 함께하십니다. 그는 하나님을 그의 손을 잡고 그와 함께 죽음의 골짜기를 지나 영원한 곳으로 인도하시는 분으로 만납니다.

해를 두려워하지 않을 것은 주께서 나와 함께하심이라(시 23:4-6).

의를 위한 고난

"우리 영혼에는 두 개의 눈이 있다"는 말을 들은 적이 있습니다. 오른쪽 눈은 영원을 향하고, 왼쪽 눈은 현실을 바라본다고 합니다. 우리는 오른쪽 눈을 영원에 고정시켜 하나님의 희망 가운데 있는 미래를 바라보고, 왼쪽 눈으로 현실을 바라볼 때 섬김의 자리에 서지 않을 수 없습니다. 그리스도께서 이 현실에서 섬김의 자리에 계시기 때문입니다.

그리스도인들이 이 현실에서 선을 행하며 살아가는 것은 권세자들에 대한 두려움, 다른 사람들에게 존경과 박수갈채를 받기 위해서가 아닙니다. 그리스도인들이 선을 행하는 것은 하나님의 사랑 때문입니다. 하나님과 이웃에 대한 사랑이 이 세상과 다른 사람을 섬기는 종의 삶을 살게 합니다. 그리스도인으로서 이제는 좀 조용히 살고 싶다는 말은 그렇게 바람직한 태도는 아닙니다. 그리스도인으로서 남은 생의 시간을 사랑의 종으로 살아가겠다는 태도가 올바른 태도입니다. 우리를 허무하고 지치게 만드는 것은 사랑이 없는 인기 위주의 업적주의, 봉사에 대한 지나친 인간적인 욕망이지 사랑이 우리를 지치게 만들지는 않습니다.

하나님의 사랑은 우리가 언제나 섬김의 자리를 떠나지 않게 만듭니다. 우리는 그 자리를 떠나서는 하나님과 함께할 수 없고 선한 일을 할 수 없습니다. 우리가 이 세상에서 선을 행하는 것은 만물을 새롭게 하시는 하나님의 창조의 질서에 참여해 가는 것입니다. 우리의 하루하루 삶은 하나님의 새로운 창조에 참여해 가는 삶입니다. 삶의 주인, 삶의 동반자는 하나님이십니다. 우리는 하나님과 그날 하루 창조의 일을 해 가는 것 자체로 기쁘고 즐겁습니다. 그것이 삶의 의미요, 기쁨입니다.

그리스도인으로서 이 현실에서 선을 행하면서 살아가려는 사람이면 기억해야 할 중요한 사실이 있습니다. 현실에서 선을 행하는 삶에는 명예와 칭찬보다는 때때로 외로움, 고난이 있다는 것입니다. 이것을 명심하지 않으면 실망합니다. 선을 행하며 살아가는 신실한 그리스도인들에게 이 현실에서 받는 보상은 외로움과 고난입니다. 그것을 명예롭게 받아들여야 합니다. 그렇지만 그들에게는 다른 사람이 갖지 못하는 기쁨, 평강, 희망이 있습니다. 현실에서 돈으로 살 수 없고, 하나님으로부터 오는 보상입니다.

선을 행함으로 고난받는 것이 하나님의 뜻일진대(벧전 3:13-18).

복음에 나타난 하나님의 의

복음에 나타나 있는 하나님의 의는 지금도 살아 계셔서 우리 가운데 현존하고 계시는 하나님이 인간을 사랑하셔서 이루신 사건입니다. 하나님이 그의 아들 예수 그리스도를 보내셔서 은혜의 자리를 마련하셨습니다. 은혜의 자리란 하나님이 우리를 용서하시고, 우리를 받아 주시고, 우리와 화해하시고, 우리의 상처를 치유하시고, 우리가 상실한 것을 보상해 주시는 자리입니다. 그러한 은혜의 사귐의 자리가 하나님의 사랑으로 이루어졌고, 하나님의 사랑으로 이루어진 은혜의 사건이 지금도 한 개인의 삶에서 현실적으로 구원의 사건이 되게 하시는 분이 성령이십니다. 누구든지 하나님이 이루신 이 소식을 듣고 마음에 감동이 되어 하나님을 믿고 그를 신뢰하는 사람에게는 구원이 현실이 됩니다.

복음에 나타난 의의 사건을 발생시키신 분도 하나님이시며, 그 사건을 듣고 믿게 하시는 분도 하나님이십니다. 사도 바울이 말하는 의인은 율법적으로 완전하게 사는 사람이나 도덕적으로 흠이 없이 사는 사람이 아닙니다. 여기서 의인은 믿음으로 하나님 앞에 설 수 있는 자격을 가진 사람, 하나님으로부터 의롭다 하심을 인정받은 사람, 그래서 하나님과 사랑의 관계를 맺고 살아가는 사람입니다. 의인이 된 것은 자신의 의가 아닌 전적으로 하나님의 은혜로 된 것입니다. 그러한 사람들은 삶의 이유가 자신의 의로움에 있지 않고 하나님께 있습니다.

하나님과 화해 가운데 있는 사람은 더 이상 자신의 의로 살지 않고 하나님으로 인해, 하나님에 의해, 하나님을 위해 살게 됩니다. 전쟁이 끊이지를 않고 질병, 폭력, 거짓, 불의가 있지만 의인은 절망하거나 낙심하지 않습니다. 그 이유는 의인의 믿음은 하나님께 있기 때문입니다. 의인의 소망은 전적으로 하나님께 있습니다. 하나님에 대한 신뢰 없이 의인은 살 수 없습니다. 신뢰에 소망이 있고 사랑이 있습니다. 의인은 하나님에 의해 발생된 믿음과 신뢰에서 과거의 어두운 삶에서 해방되고, 그 믿음에서 어떤 고난과 역경 가운데서도 소멸되지 않는 소망을 갖게 되고, 사랑으로 현재를 삽니다. 의인은 믿음으로 살고, 의인의 삶은 믿음을 증진시킵니다.

복음에는 하나님의 의가 나타나서 믿음으로 믿음에 이르게 하나니(롬 1:8-17).

작은 지체, 혀를 길들이기

우리가 하는 말은 단지 혀에서 나오는 것이 아니고 마음에 감추어진 것을 드러내므로 마음의 상태와 밀접한 관련이 있습니다. 그러므로 참된 말과 거기에 일치되는 행위는 그 사람의 마음의 상태를 드러내 줍니다. 자기실현이 되지 못한 데서 오는 열등감, 시기, 질투가 가득해 있으면서 참된 말을 할 수 없습니다. 그러한 경우 다른 사람에게 자기를 좋게 보이기 위해 좋은 말은 해도 돌아서면 곧바로 비판이 나오게 됩니다. 그래서 한 입으로 칭찬도 하고 비판도 하게 됩니다.

참된 말이란 거짓말을 하지 않는 것이기도 하지만 다른 사람을 치유하고, 위로와 용기를 주고, 자존감을 높여 주는 말을 의미합니다. 그 사람이 하는 말이 참된지, 그렇지 않은지 분별할 수 있는 척도는 일상적인 생활에서 그 사람의 행위입니다. 그가 아무리 좋은 말을 한다 해도 그것과 일치되는 삶이 없다면 신빙성이 없습니다.

언어가 우리의 내면에 담긴 것을 표현하는 것이지만, 또 한편 우리의 언어가 우리 자신을 만들어 갑니다. 우리의 일상에서 항상 긍정적인 생각, 무엇이든지 경건한 것, 옳은 것, 그러한 것들을 생각해 가면서 계속 긍정적인 언어를 사용하다 보면 말이 나를 형성해 가는 것을 경험합니다. 우리는 내면에 담긴 말을 토해 버리지 않으면 스트레스를 받거나 암에 걸린다고 하면서 부정적인 생각으로 부정적인 얘기, 비판 등을 남 앞에 쏟아 놓습니다. 그러면 다른 사람들은 그것으로 상처를 받게 됩니다. 혀가 길들여지지 않으면 하나님의 일을 하기가 참 힘들어집니다. 가는 데마다 분열을 초래하고, 상처를 주고, 이중적인 언어를 쓰는 그리스도인들이 하나님의 나라를 위해 무슨 일을 하겠습니까?

사도 바울은 빌립보서에서 "무엇이든지 참된 것과, 무엇이든지 경건한 것과, 무엇이든지 옳은 것과, 무엇이든 순결한 것과, 무엇이든 사랑스러운 것과, 무엇이든지 명예로운 것과, 또 덕이 되고 칭찬할 만한 것이면, 이 모든 것을 생각하십시오"(빌 4:8, 새번역)라고 말했습니다. 우리는 언제든지 긍정적인 사고를 가져야 하는데, 그것은 하나님과의 깊은 교제에서 이루어집니다.

말에 실수가 없는 자라면 곧 온전한 사람이라 능히 온몸도 굴레 씌우리라(약 3:1-12).

하나님 나라의 비밀

하나님의 나라를 알리는 제자들이 갖추어야 할 영적 태도는 하나님과 분리되지 않는 일치입니다. 그러한 일치는 일상적인 생활에 필요한 모든 것을 소지한 가운데서는 이루어지기 어렵습니다. 오로지 하나님을 전적으로 신뢰하며 그만 의존하는 데서 가능합니다. 하나님 나라를 알리는 데 필요한 일용할 양식을 하나님으로부터 공급받아야 합니다. 삶에 필요한 모든 것의 원천이 하나님이 되셔야 합니다. 그 외에 어떤 다른 가능성이나 의미에 기대를 둘 때에는 이미 하나님과 멀어지게 됩니다.

하나님 나라는 가난함 가운데 임하게 됩니다. 하나님 나라를 전하는 제자들은 그들 자신이 먼저 하나님 나라에 속해야 합니다. 그렇지 아니하고는 그 나라의 옴을 알릴 수 없습니다. 하나님 나라의 사역에 필요한 것은 재물, 조직 이전에 그 나라에 전적으로 속한 사람이 되어야 하는 것입니다. 그리고 여기에 균열이 있어서는 안 됩니다.

예수님은 "마음이 깨끗한 사람은 복이 있다. 그들이 하나님을 볼 것이다"(마 5:8, 새번역)라고 하셨습니다. 마음이 깨끗하다는 것은 분열되지 않은 마음, 잡된 것으로 채워지지 않은 마음, 복잡한 충동이나 욕구에 사로잡혀 있지 않은 마음의 상태를 의미합니다.

기독교 복음에서 핵심은 하나님 나라입니다. 그 나라는 이미 예수님과 함께 왔고, 그리고 오고 있습니다. 우리 그리스도인들은 그 나라를 세상에 전해야 합니다. 하나님 나라를 전하는 것은 선교사들만의 몫이 아니라 그리스도인 모두의 몫입니다. 우리는 때를 얻든지 못 얻든지 그 나라를 전해야 합니다. 그 나라의 현실성이 어떤 것이라는 것을 나타내야 합니다.

하나님 나라의 비밀을 너희에게는 주었으나(막 4:10-20).

하나님 나라를 위해 사역하려면

우리 시대에서 하나님 나라를 위해 사역을 하려면 선교 훈련, 신학 공부, 신앙생활의 경륜도 필요합니다. 그러나 하나님 나라를 위한 사역에서 더 중요한 문제는 '하나님 나라에 속한 온전한 의미를 발견했는가?' 하는 것입니다.

하나님 나라를 위해 사역하는 사람으로서 이 세상의 지엽적이며, 부분적이며, 단편적인 의미를 추구하면서 그 나라를 위해 일하고자 할 때는 언제나 좌절과 회의, 상처, 시험, 억제된 충동으로 시달리게 됩니다. 하나님 나라는 우리가 삶에서 추구하고 있는 부분적인 의미의 근원입니다. 그 나라의 의미는 온전한 것입니다.

우리가 하나님 나라 사역에 매력을 느끼는 것은 명예, 인기, 여가 선용을 위한 의미일 수 있습니다. 그러한 것이 목적이 될 때에는 나로 인해 하나님 나라가 오히려 손상을 입게 됩니다. 하나님 나라의 사역에서 중요한 것은 일시적인 기분, 감정, 모방, 보이기 위한 것이 아닙니다. 그 나라의 사역으로 인한 모욕, 오해, 충돌, 배고픔, 고난을 견디어 낼 수 있는 희망, 인내, 희생, 순종입니다. 하나님 나라의 의미에 붙잡힌 사람은 그러한 것들을 능히 감당하게 됩니다.

하나님 나라의 의미는 온전한 의미입니다. 그 의미에 사로잡힐 때 모든 사소한 의미에 집착하는 데서 자유로워지게 됩니다. 그 온전한 의미에서 청빈, 겸손, 일일이 반론에 대꾸하거나 변명하지 않고 묵묵히 하나님 나라와 함께하는 침묵의 행진이 이루어집니다.

아무것도 가지지 말며 신만 신고 두 벌 옷도 입지 말라(막 6:6-13).

하나님 나라의 온전한 의미

우리가 살고 있는 이 현실 세계 가운데 현존하는 하나님 나라는 윤리적으로 완전함이 아닙니다. 실수, 고민, 인간적인 갈등, 삶의 문제들이 받아들여지고, 용서되고, 화해되고, 비난과 비판이 아닌 격려와 치유와 위로가 있습니다.

불완전한 것들이 함께할 수 있는 공간이 하나님 나라의 특성입니다. 하나님 나라의 위대성은 부분적인 의미의 집착에서 풀려나 온전한 의미로 나아가는 데 있습니다. 우리가 부분적인 의미에 묶여 있으면서 그것에 집착할 때 하나님 나라에 참여할 수 없습니다. 그러한 사람에 의해 계속 분쟁과 갈등이 빚어지게 됩니다. 그러나 하나님은 그러한 사람들을 통해 하나님 나라의 백성들을 길들여 가십니다.

영성생활에서 무소유나 청빈을 말하지만 엄밀한 의미에서 무소유는 없습니다. 무소유의 삶을 실현해 가는 사람, 이미 하나님 나라의 온전한 의미에 접해 있는 사람입니다. 그는 보이지 않는 영원한 보화를 소유한 사람입니다. 그러한 사람의 삶의 근원은 오로지 하나님께 있습니다. 하나님 나라의 온전한 의미에 사로잡혀 있는 사람은 이 세상의 사소한 의미에서 초월하게 됩니다. 그에게는 모든 것을 내놓을 수 있는 자유가 있습니다. 세상의 것들을 다 소유하고 있어도 그것으로부터 자유롭습니다.

그러므로 하나님 나라는 우리의 현실에서 외형적으로 단순하고 보잘것없는 삶에서 나타납니다. 그러나 그러한 삶에는 다른 사람들이 갖지 못한 충만함이 있습니다. 그들에게는 세상적인 것들이 턱없이 부족한 가운데서도 자족함이 있습니다. 그들에게는 여유와 침착함이 있습니다. 그리고 침묵이 있습니다. 그들은 자기를 내세우지 않아도 내적인 갈등이 없습니다. 그들에게는 모든 것들이 다 수용됩니다. 온전한 의미에 붙잡혀 있는 사람으로부터 가난한 자, 병든 자, 약한 자들이 삶의 위로와 격려를 받게 됩니다.

하나님 나라를 위한 사역을 하고자 하는 사람들이 언제나 스스로 물어야 할 것은 사역자로 일하면서 추구하는 의미입니다. 물론 인간적인 사소한 의미에 대한 기대가 없을 수 없습니다. 그러나 그러한 사소한 의미를 넘어서서 그리스도 안에서 실현된 온전한 의미에로 지향해 나아가야 합니다.

땅에 심길 때에는 땅 위의 모든 씨보다 작은 것이로되(막 4:30-32).

그의 나라를 구하십시오

우리는 갈등과 억압과 폭력이 존재하며, 실패와 죄책과 무력감과 질병과 죽음이 존재하는 세상에 살고 있습니다. 우리는 이 현실 세계에서 그러한 어두운 경험들을 해 오고 있습니다. 그런데 그러한 것들이 전부가 아닙니다. 때때로 위로부터 오는 위로, 평안, 희망, 우리 자신의 이기심을 넘어선 사랑과 관심이 우리를 일깨우는 것을 경험할 수 있습니다. 그러한 깨어남 가운데서 새로운 삶으로 재통합되곤 함을 경험하게 됩니다. 우리는 거기에서 이 세상에 귀속되지 않은 새로운 삶에 대한 확신을 갖게 됩니다. 그러한 경험에서 하나님의 거룩한 영이 우리 가운데 계시면서 우리의 삶을 하나님이 원하시는 삶으로 견인해 가심을 확신하게 됩니다.

하나님은 우리를 포기하지 않으시고 우리 가운데 거룩한 영으로 현존하시면서 우리를 새로운 존재로 통합시키십니다. 그것이 하나님의 보호하심입니다. 우리를 낡은 삶에서 인도해 새로운 삶, 새 생명의 삶으로 인도해 가십니다.

하나님은 단지 사고와 질병에서 우리를 보호하시는 것이 아닙니다. 우리의 삶이 하나님의 영과 함께 살아갈 수 있도록 견인해 가십니다. 그가 우리를 보호하시지 않는다면 우리의 삶은 매우 낮은 수준의 삶의 나락으로 떨어집니다.

하나님은 우리를 이 현실에서 이 현실을 넘어서도록 일으켜 세우십니다. 그렇지 않다면 우리는 어둠의 영에 사로잡혀 있게 될 것이며, 우리는 무엇을 먹을까, 무엇을 마실까에 대한 염려와 근심으로 나날을 보내게 될 것입니다. 그리고 서로 시기, 질투, 미움, 갈등으로 우리의 삶을 엮어 갈 것입니다. 그런데 하나님은 생명의 영이신 성령을 우리에게 보내시어 이러한 현실을 넘어서게 하십니다. 그리고 새로운 영적 실재로 세워 가십니다.

우리의 현실과 우리 자신을 넘어서도록 하나님 나라를 구해야 합니다. 우리는 하나님께 공중의 나는 새와 들에 핀 꽃보다 더한 존재입니다. 우리는 하나님 나라에 속한 존재로 실현되어 가야 할 존재입니다.

그의 나라를 구하라 그리하면 이런 것들을 너희에게 더하시리라(눅 12:22-31).

신뢰의 근원

일반적으로 그리스도인들은 세상에서 일이 잘 풀리지 않고, 모든 일이 마음먹은 대로 되지 않거나, 자녀들이 자신이 생각하는 만큼 살아 주지 못할 때 낙심하고 좌절하곤 합니다. 그리스도인들의 신앙의 근원은 자신의 일이 잘되어 가는가, 그렇지 않은가에 있습니다. 그리고 건강한가, 그렇지 않은가에 있습니다. 그렇지 못할 때에는 신앙의 근거가 무너집니다. 더욱이 예수를 믿기 때문에 모든 일에 잘됨 대신에 어려움에 부딪힐 때에는 아예 하나님의 존재까지 부인해 버리기도 합니다. 그래서 외적인 상황의 어려움과 함께 신앙도 무너집니다.

우리는 사도 바울에게서 현실의 시간과 공간을 초월할 수 있는 능력의 근원을 보게 됩니다. 그 능력은 인간적인 신념이나 도덕적인 의가 아닙니다. 그것은 인간의 삶에서 경험하는 고난, 실패, 역경, 죄책감, 갈등, 원한, 증오와 같은 어떤 어두운 경험 가운데서도 언제나 변함없이 인간을 향하시는 하나님의 사랑, 그의 긍휼, 그의 용서입니다. 하나님의 사랑은 인간의 모든 어둠의 상황에서도 절망하지 않게 하는 빛입니다. 신뢰의 근원이신 하나님은 사랑이시며 빛이십니다. 그리스도인들은 잃어버린 신뢰의 근원을 찾아 그 근원과 관계를 맺고 사는 사람들입니다. 그리고 그 근원과의 소통에서 진정한 삶의 실현이 이루어집니다.

인간이 신뢰의 근원을 갖게 될 때 어떤 고난과 절망의 시간과 공간에서도 침착할 수 있고 감사할 수 있습니다. 그리고 자기 연민이라는 덫에 걸려들지 않게 됩니다. 그에게는 모든 상황이 다 새로운 기회가 됩니다. 우리가 그리스도인으로서 세상에서 행하는 우리의 섬김이 하나님 신뢰에 근거를 두지 않을 때에는 우리의 기분, 감정, 이해관계에 좌우되게 됩니다. 하나님에 대한 신뢰는 우리 자신을 초월해 가게 합니다.

우리의 삶에서 일어나는 일들에 직면해서 쉽게 부정적으로 삶을 단정해 버리거나 낙심하거나 절망하는 습관은 그가 어둠에 있다는 증거입니다. 우울, 미움, 좌절, 비관 등은 어둠에 속한 것들입니다. 그러나 사랑, 희망, 믿음, 긍정은 빛에 속한 것들입니다. 빛은 온갖 시련과 역경 가운데서도 절망하지 않고 희망 가운데서 삶을 긍정하게 하는 능력입니다.

심히 큰 능력은 하나님께 있고 우리에게 있지 아니함은(고후 4:7-15).

하나님과의 관계의 지속적인 갱신

하나님과의 관계는 갱신되어 가야 합니다. 그래야 우리는 그와의 관계에서 의문을 벗고 신비 속으로 들어가게 됩니다. 기독교 역사에 등장하는 성인들은 끊임없는 갱신에서 신비를 경험하게 되었고, 그 신비에서 삶에 대한 의문을 벗게 되었습니다. 그리스도인들이 예수님을 믿으면서도 무의미, 갈등, 회의, 교리적인 의문, 생의 불안, 두려움에 시달리는 것은 하나님과 사랑의 관계 가운데서 살아가지 않기 때문입니다. 그리고 하나님과 사랑의 관계 가운데 있다 해도 그 관계가 갱신되지 않기 때문입니다. 하나님과 지속적인 관계의 갱신을 통해서 우리는 점점 신비 속으로 들어가게 됩니다.

그리스도인들은 믿지 않는 사람들과 비교할 때 이 현실에서 매우 유리한 조건에서 살아가는 사람들입니다. 그 이유는 이 현실에서 주님과 사랑의 관계 가운데서 살기 때문입니다. 그리스도인들은 이 현실에서 혼자가 아닙니다. 삼위일체 하나님과 함께 살아갑니다. 어떤 상황에서나 혼자가 아닙니다.

예수님과의 관계에서 삶을 배우지 않을 때는 이 현실에서 예수를 믿기 때문에 손해가 많고, 갈등이 많다고 생각하게 됩니다. 예수 믿기 때문에 현실에서 살기 힘들다고 하는 것이 믿는 사람들이 하는 이야기입니다. 그것은 예수님과 사랑의 관계 없이 살고 있기 때문입니다. 예수님과 진정한 교제 가운데 사는 그리스도인들은 예수님 없이 세상에서 살 수 없다는 것이 그들의 고백입니다. 왜냐하면 이 현실에는 너무 감당하기 어려운 일들이 많기 때문에 우리에게는 평생 함께하는 진정한 스승, 멘토, 친구, 구세주가 있어야 하기 때문입니다. 예수님은 우리에게 그러한 분이십니다.

하나님과의 관계는 갱신되어 가야 합니다. 그렇게 되기 위해서는 언제나 사랑하는 분이 세상을 위해 하신 사랑의 일들을 독서하고, 묵상하고, 그와 대화를 해야 합니다. 그러한 가운데서 그와 우리의 관계는 새로워지게 됩니다.

진리를 따르는 자는 빛으로 오나니(요 3:16-21).

성서적 기도

기도는 그리스도인들만의 전유물은 아닙니다. 그런데 기도의 동기와 내용에 있어서 현격한 차이가 있습니다. 옛날 원시종교에도 기도가 있었습니다. 원시종교에서 기도는 거의가 다 자아 중심적이었습니다. 원시종교에서 기도자의 간구 내용은 주로 자신이나 자기 종족의 번영과 보호를 위한 것이었습니다. 그리고 기도의 동기는 자신의 이득 추구와 두려움이었습니다. 원시인들은 자신들의 운명이 어떤 신비스러운 힘에 의해 지배되고 있다고 생각했기 때문에 불행과 위험에서 구출받기 위해 기도했습니다. 그들의 기도는 죄로부터 구원받기 위해 드리는 기도가 아니었습니다.

올바른 기도, 성서적 기도, 복음적 신앙에 기초를 둔 기도를 이해하고 익히는 것은 하나님과의 정상적이고 올바른 교제에 필수적인 요건입니다. 기도는 수학 공식이나 화학 방정식과 같은 것이 아닙니다. 어디까지나 하나님과의 관계에서 하나님에 의해서 그 동기를 부여받게 되는 신앙적인 응답입니다.

그러면 성서적 기도는 어디에서부터 시작됩니까? 성서적 기도는 하나님을 이해하는 지식과 우리 자신을 바르게 이해하는 지식에서부터 시작됩니다. 신비주의적인 황홀, 의식의 준수, 철학적 반응은 모두 성서적 기도가 아닙니다. 성서적 기도는 살아 계신 하나님 앞에서 마음을 털어놓는 것이며, 생의 심연(深淵)에서 살아 계신 하나님께 부르짖는 것입니다. 이러한 기도는 하나님의 은혜 가운데 자신의 죄를 확인하고, 하나님의 영에 의해 마음이 감동될 때 이루어집니다.

어부 시몬이 예수님을 만나기 전까지는 자신이 죄인임을 알지 못했습니다. 그러나 고기 잡는 기적을 통해 예수님을 알았을 때 그는 자신이 죄인임을 알게 되었습니다. 그리고 예수님의 무릎 아래 엎드려 자신이 죄인임을 고백하게 되었습니다. 시몬에게 기도는 그 순간부터 시작되었습니다. 참된 기도는 그렇게 전능하신 분 앞에서 자신이 죄인임을 알고 고백하는 데서부터 시작됩니다.

191

주여 나를 떠나소서 나는 죄인이로소이다(눅 5:8).

인생의 여름

어느 날 예수님이 열두 제자를 부르셔서 그들을 둘씩 짝 지어 선교 현장으로 파송하셨습니다. 제자들은 마을을 두루 돌아다니면서 귀신을 쫓아내고, 병자를 고치며, 하나님 나라의 복음을 전했습니다. 제자들은 자신들이 처한 사회 현실의 중심으로 들어가 제자로서 그들의 역할을 훌륭하게 수행한 것입니다. 그들은 임무를 마친 후 예수님께 몰려와서 자기들이 어떻게 자신의 역할을 수행할 수 있었는가에 대해 상세히 보고했습니다. 그때 예수님은 그들에게 또 다른 임무 수행을 지시하시는 대신 따로 외딴곳으로 가서 좀 쉬라고 말씀하셨습니다(막 6:7-13, 30-31).

제자들은 그 시대 사람들의 요구에는 잘 응답했지만, 정작 자기 자신의 내면이 메말라 고갈된 상태에 있다는 것은 알지 못했습니다. 그래서 예수님은 제자들로 하여금 한적한 곳으로 가서 쉬게 하신 것입니다.

자연계의 여름을 관찰해 보면, 산과 들에 있는 각종 식물들마다 그들 고유의 열매를 만들어 갑니다. 사과나무에는 사과가, 밤나무에는 밤이, 콩 줄기에서는 콩이 자랍니다. 이러한 식물들은 자신의 고유한 것들을 드러내는 한편, 땅속에 묻혀 보이지 않는 뿌리를 통해서 영양소를 빨아들입니다. 어떤 식물이건 충분한 자양분을 공급받지 못하면 열매도 부실해질 뿐 아니라 나무가 시들어 버립니다.

인생의 여름도 마찬가지입니다. 인생의 여름은 활동의 계절입니다. 그런데 인생의 여름에 주의해야 할 한 가지가 있습니다. 그것은 어떤 행동을 할 때마다 그 일의 가치와 목적이 무엇인지 물어보는 것입니다. 아무리 열심히 흘린 땀이라 할지라도 잘못된 선택, 의미 없는 일, 잘못된 목적을 두고 흘리는 땀은 결국 허무를 남기고 맙니다. 인생의 여름에는 생의 활동도 중요하지만, 동시에 그 활동이 가치 있는 열매를 위한 것이어야 합니다. 활동의 결과로 나타난 열매가 아무 쓸모없는 것이라면 얼마나 무가치한 인생이 되겠습니까?

너희가 열매를 많이 맺으면 내 아버지께서 영광을 받으실 것이요(요 15:1-8).

믿음으로 이루어지는 의

사도 바울은 사도로 부름을 받기 전에 유대 종교의 율법을 그의 생명을 바쳐 지켜 오던 사람입니다. 바리새인 중의 바리새인이며, 율법으로는 흠이 없는 사람이었습니다. 그러한 그가 그렇게 절대시하던 율법으로 구원을 받고자 하는 사람들을 비판하는 사람으로 바뀌었습니다.

바울의 주장에 주의 깊게 귀를 기울여 보면, 그가 율법 자체를 부인하는 것이 아니고 인간의 행위를 부인하고 있다는 사실을 알게 됩니다. 율법은 좋은 것입니다. 그것은 하나님으로부터 온 것입니다. 그런데 바울은 인간이 율법을 지키는 자신의 행위를 의지해서 영적 목표에 도달하려고 하는 것이 잘못된 것이라고 말하고 있습니다.

바울은 자신의 행위를 통해 하나님 앞에 서려고 했습니다. 그는 율법을 주신 하나님을 신뢰하고 사랑하기보다 율법을 철저히 준수해 가는 자신의 완전성에 신앙의 기초를 쌓아 갔습니다. 율법이 인간을 구원하지 못한다는 것은 그것을 지키는 인간의 행위로 하나님 앞에 설 수 없다는 뜻입니다. 인간의 행위로는 하나님 앞에 설 수 없습니다. 하나님의 행하심만이 결정적입니다. 율법 없이 사는 사람들도 자신의 선한 행위로 하나님 앞에 설 수 없습니다.

바울은 그가 사도로 부름을 받기 전까지만 해도 자신의 행위와 업적으로 하나님 앞에 설 수 있다고 확신하고 있었습니다. 그래서 자신의 존재 기반을 부인하는 그리스도인들을 박해했습니다. 그가 그리스도인들을 박해하기 위해 정신없이 질주해 갈 때에 그의 발걸음을 멈추게 하신 분이 부활하신 그리스도셨습니다. 그는 그리스도 앞에 무릎을 꿇었습니다. 그리스도께서 지신 십자가, 죽음, 부활이 세상 구원을 위해 하나님이 행하신 사건이라는 사실에 눈을 뜨게 되었습니다. 인간이 할 수 없는 것을 하나님이 하셨고, 인간은 그 일을 믿음으로 구원을 얻을 수 있다는 것을 알게 되었습니다.

한 걸음 더 나아가서 바울은 자신이 그 죽음에 포함되어 있음을 깨달았습니다. 그리고 현재의 바울 자신은 부활하신 그리스도의 현존 가운데 있음을 깨달았습니다. 지금까지 자기라고 생각했던 자신이 없어지고 전연 다른 자신을 경험하게 되었습니다.

예수 그리스도를 믿음으로 말미암아 모든 믿는 자에게 미치는 하나님의 의니(롬 3:19-28).

성서적 묵상

성서적 기도는 '하나님이 개입하시는 은총의 기적'입니다. 그러므로 우리는 하나님의 개입하심을 위해 열심히 기도해야 합니다. 우리가 하나님의 손을 강요할 수 없습니다. 어디까지나 그의 의지에 모든 것을 맡기면서 그의 개입하심을 요청해야 합니다.

교회 안에서도 자신이 신적인 인간이 되어 명성과 지위를 높여 보려는 목적에서 금식 기도, 철야 기도, 산 기도를 열심히 하는 사람들이 있습니다. 그러나 인간은 결코 하나님이 될 수 없습니다. 인간은 어디까지나 인간입니다. 엘리야가 바알 선지자들과의 대결에서 기적과 같은 일들을 많이 행했지만 그 역시 한 인간에 불과했습니다. 처음에 그는 그러한 기적이 자신에게 있는 신적 능력 때문인 줄로 착각했습니다. 그러나 그것은 엘리야가 한 것이 아니고 하나님이 개입하신 것이었습니다. 나중에 그 사실을 안 엘리야는 자기도 그들의 선조와 별로 다를 바가 없다는 것을 고백했습니다 (왕상 18-19장).

기도는 완전한 삶, 완전한 길로 나아가는 지름길이 아닙니다. 기도는 승리의 삶, 자유로운 삶, 하나님의 영광을 드러내는 삶의 열쇠입니다. 성서적 기도에 있어서 마음의 기도와 묵상은 참된 기도를 위한 보조 수단은 될 수 있지만, 그것이 온전한 기도로 대체될 수는 없습니다. 성서적 묵상은 피조물이 아닌 창조주 하나님과 그의 일, 그리고 예수 그리스도께 집중되어야 합니다. 묵상 가운데서 우리는 우리의 죄를 확인하고 거짓된 합리화의 틀을 깨고 참된 현실로 나올 수 있습니다.

묵상은 하나님과의 말 없는 교제입니다. 묵상의 결과는 세상 도피가 아니라 이 세상 가운데서의 사랑과 봉사이어야 합니다.

악인의 제사는 여호와께서 미워하셔도 정직한 자의 기도는 그가 기뻐하시느니라(잠 15:8).

침해받지 않는 삶의 공간

그리스도 안에 있는 사람은 상처, 허물, 실수가 있는 자기 자신과 함께 살아갑니다. 그러나 죄의 종으로 살지는 않습니다. 사람들이 외적 요인에 의해 자신을 규정하고 영향을 받게 되는 것은 다른 사람과 자신의 실수로부터 침해받지 않을 수 있는 자기만의 내적 자유 공간을 발견하지 못하기 때문입니다. 그의 실존 자체가 타율에 의해 규정되고 영향을 받기 때문에 피곤하고 마음의 평강을 갖지 못합니다.

경건하게 살고자 하는 신자들의 경우, 자기가 정해 놓은 신앙의 규범을 잘 지켜 나갈 때 스스로 안정과 믿음을 가진 것처럼 느끼게 됩니다. 그러다가 그가 생각하는 대로 살지 못하고 실수나 잘못을 했을 때 그의 기반은 완전히 무너지게 됩니다.

우리는 희망적인 복음을 듣습니다. 우리에게는 다른 사람의 칭찬, 인정, 비방, 자신의 실수, 죄, 상처, 업적에 의해 규정되지 않을 뿐만 아니라 그러한 것들에 의해 영향을 받지 않고 살아갈 수 있는 자유로운 공간을 발견하도록 하는 희망의 복음이 있습니다.

사람들은 지금 이 순간, 자신을 용납하고 사랑할 수 있는 분명한 이유가 있습니다. 그 근거는 하나님께 있습니다. 하나님은 내가 아직 죄인으로 있을 때 나를 의롭다 하시고, 하나님과 화해하게 하셨으며, 나를 저주의 자리에서 나오게 하시고, 하나님의 영광의 자리에 이르게 될 소망의 사람이 되게 하셨습니다(롬 5:8).

현재 나는 전적으로 하나님에 의해 규정됩니다. 하나님은 나를 멸망의 자녀로 규정하지 않으시고 내 삶의 최종 목적지를 하나님의 보좌로, 내 삶의 최종 목적지가 하나님의 보좌에 초대된 사람이 되게끔 바뀌 놓으셨습니다. 현재 나는 하나님에 의해 용서되고, 받아들여지고, 화해되고, 치유되어 가며, 상실된 것을 보상받아 가고 있습니다. 나의 미래는 지옥이 아니며 하나님 영광의 보좌입니다.

이러한 희망의 새 삶은 예수 그리스도를 통해 하나님이 나에게 값없이 주신 은혜의 선물입니다. 우리는 예수님 안에서 그 어떤 외적인 것들로부터 침해받지 않을 수 있는 자유의 공간을 발견하게 됩니다.

우리 주 예수 그리스도로 말미암아 하나님과 화평을 누리자(롬 5:1-8).

새 생명으로 사는 삶

예수님의 비유에 등장하는 둘째 아들은 거짓된 삶을 살아가는 사람의 대표적인 표상입니다. 아버지의 집을 떠난 둘째 아들의 생활 방식은 철저히 자아 중심적입니다. 그에게 미래가 있다면 자신을 위해 좀 더 부를 많이 축적하고 즐기는 것입니다. 그의 일용할 양식은 오직 쾌락입니다. 쾌락이 그의 유일한 생의 의미요, 기쁨입니다. 그에게 참된 미래는 없습니다. 그에게 한 순간 한 순간 다가오는 것은 죽음뿐입니다. 그런데도 그는 그러한 사실을 전연 모르고 살아가고 있습니다.

한편 그리스도 예수 안에서 사는 삶이란 새 생명으로 사는 삶입니다. 새 생명으로 사는 삶이란 삶의 중심이 자아가 아닌 하나님이십니다. 새 생명으로 살아가는 삶에서는 그 중심이 하나님이시기 때문에 살아가는 방식이 그리스도 밖에 있을 때와는 다릅니다. 새 생명으로 사는 삶은 믿음으로 살아가는 삶입니다.

그 믿음은 세상과 인생에 대해 그전과는 전연 다른 지식을 갖게 합니다. 세상을 창조하신 분이 하나님이시며, 하나님이 우리 인간의 생사를 주관하시며, 하나님이 우리 인간을 창조의 동역자로 삼기를 원하시며, 인간과 사랑의 교제를 원하시며, 우리 인간을 그의 자녀로 삼기를 원하신다는 사실입니다. 그전에는 이러한 사실이 숨겨졌는데 그리스도를 통해서 이 사실을 알게 되고 받아들이게 됩니다. 그리고 세계관과 인생관이 바뀌게 되면서 생의 의미와 목적도 변하게 됩니다. 그때부터 그가 신뢰하고 의지하는 것은 자기 자신, 재물, 돈, 권력과 같은 피조적인 것들이 아닌 하나님이 되고 그 하나님께 자신의 삶을 의탁하게 됩니다.

새 생명으로 살아가는 삶에서는 전에 피조적인 것들을 의지하면서 살 때 생긴 생의 염려와 불안 대신에 평강과 기쁨, 자유가 자리 잡아 가게 됩니다. 그리고 삶이 단순해지면서 삶이 한결 쉬워집니다. 삶이 쉬워진다는 것은 자신이 원하는 것을 무엇이든지 다 얻을 수 있기 때문이 아닙니다. 전능하신 하나님, 사랑의 하나님을 신뢰하는 데서 오는 여유, 평강, 자유, 감사에서 오는 삶에 대한 새로운 이해 때문입니다.

그리스도 예수 안에서 하나님께 대하여는 살아 있는 자로 여길지어다(롬 6:1-11).

존재의 기초가 무너질 때

영적 생활에서 지금까지 쌓아 놓은 안정이 무너지고 다시 어두움과 혼란이 다가올 때가 있습니다. 우리는 절망의 나락으로 떨어지는 것을 두려워하거나, 무의미와 공허의 늪에 빠지는 것, 다른 사람으로부터 좋은 평판을 듣지 못하는 것을 무서워해서는 안 됩니다. 어떤 외부적인 충격에도 신앙이 흔들림이 없으려면 오로지 하나님만 신뢰할 수 있어야 합니다. 우리가 할 수 있는 최선의 길은 하나님이 새롭게 세워 주심을 기다리는 것입니다. 신앙의 탑이 흔들리고 무너지는 순간은 우리 내면에 숨겨져 있는 어두움과 사악함, 치졸함과 오류를 발견할 수 있는 절호의 기회이기도 합니다.

우리의 신앙이 흔들리는 것은 하나님이 우리가 지어 놓은 부실하고 거짓된 집을 무너뜨리시고 새롭게 다시 세우시는 기회입니다. 그런데 신자들은 그것을 거부합니다. 거기에는 아픔이 있고, 아주 보기 싫은 진정한 자기 자신의 모습이 있기 때문입니다. 자신이 좋아하는 삶의 방식을 포기해야 하고, 언제나 은밀히 즐기는 것을 내어놓아야 하기 때문입니다.

우리는 우리를 향해 번영과 희망과 평강의 생각과 계획을 가지고 계시는 하나님께 우리 자신을 전적으로 내어 드려야 합니다. 하나님이 의도하시는 나로 지어 가시도록 나를 하나님께 내어 드려야 합니다.

그 순간이 하나님이 매우 가까이 다가오시는 시간입니다. 빛이신 하나님이 가까이 다가오셔서 우리 안에 머무시기 위해 잘못된 구조를 다시 고치십니다. 그리고 하나님 외에 집착해 있는 것들로부터 우리를 떼어 놓고 오직 하나님만을 신뢰하게 하시는 기회입니다. 그때가 하나님이 우리를 깨끗게 하시는 시간입니다. 많은 불순물들을 다 걸러 내고 하나님이 본래 의도하신 대로 우리 자신을 세워 가시는 시간입니다.

비바람이 몰아치고 풍랑이 일어도 무너지지 않는 반석은 오직 하나님 한 분밖에 없습니다. 신앙생활의 연조가 깊어 갈수록 공적을 쌓아 가는 것이 아님을 절감하게 됩니다. 신앙의 여정은 하나님에 대한 신뢰를 쌓아 가는 길입니다.

무너지지 아니하나니 이는 주추를 반석 위에 놓은 까닭이요(마 7:24-27).

7월

어느 시대에서나 그리스도인은 하나님과 관계를 맺은 사람들입니다.

하나님과의 관계는 예수 그리스도와의 관계에서 시작됩니다.

예수 그리스도에게서 우리 인간을 위해 하나님이 어떤 일을 하셨으며,

무엇을 원하시는가를 예수님을 통해 보여 주셨습니다. 그래서 우리는

예수님을 통해 하나님이 지금 여기서 나에게 무엇을 원하시는지를 그와의 사귐에서

알아 가야 하고 실현시켜 나가야 합니다.

하나님과 함께 시작한 삶의 여정

자신의 생이 끝나 감을 두려워하지 말고 새로운 시작을 하지 못하고 있음을 두려워하십시오. 자연의 계절이 바뀌면서 사람은 누구나 또 다른 인생의 문턱을 넘어야 합니다. 그러한 과정이 거듭되면서 결국 생의 마지막에 도달하게 됩니다. 그러한 생의 여정에서 한 번도 새로운 시작 없이 마지막을 맞이하는 사람은 그에게 다가오는 마지막 시간을 두려워합니다.

지난날 나의 생애에서도 새로운 시작이 있었습니다. 그 새로운 시작은 현실에서의 갈등, 열등감, 목마름, 훌륭하게 살아간 성인들의 전기를 읽고 받은 자극들이 동기가 되었습니다. 나는 나름대로 작성한 생의 규칙, 좌우명을 가지고 그것을 실천하기로 굳게 결심하는 데서부터 새롭게 시작했습니다. 그러다 보니 나는 내가 만든 생활 원칙에 얽매여 그것을 어기면 마치 큰 죄를 짓는 것처럼 생각하기도 했습니다. 특별히 이 과정에서의 고민은 새로운 결심이 어느 정도 되어 가는 듯하다가 곧 실패해 걸려 넘어지고, 다시 결심하고 시작하다 또 무너지곤 하는 것이었습니다. 생각하는 대로의 진전은 없고 주기적 반복에서 맴돌았습니다. 결국 나중에 알게 된 것은 내 시작이 하나님 중심이 아닌 '자아중심'이었다는 것입니다. 그때 나는 하나님을 섬긴 것이 아니고 내가 만들어 놓은 생활 신조를 섬긴 것이었습니다.

기독교 신앙에서 새로운 시작은 하나님과 함께 출발하는 것입니다. 기독교 역사에 등장하는 사도들, 교부들, 성인들에게는 공통적으로 새로운 시작이 있었습니다. 자신의 자아의 집을 지어 가는 것이 아닌 하나님의 부르심에 일치시켜 가는 것이었습니다.

기독교 신앙에서 새로운 시작은 하나님과의 화해가 전제되어야 합니다. 하나님과의 화해는 나 자신과의 화해를 이루는 것이고, 내가 소외한 나를 받아들이는 것을 의미합니다. 하나님은 내가 말하지 않고 있는 나의 상처, 나의 약점, 나의 비밀, 나의 어두운 면을 통해서 내게 찾아오십니다. 하나님은 상처 입은 나, 갈급함과 상실감으로 고통받는 나를 사랑하십니다. 하나님은 자신의 상처 때문에 아파하는 사람, 자신의 어두운 면을 거부하지 않고 받아들이는 사람을 좋아하십니다. 하나님을 만날 수 있는 장소가 나의 상처, 나의 어두운 그림자, 나의 실수, 나의 죄이기 때문입니다.

이에 아브람이 여호와의 말씀을 따라갔고(창 12:1-9).

기도의 준거

살아 계시며 능력이신 하나님은 현재와 과거와 미래에 속한 모든 것을 알고 계시지만 미래에 일어날 구체적인 사건을 문자대로 아시는 분은 아닙니다. 하나님은 선재(先在)해 계시며 시간과 공간 안에서 일어나는 모든 사건의 주권을 갖고 계시지만, 동시에 역사의 자유로운 운동을 허용하시는 분입니다. 이것은 역사 안에서 일어나는 모든 사건이 하나님의 허락하에 일어나는 것이 아니라 그의 부정 가운데서 일어나는 일도 있다는 것을 의미합니다.

하나님의 은총은 인간의 자유를 파괴하지 않고, 그것을 성취시키며, 그것의 방향을 제시합니다. 하나님은 더 높은 목적과 목표를 향해 우리의 자유를 바꾸도록 그의 은총을 보내십니다. 그의 계획은 미리 예정되어 있지만 부분적으로 그의 자녀들과 협력해 실현하십니다. 우리는 하나님의 뜻을 행하고 그의 명령에 순종함으로써 참된 자유로 들어가게 됩니다. 그러나 하나님의 은혜를 거절하거나 그 은혜에 도전할 때 우리는 그 자유로부터 멀어집니다.

하나님은 우리의 필요가 무엇인지 알기 위해서 간구하기를 요청하지 않으시고, 그가 우리를 위해 준비하신 것을 받기 위해 간구하라고 하십니다. 하나님은 우리가 예수님의 이름으로 무엇이나 구할 때 우리의 의사에 따라 무엇이나 들어주시지 않고 자신의 그 방법, 자신의 그 시간 안에서 선택하시고 응답하십니다. 그는 우리의 욕망과 요구에 따라서가 아니라 그의 거룩한 뜻에 따라 응답하십니다. 그는 본래부터 우리에게 의존하지 않으시고 약속의 파트너로서 그 역할 안에서 그의 목적을 성취해 가십니다. 전능하신 하나님은 인간의 법이나 논리를 넘어서서 자유 가운데서 행동하십니다(사 55:8-9).

그러면 여기서 한 가지 질문이 생깁니다. 어떻게 죄 많은 인간이 하나님과 화해할 수 있고 교제할 수 있습니까? 그것은 예수 그리스도를 통해서 가능합니다. 그러한 의미에서 예수 그리스도께서는 길이십니다.

너희 하늘 아버지께서 구하는 자에게 성령을 주시지 않겠느냐(눅 11:13).

하나님과의 인격적 사귐

기독교 영성은 성령 안에서 창조주 하나님과의 사귐입니다. 그런데 하나님과 인간의 사귐이 어떻게 가능한가에 대해 의문을 제기할 수도 있습니다. 생명의 근원이 되시는 하나님과의 사귐은 생명이 인격이 되었기에 가능합니다. 하나님이 먼저 우리 인간과 사귐을 갖기 위해 한 인격이 되셨습니다. 예수 그리스도 안에서 이루어지는 사귐은 인격적입니다. 인격적 사귐에서는 상대를 어떤 목적을 위한 대상으로 삼지 않습니다. 인격적 사귐에는 어떤 매개체가 끼어들지 않습니다. 거기에는 어떤 이해관계도 존재하지 않습니다. 인격적 사귐은 하나님의 창조에 있었던 본래의 관계에 들어서는 것입니다.

하나님과의 사귐은 현실에서 이루어집니다. 그것도 우리 자신이 스스로 새로운 사람이 되어서가 아니고, 현재의 문제가 많은 우리의 인간성 그대로에서 만나게 됩니다. 예수 그리스도 안에서 만나는 하나님은 우리가 처한 상황에 따라 어떤 사람에게는 친구로, 선한 목자로, 치유자로, 위로자로, 죄를 용서하시는 분으로 우리의 인간성을 빼앗지 않으시고 그 안으로 내려오셔서 함께하십니다. 그때 우리의 어려움과 실패를 갖고 가게 됩니다.

저는 한때 이 사귐에 대한 몰이해 속에서 늘 깨끗한 사람, 의로운 사람, 착한 사람으로 하나님께 다가가려 했기 때문에 상당 기간 동안 사귐이 없는 생활을 했습니다. 생명의 하나님과 사귐이 없는 신앙생활은 늘 고갈이 옵니다. 봉사를 아무리 많이 해도 늘 메마름이 지속됩니다. 그러다가 하나님과의 사귐의 단계에 들어가게 되면 현재의 나의 인간성 그대로 가지고 나아가야 되는 것을 알게 됩니다. 나의 상처, 죄책감, 갈등 등 있는 모습 그대로를 가지고 그와의 사귐의 삶으로 들어가야 하는 것을 알게 되었습니다.

저는 그 사귐 가운데서 본래의 인간성 그대로를 내어 보이며 친밀한 대화로 풀어 가기 시작하면서 생명의 역사와 능력이 발생하는 것을 경험해 오고 있습니다. 그래서 지금도 우울하면 우울한 대로, 슬픔이 있으면 슬픔이 있는 대로, 복잡한 사념이 있으면 복잡한 사념이 있는 그대로를 가지고 하나님 앞에 나아갑니다. 거기에서 생명의 교류와 치유가 이루어지고 새로운 전망이 보이기도 합니다.

우리의 사귐은 아버지와 그의 아들 예수 그리스도와 더불어 누림이라(요일 1:1-4).

참생명의 길

우리가 생명의 하나님과 사귐 가운데 있게 될 때 우리에게는 끊임없이 선택의 요구가 있습니다. 그 선택은 나 자신의 영광과 성공을 목적으로 하여 하나님께 봉사하는 일과, 그렇지 않고 하나님의 영광을 위해 나 자신을 포기해야 하는 두 사이에서의 선택입니다. 이 둘의 관계는 겉으로 보기에는 별 차이가 없어 보이지만 시간이 흐름과 함께 우리의 생명이 더 풍성하게 되거나, 그렇지 않고 우리의 생명이 무기력해지고 하나님과의 사귐에서 점점 멀어지는 결과를 가져오게 됩니다.

예수님은 우리에게 생명을 주시지만 그것 때문에 지불해야 할 대가가 있습니다. 그것은 우리 자신을 포기하는 일입니다. 예수님은 이렇게 말씀하셨습니다.

"나를 따라오려는 사람은, 자기를 부인하고, 날마다 자기 십자가를 지고, 나를 따라오너라. 누구든지 제 목숨을 구하려고 하는 사람은 잃을 것이요, 누구든지 나를 위하여 제 목숨을 잃는 사람은 목숨을 구할 것이다"(눅 9:23-24, 새번역).

예수님의 말씀은 역설입니다. 자신의 생명을 구하려면 아끼고 사랑해야 하는데 주님은 그것을 부인, 또는 미워해야 한다고 하셨습니다. 그러나 예수님의 이러한 요구는 폭군의 횡포가 아닙니다. 그것은 근본적인 진리입니다. 예수님 자신이 이 생명의 길을 걸으셨고 완성하셨습니다. 예수님은 공생애를 시작하실 때 사탄이 그에게 제시하는 세상적인 영광과 성공의 길을 포기하고 십자가의 길을 선택하셨습니다. 그리고 십자가에 달리심으로 자신의 생명을 온전히 버리셨습니다. 예수님은 참생명의 길이 어떤 것임을 잘 알고 그 길을 선택하셨습니다.

날마다 제 십자가를 지고 나를 따를 것이니라(눅 9:23-24).

최고의 선

지금은 고인이 된 저의 장인어른은 성결교단에서 매우 존경받는 목사님이 었습니다. 그가 노년에 백내장으로 눈 수술을 하지 않으면 안 되게 되었습니다. 수술을 하기 위해 건강검진을 한 결과 혈압 관계로 당장 할 수 없다는 결론이 나왔습니다. 얼마 후에 다시 검사하고 한쪽 눈을 먼저 수술을 했습니다. 그렇게 건강하지 않은 노년의 상태이므로 남은 한쪽 눈은 시간을 두고 천천히 하는 것이 좋겠다는 의사의 소견이었습니다.

그런데 저의 장인은 의사의 만류에도 불구하고 얼마 안 되어 남은 한쪽 눈도 수술을 했습니다. 그 수술이 신체에 무리가 되어 회복이 어렵게 되었습니다. 병원으로부터 더 이상 회복이 어려우므로 퇴원하는 것이 좋겠다는 통보를 받았습니다. 집으로 모신 후에 식구들이 하루하루 운명의 시간을 기다리게 되었습니다. 장인은 극도로 쇠약해진 상태에서 하나님께 "더 살겠다고 욕심을 부린 것을 용서해 주십시오. 지금 이 시간 저를 데려가셔도 좋습니다"라고 회개의 기도를 드렸습니다. 장인은 더 살고자 하는 생명의 애착을 포기했습니다. 그런데 그 후에 기적이 일어났습니다. 장인은 건강이 놀랍도록 빨리 회복되어 올림픽도 보고, 그 후 몇 년을 건강하게 살다가 하나님 나라로 갔습니다.

생명의 애착에서 오는 건강의 집착은 오히려 생명에 치명적인 손상을 입게 하거나 생명을 잃어버리는 결과를 가져오게 됩니다. 건강도 하나님의 축복이기는 합니다. 그렇다고 건강 자체가 목적이 되어서는 안 됩니다. 그것보다는 생명의 근원이 되시는 하나님과 사귐의 삶에 더 집중해야 합니다. 우리의 생명은 그 자체로서는 의미가 없습니다. 우리의 생명은 인간의 궁극적인 목적인 하나님의 영광이 목적이 될 때에만 의미가 있습니다. 시베크(Siebeck)는 "건강은 생명 그 자체가 의미를 가지는 한에서만 의미가 있습니다"라고 말했습니다.

성서적 관점에서 최고의 선은 건강 그 자체가 아닙니다. 최고의 선은 그리스도 안에서 하나님과의 인격적 사귐입니다. 아무리 건강을 지녔다고 해도 하나님을 떠나게 되면 그것은 선이 아닙니다. 비록 병약해도 그것으로 인해 하나님과 더욱 깊은 생명의 사귐에로 들어가게 된다면 그것은 선이 됩니다.

우리도 빛 가운데 행하면 우리가 서로 사귐이 있고(요일 1:5-10).

더 나은 선택, 생명의 삶

우리는 순간순간 더 나은 생명의 삶으로 들어가느냐, 그렇지 않느냐 하는 선택 사이에서 살아가고 있습니다. 오늘 더 나은 생명의 요구에 따른 선택은 내일에 더 풍성한 생명으로 살아가게 합니다. 오늘 생명을 소멸시키는 일에 시간과 정력을 소비하게 된다면 내일 더욱더 생명의 결핍에서 살아가게 됩니다.

예수님의 어리석은 부자의 비유는 더 나은 생명의 선택을 포기한 삶의 마지막이 얼마나 어리석은 것인가를 말해 주고 있습니다. 어리석은 부자는 자신의 건강과 행복이 삶의 목적이 되었습니다. 그는 건강하게 장수하며 살아가기 위해 자신의 곳간을 가득 채우는 데 온 힘을 다 기울였습니다.

우리 앞에는 언제나 더 나은 생명을 취하느냐, 그렇지 않느냐 하는 선택이 놓여 있습니다. 성경을 많이 읽지 않아도 조용히 차분하게 생활하다 보면 우리 내면 깊이 우리 존재 전체에서 '예'와 '아니오'로 응답해야 하는 경우가 있습니다. 그런데 생명과 일치되는 방향에 대한 요구에 '예'를 하면 상당한 희열이 있습니다. 그런 훈련을 계속해 가게 되면 삶의 성취가 있고 하나님의 표상이 분명해집니다.

생명은 하나님과의 사귐이며 죽음은 하나님과 사귐의 단절입니다. 아무리 좋은 것을 소유하더라도 그것이 하나님과의 단절을 가져온다면 좋은 것이 아닙니다. 그러나 비록 질병, 실패, 고난, 역경과 같은 어려움이 있어도 그것으로 인해 생명의 하나님과 새로운 사귐이 이루어지게 된다면 그것은 선이 됩니다. 성서에서 선과 악의 기준은 생명의 하나님에 대한 사귐을 기준으로 삼습니다. 우리가 이 세상에서 하나님과 사귐 가운데서 살아가도 나이가 들어 가면서 우리의 기력은 자연히 쇠잔해 가게 되고, 점점 죽음의 시간에로 가까이 다가가게 됩니다. 그러나 우리는 생명의 근원으로부터 단절이 아닌 온전한 연합으로 들어가고 있다는 데서 희망과 기쁨을 갖게 됩니다.

하나님의 창조에 참여해 가는 삶은 순간순간 더 나은 생명의 삶을 선택하는 것입니다. 그렇게 훈련해 가면 "내가 생명을 주고 더 풍성히 주겠다"고 하신 주님의 말씀대로 더 풍성한 생명을 얻게 됩니다. 이것이 영원히 사는 길입니다.

하나님은 이르시되 어리석은 자여 오늘 밤에 네 영혼을 도로 찾으리니(눅 12:16-21).

헛되지 않는 수고

우리 현실의 문화는 겉보기에 매우 화려하고 섬세하고 매력적이지만, 이러한 것들과 접하고 살면 살수록 우리의 내면의 허무와 공허를 더욱더 깊이 느끼게 됩니다. 그러한 현상은 문화 그 자체의 허구성에도 있지만, 영적 존재인 인간은 그러한 것들로는 충족될 수 없는 특성을 지닌 존재라는 사실을 말해 줍니다. 우리 시대에 와서 사람들은 다른 어느 시대보다 물질적 풍요는 누리고 있지만 영적 공허는 더 깊어 가고 있습니다.

인간은 누구나 수고 없이 살아갈 수는 없습니다. 인간의 일생은 수고의 여정이라 말할 수 있습니다. 인간은 어머니 태에서 형성되는 과정에서부터 어머니의 수고로 태어나서 부모의 수고로 자라게 됩니다. 그리고 그 역시 수고로 자신의 삶을 이루어 가게 됩니다. 인간이 수고 없이 산다는 것은 불가능합니다. 다른 사람과는 달리 자신의 인격 형성을 위해 종교적 수련을 쌓아 가는 사람에게도 그렇지 못한 사람과는 다른 수고가 있습니다.

그런데 문제는 인간의 수고 가운데는 공허와 허무의 결과를 가져오는 수고가 있고, 그렇지 않은 수고가 있다는 것입니다. 자신이 수고한 것이 모두 자기의 것이 될 때 공허가 없고, 자기의 것이 되지 않을 때 공허가 있는 것은 아닙니다. 그러한 문제는 소유에 있지 않고 존재 방식과 관련되어 있습니다.

창조주 하나님은 오늘도 내일도 창조적인 일을 세워 가십니다. 우리는 하나님이 세워 가시는 일에 참여해 가야 합니다. 우리는 때때로 나라는 사람은 무엇을 세워 가고 있는가를 생각해 보아야 합니다. 땀을 흘리며 열심히 일하는 그 사실만이 중요한 것이 아닙니다. 그 일이 헛된 일이 되지 않아야 합니다. 우리는 자신의 이득과 관련된 일에 수고를 할 때 의미를 갖게 되고, 그렇지 않은 일에는 수고를 하지 않으려 합니다. 그러한 태도는 믿는 사람의 태도가 아닙니다. 우리는 이것이 하나님이 세워 가시는 일과 관련되는 일인가를 물어야 합니다. 그래야 헛되지 않는 수고를 하며 생을 채워갈 수 있습니다.

여호와께서 집을 세우지 아니하시면 세우는 자의 수고가 헛되며(시 127:1-5).

단순한 삶

"그렇다. 다만 내가 깨달은 것은 이것이다. 하나님은 우리 사람을 평범하고 단순하게 만드셨지만, 우리가 우리 자신을 복잡하게 만들어 버렸다는 것이다"(전 7:29, 새번역).

단순성은 하나님을 깊이 신뢰하는 가운데서 내일의 염려에서 자유롭게 되는 것입니다. 예수님은 "목숨을 부지하려고 무엇을 먹을까 또는 무엇을 마실까 걱정하지 말고, 몸을 감싸려고 무엇을 입을까 걱정하지 말아라"(마 6:25, 새번역)라고 하셨습니다. 내일의 염려에서 해방되는 길은 하나님을 깊이 신뢰하는 믿음에서 이루어집니다. 우리가 하나님을 신뢰하지 못할 때 많은 염려와 궁리를 하게 되고, 내일을 위해 많은 것을 준비해 놓으려고 합니다. 그러다 보면 삶이 복잡해지고 염려와 근심 가운데서 헤어 나오지 못하게 됩니다. 기독교의 단순성은 금욕주의는 아닙니다. 금욕주의는 이원론(Dualism)에 근거합니다. 기독교의 단순성은 하나님이 창조하신 세상은 보시기에 좋았다는 말씀에 근거합니다.

리처드 포스터(Richard Foster)는 《심플 라이프》에서 이렇게 말했습니다.
"현대사회에서 부에 대한 욕심은 삶의 진실과는 동떨어진 정신질환이 되고 말았다. 현대 세계의 속도는 우리의 단절감과 소외감을 가중시킨다. (생략) 기독교의 단순성은 현대의 이 열병에서 우리를 자유하게 한다. 그것은 우리의 강박적 무절제에 제정신을 찾아 주고, 흥분에 들뜬 정신에 평화를 가져다주며, 윌리엄 펜(William Pen)이 말한 '장애물'에서 우리를 해방시켜 준다. 단순성을 통해 우리는 물질의 정체를—삶을 짓누르는 것이 아니라 삶을 향상시켜 주는 재화로—볼 수 있다. (생략) 기독교 단순성은 우리를 삼키려고 위협하는 생태계 파괴와 응수하기 위해 일어난 일시적 유행이 아니며 비대해진 전문 관료 집단에 대한 회의에서 비롯된 것도 아니다. 그것은 모든 그리스도인에게 주어진 소명이다."

하물며 너희일까 보냐 믿음이 작은 자들아(마 6:25-34).

생명이 자라는 토양

폴 투르니에 박사의 저서 중에《인간의 자리》라는 책이 있습니다. 그 책의 서두는 어린 시절에 장소를 잃어버린 어떤 청년의 이야기로 시작됩니다. 투르니에 박사는 그를 그의 친구라고 했습니다. 박사의 친구는 청년이 되었지만 항상 불안과 불안정에 시달리고 있었습니다. 투르니에 박사는 그와 오랜 사귐에서 그 원인을 찾아냈습니다.

그 청년은 어린 시절에 자신이 머무를 수 있는 장소를 잃어버렸습니다. 그의 부모는 사회적으로 지위가 있었고, 할아버지는 엄격한 청교도적인 신앙을 가진 사람이었습니다. 그런데 그는 부모의 오랜 불화로 어릴 때부터 안정을 잃어버리게 되었습니다. 그에 비해 할아버지는 엄격한 신앙의 삶을 강요했고 그는 어린 시절의 순수함과 자연스러움을 잃어버렸습니다. 청년은 그의 생의 계절에서 가장 중요한 인생의 봄을 상실하게 되었습니다. 청년은 장성한 후에도 자신이 상실한 생의 계절로 인해 생을 방황하며 살았습니다. 그는 그의 이상에 맞는 공동체를 찾아 머무를 수 있는 장소를 헤매고 있었습니다.

투르니에 박사는 "누가 이 사람의 인생을 빼앗았는가? 이 청년의 생의 봄을 빼앗은 폭군은 누구인가?"라고 질문을 던졌습니다. 그리고 그것은 잘못된 신앙, 사랑과 화평을 상실한 가정, 부부의 관계를 바르게 적응해 가지 못한 부모라고 했습니다. 일반적으로 부모들은 자녀들의 생의 계절을 망가뜨린 데 대한 책임은 느끼지 않습니다.

인간은 누구나 도덕적으로 완전할 수 없습니다. 그렇게 되려고 하면 할수록 우리의 가정은 더욱더 냉기가 감돌고 갈등과 숨김과 위선이 더 많아질 수 있습니다. 우리는 사랑, 용서, 이해, 받아들임, 평화, 휴식이 있는 장소를 만들어 가야 합니다. 그것이 창조입니다. 그러한 가정, 그러한 신앙의 공동체가 필요합니다. 그리스도인들은 복음으로 바른 실존, 바른 가정, 바른 사회, 모든 생명이 아름답게 피어날 수 있는 환경을 이루어 가는 일에 적극적으로 참여해야 합니다. 그렇게 하는 것이 하나님의 창조에 참여해 가는 삶입니다.

더러는 좋은 땅에 떨어지매 자라 무성하여 결실하였으니(막 4:1-9).

주의 영이 계신 곳의 자유

하나님은 모든 사람이 다 같이 자유로운 사람으로 살도록 창조하셨습니다. 그런데 하나님이 주신 자유를 바르게 누리며 사는 사람은 많지 않습니다. 진정한 자유는 영적인 요인에서 오게 됩니다. 외적으로 풍요롭게 살 수 있는 조건이 다 구비되어 있어도 영적으로 자유롭지 못하면 자유를 누리는 삶을 살지 못합니다.

사람은 누구나 진정한 의미의 자유를 깨닫지 못하면 재물, 건강, 시간, 재능을 올바르게 사용하며 살 수 없습니다. 이러한 것들을 마음대로 사용할 수 있어야 자유로운 것은 아닙니다만, 무엇을 위해 그러한 것들을 사용하는가는 물어야 합니다. 사람들이 이해하고 있는 자유는 무엇이든지 자기 마음대로 하는 것입니다. 그러나 자유는 나의 의지가 누구에게 사로잡혀 있는가에 따라 자유로울 수도 있고, 그렇지 않을 수도 있습니다.

사람들은 자기가 마음대로 사는 데 방해되는 간섭, 억압으로부터 벗어나는 것을 자유라고 생각합니다. 중요한 것은 그러한 것들로부터 벗어난 다음에, 자신의 자유를 무엇을 위해 사용하는가 하는 문제입니다.

하나님은 이스라엘 백성에게 모세를 통해서 율법을 주셨습니다. 하나님이 이스라엘 백성에게 율법을 주신 것은 노예의 신분으로 살지 않고 하나님이 선택하신 백성으로 자유롭게 살도록 하시기 위해서입니다. 그런데 그들은 하나님의 의도대로 자유로운 백성으로 살아가는 길을 익히지 못했습니다. 오히려 율법이 그들을 얽어매는 무거운 멍에가 되었습니다. 율법에 담긴 하나님의 뜻은 하나님을 사랑하는 것과 이웃을 사랑하는 것입니다. 진정한 자유는 사랑에서 나오게 됩니다.

하나님은 율법이 새겨진 한 조각 돌 판이 아니라, 살아 계셔서 인격적으로 임재하시는 분이십니다. 중요한 것은 영이신 하나님의 임재 가운데 사느냐, 그렇지 않느냐입니다. 하나님의 임재 가운데 살아가면서 자유인으로 되어 간다면 그때에는 율법 없이도 살게 됩니다. 하나님의 임재 가운데서 하나님을 사랑하며 이웃을 사랑하며 살아가면 그것이 곧 율법을 지키는 것입니다. 그래서 예수 그리스도께서 율법의 완성자가 되시는 것입니다.

그리스도께서 우리를 자유롭게 하려고 자유를 주셨으니(갈 4:21-5:1).

주의 영이 계신 곳에서 경험하는 자유

주님의 영이 계신 곳에서 경험하는 자유는 주체의식과 책임을 갖게 합니다. 주님의 영은 우리를 주님에게로 인도해 가십니다. 주님에게서 우리는 하나님이 우리를 용서하시고, 우리를 사랑하신다는 사실을 알게 됩니다. 그리고 그가 우리를 오랫동안 기다리고 계셨다는 것도 알게 됩니다. 우리는 주님 안에서 새로운 사람으로 다시 태어나서 새로운 삶을 시작하게 됩니다. 우리는 죄에 얽매여 있는 사람이 아니고, 죄에서 자유롭게 된 사람으로 살아가게 됩니다. 그런데 그러한 자유는 믿음에서 오게 됩니다. 그때의 자유는 믿음 가운데서 자유입니다.

다시 말씀드리면 주님의 영은 우리에게 무거운 율법의 굴레를 씌우지 않고 예수 그리스도에 의해 이루어진 은혜의 자리로 인도합니다. 우리는 그 은혜의 자리에서 사랑의 하나님이 예수 그리스도를 통해 이루어 놓으신 은혜의 사건에 접하게 됩니다. 그것은 우리가 평생 애써 도달해야 할 고행의 길이 아닌 하나님의 은혜로 이루어진 자유의 길입니다. 거기서 우리는 자유의 사람으로 인격적 믿음의 결단을 하게 됩니다.

그전까지만 해도 모든 것을 자신을 위해 소유하고 누리며 살려고 했던 삶의 방식이 한 인간으로서 주체의식이 생기면서 책임을 갖게 됩니다. 다른 사람에게 책임을 전가하며 살던 사람이 한 인간으로서 책임감을 갖게 됩니다. 모든 면에서 수동적인 데서부터 능동적인 삶으로 바뀌게 됩니다. 한 인간이 자신이 살아가는 시대에서 책임감을 갖게 되는 것은 자유인으로 변화되는 모습입니다.

사회적인 명성과 다른 사람보다 많은 재물을 소유한 나이가 든 어떤 남녀가 서로 만나서 부부가 되었습니다. 저는 그들에게 그 명성과 재물을 두 사람이 평생 자신들만을 위해 즐기는 데 사용하지 말고 하나님 앞에서 책임을 가진 자유의 사람으로 살아 달라고 당부했습니다. "믿음으로 일하는 자유인"이라는 어떤 기독교 학교의 교훈이 있습니다. 자유인은 자신만을 위해 살지 않고 하나님의 창조에 참여해서 살아가는 사람이 됩니다.

내 소유의 절반을 가난한 자들에게 주겠사오며(눅 19:1-10).

진정한 자유에는 참된 사귐이

주님의 영이 계신 곳에서 경험하는 자유는 사귐으로서의 자유입니다. 우리는 다른 사람과의 관계에서 자신의 주권을 찾아 사회적 지위를 확보하고, 다른 사람보다 더 열심히 노력하고 벌어서 많은 것을 소유하는 삶을 자유의 삶으로 이해하고 있습니다. 우리는 자유인이 되기 위해서는 경쟁에서 이겨야 합니다. 그리고 자신의 몫을 누리며 살아가려 합니다. 그러한 자유를 위해 투쟁합니다. 그러한 자유경쟁이 잘되는 사회가 자유로운 사회라고 규정합니다. 그러한 현실에서 차지하지 못하고 소유하지 못한 사람은 능력이 없는 사람으로 규정됩니다. 우리의 현실에서 자유는 사람과의 관계를 더욱 소원하게 하고, 가진 자와 갖지 못한 자의 구별을 심화시켜 갑니다.

그런데 주님의 영이 계심으로 인해 이루어지는 자유는 그러한 것이 아닙니다. 이 자유는 상호 간의 사랑 가운데서 이루어지는 소통입니다. 주님의 영의 지배를 받는 사람들은 자신으로부터 자유로워지는 사람들이기 때문에 서로 다른 사람을 존중하고 인정하고 배려하고 개방적이 됩니다. 그러한 가운데서 자유의 참된 가치와 의미를 누리며 살게 됩니다. 주님의 영이 계신 곳에서 이루어지는 자유에는 소외가 극복되고, 다른 사람을 자신의 의도대로 조종하려는 통제, 시기, 질투, 욕설, 분 내는 것도 극복됩니다. 거기서는 사람을 소유로 평가하지 않습니다. 자유로운 사람은 모든 사람에 대해 자유롭습니다.

자유롭지 못한 사람은 다른 사람에 대해 자유롭지 못합니다. 다른 사람에 대해 자유롭지 못할 때 자신에 대해서도 자유롭지 못합니다. 그러한 곳에는 언제나 비판, 편 가르기, 비교, 취향에 따른 짝 짓기가 있습니다. 진정한 자유에는 참된 사귐이 있습니다. 그러한 사귐에는 서로 상대방에게 요구하는 것이 없습니다. 서로 세워 주는 일만이 있습니다.

주는 영이시니 주의 영이 계신 곳에는 자유가 있느니라(고후 3:12-18).

자유의 영에 사로잡힌 바울

주님의 영이 계신 곳에서 경험되는 자유에는 미래의 희망이 있습니다. 주님의 영이 계신 곳에서 경험되는 자유는 오고 있는 하나님 나라를 지향하고 있기 때문에 거기에는 창조가 있습니다. 주님의 영 안에서 자유로운 삶을 살아가는 사람들은 과거나 현재보다 하나님의 희망 가운데 있는 미래에 대해 더 깊은 관심을 갖게 됩니다.

진정 아무것에도 얽매이지 않는 자유는 미래로 나아가게 합니다. 자유인은 현재에 안주하지 않고 미래에로 모험을 하게 됩니다. 주님의 영이 계신 자유에는 미래가 포함되어 있습니다. 그래서 그러한 자유 가운데 있는 사람들이 현재에 안주하지 않고 자유 안에서 열린 희망에로 나아가게 됩니다.

사도 바울은 빌립보에 있는 믿음의 형제자매들에게 "항상 기뻐하십시오"라고 거듭 말하면서, "여러분의 관용을 모든 사람에게 알리십시오. 주님께서 가까이 오셨습니다"(빌 4:5, 새번역)라고 했습니다. 모든 사람에게 관용을 베푸는 사람에게는 오고 계시는 주님의 미래가 있습니다. 그러한 관용은 어디에도 얽매여 있지 않고, 오로지 오고 있는 희망의 시간 안에서 나옵니다. 소유에 얽매여 있고, 명예에 사로잡혀 있고, 죽음의 공포, 죄책감, 욕심, 편견에 사로잡혀 있는 사람은 관용을 베풀지 못합니다. 주님의 영은 모든 비본질적인 것들에서 인간을 자유롭게 합니다. 그리고 본질적인 것을 위해 살아가게 합니다. 주님의 영에 사로잡힌 자유의 사람의 모범을 바울에게서 보게 됩니다. "그리스도 [예수]께서 나를 사로잡으셨으므로, 나는 그것을 붙들려고 좇아가고 있습니다. 형제자매 여러분, 나는 아직 그것을 붙들었다고 생각하지 않습니다. 내가 하는 일은 오직 한 가지입니다. 뒤에 있는 것은 잊어버리고, 앞에 있는 것을 향하여 몸을 내밀면서, 그리스도 예수 안에서, 하나님께서 위로부터 부르신 그 부르심의 상을 받으려고, 목표점을 바라보고 달려가고 있습니다"(빌 3:12-14, 새번역).

하나님이 위에서 부르신 부름의 상을 위하여 달려가노라(빌 3:12-14).

예수 그리스도

우리는 우리의 중보자의 역할 없이 하나님의 은혜의 보좌 앞으로 나아갈 수 없습니다. 우리는 우리의 죄 때문에 우리의 기도가 하나님께 드려질 수 있다는 보증을 갖지 못합니다. 그래서 우리에게는 우리를 대변해 줄 중보자가 필요합니다. 그 중보자가 바로 예수 그리스도이십니다.

예수님은 하나님이 거룩하신 분일 뿐만 아니라 역시 무한히 자비로운 분이심을 우리를 위해 드러내 보이셨습니다. 그러므로 우리는 우리의 내면적 필요와 탄원을 가지고 주저 없이 그의 현존으로 들어가고자 하는 갈망을 갖게 됩니다. 그 이유는 하나님의 능력과 자비가 예수 그리스도 안에 나타났기 때문입니다. 우리가 우리의 변호자요 구속자이신 그리스도께 속해 있는 한, 우리의 기도가 하나님께 들리고 응답될 것이라는 확신을 가질 수 있습니다.

예수님은 화해자의 역할로서 기도의 삶이 현실이 되게 하십니다. 그는 우리 인간을 위해 자신을 희생하심으로 하나님과 인간 사이의 적대감을 극복하셨습니다. 그는 하나님의 사랑이 죄 많은 인간에게 도달할 수 있게 하셨습니다. 그리고 우리의 믿음으로 거룩하신 하나님께 도달할 수 있게 하셨습니다. 과거에 우리는 창조주 하나님으로부터 멀리 떨어져 있었으나 지금은 예수 그리스도의 중재를 통해 거룩하신 분과의 교제를 회복했습니다. 예수 그리스도께서는 우리에게 의롭게 됨과 거룩하게 됨, 양자를 다 보증해 주심으로 거룩하신 하나님과의 교제를 회복시켜 주셨습니다.

우리는 예수님의 구원과 중재를 언제나 마음에 두면서 기도해야 합니다. 우리가 그리스도의 영으로서 기도할 뿐만 아니라 그의 이름으로 기도한다는 것은 우리의 기도가 그의 속죄의 희생과 구속적인 고려 없이는 무가치하거나 효력이 없다는 것을 인정하는 것입니다.

너희가 내 이름으로 무엇을 구하든지 내가 행하리니 (요 14:13).

하나님이 마련하신 구원의 길

복음서에 나오는 열여덟 해 귀신 들려 앓으며 등이 굽어 조금도 펴지 못하는 여인의 치유는 안식일에 회당 안에서 이루어졌습니다. 이것은 우리에게 매우 중요한 의미를 시사해 줍니다. 주일에 하나님께 예배드리는 시간은 도덕적인 강론이나 율법, 이데올로기가 선포되는 시간이 아닙니다. 주일 예배에서 그러한 것들이 강조되어 사람들에게 가책, 갈등, 종교적인 무거운 멍에를 짊어지워 움츠러들게 하면 주일 예배의 의미는 상실됩니다.

주일 예배에서 선포되는 말씀은 오로지 복음이어야 합니다. 예배에 참석한 사람들이 복음을 듣고 온갖 얽매임에서 풀려나 하나님을 찬양하게 됩니다. 하나님은 말씀으로 찾아오십니다. 그 말씀이 들리는 사람에게는 억압의 사슬로 얽어매여 있는 온갖 부정적인 굴레에서 풀려나는 기적이 있게 됩니다. 예배에서 울려 나오는 찬송은 구원받은 사람들의 그들을 죄의 얽매임에서 풀어 주신 하나님에 대한 응답입니다.

기독교 신앙에서 새로운 삶은 우리가 선한 결심을 하거나 율법을 지켜서 되는 것은 아닙니다. 새로운 삶은 하나님이 우리를 위해 새로운 삶을 마련하신 그 일을 믿음으로 받아들임으로 시작됩니다. 하나님은 인간에게 그어떤 선도 기대하지 않으시고 하나님의 자유 가운데서 구원의 길을 마련하셨습니다. 하나님이 마련하신 거기에 새로운 삶의 길이 있습니다.

우리가 아무리 스스로 새로운 삶을 시작하려고 해도 거기에 응답되는 우주의 초월적인 거룩한 의지와 그것을 가능하게 하는 능력이 없으면 그 길은 불가능합니다. 그런데 바로 그 길이 인간에 의해서가 아닌 예수 그리스도의 은혜와 하나님의 사랑에 의해서 마련되었습니다. 그리고 그러한 일이 우리에게 현실적인 사건으로 발생되게 하시는 분이 성령이십니다.

등이 굽은 여인에게는 자신의 운명을 바꾸어 놓을 의지나 내적 동기도 없었습니다. 어느 날 갑자기 그는 자신의 생각이나 뜻, 의지와 상관없이 현재 그의 현실과 전연 다른 희망의 삶이 하나님에 의해 계획되어 있음을 예수님을 통해 알았습니다. 여인은 자신에게 생명을 주신 생명의 근원, 자신의 삶에 빛을 주시는 빛의 근원, 자신을 사랑하시는 사랑의 근원을 만났습니다. 그 만남에서 여인은 어두운 삶에서 새로운 빛 가운데로의 삶으로 들어갔습니다.

이 매임에서 푸는 것이 합당하지 아니하냐(눅 13:10-17).

어리석은 부자의 비유

세상을 살아가는 데 재물은 절대적으로 필요한 것입니다. 예수님은 어리석은 부자의 비유에서 사람의 생명이 그 소유에 있지 아니하고 다른 데 있음을 말씀하십니다. 비유의 내용은, 재물을 넉넉하게 모은 부자가 이제는 평안히 쉬고 먹고 마시고 즐기기를 원할 때 그만 하나님이 그 영혼을 취해 가시고자 했다는 것입니다. 부자는 그의 생의 목적한 바를 다 이루었고 이제는 그 이룬 것을 누리려고 했습니다. 그런데 그가 의도한 대로 할 수 없었습니다.

자신이 정당하게 이룬 것을 가지고 누리는 것은 인간의 기본 권리입니다. 그런데 예수께서는 이 비유에서 우리의 생의 주인이 우리가 아닌 하나님이시라는 사실을 말씀하십니다. 부자는 그 사실을 몰랐습니다. 그는 자신의 생의 주인이 자기 자신이라고 생각했습니다. 부자는 자기의 소유가 하나님이 그에게 주신 선물임을 몰랐습니다. 그는 그것이 오로지 자신의 수고로 이루어졌기에 자신이 누리는 것은 당연하다고 생각했습니다.

예수님 말씀의 깊은 뜻은 신뢰에 관한 것입니다. 사람이 진정 신뢰할 대상이 재물이 아니고 하나님이시라는 것을 말씀하십니다. 이 비유에서 부자는 자신의 창고에 소출이 넘치도록 채워 주신 분을 알지 못했습니다. 그가 만약 그의 삶의 전 과정에 관여하신 하나님을 알았다면 그의 생의 목적을 성취한 후의 그의 삶의 태도는 전혀 다른 모습이었을 것입니다. 부자는 그의 삶의 성취가 진정한 의미에서 탐욕의 성취였습니다. 그는 그의 창고에 소출을 가득히 채워 넣기까지 탐욕의 노예로 살았고, 그 후 역시 탐욕에 묶여 있었습니다.

하나님의 형상대로 지음 받은 인간은 하나님으로부터 하나님의 형상으로 지음 받은 인간의 삶을 실현해 가도록 부름을 받고 있습니다. 그리스도인들은 하나님의 부르심을 단지 목사, 또는 선교사, 혹은 자선 사업가가 되는 것에 국한시켜 생각하기도 합니다. 그래서 어느 정도 신앙적으로 깊이 있게 들어갔다고 생각되는 사람일수록 교역자가 되느냐, 그렇지 않느냐의 문제로 고심하곤 합니다. 기독교 영성에서 삶의 실현은 참인간의 삶으로 부르심에 대한 응답에 있습니다.

하나님께 대하여 부요하지 못한 자가 이와 같으니라(눅 12:13-21).

영원한 삶을 잃어버린 인간의 표상

어리석은 부자의 비유에 나오는 부자는 그가 살아오는 과정에서 그를 부르시는 하나님의 부르심을 들을 수 없었다는 것이 그의 삶에 불행을 초래하게 된 원인이었습니다. 그는 그의 생의 전 과정에서 하나님의 부르심을 들을 수 있는 기회가 있었을 것입니다. 그런데 그의 관심과 목표는 많은 소출을 내서 남은 생 동안 자신만을 위해 행복하게 사는 것이었습니다. 그리고 모든 것을 성취한 후에 정신적 허무를 느낄 수도 있었을 것인데, 부자의 경우 그러한 내면의 소리도 알아들을 수 없었습니다.

부자에 대한 하나님의 뜻은 그의 생의 여정에서 그와 관계를 맺고 그에게 하나님 자신을 알리시는 것이었습니다. 그리고 그가 하나님을 깊이 신뢰하며 현실에 충실하면서도 현실에 집착하지 않고 하나님의 부르심에 응답해 가게 하시는 것이었습니다. 그런데 부자는 자신에게 갇혀 있어 참인간으로의 부르심을 들을 수 없었습니다. 인간의 자아는 하나님의 부르심에 대항합니다. 하나님의 부르심은 영원에로의 부르심입니다. 인간의 운명은 현실을 넘어 영원에로 열려 있습니다.

인간의 시간 개념에서 과거, 현재, 미래가 있습니다. 그러나 하나님께는 과거, 현재, 미래가 없습니다. 하나님께는 언제나 현재입니다. 그러한 하나님의 시간이 인간의 경험에서 과거, 현재, 미래로 나누어지게 됩니다. 현재 우리 가운데 계시는 하나님은 언제나 현재에 계십니다. 현재에 계시는 하나님이 우리를 영원한 삶으로 부르십니다. 우리는 하나님의 부르심 가운데서 우리의 삶을 실현해 가게 됩니다. 그의 부르심 자체가 삶의 실현입니다.

하나님은 자아에 갇혀 있는 우리를 그에게로, 그와 함께 있는 자리로 불러내십니다. 하나님의 부르심 가운데서 죽음은 현실의 삶과는 다른 새로운 삶으로 들어가는 과정입니다. 비유에 나온 부자는 그 영원한 삶을 잃어버린 인간의 표상입니다. 영원한 삶이 없는 현실은 매우 무의미한 것입니다. 그는 그가 실현해 가야 할 삶의 목표를 잃어버렸습니다. 그는 현실이 전부이고 현실이 영원하리라 믿었습니다. 그는 이 현실에서 진정 실현해야 할 삶을 잃어버렸습니다. 현실의 삶은 하나님의 영원에로의 부르심 가운데서만 그 의미가 있습니다. 그 자체로서는 의미가 없습니다.

어리석은 자여 오늘 밤에 네 영혼을 도로 찾으리니(눅 12:13-21).

하나님의 부르심

우리는 옛날 농경사회에서와 같이 모두가 단순한 노동에 종사하지 않고 매우 다양하고 다원화된 문화와 삶의 양식과 일에 종사하고 있습니다. 우리는 우리가 맡은 일에서 삶을 실현해 가게 됩니다. 그런데 우리의 삶의 실현은 그 일 자체가 아닌 그것을 통해서 우리를 부르시는 분의 부르심에 있습니다. 그 부르심 가운데 현재 삶의 의미가 있습니다. 그의 부르심 가운데 삶의 영감이 있고, 영감으로 이루어지는 일에 창조와 통합이 있습니다.

하나님의 형상으로의 부르심을 오케스트라에 비유할 수 있습니다. 오케스트라의 구성원은 각자의 연주 악기와 그 악기를 연주할 수 있는 숙련된 연주 능력이 있습니다. 그것을 가지고 하나의 연주곡을 연주하게 됩니다. 거기의 지휘자는 하나님이십니다. 오케스트라의 단원 한 사람 한 사람은 자기의 악기로 자신의 기량을 다해 한 지휘자의 지휘에 따라 지정된 곡을 연주해 내야 합니다. 연주자는 엄연히 각자이면서 전체에 속하게 됩니다.

우리는 예수 그리스도에게서 실현된 삶을 보게 됩니다. 예수 그리스도에게서 죽음이 인간 삶의 마지막이 아닌 부활의 새 삶을 보게 됩니다. 하나님은 우리를 예수님에게서 실현된 그러한 삶으로 부르십니다. 하나님의 부르심 가운데에 우리 자신을 초월해 가는 길이 열려 있습니다. 우리 각자의 진정한 모습은 하나님의 부르심 가운데 있습니다. 만약 비유의 부자상에 비친 대로 인생의 종국이 먹고 마시고 즐기고 편안히 쉬는 것이 전부라면 얼마나 허무하겠습니까? 우리의 현실의 생을 넘어서 갈 수 있는 어떤 희망의 길이 열려 있지 않다면, 그리고 우리가 목표로 할 수 있는 진정 실현된 삶의 모범이 없다면 우리는 얼마나 절망적이겠습니까? 그런데 우리에게는 현실을 넘어설 수 있는 길이 있고, 우리가 목표로 할 수 있는 실현된 삶이 있습니다. 그것이 부활하신 예수 그리스도이십니다.

하나님의 부르심에는 삶을 창조적으로 살아갈 수 있는 영감이 있고, 치유와 화해가 있고, 삶의 통합이 있습니다. 우리에게는 자아를 넘어서 갈 수 있는 희망의 미래가 있습니다. 그러한 삶을 보증하시는 분이 성령이십니다. 우리의 소망과 확신은 우리의 신념이 아닌 성령의 보증입니다.

너희는 각각 부르심을 받은 그대로 하나님과 함께 거하라(고전 7:20-24).

천 년과 하루

하나님이 창조하신 세계는 그 자체로서 독특합니다. 하나님이 창조하신 세계는 하나님의 사랑의 대상이지, 결코 하나님의 자기 사랑의 연장은 아닙니다. 독립된 존재로서 피조된 세계는 하나님의 목적들을 이탈할 수 있는 자유를 가지고 있습니다. 죄와 악의 현존이 그 사실을 증거하고 있습니다. 그러한 가운데서 하나님의 지배는 계속적인 신적 활동을 통해 표현되고, 그 신적 활동은 악을 선으로 만들어 가고 있습니다. 그것이 바로 대속의 작업입니다. 하나님의 창조는 대속을 통해 보완됩니다.

사도 베드로는 우리가 살고 있는 이 세계가 무한정 같은 일의 반복으로 이어지지 않을 것이라 말합니다. 앞으로 이 피조 세계에 우리가 상상할 수 없는 큰 변화가 있을 것이라 예언합니다. 그 변화는 단지 지구에 국한된 것이 아닌 우주 전체에 해당됩니다. 지금까지 사람들에게 의미 있게 여겨졌던 것들이 전부 무의미한 것이 되어 버리는 때가 불가피한 것은 모든 피조물들이 구원을 받기 위해서입니다. 모든 것이 불타서 녹아 버리는 것으로 세계가 끝나지 않고 그다음에 새로운 질서가 하나님에 의해 이루어지게 됩니다. 우리는 악을 선으로 만들어 가시는 구속의 하나님을 다시 만나게 됩니다.

그런데 그때는 언제가 될지 하나님께 숨겨져 있기 때문에 알 수 없습니다. 모든 질서가 새롭게 되는 새로운 세상이 하나님에 의해 이루어집니다. 그러한 사실은 이미 예수 그리스도의 십자가와 부활에서 발생되었습니다. 예수님의 십자가에서 모든 낡은 질서가 끝맺음을 했습니다. 낡은 질서의 특징은 죄입니다. 예수님의 부활에서 새로운 질서가 시작되었지만 그것의 완성의 때는 아직 오지 않고 있습니다. 우리가 할 수 있는 유일한 것은 오직 인내로 그를 신뢰하는 가운데서 기다리는 것입니다.

우리 자신의 변화도 하나님의 때에 감추어져 있습니다. 진정 우리 자신이 어떤 사람이 될 것인지, 어떻게 변하게 될지 우리는 알지 못하지만 하나님의 때에 그러한 비밀이 다 밝혀지게 됩니다. 한 가지 분명히 예견할 수 있는 것은 그때에 우리가 집착하던 것, 우리가 의미 있게 붙잡고 있던 것들이 다 의미 없는 것이 되고 새로운 의미에 참여하게 될 것이라는 점입니다.

하나님의 날이 임하기를 바라보고 간절히 사모하라(벧후 3:8-13).

지금 이미 살고 있는 사람

하나님은 시간 밖에 계십니다. 시간 밖에 계시는 분이 생각하시는 것을 우리는 알 수 없습니다. 시간 밖에 계시는 분이 드러내시는 것을 기적이라 합니다. 하나님이 자신의 뜻을 드러내실 때에는 언제나 시간이 무르익었을 때에, 모든 것이 합력해서 선이 될 때입니다. 우리에게는 그 시간이 길게 느껴집니다. 그래서 우리에게는 기다림, 깨어 있음이 필요합니다. 우리가 우리의 시간에 너무 매달리거나 집착할 때 조급, 분노에 사로잡히거나 삶의 리듬을 잃어버리게 됩니다.

기독교 묵상은 현재의 시간, 공간을 초월해 계시는 하나님과 연합을 추구하는 것입니다. 시간 밖에 계시는 하나님을 만나는 일은 매우 중요합니다. 우리에게는 영원의 시간에 머무는 훈련이 있어야 합니다. 우리 자신의 계획에 너무 몰입하다 보면 영원을 놓치게 됩니다. 사람들은 자신의 손에 쥔 것, 자기의 계획 때문에 자신이 점점 영원하신 하나님으로부터 멀어지고 있다는 사실에 대해 위기감을 느끼지 못합니다.

하나님께는 현재만이 있습니다. 그러므로 우리는 현재를 살아가야 합니다. 많은 사람들이 현재의 삶을 누리는 대신 오직 앞날을 준비하기만 합니다. 삶은 매 순간 계속되고 있습니다. 순간에 충실한 사람은 '지금 이미' 살고 있습니다.

하지만 우리는 종종 정신적, 심리적 에너지를 과거나 미래를 위해서만 이용합니다. 우리는 과거를 모두 분석하고 나서야 비로소 오늘의 문제를 대면할 수 있다고 믿습니다. 그래서 자신의 상처 입은 과거를 분석하는 일에만 매달리기도 하고, 좋은 계획을 가지고 미래에 편안하고 즐겁게 살길 바라며 준비하기도 합니다. 그러나 그들은 완성되지 못한 계획들 주위만을 늘 맴돌 뿐입니다.

그러므로 그들은 내면에 이미 존재하고 있는 내적인 기쁨에 결코 이르지 못합니다. 사실 그들이 해야 할 일은 삶의 조건들을 완성하라고 강요하는 온갖 억압으로부터 벗어나는 것입니다. 억압은 삶을 방해합니다.

주 앞에서 점도 없고 흠도 없이 평강 가운데서 나타나기를 힘쓰라(벧후 3:14-17).

예수—길, 진리, 생명

사람들은 누구나 하나님 보기를 원합니다. 그러나 하나님을 만나는 것은 모든 사람의 소원이면서 그렇게 쉽게 해결되지 않는 문제입니다. 그리스도인들에게도 그러한 염원은 다 있습니다.

예수님을 오랫동안 따라다니던 제자 빌립에게도 그러한 염원이 있었습니다. 그는 예수님을 따라다니면서 언제인가는 그의 스승을 통해 하나님을 볼 수 있을 것이라고 기대하고 있었습니다. 어느 날 빌립은 예수님께 "주님, 우리에게 아버지를 보여 주십시오. 그러면 좋겠습니다"(요 14:8, 새번역)라고 그가 오랫동안 품고 있던 기대를 예수님께 솔직히 아뢰었습니다. 빌립의 말을 들으신 예수님의 답변은 이러했습니다.

"나를 본 사람은 아버지를 보았다. 그런데 네가 어찌하여 '우리에게 아버지를 보여 주십시오' 하고 말하느냐? 내가 아버지 안에 있고 아버지께서 내 안에 계시다는 것을, 네가 믿지 않느냐? 내가 너희에게 하는 말은 내 마음대로 하는 것이 아니다. 아버지께서 내 안에 계시면서 자기의 일을 하신다. 내가 아버지 안에 있고, 아버지께서 내 안에 계시다는 것을 믿어라. 믿지 못하겠거든 내가 하는 그 일들을 보아서라도 믿어라"(요 14:9-11, 새번역).

예수님은 빌립에게 하나님에 대해 이론적인 강의를 하지 않으셨습니다. 예수님 자신을 통해 하나님을 보게 된다는 것을 말씀하셨습니다. 이 말씀은 하나님이 예수님을 통해 자신을 드러내신다는 뜻입니다. 하나님이 예수님을 통해 자신이 누구이신지, 무엇을 원하시는지를 알리십니다. 예수님을 통해 우리가 신뢰해야 할 하나님이 우리를 찾고 계시는 분, 우리를 기다리시는 분, 우리를 정죄하지 않고 우리를 용서하시고, 우리에게 새 삶을 선물로 주시는 분으로 나타내셨습니다.

예수님을 통해 하나님과 관계를 맺은 사람은 역시 예수님을 통해 하나님의 거룩하심과 그의 존엄하심, 그의 사랑, 그의 영광을 보게 됩니다. 예수님은 우리를 하나님과 신뢰가 깊어지도록 인도해 가십니다. 그래서 우리는 예수님을 통해 하나님이 지금 여기서 나에게 무엇을 원하시는지를 그와의 사귐에서 알아 가야 하고 실현시켜 나가야 합니다.

내가 아버지 안에 거하고 아버지께서 내 안에 계심을 믿으라(요 14:8-11).

신앙생활의 성패

우리는 예수님을 믿고 예수님을 통해 하나님과 관계를 맺은 사람들입니다. 우리는 하나님께 발견된 사람들입니다. 우리가 하나님께 발견된 것은 많은 사람들 가운데 우리가 의롭고 올바르게 살았기 때문이 아닙니다. 우리 모두 하나님을 떠나서 살던 죄인이지만 하나님이 우리를 긍휼히 여기셔서 우리를 하나님의 자녀로 삼으셨습니다.

우리가 하나님과 맺은 관계는 겨자씨와 누룩으로 비유할 수 있습니다. 겨자씨는 많은 씨앗들 가운데 아주 작습니다. 그러나 그것이 땅에 떨어져 싹이 나서 자라면 다른 나무보다 커지게 됩니다. 밀가루 서 말을 반죽해서 몇 그램의 누룩을 넣었을 때, 반죽한 큰 밀가루 덩어리가 작은 양의 누룩을 변형시키지 않고 누룩이 밀가루를 변형시킵니다. 마찬가지로 하나님과의 관계는 세상에서 볼 때에는 매우 하찮은 것 같지만 삶을 근본적으로 성장시키고 변형시키는 위력이 있습니다. 하나님 나라의 위력이 거기서 나타나게 됩니다.

하나님과 관계가 소멸되거나 정체 상태에 있지 않고 성장과 변형의 능력을 발휘하게 하기 위해서 하나님을 신뢰해 가는 길을 배워 가야 합니다. 잘못된 신뢰가 아닌 올바른 신뢰에서 하나님 나라의 능력이 나타나게 됩니다. 하나님과 우리의 관계가 성장과 변형의 능력을 나타내지 못하는 것은 신뢰의 실패에 있습니다. 최초의 인류 아담도 하나님을 신뢰하는 데 실패했습니다. 그리스도인들도 하나님을 신뢰하는 일에 실패합니다.

하나님에 대한 올바른 신뢰의 길은 하나님께 모든 초점을 맞추는 것입니다. 신앙생활의 성패는 하나님에 대한 신뢰에 있습니다. 하나님에 대한 신뢰의 성패는 우리 자신에 집중하지 않고 하나님의 영광을 바라보는 데 있습니다. 우리가 신뢰의 길에서 혼란이 올 때, 또는 회의가 들 때, 캄캄함에 부딪힐 때 예수님을 생각해야 합니다. 우리는 예수님에게서 하나님에 대한 이해를 넓히게 됩니다. 우리는 예수님에게서 언제나 하나님을 새롭게 신뢰할 분으로 만나게 됩니다.

행하는 그 일로 말미암아 나를 믿으라(요 14:11-12).

하나님에 대한 우리의 신뢰

예수께서 사마리아 여인을 만나 우물가에서 대화하시는 장면이 성경에 나옵니다. 그 장면에서 저는 우리 가운데 언제나 현존하시며, 내면세계를 깊이 꿰뚫어 보시면서 우리에게 오시는 하나님, 문제에 해답을 주시는 하나님을 만났습니다. 일상생활에 함께 계시는 하나님을 묵상하면서 저의 내면을 모두 드러내며 하나님에 대한 신뢰를 새롭게 하게 되었습니다.

막달라 마리아와 같은 삶의 상황에서 헤어나지 못하고 죄책감과 분열 가운데서 시달리던 사람이, 마리아가 눈물로 예수님의 발을 적시어 자기 머리털로 닦고 그 발에 입을 맞추고 향유를 바르는 장면에서, 하나님께는 어떤 죄인도 정죄함이 없고 새로운 삶의 시작이 있다는 것을 깨닫게 됩니다. 그는 자신의 죄를 하나님께 담대히 나아가 진술하게 다 아뢰고 하나님이 허락하시는 새 삶을 시작하게 됩니다. 우리는 이 장면에서 역시 하나님의 영광을 보게 됩니다. 그리고 하나님을 더욱더 신뢰하게 됩니다. 우리의 신뢰는 우리 자신의 의나 완전함에 있지 않고 하나님께 나아가 우리 자신을 솔직히 모두 드러냄에 있습니다.

하나님을 신뢰함에는 언제나 감사가 있고, 그리고 그가 원하시는 것을 결행하는 모험이 있게 됩니다. 하나님을 신뢰하는 사람에게 있어서의 감사는 다른 사람과의 비교에서 자신이 더 잘되기 때문이 아닙니다. 고난, 실패, 죄, 역경 가운데서 그를 버리지 않으시고 그를 사랑하시며, 용서하시며, 그와 함께하시는 사랑의 하나님의 영광을 보고 신뢰하기 때문입니다.

우리의 하나님 신뢰는 우리 자신의 어떤 덕행에 근거하지 않습니다. 오로지 전적으로 하나님께 있습니다. 우리의 하나님 신뢰는 예수 그리스도와 관계를 맺음에서 시작됩니다.

예수님은 단순히 기독교의 창시자이거나, 인생의 고뇌의 길에서 자유로워지는 길을 깨우친 각자(覺者), 또는 스승이 아니십니다. 예수님은 하나님께로 가는 길이시며, 하나님을 우리에게 보여 주신 분이시며, 생명을 더욱더 풍성하게 하시는 생명의 근원이십니다. 예수님과 함께함이 하나님과 함께함이며, 예수님을 사랑하는 것이 하나님을 사랑하는 것입니다. 우리는 예수님 안에서 하나님께 기도하고 찬양하며, 우리의 모든 소원을 아뢰게 됩니다.

나로 말미암지 않고는 아버지께로 올 자가 없느니라(요 14:1-7).

마술 신앙

이스라엘의 마지막 사사 사무엘이 사사로 부름을 받은 후 얼마 안 되어 블
레셋군이 이스라엘을 치러 몰려왔습니다. 이스라엘은 에벤에셀이라는 곳
에 진을 쳤고 블레셋은 아벡이라는 곳에 진을 쳤습니다. 블레셋군이 이스
라엘군을 향해 싸움을 벌였을 때 이스라엘군은 블레셋군에게 무참히 패했
고 군사 4천 명이 죽었습니다. 이스라엘의 남은 병사들이 진영으로 돌아오
자 이스라엘 장로들이 모여 패배 원인을 검토했습니다. 그 결과 그들의 진
중에 법궤가 없었기 때문에 전쟁에 패했다는 것이 이스라엘 장로들이 얻은
결론이었습니다. 그래서 법궤를 실로에서 진중으로 옮겨 왔습니다.

그러나 블레셋 사람들은 두려움과 함께 기왕 전쟁에 패해 이스라엘의 종이
될 바에는 죽음을 각오하고 싸우는 길밖에 없다는 결론을 가지고 그전보다
더 힘을 모아 이스라엘에 대항해 싸웠습니다. 그래서 두 번째 싸움의 결과
도 역시 이스라엘의 패배였습니다. 이 싸움에서 이스라엘은 보병 3만을 잃
었고, 법궤도 빼앗겼으며, 제사장 엘리와 두 아들마저 죽었습니다. 이스라
엘 장로들은 그들의 패배가 법궤가 없었기 때문이라는 결론을 짓고 법궤를
진중에 옮겨다 놓았지만 아무런 변화도 일어나지 않았습니다.

하나님이 모세에게 법궤를 만들라고 하신 것은 하나님이 이스라엘 백성과
함께하신다는 것을 알려 주시기 위한 상징이었습니다. 그러나 이스라엘이
하나님을 마음으로 떠나고 범죄할 때에는 아무리 법궤가 그들과 함께 있더
라도 하나님은 그들과 함께하시지 않습니다. 이스라엘의 신앙에는 하나님
에 대한 진정한 공경이 없었던 것입니다. 그러한 것을 '마술 신앙'이라고 합
니다.

마술 신앙은 내면적으로는 하나님으로부터 점점 멀어지는 길입니다. 신앙
은 하나님의 부르심에 대한 전인격적인 응답이며, 하나님과의 끊임없는 관
계 개선이며, 하나님 앞에서 책임적 존재가 되어 가는 것입니다. 그러나 마
술 신앙은 하나님께 대한 응답도 없고, 삶의 개선도 없고, 책임감도 없습니
다. 반복되는 죄를 짓고 살면서 안식일에 습관적인 제사와 제물을 바치면
하나님이 모든 재앙에서 지켜 주시고 원하는 복을 무엇이든지 주실 것이라
는 그릇된 확신 모두 마술 신앙에 근거한 것입니다.

여호와의 언약궤가 진영에 들어올 때에 온 이스라엘이 큰 소리로 외치매(삼상 4:5-11).

하나님의 침묵

원시인이나 문명인이나 인간에게는 마술적 신심(神心)이 있습니다. 이것이 원시사회에서는 밖으로 노출되어 인간의 삶 전체를 지배했습니다. 그 신령한 힘이 때로는 자비롭고, 때로는 악의에 차 있다고 생각했습니다. 원시인들은 그 신령한 힘의 의도가 무엇인지를 알아서 그의 환심을 사도록 해야 했고, 그리하여 재앙을 피해야만 했습니다. 그러한 일은 원시사회에서 절대적인 지배력을 가지고 있는 마술로 행해져야 했습니다. 이리하여 원시인은 자연의 법칙을 합리적으로 이해하지 못하고 모두 신령한 힘의 조작으로 받아들였습니다.

과학의 발전과 함께 인간이 합리적인 사고를 하면서 이 미개인은 인간의 내면에서 빠져나와 도망간 것이 아니고 인간의 무의식 깊은 곳으로 숨어들게 되었습니다. 무의식 속에 숨어 버린 미개인이 깨어나지 않으면 아무리 지성적인 사고를 하는 사람이라 해도 계속해서 실존적인 불안과 두려움에 시달리게 됩니다. 과학이 미개인을 깨어나게 하지 못합니다. 그래서 지성적인 사고를 하는 현대인들도 옛날 사람들과 그 양상은 다르지만 역시 참신이 아닌 것들을 우상으로 섬기면서 살아갑니다. 현대인들의 우상은 재물, 건강, 권력, 이데올로기, 사이비 종교와 같은 것들입니다. 그들은 이러한 것들이 자신의 불안한 운명을 안정되게 할 수 있다고 확신하고 그러한 것들을 신뢰의 대상으로 삼습니다.

사람은 누구나 그의 내면에 숨어 있는 미개인이 깨어나서 창조주 하나님을 알아보고, 그를 아버지로 고백하고 신뢰해 갈 때 참된 신앙인으로 설 수 있습니다. 우리의 신앙의 싸움은 참신이신 하나님을 신뢰하고 그의 영광을 위해 사느냐, 그렇지 않느냐는 문제에 있습니다. 이때 창조주 하나님이 지으신 피조물들을 신으로 숭배하지 않고, 그러한 것들을 통해 창조주 하나님을 보게 되며, 우주에서 일어나는 모든 사건과 일들을 통해서 그 의미를 포착해 가기 시작합니다. 그리고 그를 찬양하게 됩니다.

이 일은 성령의 능력으로 이루어집니다. 성령은 미개인을 깨워 하나님을 알게 하시고, 신뢰하게 하시고, 그가 창조하신 세상을 지성적으로 사고하고 연구하게 하십니다. 지성과 신앙은 통합적이 됩니다.

사무엘이 근심하여 온 밤을 여호와께 부르짖으니라(삼상 15:10-23).

부자 청년의 고민

우리는 성서에서 말하는 육과 영의 문제에 대해 바른 이해가 필요합니다. 그래야만 예수님이 청년에게 하신 말씀에 대해 곡해하지 않을 수 있습니다. 그렇지 아니하면 우리는 이 본문을 '가진 자와 갖지 못한 자'라는 이분법으로 해석할 수 있습니다. 예수님은 그러한 개념에서 말씀하신 것이 아닙니다. 육적인 것에 대비되는 것이 영적인 것입니다. 성서에서 말하는 육적인 것이란 살아 계신 하나님 대신에 피조된 것을 신뢰하며, 그것들을 우상화하는 것을 말합니다. 반면에 영적인 것은 성령 안에서 하나님과 살아 있는 교제 가운데서 하나님을 사랑하며 아울러 세상에 있는 모든 피조된 것을 사랑하는 것을 말합니다. 성서에서 말하는 육과 영의 개념을 간단히 요약하면 이러합니다.

먼저, 육은 피조된 세계의 영역을 가리킵니다. 이 영역은 하나님의 영원과 비교해 그 자체로서는 유한하고 연약하며 허무합니다. 그러므로 신뢰하는 사람은 하나님으로부터 버림을 받게 됩니다. 하나님은 이것을 관리하고 잘 사용하라고 주신 것이지 그것을 신뢰하라고 주신 것은 아닙니다.

다음으로, 육은 지나가 버리는 시간의 영역을 가리킵니다. 육 안에 있는 삶이란 하나님 없이 산 삶으로 거짓된 삶, 그르쳐진 삶, 죽음에 이르는 삶입니다.

마지막으로, 육은 죄와 불의와 죽음의 시간을 뜻합니다. 예수님이 오시기 전에는 모든 피조물의 상태는 다른 해결책이 없었기 때문에 자연스러운 것으로 여겨졌지만, 예수님이 오신 후로는 그것은 병든 것, 즉 허무한 시간과 죽음으로 드러나게 되었습니다. 하나님의 새 창조의 여명 속에서 세계는 구원받아야 할 세계로 드러나게 되었습니다.

이에 반해 영 안에 있는 삶이란 참된 삶, 신적인 원천으로부터 사는 삶, 부활로 인도되는 삶을 말합니다. 아무리 사회적으로 성공한 삶, 인정받는 삶, 업적을 많이 남긴 삶이라 해도 하나님 없이 산 삶을 살았을 때 그것은 허무한 삶이 됩니다. 왜냐하면 그의 삶은 죽음으로 끝나기 때문입니다.

선한 선생님이여 내가 무엇을 하여야 영생을 얻으리이까(막 10:17-22).

육에 묶여 있는 삶

사람이 육에 묶여 있다는 것은 영원하지 못한 것들을 신뢰하고, 거기에 소망을 두고 살아가는 것을 말합니다. 부자 청년의 경우 육적인 것은 모두 지녔지만 그에게는 생명의 근원이신 하나님과의 사귐이 없었습니다. 인간이 가지고 있는 죽음의 문제는 하나님과의 교제 가운데서 해결될 수 있습니다.

부자 청년은 육에 묶여 있는 사람들을 대표하고 있습니다. 육에 묶여 있을 때에는 영원으로 발돋움이 어렵게 됩니다. 영원으로 발돋움이 되지 아니하고는 진정한 삶을 살지 못합니다. 그러한 사람들은 하나님 나라에 들어가기가 어렵습니다. 예수님은 그것이 얼마나 어려운가 하면 "낙타가 바늘 귀로 들어가는 것이 더 쉽다"(눅 18:25, 새번역)고 말씀하셨습니다.

육적인 것에 묶여 있다는 것은 반드시 재물에 묶여 있는 것만을 의미하지 않습니다. 그것은 그릇된 이념, 사이비 신앙, 하나님 외에 세상적인 것들에 지나치게 집착하거나 거기에 사로잡혀 있는 것을 의미하기도 합니다. 사람들이 육에 묶여 있게 되는 것은 죽음, 두려움에 대한 어떤 담보를 찾다가 그러한 피조적인 것들에 묶이게 되는 것입니다. 사람이 육에 묶여서 살다가 죽게 되면 영원히 사는 삶을 잃어버리게 됩니다. 예수님의 부활은 사람이 육에 묶여서 살다가 죽는 존재로 만들어지지 않았다는 것을 확증해 줍니다. 사람은 이 피조된 세상에서 살지만 육에 묶여서 살지 않고 영생을 쟁취해야 합니다.

피조 세계에 있는 곤충들 가운데 나비는 나비가 되기 전 험상스러운 애벌레로 나무를 갉아먹으며 살아갑니다. 그러나 애벌레는 나중에 나비가 되어 하늘을 날게 됩니다. 사람이 육에 묶여 있는 상태를 애벌레에 비교할 수 있습니다. 사람이 평생 애벌레와 같이 나무를 갉아먹다가 죽는다면 그것은 자신의 삶을 제대로 살지 못하고 죽는 것입니다. 사람의 생은 그것으로 끝나는 것이 아니고 부활의 새 삶이 있습니다.

너희가 육신대로 살면 반드시 죽을 것이로되(롬 8:12-14).

영적 차원에서 살아가는 삶

인간은 어떤 이념이나 물건, 또는 종교적 편견에 사람을 자꾸 묶어 놓으려고 합니다. 아니, 사람들 자신이 그러한 것들에 묶이려고 합니다. 그 이유는 불안하고 스스로 설 수 없다는 것을 잘 알고 있기 때문입니다. 그런데 예수님은 그러한 것들로 사람을 묶어 놓지 않으십니다. 예수님은 생명, 빛, 사랑이시므로 사람을 묶어 놓지 않으시고, 묶인 것에서 풀어 놓으십니다. 상처, 정욕, 재물에 대한 탐욕에서 자유로워지면서 삶에 대한 새로운 넓은 전망으로, 영원의 시간으로 우리를 인도해 가십니다.

실제로 예수님과 동행하는 삶을 살아가면 그가 우리를 계속 생명이 더 풍성한 삶으로 인도해 가시는 것을 경험하게 될 것입니다. 예수님을 따라가면 어떤 체제나 이념, 종교적 편견, 거짓된 사상에서 풀려나게 됩니다.

모든 피조물들이 예수님이 오시지 않았을 때에는 육적인 것들에 묶여 있다는 것이 드러나지 않았습니다. 그런데 예수님이 오신 후에 그들의 처지가 자연스러운 것이 아니라는 것이 드러나게 되었습니다. 그래서 그들은 자신들이 묶여 있는 가운데서 신음하면서 완전히 풀려날 때를 고대하게 되었습니다. 사도 바울은 그러한 문제에 대해 이렇게 말합니다.

"피조물은 하나님의 자녀들이 나타나기를 간절히 기다리고 있습니다. 피조물이 허무에 굴복했지만, 그것은 자의로 그렇게 한 것이 아니라, 굴복하게 하신 그분이 그렇게 하신 것입니다. 그러나 소망은 남아 있습니다. 그것은 곧 피조물도 썩어짐의 종살이에서 해방되어서, 하나님의 자녀가 누릴 영광된 자유를 얻으리라는 것입니다. 모든 피조물이 이제까지 함께 신음하며, 함께 해산의 고통을 겪고 있다는 것을, 우리는 압니다. 그뿐만 아니라, 첫 열매로서 성령을 받은 우리도 자녀로 삼아 주실 것을, 곧 우리 몸을 속량하여 주실 것을 고대하면서, 속으로 신음하고 있습니다"(롬 8:19-23, 새번역).

우리가 그리스도 안에 있을 때, 성령 안에서 하나님과 관계 속에서 살 때 모든 삶의 기준과 평가가 달라지게 될 것입니다. 그래서 똑같은 일상적인 삶이지만 새로운 차원에서, 영적 차원에서 살아가게 됩니다.

양자 될 것 곧 우리 몸의 속량을 기다리느니라(롬 8:18-23).

영원한 삶으로 인도하시는 예수님

부자 청년의 고민은 그가 이루어 놓은 삶의 실현의 마지막이 죽음이었다는 데 있었습니다. 그는 고심 끝에 그 문제를 가지고 예수님께 나아왔습니다. 예수님은 청년에게 현재 그가 누리는 육적인 삶으로는 영생이 불가능하다는 사실을 일깨워 주십니다. 그런데 청년은 그것을 포기할 수 없었습니다. 인간 역사에는 울상을 짓고 예수님을 떠나 고심하는 청년의 대를 잇는 사람들이 그 이후도 계속 대물림을 해 오고 있습니다. 예수님은 오늘도, 앞으로도 그러한 문제로 고심하는 사람들에게 "네가 가진 것을 팔아 가난한 사람들에게 나누어 주고 나를 따르라!"라고 말씀하십니다. 아무것도 소유하지 못한 사람들은 나누어 줄 것이 없다고 합니다. 그러나 예수님은 "너에게 가까이 있는 하나님 나라를 받아들여라"라고 말씀하십니다.

우리가 육에 묶여 있을 때 현실에서 육적인 안정감을 갖습니다. 그러나 영적 목마름에서 죽음에 대한 공포에 시달리게 됩니다. 그러나 영적인 삶은 진정한 안정감과 함께 죽음의 두려움, 영적 목마름에서 벗어나게 합니다. 하나님의 영이신 성령은 우리를 묶어 놓지 않으시고 넓은 삶의 지평으로 인도해 가십니다. 우리가 육에 묶여 있을 때 세상에 사는 동안 많은 업적을 남겼을지라도 결국 죽음으로 끝나기 때문에 모든 것이 허무하게 됩니다. 그러나 성령 안에서 전개되는 삶은 부활하신 그리스도와 함께하는 삶으로 인도해 갑니다. 그래서 우리는 예수 그리스도 안에서, 늘 새로운 삶 속에서 세상을 보는 관점을 새롭게 하면서 인생을 살아가야 합니다. 거기에서 평강이 옵니다.

대부분의 그리스도인의 잘못된 삶은 육적인 삶을 살면서 하늘나라의 평강을 달라고 합니다. 여기에서 우리가 깨어나야 됩니다. 예수 그리스도 안에서 우리의 삶은 허무로 끝나지 않고 새로운 희망의 삶으로 전개됩니다. 주님 안에서는 장수한 삶이 아니더라도 허무로 끝나지 않게 됩니다. 그다음 생이 우리를 위해 주님이 예비하신 영원한 처소로 들어가는 시간입니다. 그러한 의미에서 육은 결국 죽음이며, 영은 영원히 사는 것입니다. 예수 그리스도께서는 우리를 영원의 삶으로 인도하십니다. 그래서 예수 그리스도께서는 길이요, 진리요, 생명이십니다.

이와 같이 성령도 우리의 연약함을 도우시나니(롬 8:26-28).

이때를 위함

에스더서의 이야기는 포로 유배 이후 팔레스타인으로 돌아가기보다는 페르시아에 남기로 선택한 대다수의 유대인들의 모습을 그린 유일한 책입니다. 이 책에는 '하나님'이라는 명칭은 나타나 있지 않지만 당신의 백성을 위한 하나님의 섭리와 보호의 손길이 책 전체에 분명히 드러나 있습니다. 이 이야기에서 하만의 학살 계획으로부터 구원의 역사에 상징으로 나타나 있는 것이 모르드개와 에스더의 역할입니다.

하나님은 사소한 일을 통해서 결정적으로 구원의 역사를 이루어 가십니다. 에스더서에서 그러한 사실을 발견하게 됩니다. 한 여인 아하수에로 왕비 와스디의 반항 사건, 그리고 하만과 모르드개의 개인적인 갈등이 결국 나중에 결정적인 구원의 역사를 이루게 됩니다. 모든 사소한 사건들이 결국 '이때'와 연계되어 있음을 보게 됩니다.

이 세상에서 일어나는 모든 사건들이 하나님의 때를 초월해서 나름대로 하나님의 뜻을 능가하는 어떤 일을 만들어 갈 수는 없습니다. 또 지나온 역사를 통해서 우리는 그것을 배우게 됩니다. 현대에 와서 과학기술의 발달로 인간의 삶에 지대한 공헌을 하고 삶의 혁명을 가져온 것은 사실입니다. 그리고 생명체를 만들기도 하고 변형시키기도 하는 데까지 오기도 했습니다. 그러나 하나님의 지혜, 그의 능력, 그의 사랑, 그의 의를 능가할 수 있는 지혜와 힘은 없습니다. 그러한 어리석은 시도들은 결국 하나님의 심판으로 다 무의미한 것이 되어 버린다는 사실을 성서의 역사에서, 우리의 인간 역사에서 우리는 보고 있습니다.

그 사실을 깨닫고 하나님을 신뢰하는 사람이 믿음으로 사는 사람입니다. 믿음은 현실에서 눈에 보이는 것들의 배후에 서 계시는 전능하신 하나님을 신뢰하고 그에게 삶의 소망을 두고 사는 것입니다. 그에게는 현실에서 일어나는 모든 일이 무의미한 것이 없습니다. 삶에서 발생되는 모든 사소한 일도 하나님의 때와 관련이 있다는 것을 믿고 현실을 긍정적으로 살아가게 됩니다. 즉 생의 고난은 고난대로, 행복의 순간은 그것대로, 슬픔은 슬픔대로, 투병의 시간은 그것대로 거부하지 않고 의미 있게 받아들입니다.

너는 왕궁에 있으니 모든 유다인 중에 홀로 목숨을 건지리라 생각하지 말라(에 4:1-16).

하나님의 때를 위해

세상에 태어나는 생명치고 하나님의 때와 무관한 생명은 없습니다. 단지 그 사실을 깨닫고 사는 사람과 그렇지 못한 사람이 있을 뿐입니다. '이때'란 우리 자신의 개인적인 목표에 도달하는 시간이 아닙니다. 하나님의 창조에 참여해서 살아가고자 하는 삶으로 전환이 이루어질 때 밝혀지는 시간입니다. 거기에는 사회적으로 지위의 높고 낮음이나, 수입의 많고 적음도 문제가 되지 않습니다.

인생의 여정 어느 시점에서 지금까지 살아온 것이 이때를 위함이라는 사실을 깨닫게 되는 것은 매우 큰 축복입니다. 이때를 위함이라는 사실을 깨닫게 된다는 것은 그가 하나님의 창조에 참여해 살고 있다는 것을 의미합니다. 하나님의 창조의 구경꾼이 아닌 섬김의 자리에 있게 될 때, 그때까지의 자신의 삶이 이때를 위함이라는 것을 알게 됩니다. 그 순간은 생의 단편적이고 부분적인 삶에서 통합적인 삶으로 들어서는 시간이기도 합니다.

존재를 추구하면서 순간의 생을 성실히 살아온 사람에게는 반드시 이때라는 고귀한 의미의 시간이 있게 됩니다. 이때란 자신을 초월해 하나님의 뜻을 위해 자신을 내놓아야 하는 결단의 시간입니다. 그러한 순간에 결단을 함으로 인해 자신은 무거운 짐을 지게 되지만, 압박이 아니라 오히려 자유요, 기쁨과 평안을 줌으로 인해 매우 가치 있는 일입니다.

우리가 생의 여정에서 지고 가는 짐이 너무 무거워 피곤하고 힘들어 "제가 왜 이러한 짐을 져야 합니까?" 하고 하나님께 항변할 때 조용한 묵상 시간에 하나님은 우리의 섬김과 희생과 도움이 필요하다고 말씀하십니다. 우리 자신이 병들었을 때, 실패했을 때, 억울한 일을 당했을 때 우리는 하나님께 항변할 수 있습니다. 그때 하나님은 우리에게 "나는 너를 떠나지 않고 이때에 너를 사람으로 만들려고 한다"고 말씀하십니다.

우리는 이때를 위해 태어났습니다. 그리고 이때를 위해 준비되고, 이때를 위해 부름을 받고, 이때를 위해 살아가게 됩니다. 이때란 우리의 시간이 아니고 하나님의 시간입니다. 그렇지 않으면 우리의 생은 매우 허무합니다. 교회도 하나님의 때를 위해 있습니다. 하나님은 우리를 이때를 위해 길들여 가십니다. 우리의 전생애는 하나님의 길들임 가운데 있습니다.

네가 왕후의 자리를 얻은 것이 이때를 위함이 아닌지 누가 알겠느냐(에 4:1-16).

8월

하나님으로부터 증인으로 부르심을 받은 사람들은 자신을 위해 살지 않고

그를 부르신 분을 위해 살아갑니다. 그래서 그들의 생의 순간순간이

하나님이 자신을 드러내시는 순간이므로 하루하루의 삶이 소중합니다.

증인들은 과거에나 미래에 살지 않고 오늘을 살게 됩니다.

오늘이 그들에게는 매우 소중한 시간입니다.

하나님의 부르심

자유인으로 스스로 선택한 자리에 있지 못하는 자에게 현재는 매우 고통스러운 것이며, 과거는 후회이며, 미래는 절망입니다. 그것이 자유인이 되지 못한 자가 갖는 생의 비극입니다. 하나님은 그러한 자리에서 이스라엘 자손을 불러내고자 하셨습니다. 그래서 이스라엘 자손의 출애굽은 매우 깊은 의미를 지니고 있습니다.

하나님의 부르심에는 언제 어디서나 자유의 주체자로 살아가게 만드는 능력이 있습니다. 그래서 하나님의 부르심을 듣고 응답하는 자의 삶에는 참 자유가 있습니다. 성서의 역사에서나 기독교 역사에서 하나님의 부르심을 받은 수많은 사람들의 공통점이 자유의 경험입니다.

그리고 거기에는 하나님의 희망 가운데 있는 미래가 있습니다. 하나님의 부르심을 받은 사람들은 그 미래를 살아갑니다. 그들은 과거의 시간으로 돌이킨 것이 아니라 미래로 향합니다. 그 미래는 부르신 분의 수중에 있기 때문에 과거의 경험이나 현재의 가치나 상황 같은 것으로 예측할 수 없습니다. 그렇기 때문에 부르심을 받은 사람들은 부르신 분에게 전적으로 순종하는 가운데서 그와 함께 있는 것이 그들의 기쁨이 됩니다.

하나님의 부르심에 더 가까이 가고, 부르신 분과의 연합이 더 깊어질수록 그들에게는 미래의 계획이 하나도 없습니다. 그전까지는 자기의 계획이 많고 미래에 대한 걱정이 많았는데, 이제는 하나님이 미래요, 하나님이 희망이요, 하나님을 그들 존재 자체로 받아들입니다. 그것이 위대한 믿음의 선조들의 삶의 모습인 것입니다.

그리고 부르심을 받은 자들이 최종적으로 스스로 선택하는 자리가 '섬김의 자리'입니다. 그들이 선택한 섬김의 자리는 굴종의 자리, 자기 비하의 자리, 미래가 없는 절망의 자리가 아닙니다. 그들이 선택한 자리는 자신을 다른 사람들을 위해 스스로 내어 주는 사랑의 자리입니다. 그들이 그 자리에서 경험하는 자유와 희망, 기쁨은 그들의 새로운 삶의 힘이 됩니다. 그러한 경험의 원천은 스스로 계시는 전능자이십니다. 그로부터 오는 생명의 원천이 내적 에너지가 됩니다. 하나님이 우리를 부르시는 것은 착하게 살아가게 만드시려는 것이 아니라 자유의 주체자로 살아가게 하시기 위한 것입니다.

하나님이 떨기나무 가운데서 그를 불러 이르시되 모세야 모세야 하시매(출 3:1-15).

자유의 주체자로 살아가는 삶

앤소니 드 멜로(Anthony de Mello)라는 인도의 유명한 영성 학자는 "착한 사람을 만들려는 종교는 사람들을 나쁘게 만들지만, 자유로움으로 초대하는 종교는 사람들을 착하게 만든다. 그것은 자유로움이 사람을 악마로 만드는 내적 갈등을 다 부수어 버리기 때문이다"라고 했습니다.

사람을 착하게만 만들려고 하는 종교, 지도자, 이념들은 그들을 완전히 꼭두각시로 만들려는 것입니다. 자기의 자유가 다 유보되고 억압되어 분노, 무의미, 갈등, 좌절 등이 그대로 남아 있기 때문에 착하게 되는 것이 아니라 그 반대로 나타난다는 뜻입니다.

하나님의 부르심 가운데서 주체자가 되어 자유인으로 살아가는 것과 어떤 이념으로 의식화되어 살아가는 삶은 근본적인 차이가 있습니다. 이념에 의식화될 때에는 어느 때에, 어느 장소에 스스로 있을 수 없습니다. 오직 지령에 의해, 교시에 따라 로봇과 같이, 꼭두각시같이 행동해야 합니다. 거기서의 연합은 오로지 의식화된 사람끼리의 연합이며, 거기서의 자유는 개인의 선택에 의한 것이 아닌 체제라는 우상을 숭배하는 데서 허용되는 맹종입니다. 그러나 하나님이 주시는 자유는 그런 것이 아닙니다.

하나님은 생명의 영이십니다. 생명의 영이신 하나님은 우리를 자유의 삶으로 부르십니다. 그 자유의 삶에는 새로운 사귐이 있습니다. 그 사귐은 같은 것들끼리, 즉 혈연, 지연, 학연, 이념 안에서 만나는 사귐이 아닙니다. 생명의 영 안에서 이루어지는 사귐은 다른 대상과의 사귐입니다. 인격적 사귐입니다. 그 사귐에는 창조주 하나님, 그의 아들 예수 그리스도와의 사귐, 그리고 모든 피조물들과의 새로운 연대감이 포함됩니다. 그러한 사귐에는 희망이 있습니다. 그 희망은 하나님의 희망 가운데 있는 미래입니다. 자유인은 그 미래를 살아가기에 창조가 있습니다. 출애굽한 이스라엘 자손들이 자유인으로 살아가야 할 삶의 여정은 그들이 바로의 억압 아래에서 살아온 어려움과 고통보다도 더 힘들 수 있습니다. 그 생의 짐을 감당할 수 있는 힘은 그들이 얼마만큼 자유의 주체자로 살아가느냐에 있습니다. 자유인으로 살아간다는 것, 자유의 주체자로 살아간다는 것은 험난하고 좁은 길입니다.

스스로 있는 자가 나를 너희에게 보내셨다 하라(출 3:1-15).

하나님의 희망 가운데 있는 삶

하나님의 희망 가운데 있는 새로운 삶은 자유의 주체자가 되어 가지 않고
는 결코 살아갈 수 없습니다. 그렇지만 참자유인의 삶을 터득해 갈 때 거기
에는 감사가 있고 기쁨이 있습니다. 그리고 모든 생의 걸림돌들을 창조의
밑거름으로 만들어 갈 수 있습니다.

자유의 주체자로 산다는 것은 착한 사람으로 사는 것과는 다릅니다. 착한
사람으로 살아가는 삶에는 언제나 부정적인 감정들이 쌓여서 자신에 대한
실망, 분노의 감정들이 자신을 괴롭히게 되고, 그러한 부정적인 감정들은
신체적으로 이상 증상들까지 생기게 합니다.

그러나 자유의 주체자로 산다는 것은 스스로, 능동적으로, 자신의 삶에 책
임을 갖고 선택하고 결단하며 미래를 살아가는 것입니다. 주위를 둘러봐
야 누구 때문이라고 할 대상이 없습니다. 원망할 대상이 없습니다. 자기 스
스로 선택한 것이기 때문이요, 자기 스스로 책임을 져야 하기 때문입니다.
그에게는 새로운 차원의 사귐이 있고 미래가 있기 때문입니다. 하나님으
로부터 오는 새로운 에너지가 있기 때문에 삶이 달라집니다.

하나님은 우리를 자유인으로 부르셨습니다. 자유의 주체자로 부르셨습니
다. 우리는 그 자유로 다시 죄의 종이 되어서는 안 됩니다. 우리는 그 자유
로 하나님의 희망 가운데 있는 삶으로 나아가야 합니다. 하나님의 희망 가
운데 있는 삶은 새로운 사귐의 삶이요, 창조의 삶입니다. 그리고 사랑의 종
으로 살아가는 삶입니다.

열심을 품고 주를 섬기라 소망 중에 즐거워하며 환난 중에 참으며(롬 12:9-14).

자유인의 길

1990년대 초반, 독일이 통일된 다음 해에 그곳에 가서 6개월가량 머문 적이 있습니다. 그때 유학생으로부터 하이델베르크에 있는 큰 제지 공장에서 1백여 명의 동독 근로자들에게 서독 기업인이 일을 시켰는데 절반 이상이 일이 힘들다 하여 집으로 돌아갔다는 이야기를 들었습니다. 그때 저는 공산주의 정권하에서 일하던 근로자들은 전부 타의에 의한 삶이었고, 노예의 삶이었음을 깨달았습니다. 공산주의 체제하에서 노예로 살았던 사람들이 서독 땅에 와서 주체자로서 살아가려니까 감당이 안 되는 것이었습니다.

모새골에서 형제자매들과 생활하면서 이 길이 결코 쉽지 않음을 깊이 느끼곤 합니다. 그러나 저는 자유의 주체자로서 선택한 길이기 때문에 무슨 일을 하든지 힘들다고 생각하지 않고 다 즐거움입니다. 화장실 청소나, 식당 일이나, 풀 뽑는 일이나 다 즐거움입니다. 그런 일들을 하면서 기존 교회에서 목회할 때에 경험하지 못한 새로운 사귐을 경험해 가면서, 밭에 묻힌 보화를 발견해 가는 것을 더불어 깨달으며 공동체에 대한 확신을 갖게 됩니다.

자유의 주체자가 된다고 해서 일이 없어지는 것은 아닙니다. 사회적으로나 역사적으로 더 책임져야 할 일이 많아집니다. 우리는 가급적이면 쉽게 믿으려고 합니다. 가급적이면 자기 삶을 포기하지 않고 복 많이 받으면서 세상에서 인정받고 명예스럽게 살려고 합니다. 그러나 자유인의 길은 그런 길이 아닙니다. 착각하지 마십시오. 실망합니다. 많은 상처를 받게 됩니다. 자유의 주체자로 살아가는 길은 역사에 현존하시는 하나님과 함께 좁은 길을 걸어가는 것입니다. 그러나 거기에는 찬양과 기쁨이 있고 희망과 미래가 있습니다. 이것이 복음의 신비입니다.

우리가 추구하는 공동체는 같은 것들끼리의 연합이 아닙니다. 자유의 삶에서 이루어지는 사귐입니다. 우리는 이 사귐의 삶에서 하나님을 경험하고, 나 자신이 누구인가를 새롭게 보게 되고, 이웃의 소중함을 알게 되고, 모든 피조물의 고귀성에 대해 새롭게 눈을 뜨게 됩니다. 쉽지 않지만 자유인으로서 가야 할 길이며 하나님의 부르심의 길입니다.

할 수 있거든 너희로서는 모든 사람과 더불어 화목하라(롬 12:14-19).

천국 열쇠

지금으로부터 2천여 년 전 빌립보 가이사랴 지방에 제자들과 함께 계셨던 예수님은 베드로의 고백을 들으시고 "나는 이 반석 위에다가 내 교회를 세우겠다"고 하셨습니다. 주님이 말씀하신 반석은 "주는 그리스도시요 살아 계신 하나님의 아들이시니이다"(마 16:16)라는 베드로의 고백입니다. 기독교 역사 2천 년 동안 온갖 시련과 어려움을 견디어 낸 것은 이 고백과 자신을 일치시켜 살아가는 신실한 무리들이 있었기 때문입니다. 이 고백은 마음의 고백이며 행동이 수반되는 신앙적인 삶입니다. 진정한 이 고백이 있는 곳에 주님의 영이 함께하시며, 주님의 영이 함께하시는 곳에 이 고백이 있습니다.

천국의 열쇠는 다른 사람들에게 하나님 나라의 진리를 열어 보일 수 있는 능력을 뜻합니다. 살아 계신 주님의 영에 의해 진정 삶으로 신앙이 고백되는 곳에서 세상 사람들에게 하늘의 문을 열어 줍니다. 그렇지 않을 때 교회는 맛 잃은 소금과 같이 세상 속에서 하늘로 들어가는 문을 닫고, 자기는 물론 사람들도 들어가지 못하게 합니다. 기독교 역사를 돌이켜 보면 맛을 잃은 소금과 같은 교회가 하늘로 들어가는 문을 닫곤 했습니다. 교회의 위기는 밖에 있지 않고 안에 있곤 했습니다.

교회는 이 고백의 무리들의 공동체입니다. 그들은 율법주의에 묶여서 자기 자신의 보존만을 위해서 무엇이든지 착하고 깨끗하게, 자신에게 손해되는 일은 안 하면 끝난다는 이기적인 사람들이 아닙니다. 언뜻 보면 율법주의가 어려워 보이지만 실은 그리스도 안에서 자유인이 되어 가는 것이 더 어려운 길입니다. 살인하지 않는 것은 쉽지만, 사랑의 손길을 내밀기는 어렵습니다. 이웃집 물건을 훔치지 않는 것은 쉽지만, 자신의 소유를 가난한 사람들에게 나누어 주는 일은 어렵습니다. 세금 납부는 쉽지만, 가난한 이들을 섬기는 일은 어렵습니다.

어느 시대에서나 그리스도가 누구이신지를 분명히 알아보고 그를 평생 따르기로 작정한 사람들은 그리스도 안에서 진정 자유인이 되어 갑니다. 그들은 세상 사람들에게 숨겨져 있는 하나님 나라의 진리를 열어 보이는 일을 하는 무리들입니다. 그들이 세상에 존재하는 이유는 오직 그 일을 위해서입니다.

천국 열쇠를 네게 주리니 네가 땅에서 무엇이든지 매면 하늘에서도 매일 것이요(마 16:13-20).

어떤 그리스도인입니까

영국의 의사 크로닌(A. J. Cronin)이 쓴 《천국의 열쇠》라는 소설이 있습니다. 아주 대조적인 두 사람의 주인공이 등장합니다. 성공, 출세와 같은 행위를 추구해 가는 안젤모와 존재를 추구해 가는 치섬입니다. 두 사람 다 신학을 마치고 사제 서품을 받았습니다. 안젤모는 사제로서 명성과 인기를 추구해 가고, 치섬은 중국 오지에 가서 가난하고 어려운 사람들의 친구로 그들을 섬기며 살다가 두 사람 다 은퇴해 고향으로 돌아옵니다. 안젤모는 화려한 경력을 배경으로 성공한 신부로, 치섬은 인간적으로 내세울 것 전혀 없는 소박한 모습으로 왔습니다. 저자는 두 사람의 삶을 대조하면서 일관성 있게 질문을 던집니다.

"둘 중 누가 천국의 문을 열어 가며 살아가고 있는가? 누구의 삶에 의해서 천국의 문이 열리고 있는가?"

"주는 그리스도시요 살아 계신 하나님의 아들이시니이다"(마 16:16)라는 고백은 그리스도 안에서 하나님과 사귐의 삶을 발견한 사람, 자신의 인생의 목적과 길을 찾은 사람, 그리고 자신을 넘어 그리스도와 함께 평생 살아가기로 작정한 사람들의 고백입니다. 그 위에 진정한 교회가 세워진다는 것입니다. 거기에 의해서 천국의 문이 열릴 수도 있고 닫힐 수도 있습니다.

우리는 이 시대에 주님을 따르는 무리들로 부름을 받은 사람들입니다. 우리에게 문제가 되는 것은 '우리는 어떤 유형의 그리스도인들인가? 어떤 무리의 집단인가?'라는 질문입니다. '우리의 정체성이 이 역사 속에서 무엇인가? 우리는 무엇을 추구해 가는 사람들인가? 우리는 무엇 하는 사람들이며, 누구를 따르며, 누구를 닮아 가는 사람들인가?' 그런 질문이 항상 우리에게 대두되고 있고, 언제나 진지하게 답변할 수 있어야 합니다.

오늘도 하나님의 영은 계속해서 만물을 새롭게 해 가시면서 우리를 동역자로 부르고 계십니다. 중요한 것은 '나는 누구를 따르고 있는가? 무엇을 고백하며 살아가고 있는가?'입니다. 주님과 더불어 평생을 살아가겠다고 나서는 사람으로 바뀌어야 합니다. 이것이 변화입니다. 하나님의 영은 지금도 계속해서 쉬지 않고 만물을 새롭게 하시는 그의 역사를 이루어 가고 계십니다. 우리의 믿음과 희망과 사랑은 바로 거기에 있는 것입니다.

너희는 나를 누구라 하느냐(마 16:13-20).

누구를 위한 희생입니까

오스왈드 챔버스(Oswald Chambers)는 "우리 마음이 하나님의 바른 목적을 추구하는 데 힘쓰며, 우리 가슴이 하나님의 일에 쏟는 사랑으로 채워져 있지 않는 한 우리는 하나님께 쓸모없는 일꾼으로 전락하게 된다"고 했습니다. 그리스도의 병사는 하나님의 목적에 자신을 드립니다. 하나님이 나를 가지셨기에 하나님은 당신이 원하시는 대로 굽히고, 깨뜨리고, 모양을 만들며 일해 가십니다. 그는 나의 사람이라고 말씀하시기 위해서입니다. 그리스도의 병사는 삶의 상황에서 생기는 갈등을 주님의 훈련으로 받아들여야 합니다. 그렇게 하는 것이 그리스도께 충성하는 것입니다.

자아를 위한 희생에는 허무, 공허와 함께 상실감이 있습니다. 그러나 주님을 위한 희생에는, 자신을 하나님께 희생 제물로 드리는 것이므로 하나님 나라가 선물로 있습니다. 많이 희생하고 많이 주었는데 세상 것으로부터 점점 자유로워지면서 삶이 충만합니다. 그러나 자아를 위해 희생할 때 겉으로는 모든 것으로부터 초연한 것 같은데 내적으로는 집착이 더 많아지고 불안이 더 커집니다. 그리스도의 병사는 다른 사람으로 인해 시험에 들어서는 안 됩니다. 즉 다른 사람을 사랑하고 섬기기로 마음을 먹었다든지, 어려운 사람을 돕기로 했다든지, 어떤 것이라도 이해하고 받아들이기로 했다면 주님을 위해 그 일을 해야 합니다.

우리의 생은 어떻게 살든 희생을 치르면서 살아야 하는 생입니다. 문제는 그 희생이 '무엇을 위한, 누구를 위한 것인가?'입니다. 그리스도인으로 사역도 중요하지만 그보다 더 중요한 것은 누구를 위한 사역인가입니다. 인간으로 한평생 안정되게, 자유롭게 사는 것도 중요하지만 '나의 생을 누구를 위해 소모하며 살아가고 있는가?'라는 문제는 매우 중요한 문제입니다. 생을 살아가는 데 안정, 건강, 번영 등은 좋은 것입니다. 그런데 그리스도인에게는 그 자체가 목적이 되어서는 안 됩니다. '나는 지금 누구를 사랑하고 있는가? 나는 무엇을 목적으로 이러한 것들을 추구하고 있는가?'를 물어야 합니다. 생의 이 시점에서 이 문제를 다시 한 번 정리하고 이후 남은 시간을 살아가야 합니다. 그래야만 우리의 생을 상실하지 않게 됩니다.

너는 그리스도 예수의 좋은 병사로 나와 함께 고난을 받으라(딤후 2:1-13).

보혜사 성령

"우리는 어떻게 기도해야 할지도 알지 못하지만, 성령께서 친히 이루 다 말할 수 없는 탄식으로, 우리를 대신하여 간구하여 주십니다"(롬 8:26, 새번역). 성령은 우리 안에 하나님이 거하시도록 하는 갈망을 심어 주십니다. 참된 기도는 성령에 의해 활력이 불어넣어지므로 성령으로 인도됨이 없이는 기도를 할 수 없습니다. 기도는 하나님께 직접 아뢰거나 대화하는 것보다 더한 어떤 것입니다. 기도는 하나님을 향해 우리의 온 존재로부터 열정적으로 부르짖는 것입니다. 기도는 단지 경건한 말이 아니라 성령의 능력 안에서 이루어지는 하나님과의 실제적인 대화입니다.

칼 바르트(Karl Barth)는 "성령이 탄식하고 부르짖고 기도하지 아니하고는 그가 우리의 조직 안에, 우리의 신학 안에, 심지어 우리의 의식 안에 현존하실 것이라는 생각은 하지 말아야 한다"고 했습니다.

우리는 성령이 우리의 삶에 그의 은사들을 나타내 보이시므로 기도하지 않으면 안 됩니다. 그 결과 우리는 그의 증인으로 인정받게 될 뿐만 아니라 그의 증인이 되지 않을 수 없습니다. 그 결과 우리의 기도는 의미 있는 것이 되고 효과적인 것이 됩니다.

지금 처해 있는 좋지 않은 어떤 상황에 압도되어 기도가 되지 않습니까? 아니면 세상적인 분주함으로 기도를 외면하고 신앙생활을 하고 있지는 않습니까? 그것조차도 정직히 성령께 내어놓고 기도의 자리로 나아가십시오. 거기서 하나님과의 교제를 회복하십시오.

239

오직 성령이 말할 수 없는 탄식으로 우리를 위하여 친히 간구하시느니라(롬 8:26-27).

인간적 기대를 넘어서는 길

동서양을 막론하고 가정에서 부모를 공경하는 일은 인간이 지켜야 할 기본 도리입니다. 그런데 예수님은 "누구든지 내게로 오는 사람은, 자기 아버지나 어머니나, 아내나 자식이나, 형제나 자매뿐만 아니라, 심지어 자기 목숨까지도 미워하지 않으면, 내 제자가 될 수 없다"(눅 14:26, 새번역)며 인간으로서 기본 삶의 질서를 해체하는 말씀을 하십니다.

이 말씀은 아마도 가족 관계에서 부모와의 관계가 짐스럽거나, 부부의 관계가 원만하지 못하고, 자식과의 관계에 갈등이 많고, 형제자매의 관계가 적대적인 사람들의 경우에는 그들의 잘못된 삶을 합리화시킬 수도 있습니다. 이 말씀의 깊은 뜻은 궁극적 삶의 성취는 재물이나 혈연관계를 넘어선다는 것을 일깨워 주시는 것입니다.

사람들은 누구나 인간의 행복을 남편의 사회적 성공, 그에 따른 재물의 여유, 그리고 부모가 기대하는 대로 자녀들이 곁길로 가지 아니하고 자랑스럽게 성장하는 데서 찾고 있습니다. 그러한 데서 부부의 관계도 행복해질 수 있다고 생각합니다. 그래서 남편은 아내와 자녀의 기대에 부응하려고 노력하고, 아내와 자녀들은 남편과 부모의 기대에 어긋나지 않으려는 부담을 느끼며 살아갑니다. 가정의 행복을 위해서는 가족 구성원 서로가 자신이 원하는 것보다 상대의 요구에 더 신경을 쓰면서 살아가야 합니다.

그런데 예수님은 진정한 삶의 실현과 성취는 하나님 나라를 받아들이는 데 있음을 말씀하십니다. 사람들은 가정의 불화와 갈등의 요인이 가족 구성원들이 서로의 요구를 받아들이지 않는 데 있다고 생각합니다. 그러나 예수님의 말씀은 누구든지 진정 자신의 삶을 실현하려 하고, 가정 본래의 행복을 원하는 사람은 혈연관계를 공고히 하는 데 그 목적이 있지 않다고 말씀하십니다. 혈연관계가 하나님의 뜻보다 더 중요시되기 때문에 우리는 진정한 삶의 성취에 도달하지 못합니다. 그리스도를 따르는 것은 어느 시대에서나 인간적인 요구에 대해 매우 배타적입니다.

자기 부모와 처자와 형제와 자매와 더욱이 자기 목숨까지 미워하지 아니하면(눅 14:25-26).

자기 십자가를 지는 일

여수 애양병원의 제10대 원장은 미국인 선교사 토플(Stanley C. Topple), 한국 이름으로 도성래라는 분입니다. 그는 1959년 10월 1일에 부임해서 1981년 5월 30일 은퇴했습니다. 그는 미국 애틀랜타에 있는 에모리대학교 의과대학 졸업반 때 한국에 오기로 결심했습니다. 학교 신문에 당시 애양병원 원장인 켈리 운거(Kelly Unger)의 후임을 구한다는 기사를 읽고 기도하는 가운데 한국에 가서 나병 환자를 위해 일하기로 했습니다.

그의 뜻을 가족들과 약혼자에게 이야기했을 때 모두 반대했습니다. 그럼에도 그는 하나님의 부르심을 포기하지 않고 졸업 후에 한국으로 왔습니다. 물론 약혼자와도 헤어졌습니다. 그의 가족들은 매우 섭섭했을 것입니다. 어쩌면 그의 부모님에게는 자식을 의학 공부까지 시켜 놓았는데 부모를 배신했다는 배신감도 느껴졌을 것입니다. 토플 선교사의 가족과 약혼자는 그들의 행복이 자신들의 요구를 토플이 받아들이는 것이라 생각했을 것입니다. 그러나 토플과 그의 가족들의 진정한 삶의 의미와 목적은 보다 깊은 데 있었습니다. 그것은 하나님의 뜻을 받아들이는 데 있었습니다.

토플의 결단은 조용한 가정, 안정된 가정, 미래에 더 행복해질 수 있는 삶에 분열과 갈등을 가져왔다고 생각할 수 있습니다. 그러나 이 세상에서 그리스도를 믿는 사람들의 생의 진정한 목적과 의미는 하나님의 나라에 있습니다. 우리 그리스도인들은 예수님이 지신 십자가와 같은 속죄와 구원을 위한 십자가는 질 수도 없고, 그러한 십자가는 우리의 몫이 아닙니다. 그러나 하나님 나라를 위해 우리가 져야 할 십자가가 있습니다. 토플이 져야 할 십자가는 안정된 삶과 결별하는 일, 가족 관계를 떠나는 일이었고, 한국에 와서 주님과 함께 나병인들의 친구가 되어 그들을 그리스도의 사랑으로 돌보는 일이었습니다. 그러한 삶이 곧 십자가의 삶입니다.

하나님 나라를 위해 살아가려고 결단한 사람에게는 반드시 져야 할 십자가가 있습니다. 그 짐이 하나님 나라를 위해 자신이 부름 받았다는 표식이 되기도 하지만 삶에 기쁨이 있고 하늘이 열립니다. 우리는 언제나 '내가 주님께 신실한가? 어떤 상황에서나 주님과 함께 있는가?' 물어야 합니다.

자기 십자가를 지고 나를 따르지 않는 자도 능히 내 제자가 되지 못하리라(눅 14:27).

제자가 되는 길

우리 시대에서 그리스도를 따르고자 하는 사람이면 누구에게나 부딪히는 문제가 있습니다. 자신이 피땀 흘려 일구어 놓은 것을 다른 이들을 위해 내놓을 수 없다는 소유에 대한 집착입니다. 그 집착에 묶여 있는 사람을 하나님이 부르셨을 때 그가 결단하고 떠나기란 매우 어렵습니다. 그래서 예수께서는 "자기 소유를 다 버리지 않으면, 내 제자가 될 수 없다"(눅 14:33, 새번역)고 하셨습니다.

존재와 소유의 문제는 우리가 주님을 따르고자 할 때 언제나 문제로 대두됩니다. 주님을 따르고자 하는 사람은 가족의 요구도 다 들어주고 주님의 부르심에도 응할 수 있다고 생각해서는 안 됩니다. 가족의 관계에서뿐만 아니라 모든 사회적 관계에서도 하나님의 뜻은 모든 것의 요구보다 우선합니다. 그래서 하나님의 뜻이 사회생활에서 역설적이기도 하고 배타적이기도 합니다.

인간의 진정한 자기실현은 혈연관계를 넘어서는 데서 이루어집니다. 사람들은 자기실현을 목적으로 열심히 소유해 갑니다. 재물도 소유하고 자녀들도 소유해 갑니다. 그러나 그것을 소유하고도 진정한 내적 자유와 평강, 자족이 없고, 그것을 내놓을 만한 그 무엇과 대면하지 못하기 때문에 이루어 놓은 관계에 계속 머물러 있으려 하고, 소유한 것을 놓지 않으려고 합니다. 그러다가 자식에 대한 배신감, 소유를 잃어버린 데 대한 분노에 사로잡히게 되기도 합니다. 결국 소유에 지배당하게 되고, 인간 성취가 관계의 노예에 머무는 것으로 끝나게 됩니다.

하나님 나라는 그 너머에 있습니다. 주님을 따르고자 하는 사람은 현실 관계를 넘어서 오고 있는 하나님 나라를 보아야 합니다. 예수님의 제자가 되기 위해서는 그 어떤 값을 지불해야 합니다.

자기의 모든 소유를 버리지 아니하면 능히 내 제자가 되지 못하리라(눅 14:28-33).

예수님을 따른다는 것은

주님을 따르고자 하는 사람들에게 언제나 갈등으로 대두되는 문제가 포기
입니다. 어린 시절부터 본의 아니게 자신의 생의 계절을 향유하지 못하고
성인이 된 사람에게 포기라는 말은 너무 잔인하게 느껴질 수 있습니다. 그
러한 사람들에게 주님의 "모든 것을 포기하고 나를 따르라"는 말씀은 자신
들에게는 해당되지 않는 말씀처럼 들립니다. "나는 어린 시절부터 아무것
도 소유해 본 적이 없는데 무엇을 포기해야 합니까?"라고 반문할 수 있습
니다. 그들에게 주님의 이 말씀은 포기라기보다는 소유라는 말로 바꾸어
야 합니다. 주님은 그러한 사람들에게 이렇게 말씀하실 것입니다.
"너는 나를 소유해라. 그래야 네가 상실한 것을 다 찾을 수 있다. 거기에 너
의 안정, 평강, 자유가 있느니라."
반대로 어린 시절부터 자신의 생을 향유하면서 자기실현을 이루어 오고 있
는 사람일 경우, 사회적으로 성공해 명예도 얻고, 재물도 얻고, 자녀들에
대한 기대도 이룬 사람일 경우, 주님은 그에게 이렇게 말씀하십니다.
"네가 찾고 있는 행복은 네가 몸담고 있는 그 울타리 안에는 없다. 그 너머
에 있다."
우리가 모든 것을 포기하고 예수님을 따른다는 것은 부분적인 것, 즉 조각
을 가지고 살아가다가 온전한 것을 찾게 된다는 뜻입니다. 그리고 나의 삶
의 원형을 비로소 발견한다는 뜻입니다. 우리는 나의 원형을 발견할 때 우
리 자신의 삶을 바르게 성취해 갈 수 있습니다. 주님은 나의 삶의 원형이십
니다. 나의 삶이 그 원형과 일치를 이루어 갈 때 진정한 나 자신으로 되어
갈 수 있습니다. 주님을 따르기를 거부한다는 것은 온전한 삶, 나의 원형,
그리고 영원한 생명을 포기하는 것입니다.
우리는 우리의 것을 잃어버리지 않기 위해 주님을 믿습니다. 그를 통해 우
리가 소유한 모든 것에 대한 안전을 보장받으려고 합니다. 그런데 우리의
삶에 주님이 주인이 되시지 않으면, 그 어떤 것도 나의 것이 되지 못합니
다. 우리의 생명, 소유, 건강, 자녀, 명예 모두 주님의 것입니다. 모든 것이
주님으로부터 왔습니다. 우리는 단지 관리인입니다.

너희는 하나님과 재물을 겸하여 섬길 수 없느니라(눅 16:13).

오직 하나님으로만

그리스도인인 우리는 신앙생활의 경력을 많이 자랑합니다. 오랜 기간의 목회, 수년간의 항존직 봉사, 성가대 및 주일학교 근속 봉사, 수년간의 해외 선교, 국내 선교, 수도 생활 등이 있습니다. 그러나 그러한 사역이나 봉사에 '얼마나 오랜 기간 머물러 있었는가?'보다 더 중요한 것은 그러한 사역 기간에 '누구를 만났으며 어떤 사람이 되었는가?'입니다. 그러한 봉사에서 '하나님을 평생 마음과 뜻과 힘을 다해 신뢰할 수 있게 되었는가? 오랜 기간 그러한 사역을 해 오면서 다른 사람이 보지 못하는 것을 볼 수 있었는가?'가 중요합니다.

우리는 지난날 가지고 있던 열심이나 확신이 없어졌기 때문에 한탄할 때가 있습니다. 특히 학생 시절에 열심히 교회에 출석했지만 현재는 그렇지 못한 자신을 보게 됩니다. 청소년 시절에 열심이었던 것이 하나님 때문이었을까요? 사실 그렇지 않습니다. 청소년 시절에 열심이었던 것은 감성, 이성에 대한 호기심, 영웅심, 두려움, 불안이 교회를 떠나지 못하게 한 것이었습니다. 나중에 그러한 것들이 다 사라지고 나면 교회에 머물러야 할 이유가 없어지기 때문에 자연히 교회를 떠나게 됩니다.

교회에 출석하는 신자들의 문제는 자신의 문제에 너무 집착하다 보니 하나님을 보지 못한다는 것입니다. 그렇지 않으면 교회의 복잡한 문제에 너무 몰두하다 보니 비본질적인 것에 온통 시간을 쏟게 되고, 본질적인 것은 놓치고, 결국 하나님을 보지 못하게 됩니다. 그래서 하나님을 신뢰하는 일로부터 점점 멀어지게 되고 갈등, 잡담, 다른 사람의 이야기로 세월을 보내게 됩니다.

참된 믿음과 소망은 자신이 가지고 있던 신념의 체계, 신학적 체계, 자신의 존재 기반으로 삼았던 것들이 다 무너진 후에 하나님을 만나는 데서 시작됩니다. 그러한 믿음과 소망에서 하나님에 대한 신뢰가 싹트기 시작합니다. 하나님을 신뢰함에는 그 까닭이 세상적인 것은 아무것도 없습니다. '오직 하나님으로만'입니다.

주여 옳소이다마는 상 아래 개들도 아이들이 먹던 부스러기를 먹나이다(막 7:24-30).

천국 시민

그리스도인들은 이 세상에서 오고 있는 하나님 나라를 기다리며 살아가는 특별한 소망을 가진 사람들입니다. 그리스도인들은 과거를 살지 않고 현재를 사는 사람들입니다. 그들은 과거를 살지 않고 현실에 충실하게 살면서 주님과 함께 오고 있는 하나님 나라를 향해 계속 현실을 넘어서 창조적 삶을 살아가는 사람들입니다. 그들은 현실에 충실하지만 현실에 안주하지 않고 오고 있는 하나님 나라를 향해 나아가는 사람들입니다. 그들의 삶의 완성은 자신이 설정한 이상과 계획을 넘어서 그들을 부르고 계시는 그리스도 안에 있습니다. 그러나 그 새로운 삶이 율법적으로 완전하게 되는 것이 아닙니다. 그것은 부활하신 그리스도 안에서 계속 되어 가야 하는 약속의 과제입니다.

그리스도인들은 세상에 살면서 그리스도 안에 있는 그 새로운 삶으로 부르심을 받고 있습니다. 그 새로운 삶은 우리 안에 계시는 성령의 능력으로 계속해서 창조되어 가는 삶입니다. 성령은 우리를 그리스도의 장성한 분량에 이르도록 지속적으로 만들어 가십니다. 그러한 의미에서 그리스도인들은 하나님의 작품입니다. 성령은 우리를 하나님이 의도하신 온전한 작품으로 만들어 가십니다. 성령의 인도하심 가운데 있는 그리스도인의 삶은 처음에는 전망이 매우 넓습니다. 그러나 점점 섬세해지면서 구체적으로 되어 갑니다. 이것은 조각가가 어떤 작품을 만들기 위해 재료를 발견해서 그 재료 속에 숨겨진 상을 드러내는 과정과 같습니다. 조각가가 그가 의도한 작품을 만들기 위해 재료를 그의 앞에 갖다 놓았을 때 재료 전체가 조각의 대상이 됩니다. 그러나 그가 의도한 상을 만들어 가기 시작하면서 점점 전체 재료에서 많은 부분이 깎이면서 범위가 좁혀지게 됩니다.

우리 안에서 역사하시는 성령의 창조는 처음에는 매우 개괄적이면서 점차 회개와 포기와 버림을 통해 우리를 섬세하게 만들어 갑니다. 그러면서 우리를 하나님이 의도하신 작품이 되게 합니다. 성령에 의해 창조되어 가는 나는 하나님의 선물임을 알 때 기쁨과 감사가 있습니다. 하나님에 의해 용서되고, 받아들여지고, 치유되어 가고, 상실된 것이 보상되면서 자신은 물론 타인과 화해하고, 자연과 더불어 사는 것을 배워 갑니다.

우리의 낮은 몸을 자기 영광의 몸의 형체와 같이 변하게 하시리라(빌 3:17-21).

하나님 나라의 대사

그리스도인들은 이 세상에서 하나님 나라의 대사입니다. 그리스도인들은 하나님 나라의 대사로 이 세상에 파송된 사람들입니다. 대사의 역할 가운데 중요한 것은 자기 나라의 정치, 경제, 문화를 파송된 나라에 잘 알리는 일입니다. 그리고 좋은 관계를 유지해 가도록 하는 일입니다. 그뿐만 아니라 대사는 그 나라에 있는 자기 나라 백성의 안전과 권익에 불이익을 당하지 않도록 보호해 주는 일을 합니다.

하나님 나라의 대사로서 그리스도인들은 이미 실현된, 그러면서 오고 있는 하나님 나라에 대해 이 세상 사람들이 적대감을 갖지 않고 우호적이 되도록 힘써야 합니다. 하나님 나라에 호감을 갖게 하고, 그 나라의 시민권을 갖고 싶어 하게 해야 합니다.

하나님 나라 대사는 세상의 시민권을 가진 사람들이 하나님 나라의 시민권을 받을 수 있도록 도와주어야 합니다. 그렇게 하기 위해 하나님 나라의 유학생들이 많게 해서 하나님 나라의 시민으로서의 생활 방식으로 살아갈 수 있도록 도와야 합니다. 그렇게 하는 것은 세상 나라에 대해 반항하게 하고 세상 질서를 파괴하는 사람들을 만들기 위함이 아닙니다. 오히려 세상의 문화와 질서를 건전하게 창조해 가는 시민들이 되게 하기 위함입니다.

그러므로 우리가 그리스도를 대신하여 사신이 되어(고후 5:17-21).

중보자로 살아야 하는 사람

하나님 나라의 시민은 이 세상에서 중보자들입니다. 그리스도인들은 이 세상에 살면서 하나님 나라와 세상 나라 중간에서 끊임없이 중보자로 살아가야 합니다. 그렇게 하려면 세상 나라를 위해 중보의 기도를 쉬지 않아야 합니다. 세상 사람들이 하나님의 뜻을 따라 살아가도록, 가난한 자와 억눌린 자들이 억압을 받지 않도록, 권세를 잡은 자들이 하나님이 기뻐하시는 정치를 해 가도록 쉬지 않고 기도해야 합니다. 그리고 세상에 있는 교회들이 화해와 일치 가운데서 하나님의 영광을 드러내도록 열심히 기도해야 합니다.

그리스도인들이 세상에서 소홀히 할 수 없는 사역이 중보 기도입니다. 기독교 역사에서 성인들은 그들이 중보의 기도를 쉬지 않기 때문에 세상이 멸망하지 않고 질서를 유지해 간다는 확신을 가지고 있었습니다. 그래서 그들은 수도원에서 하루하루 수도 생활을 하면서 중보의 기도를 매우 중요시해 왔습니다. 소돔과 고모라에서 하나님이 찾고 계시던 의인 열 사람은 그 시대에 눈물을 흘리면서 기도하는 중보자들이었습니다. 하나님이 찾으신 열 사람이 없어 결국 소돔과 고모라는 멸망했습니다.

우리는 중보 기도를 할 때 체념과 좌절에서가 아닌 하나님에 대한 깊은 신뢰와 희망 가운데서 기도해야 합니다. 하나님의 뜻이 하늘에서와 같이 이 땅에서 이루어지도록 기도해야 합니다. 사도 야고보는 의인의 기도는 역사하는 힘이 크다고 했습니다(약 5:16).

내가 이제 여호와께로 올라가노니 혹 너희를 위하여 속죄가 될까 하노라(출 32:30-32).

평화를 창출해 가는 사람

그리스도인들은 세상에서 평화를 만들어 가는 사람들입니다. 산상수훈에서 예수님은 "평화를 이루는 사람은 복이 있다. 하나님이 그들을 자기의 자녀라고 부르실 것이다"(마 5:9, 새번역)라고 하셨습니다.

1979년도 노벨 평화상 수상자로 테레사 수녀가 선정되었을 때 그해 〈뉴스위크〉 지는 "노벨 평화상이 제정된 이래 가장 적절한 인물에게 상이 수여되었다"고 평했습니다. 일반적으로 평화라 할 때는 전쟁의 반대 개념으로 생각합니다. 그러나 산상수훈에서 예수님이 말씀하신 평화는 행복한 삶과 건전한 사회를 위한 모든 요건들을 의미합니다. 행복한 삶과 건전한 사회를 위한 사회적 요건으로는 전쟁, 질병, 기아, 폭력이 없어야 합니다. 그리고 개인적으로는 기쁨, 희망, 사랑, 삶의 의미를 경험해야 합니다. 평화는 인간의 온갖 고통으로부터 벗어나는 것이 아니라 모든 좋은 것을 향유하는 적극적인 의미가 있습니다.

평화 애호가들과 평화를 만들어 가는 사람들과는 근본적인 차이가 있습니다. 평화 애호가들은 고통스러운 세상을 도피해 가면서 사는 도피주의자이거나, 정치적 독재자들이 될 수도 있습니다. 인류 역사에서 독재자들이 내세운 슬로건이 "인류 평화"입니다. 그들은 인류의 평화를 위해 남의 영토를 짓밟고, 인권을 유린하고, 많은 무고한 생명을 죽였습니다.

화평케 하는 자들은 평화 애호주의자들이 아닙니다. 그들은 모든 사람들이 보다 더 살기 좋은 세상을 만들기 위해 힘쓰는 사람들입니다. 고난이나 위협을 피하지 않고 그것에 정면으로 대면해서 그 한가운데를 통과해 걸어가면서 평화를 창출해 가는 사람들입니다. 우리 인간에게는 온전한 평화의 세상을 창조할 수 있는 능력이 없습니다. 오직 하나님만이 하실 수 있습니다. 평화는 인간의 속성이 아닌 거룩한 하나님의 속성입니다. 이 속성은 내재적인 것이면서 객관적이고 역사적 의미까지 포함하고 있습니다.

평화를 위해 일하는 하나님 나라의 시민들은 자신이 평화를 창조하는 능력이 없음을 잘 알고 있습니다. 그들의 희생이 역사의 방향을 바꾸어 놓지 못한다는 것도 알고 있습니다. 그러나 그들은 하나님 아버지의 자녀로서 자기 아버지의 일에 충성을 다해 동참해 가는 것으로 기뻐하고 즐거워합니다.

우리가 화평의 일과 서로 덕을 세우는 일을 힘쓰나니(롬 14:17-19).

섬기는 자로 살아야

하나님 나라의 시민권을 가진 그리스도인들은 세상에서 섬기는 자로 살아갑니다. 섬기는 자로 살아간다는 것은 자신을 희생한다는 것이 아닙니다. 여기에는 지도력이 포함되어 있습니다. 세상의 독재자들은 사람들을 그들의 목적을 달성하기 위해 강압적으로 굴복시킵니다. 그러나 그들의 마음은 사로잡지 못합니다.

그러나 하나님 나라의 시민은 어느 분야에서 일하든지 섬기는 자의 자리에 있으면서 함께 일하는 동료들에게 위로와 희망, 이해와 사랑을 주면서 자기가 속한 팀을 조화롭게 이끌어 갑니다. 거기에는 서로 다른 배경에서 다른 습관을 가진 사람들이 모여 있지만 조화와 안정, 새로운 의미를 창출해 가게 됩니다.

우리는 이 세상에서 한국 국적을 가진 한국 시민으로 살아가지만, 그것보다도 더 중요한 하나님 나라의 시민권을 가지고 살아가는 사람들입니다. '내가 이 세상에 사는 날 동안 하나님 나라의 시민으로서 제구실을 하고 있는가?' 우리는 이러한 질문을 늘 자신에게 해야 합니다. '나를 이 세상에 파송해 주신 하나님의 뜻을 내가 찾고 그 뜻을 위해 헌신하고 있는가?' 그것을 늘 생각해야 합니다. 그러면서 오고 있는 하나님의 나라를 늘 대망하면서 살아가는 우리 삶의 자세와 삶의 방식을 만들어 가야 합니다.

누구든지 크고자 하는 자는 너희를 섬기는 자가 되고(막 10:43-45).

하나님이 사람을 부르실 때

우리가 살고 있는 사회의 직장에서 일꾼을 뽑을 때에는 일정한 자격 기준이 있습니다. 즉 학력, 경력, 신체 조건 등입니다. 직장에서 요구하는 조건들은 대부분 외적인 것들입니다. 그러한 기준에 맞지 않을 때에는 아무리 자신이 그 직장에서 일을 하고 싶더라도 할 수 없습니다.

그러나 하나님의 부르심에는 그렇지 않습니다. 하나님이 사람을 부르실 때에는 사회의 직장에서와 같이 외적인 것을 기준으로 하시지 않습니다. 어떻게 보면 하나님께는 기준이 없으신 것같이 보이기도 합니다. 그렇게 생각되는 이유는 하나님이 사람을 쓰실 때 그 사람의 능력을 보시지 않기 때문입니다.

오히려 자신이 능력이 있다고 생각하거나, 자기는 하나님의 일을 할 수 있는 자격을 갖추었다고 생각하는 사람은 그러한 생각을 버리지 않고는 하나님의 일에 동참할 수 없습니다. 하나님이 사람을 부르실 때에는 이미 그가 가지고 있는 것들이 다 무익한 것으로 드러나게 됩니다. 그 이유는 우리가 하나님의 일을 할 수 있게 되는 것이 우리 자신의 능력이 아니고 하나님이 주시는 능력으로 하는 것이기 때문입니다.

하나님이 사람을 부르실 때에는 외면을 보시지 않고 이면을 보십니다. 사람의 외면은 흠이 없고 아름답고 강하고 완전해 보입니다. 그러나 보이지 않는 이면에는 상처와 허물, 약함, 불순한 동기, 욕망이 있습니다. 하나님은 우리의 그러한 면을 정죄하지 않으시고 그럼에도 불구하고 우리를 부르십니다.

하나님은 우리를 사랑하시고 그의 거룩한 목적을 위해 지으셨기 때문에 그 목적을 위해 우리를 부르십니다. 신학을 공부해 가면서 더욱더 확실해지는 것은 결국 하나님을 알아 가는 것, 그의 뜻을 보다 깊이 헤아릴 수 있게 되어 가는 것, 겸손이 무엇인지를 깨달아 가는 것입니다. 그리고 신학 지식으로 하나님의 일을 하는 것이 아니고 하나님의 사랑, 그의 능력으로 하나님의 일을 하게 된다는 사실을 깨달아 가는 것입니다. 하나님의 일을 하게 될 때 우리는 오히려 기존의 우리의 것을 모두 내려놓게 됩니다.

내가 또 주의 목소리를 들으니 주께서 이르시되 내가 누구를 보내며(사 6:1-13).

나의 정체성

우리가 하나님의 일을 하면서 섬김의 직(職)이 귀하고 아름답기 때문에 감사와 긍지가 있는 것이 아니라 다른 사람보다 낫다는 것으로 자만심을 가질 수 있습니다. 그래서 그러한 것들이 무너져 내릴 때 주눅이 들거나 열등감이 생겨 섬김의 일을 감당할 수 없습니다. 자기 자신이 완전히 없어지는 것으로 생각되기 때문에 좌절합니다. 결국 전 총회장, 전 국회의원, 전직 장관 등 과거의 것을 들먹이며 살아갑니다. 하나님 앞에서 이러한 것들은 진정 아무것도 아닙니다. 새번역성경에 따르면, 사도 바울은 이러한 것들을 오물로 규정했습니다.

하나님께 우리 한 사람 한 사람은 유일하고 존귀한 존재입니다. 그것은 나의 학벌, 나의 사회적 지위, 나의 미모, 나의 재능 때문이 아닙니다. 하나님이 사랑으로 나를 유일한 존재로 지으셨고, 하나님의 목적을 위해 지으셨기 때문에 귀한 존재입니다. 그것을 깨닫게 될 때 우리는 나 자신의 고귀성을 알게 됩니다. 그러한 깨달음에서 흔들리지 않는 정체성과 자유를 갖게 됩니다.

하나님이 나를 사랑하시며, 나를 기뻐하신다는 사실을 아는 것 이상 더 확실하고 불변하는 정체성은 없습니다. 이러한 정체성은 우리를 매우 자유롭게 하고 떳떳하게 만듭니다. 하나님으로부터 부르심을 받은 사람은 이러한 정체성 때문에 하나님의 일을 할 수 있습니다. 이러한 정체성은 어떤 비천한 자리에도 아무런 자격지심을 느끼지 않고 머물게 합니다.

너희가 전에는 백성이 아니더니 이제는 하나님의 백성이요(벧전 2:9-10).

소명의 길

하나님이 우리를 부르실 때에는 우리 자신으로 부르십니다. 내가 아닌 다른 사람으로 부르시지 않습니다. 하나님은 우리 한 사람 한 사람을 유일한 존재로 만드셨습니다. 유일하기 때문에 나를 필요로 하십니다. 다른 사람과 비교해서 더 낫기 때문에 나를 부르시지 않습니다. 만약 우리가 '나는 다른 사람보다 더 낫기 때문에 하나님이 나를 사랑하시고 나를 부르셨다'고 생각하면 그것은 착각입니다.

우리가 세상에 태어난 것은 내가 무엇이 되기 위해서가 아니라, 하나님의 사랑과 그의 필요 때문입니다. 하나님께 우리 각자는 쓸모없는 존재가 아닌 오직 유일한 존재로서 필요합니다. 내가 살아야 하는 이유는 하나님께 오직 유일한 나이기 때문입니다.

우리는 무엇인가에 기여하기 위해 지음을 받았습니다. 우리는 우리가 살고 있는 세상이 내가 있음으로 좀 더 나아지게 하기 위해 지음을 받았습니다. 그렇게 하기 위해 우리는 우리의 삶을 무엇인가를 위해 내놓아야 합니다. 그것이 직장, 취미, 명성, 스포츠, 예능이 될 수 있습니다. 그러나 그러한 것들 자체가 목적이 될 수는 없습니다. 그 어떤 것도 영원한 의미를 지니지 못합니다. 우리는 그러한 것들을 하나님을 섬기는 통로로 사용할 수 있습니다.

하나님의 부르심에 응답해 가기 위해 우선적인 것이 우리 자신을 부인하는 것입니다. 우리가 자신을 부인해 가는 지혜를 익힐 때 '사람의 헤아림을 뛰어넘는 하나님의 평화와, 사랑으로 점철되어 가는 삶, 영원한 하나님의 통치를 최우선으로 하여 매사를 바라보는 믿음, 아무리 절망적인 상황 가운데서라도 쓰러지지 않는 소망, 옳은 것을 하고자 하는 능력과 악의 세력에 대적하는 힘'을 하나님으로부터 공급받게 되기 때문입니다.

우리가 자신을 부인하는 지혜를 터득하지 못할 때에는 '누가 나의 필요를 채워 줄까?'에 관심이 있습니다. 그러나 자신을 부인하는 삶을 터득해 가면 '내가 누구의 필요를 채워 줄까?'로 점점 바뀝니다. 우리 모두 지상에서의 삶이 끝나는 날 하나님 앞에 설 것입니다. 그때 하나님은 우리가 얼마나 다른 사람을 잘 섬겼느냐에 따라 우리의 삶을 평가하실 것입니다.

누구든지 나를 따라오려거든 자기를 부인하고(막 8:34-38).

증인으로서 그리스도인

우리가 복음서를 읽어 보면 예수님이 하나님의 아들 되심을 세상에 드러내신 것은 예수님 자신이 아닌 하나님이셨습니다. 하나님이 성령을 통해 예수님이 하나님의 아들 되심을 증언하셨습니다. 예수님을 통해 일어난 이적 기사는 그러한 사실을 증언해 줍니다. 하나님은 예수님을 죽은 자 가운데서 살리심으로 그가 하나님의 아들 되심과 모든 인류의 구주가 되시며, 장차 심판자로 오실 분이심을 증언하셨습니다.

하나님으로부터 증인으로 부르심을 받은 사람들은 자신을 위해 살지 않고 그를 부르신 분을 위해 살아갑니다. 그래서 그들의 생의 순간순간이 하나님이 자신을 드러내시는 순간이므로 하루하루의 삶이 소중합니다. 증인들은 과거에나 미래에 살지 않고 오늘을 살게 됩니다. 오늘이 그들에게는 매우 소중한 시간입니다. 증인들의 시선은 언제나 만물을 새롭게 하시는 창조주 하나님께로 향해 있습니다. 그들의 시선이 하나님을 향해 있지 않으면 하나님을 증언할 수 없습니다. 그들은 어떤 절망적인 상황에서도 창조주 하나님을 바라보기 때문에 증인의 사명을 감당할 수 있습니다.

그리스도인들은 이 세상에서 하나님 나라의 시민권을 가진 하나님 나라의 시민입니다. 그들은 이 세상에서 하나님의 증인으로 부르심을 받은 사람들입니다. 그들은 하나님이 세상과 인류를 위해 하신 일을 이 세상에 증언하기 위해 보내심을 받은 사람들입니다. 그리스도인들은 그들을 부르신 분이 어떤 일을 하셨으며, 앞으로 어떤 일을 하실 것이라는 것을 증언해야 합니다. 그들은 이념, 철학 사상이 아닌 하나님이 이미 하신 일, 그리고 장차 하실 일을 증언해야 합니다.

땅 끝까지 이르러 내 증인이 되리라(행 1:6-11).

증인으로서 요구되는 것

그리스도의 증인들의 운명은 오시는 하나님과 밀접한 연관이 있습니다. 우리가 하루하루를 소중하게 살아가는 것이 우리의 삶에서 하나님이 자신을 드러내는 것이기 때문입니다. 우리가 하나님의 증인 됨으로 부름 받았기 때문입니다.

증인에게 요구되는 것은 그를 증인으로 부르신 분에게 순종하는 것을 배워 가는 것입니다. 증인의 순종은 그를 증인으로 부르신 분에 대한 경외, 존경에서 나옵니다. 증인이 그를 부르신 분에 대해 온전한 순종을 배워 가야만 자신이 드러나지 않고 증인으로 부르신 분이 온전히 드러나게 됩니다. 증인에게서 하나님 대신에 증인 자신이 부각되면 그는 증인으로서 참된 능력을 상실하게 됩니다. 그러한 증인에게서는 오로지 인간적인 것들만이 드러납니다. 그의 학식, 신학 이론, 그의 인간적인 매력과 같은 것들을 가지고 사람들을 매혹시키려 하다가 결국은 파멸하게 됩니다.

증인은 희망을 잃지 않아야 합니다. 나는 죄인이요, 연약한 인간이며, 쉽게 절망하는 자이지만 주님은 사랑이시며, 세상을 포기하지 않으시며, 만물을 새롭게 해 가신다는 하나님에 대한 신뢰와 희망입니다. 우리는 그리스도의 증인으로서 희망을 잃어버린 자들, 즉 마약중독자, 살인자, 상처 입은 자, 버림받고 절망 가운데 있는 자, 장애자, 하나님 없이 살아가는 자들에게 다가갑니다. 우리가 그들에게 증언하는 것은 "하나님은 당신을 포기하지 않으십니다. 하나님은 당신을 사랑하십니다. 하나님은 당신을 기다리고 계십니다. 하나님은 당신을 찾고 계십니다"라는 내용입니다. 우리의 희망은 하나님께 있습니다.

우리는 우리를 증인으로 부르신 하나님이 우리가 그를 증언할 때 자신을 드러내실 것을 믿으며 증언하게 됩니다. 우리의 말재주, 설득력, 상담 기술에 희망을 걸지 않습니다. 우리는 하나님에 대한 신뢰와 순종, 희망에서 그의 사랑을 증언하게 됩니다.

사도들로 말미암아 기사와 표적이 많이 나타나니 (행 2:43-47).

하나님의 기쁨에 참여하는 삶

우리 그리스도인들은 만물을 새롭게 하시는 하나님 정원의 정원사들입니다. 정원사들인 우리가 하나님의 정원인 세상에서 살아가면서 형성되어 갈 삶의 유형들이 있는데, 먼저 '하나님을 기쁘시게 해 드려야 한다'는 태도입니다. 이러한 태도를 가지고 정원사로 일할 때 항상 하나님을 기쁘시게 해 드릴 일에 대해 골몰하게 됩니다. 가급적이면 많은 양의 봉사, 또는 선행을 통해서 하나님을 기쁘시게 해 드릴 수 있다고 생각합니다. 그래서 봉사의 양을 많이 만들어 가게 됩니다. 과도한 자기희생을 하게 됩니다. 누가복음에 나오는 마르다가 이러한 유형에 속합니다.

마르다는 예수께서 자기의 집을 방문하셨을 때에 예수님을 기쁘시게 해 드리려는 일념에서 예수님의 말씀을 들을 수 있는 마음의 여유나 시간을 갖지 못했습니다. 예수께서 자기 집에 오셨지만 예수님과 대화의 시간이나 교제를 갖지 못했습니다. 그뿐만 아니라 다른 사람도 자신처럼 예수님을 기쁘시게 해 드리는 일에 같이 참여해야 한다고 생각했습니다. 그러한 마르다의 생각은 동생 마리아가 선택한 삶을 받아들일 수 없었습니다. 오히려 동생에 대해 갈등을 가졌습니다. 마르다는 예수님께 자신이 하고 있는 일에 대해 동의를 받아 내려 했습니다. 그러나 예수님은 마르다의 입장을 지지하지 않으셨습니다. 마르다는 거기서 예수님에 대해 서운한 감정을 가졌을지도 모릅니다.

우리는 하나님을 기쁘시게 해 드리기보다는 하나님의 기쁨에 참여해 가야 합니다. 하나님이 원하시는 일은 봉사의 양보다는 하나님과 사랑의 교제입니다. 우리는 하나님과의 교제에서 하나님의 기쁨에 참여해 하나님을 찬양하게 됩니다. 하나님은 우리의 봉사의 수준에 따라 웃거나 슬퍼하시는 분이 아닙니다. 하나님은 그러한 것을 언제나 초월해 계십니다.

마리아는 이 좋은 편을 택하였으니 빼앗기지 아니하리라(눅 10:38-42).

하나님을 위하여 사는 삶

하나님 정원의 정원사들인 우리는 세상에서 '하나님을 위하여'라는 삶의 태도를 지향하며 살아야 한다고 말하며, 이러한 슬로건을 매우 좋아합니다. 그러나 이것은 우리의 삶을 이원화시킵니다. 이것은 우리의 삶을 거룩함과 속된 것으로 구분 짓게 합니다. 한 주간의 삶에서 교회에서 예배, 기도회, 봉사하는 시간은 하나님의 일을 하는 것이며, 가정 또는 사회에서 하는 일은 하나님의 일이 아니라고 생각합니다. 하나님의 일과 세상 일이 이원화되어 있어 엄격하게 구분됩니다.

믿는 사람들 가운데는 빨리 사회 활동을 정리하고 하나님의 일을 하기 위해 신학을 해야 한다는 생각을 가진 사람들이 있습니다. 그들에게 신학을 하기 전 사회생활은 의미 없는 것입니다. 공연히 세월을 허비하는 것입니다. 그러한 사람들에게 사회생활을 버텨 나가는 힘은 오로지 앞으로 신학을 한다는 계획입니다.

하나님을 위하는 일이 세상에 따로 있는 것이 아닙니다. 우리의 삶 자체가 하나님으로부터 온 것이기 때문에 하나님을 위한다기보다 하나님께 감사하는 삶이 오히려 올바른 영적 삶의 태도입니다. 하나님으로부터 온 삶을 거룩하게 살아가는 것, 그것이 하나님을 위한 일입니다. 하나님으로부터 온 것을 구분 짓는 것 자체가 모순입니다. 물론 어떤 특정한 삶을 살도록 부름을 받을 수는 있습니다. 예를 들면 독신으로, 목사로, 신부로, 수녀로, 선교사로 부름 받을 수 있습니다. 그러나 이러한 삶만이 하나님을 위하는 것은 아닙니다.

하나님을 위하여 산다고 하면서 자신의 명예와 사리사욕을 채워 간다면 그것은 자신을 속이는 것입니다. 기독교 역사에는 평생 하나님이 주신 삶을 거룩하게, 진지하게 살아간 사람들이 많이 있습니다. 그들은 자신들의 삶의 근원이 하나님이시라는 것을 깨달은 사람들입니다. 그들은 언제나 그 삶의 근원을 이탈하지 않고 살아간 사람들입니다. 그들은 하나님을 위하여 살아간 것이 아니라 그들이 하나님의 현존 가운데 있다는 사실을 깨닫고 살았습니다. 하나님의 현존 가운데 있는 삶은 언제나 소중하고 아름다운 것입니다. 거기서는 거룩함과 속된 것이 구분되지 않습니다.

여호와의 말씀을 구하려고 돌아다녀도 얻지 못하리니(암 8:4-14).

하나님 정원의 정원사에게 요구되는 삶

그리스도인들은 하나님의 창조 사역에 부르심을 받은 하나님 정원의 정원사들입니다. 정원사들에게는 마땅히 해야 할 자기 몫의 삶이 있습니다. 그리고 정원사들에게 요구되는 몇 가지 영적 태도가 있습니다. 정원사들에게 요구되는 태도가 누가복음 17장 10절 "우리는 쓸모없는 종입니다. 우리는 마땅히 해야 할 일을 하였을 뿐입니다"(새번역)라는 말씀에 매우 함축적으로 표현되어 있습니다. 이 함축된 문장 이면에 담긴 몇 가지 원리들을 말씀드리겠습니다.

하나님의 정원에서는 일의 생산성이나 능률보다 신실성이 요구됩니다. 기독교 영성에서 신실성은 하나님과의 교제에서 자신의 삶의 의미와 목적을 지속적으로 발견해 가면서 자신이 하는 일에 능동적으로 책임을 완수해 가는 것을 의미합니다.

하나님의 정원에서는 겸손이 요구됩니다. 겸손은 하나님께 언제나 무릎을 꿇는 자세입니다. 겸손은 우리의 것을 비우고 하나님의 것으로 채우는 것입니다. 겸손을 터득해 간 사람은 인생에서 가장 값진 것이 무엇인지를 깨달은 사람입니다.

하나님의 정원에서는 집중이 요구됩니다. 무엇이든지 빨리 해치우는 것이 아니라 언제나 현재를 최상의 시간으로 살아가는 삶의 태도가 요구됩니다. 우리의 자아는 거짓된 행복의 환영에 얽매여 있습니다. 하나님의 정원에서는 '빨리 다음'이 아니고 지금이 하나님과 함께하는 시간입니다.

하나님의 정원에서는 적극성과 헌신이 요구됩니다. '5리를 가자' 하면 10리를 동행해야 합니다. 이를 위해 하나님으로부터 자원을 공급받는 것이 요구됩니다. 하나님의 정원에서 정원사의 일은 섬김을 받는 것이 아니고 섬기는 일이기 때문에 내적 자원의 공급이 필요합니다. 섬기는 일은 자신을 다른 사람에게 내주는 일이기 때문에 자신이 맡은 일만 아니라 다른 사람의 필요에 대해서도 관심을 갖는 삶의 태도가 필요합니다. 언제나 하나님의 희망 안에 있는 자신의 미래를 바라볼 수 있어야 하고, 이를 위해 거룩한 자존감이 필요합니다. 다른 형제자매들이 좋은 정원사들이 되도록 격려하고 기도해 주어야 합니다. 그래서 사랑의 기술을 익혀 가는 것도 필요합니다.

우리는 무익한 종이라 우리가 하여야 할 일을 한 것뿐이라 할지니라(눅 17:7-10).

오시는 하나님

우리가 신뢰하는 하나님은 만물을 새롭게 하시는 하나님, 오시는 하나님이십니다. 오시는 하나님께 우리의 모든 소망이 있습니다. 오시는 하나님과 함께 오는 새것은 예수 그리스도의 십자가에서 죽으심과 부활에서 현재의 사건이 되었습니다. 예수님의 죽으심은 모든 옛것들의 죽음, 즉 사라짐입니다. 그리고 그의 부활은 새것입니다. 그래서 그리스도 안에 있는 자는 새로운 피조물입니다. 새로운 피조물은 오시는 하나님께로 전향한 사람들입니다. 그들에게서 이미 옛것들은 죽고 새것이 시작되었습니다.

그래서 우리는 그리스도 안에서 오시는 하나님을 기다리게 됩니다. 우리의 기다림은 전연 동떨어진 상황에서 기다리는 기다림이 아닙니다. 이미 은혜의 자리에 있으면서 기다림입니다. 우리는 오시는 하나님께로 돌이킨 사람들입니다. 그렇기 때문에 그를 기다리게 됩니다.

우리는 오시는 하나님을 기다리면서 그와 함께 오는 새로운 삶의 완전한 실현을 고대하고 있습니다. 우리는 이전 것들에 묶여 있지 않고 새로운 삶에 동참하고 있습니다. 우리 안에서 새로운 것이 시작되었습니다. 우리 안에 있는 옛것들이 억압되어 숨겨지는 것이 아니고 소멸되어 갑니다. 신앙생활의 근본 원리는 내가 죽고 그리스도께서 사심입니다. 내가 살아 있을 때에는 늘 상처 입게 되고 희망, 자유, 기쁨이 없습니다. 신앙생활의 연륜이 많을수록 옛날 내가 없어지고 부활하신 주님의 모습이 나타나게 됩니다.

요한은 그의 편지에서 "그리스도께서 나타나시면, 우리도 그와 같이 될 것임을 압니다. 그때에 우리가 그를 참모습대로 뵙게 될 것이기 때문입니다"(요일 3:2, 새번역)라고 말했습니다. 우리 모두 우리의 미래가 어떻게 될지 모릅니다. 그러나 분명한 것은, 그 미래가 우리가 신뢰하는 하나님 안에 있다는 사실입니다. 그 미래는 아버지를 멀리 떠나 돼지와 함께 살며 돼지가 먹는 것을 먹으며 멸망해 가는 우리가 아닙니다. 그와는 반대로 하나님에 의해 용서되고, 하나님께 받아들여지고, 하나님께 치유되고, 모든 상실한 것을 하나님에게서 보상받은 나로 하나님 보좌에 서 있게 될 나입니다.

보라 하나님의 장막이 사람들과 함께 있으매 하나님이 그들과 함께 계시리니(계 21:1-8).

인간의 운명

인간의 고귀성은 그가 가진 소유나 신분에 있지 않습니다. 인간의 참된 가치는 하나님의 은혜와 사랑 안에서 그의 운명이 존귀와 영화로운 운명으로 규정지어졌다는 데 있습니다. 인간의 운명이 공중에 나는 새와 들에 핀 꽃만도 못한 존재로 규정되어 있다면 그 비참함은 말로 표현할 수 없습니다. 그렇지 않고 인간의 운명이 존귀와 영화로운 존재로 규정되어 있다는 데 인간의 고귀성이 있습니다. 거기에 인간으로서 살아야 할 이유와 목적이 있습니다.

그러한 운명을 지닌 인간은 하나님과의 관계에서 살도록 지어졌습니다. 인간의 존귀성은 하나님과의 관계에 있습니다. 인간의 존재 구성 요소의 핵심은 하나님과의 관계입니다. 인간이 하나님을 잃어버릴 때 인간 존재 자체를 잃어버리게 됩니다. 하나님과의 관계에서 인간 자신이 누구라는 것과 참된 자신의 자존감을 갖게 됩니다. 그리고 하나님과의 관계에서 인간은 생명을 공급받게 됩니다. 인간의 생명은 하나님으로부터 받았습니다. 그 생명이 활력 있는 삶을 살아가려면 생명의 원천이신 하나님과의 관계에 있어야 합니다.

포도나무 가지가 아무리 보기 좋고 싱싱하다고 해도 포도나무에 붙어 있지 않으면 포도나무 가지의 생명은 죽게 됩니다. 인간도 마찬가지입니다. 하나님을 떠나서는 인간의 삶은 생명력을 잃게 됩니다. 인간의 육체의 생명은 영적 생명의 근원과 연결되어 있어야만 활력과 의미를 갖게 됩니다.

사람이 무엇이기에 주께서 그를 생각하시며(시 8:1-9).

하나님의 부르심에 응답해 가는 삶

자신의 형상으로 인간을 지으신 하나님은 인간을 존귀와 영화의 삶으로 지속적으로 부르고 계십니다. 우리는 우리를 부르시는 하나님을 신뢰하고, 그리고 신뢰 가운데서 응답해 가야 합니다. 존귀와 영화의 관을 쓴 운명으로 규정된 인간이 현실의 삶에서 할 수 있는 최고의 선(善)은 하나님의 부르심에 신실하게 응답하는 것입니다.

그의 부르심은 우리의 삶에서 이루어집니다. 우리가 우리 자신을 실현해 가는 과정에서, 그리고 삶을 실현한 후에도 그의 부르심은 있습니다. 우리가 사회적으로 높은 자리에 앉았을 때에도, 재물을 많이 모았을 때에도, 병약할 때에도, 건강할 때에도, 성공했을 때에도, 실패했을 때에도 그의 부르심은 계속됩니다. 하나님의 부르심은 생의 모든 계절 가운데 있습니다.

하나님의 부르심은 우리의 자존감과도 밀접한 관련이 있습니다. 하나님의 부르심에 신실하게 응답해 가게 되면 우리에게는 거룩한 자존감이 형성됩니다. 우리가 하나님의 거룩한 부르심에 마음을 닫고 자아 중심으로 살아가게 되면 우리는 자꾸 천박한 존재로 전락해 가게 됩니다. 인간이 거룩한 자존감 없이 살게 될 때 자기 경멸에 빠지고, 헛된 것으로 자신을 나타내 보이려고 합니다. 자기 억압이나 꾸밈이 아닌 진정 내면의 평강으로부터 나타나는 조용함, 여유로움, 교만이 아닌 확신의 근거는 거룩한 자존감에서 비롯됩니다. 그러한 사람은 다른 사람의 평가나 말에 쉽게 동요되지 않습니다.

그를 하나님보다 조금 못하게 하시고 영화와 존귀로 관을 씌우셨나이다(시 8:1-9).

열린 우리의 미래

인간의 죄는 하나님의 부르심에 마음을 닫고 자기중심의 세계에서 살아가는 것입니다. 최초의 인류 아담도 그를 부르시는 하나님을 신뢰하고 응답하는 일에 실패했습니다. 그리고 자기중심적으로 행동했습니다. 결국 그는 존귀와 영화로 관을 쓴 그의 미래의 운명을 잃어버렸습니다. 그의 운명은 매우 비극적이 되었습니다. 그에게는 희망으로 살아갈 수 있는 삶의 이유가 없게 되었습니다. 그는 소망의 이유를 잃어버렸습니다. 인간의 비극은 살아가야 할 소망의 이유를 찾지 못하는 데 있습니다.

인간의 운명이 존귀와 영화가 아니고 본래부터 비참함으로 규정되어 있었다면 예수 그리스도께서 세상에 오셔서 십자가를 지고 죽으실 이유가 없었을 것입니다. 하나님이 세상을 이처럼 사랑하셔서 그의 아들 예수님을 보내셨습니다. 하나님이 세상을 극진히 사랑하신 것은 인간을 하나님의 형상으로 지으셨기 때문입니다. 하나님은 그의 본래의 의도, 그의 본래의 뜻을 포기하실 수 없었습니다. 모든 인간은 누구나 예수님을 통해서 그 안에서, 그와의 관계에서 하나님의 형상으로 지음 받은 자신의 본래의 운명을 찾게 됩니다.

하나님의 부르심에 희망의 미래가 열립니다. 그리스도인인 우리도 자기중심의 감옥에 우리 자신을 가두어 놓습니다. 자아의 감옥에 갇혀 있을 때 존귀와 영화의 왕관을 쓴 아름다운 모습은 없어지고 미움, 시기, 질투, 자기의에 사로잡히게 됩니다. 이 현실에서 존귀와 영화의 자리는 사랑, 섬김, 자기중심이 아닌 하나님 중심의 삶입니다.

그리스도인인 우리는 예수님 안에서 새 삶을 찾은 사람들입니다. 우리의 미래는 열려 있습니다. 우리의 운명은 매우 긍정적입니다. 우리의 운명은 만물을 새롭게 하시는 하나님의 때에 포함되어 있습니다. 하나님이 창조하신 세상의 역사는 파멸로 마감하는 것이 아닙니다. 만물을 새롭게 하시는 하나님에 의해 옛것들이 다 사라지고 새것으로 완성됩니다. 우리의 운명이 바로 그 하나님의 시간 안에 있습니다. 우리의 운명은 죽음이 아닙니다. 우리의 운명은 부활의 새 생명입니다. 그리스도인들은 이 세상에 살면서 현실이라는 시간의 지평을 넘어서 오시는 하나님께로 삶의 지평이 열려 있습니다.

주의 손으로 만드신 것을 다스리게 하시고 만물을 그의 발아래 두셨으니(시 8:1-9).

의인의 삶을 사는 사람

기독교 신앙에서 의인은 그 사람 자신의 처신에 따라 의인으로 규정되지 않습니다. 기독교 신앙에서 의인은 그 사람 자신의 의사나 반응에는 상관 없이 전적으로 하나님에 의해서 됩니다. 즉 하나님에 의해 용서되고, 하나님과 화해되고, 하나님에 의해 치유되고, 하나님으로부터 상실한 생을 보상받은 사람입니다. 기독교 신앙에서 의인은 사람의 행위에 있지 않고 전적으로 하나님의 은혜로 됩니다. 하나님의 은혜는 의인이 아닌 사람을 의인으로 세웁니다.

하나님은 의인이 되는 길을 예수 그리스도에게서 이루셨습니다. 하나님에 대해 인간의 어떤 선행이나 자기실현으로도 의인이 될 수 없습니다. 하나님께는 인간의 존재 전체가 '아니오'라고 부정될 수밖에 없습니다. 하나님 보시기에 '예'라고 긍정될 수 있는 인간의 삶은 없습니다. 하나님이 '예'라고 긍정하실 수 있는 인간의 삶이 되기 위해서는 하나님께 '아니오'라는 문제가 해결되어야 합니다. 그런데 그 문제는 인간이 해결할 수 없습니다. 그 문제가 예수 그리스도의 십자가와 부활에서 해결되었습니다.

하나님의 은혜로 이루어진 새로운 삶에는 인격적 관계가 성립됩니다. 그 것은 하나님과의 사귐이며 자신과의 화해, 이웃과의 화해, 자연과의 친화입니다. 이러한 사귐의 삶은 완성된 것이 아니고 성령에 의해 지속적으로 실현되어 가는 과정에 있게 됩니다. 예수 그리스도에게서 이 삶의 온전한 실현을 보게 됩니다. 새로운 삶을 실현시켜 가시는 성령은 의인을 예수 그리스도께로 인도해 가십니다.

하나님의 은혜로 의인의 삶을 살아가는 사람은 그의 삶의 방식이 그전과는 근본적으로 다릅니다. 그전에 살던 방식처럼 자기가 주체가 되어서 착해지려고 하고, 다른 사람에게 인정받는 사람, 또는 의로운 사람으로 살려고 하지 않고, 자기를 의인의 삶의 자리에 있게 하신 하나님을 신뢰하며 살아가게 됩니다. 그가 자신의 생을 성령으로 인도해 가심을 믿고 성령의 인도하심을 따라 살아가는 삶으로 바뀌어 가게 됩니다.

복음에는 하나님의 의가 나타나서 믿음으로 믿음에 이르게 하나니(롬 1:16-17).

9월

그리스도 안에서의 풍성한 삶은 일의 분량이나

일의 종류에 따라 이루어지는 것이 아니라 어떤 가치와 목적을 가지고 그 일을 하느냐에

달려 있습니다. 어떤 일이건 간에 그 자체가 하늘에서 내려온 거룩한 일은 없습니다.

모두 다 이 세상에 속한 일입니다. 그러나 우리가 어떤 관점에서, 무엇을 목적으로

그 일을 하느냐에 따라 의미는 달라집니다. 그 목적에 따라

그것이 하나님 나라를 위한 창조적인 일이 될 수도 있고,

자신의 생계만을 위한 부득이한 일이 되기도 합니다.

삶과 일에 대한 새로운 가치와 의미의 발견은 그리스도 안에서 이루어집니다.

의인은 믿음으로 삽니다

"의인은 무엇으로 사는가?"라는 물음에서 "의인은 믿음으로 산다"는 것이 성서가 우리에게 주는 답변입니다. 그 믿음은 우리가 우리의 필요에 의해서 우리의 욕구를 충족시키기 위해 만들어 가는 신념이나 확신과는 다릅니다. 그 믿음은 자기를 의인의 삶의 자리에 있게 하신 하나님을 신뢰하고, 그에게 소망을 두고, 그가 하시는 일을 관찰해 가면서 살아가는 새로운 삶의 방식입니다.

의인이 믿음으로 사는 데는 자신의 생각이나 소원대로 모든 것이 되지 않아도 문제가 되지 않습니다. 그에게는 하나님의 거룩하신 뜻이 언제나 자신의 뜻보다 우선합니다. 하나님을 신뢰하는 의인은 고난, 역경, 가난, 질병 가운데서도 자신을 사랑하시는 하나님을 바라보며 위로를 받고 감사하게 됩니다. 의인은 고난 없이 살지 않고 그가 신뢰하는 하나님으로부터 오는 믿음, 소망, 사랑으로 세상을 이기며 살아가게 됩니다. 세상을 이기는 힘이 하나님으로부터 오게 됩니다. 그러한 삶을 가능하게 해 주시는 분이 성령이십니다. 성령은 고난을 면제시켜 주시지 않고, 고난 가운데서 하나님을 신뢰하고 하나님께 순종하신 그리스도를 바라보며 실족하지 않게 하십니다.

의인에게 하나님을 신뢰하는 믿음이 없다면 의인은 살 수 없습니다. 의인에게는 다른 사람이 받지 못한 하나님 나라가 약속되어 있기 때문에 이 세상 것을 다 잃어버려도 넉넉히 인간적인 아픔, 상실감, 좌절을 극복하게 됩니다. 의인의 삶의 의미는 전적으로 하나님께 있습니다. 그에게 하나님은 신뢰 그 자체이시며, 사랑 그 자체이시며, 소망 그 자체이십니다. 그래서 의인은 세상에 살면서 세상을 초월하게 됩니다. 그리고 세상을 초월하는 그 힘은 전적으로 하나님으로부터 옵니다.

오직 의인은 믿음으로 말미암아 살리라(롬 1:16-17).

의인의 믿음

의인의 믿음의 발생은 그의 욕구, 두려움에서 비롯된 자기암시의 확신이나 신념이 아닙니다. 전적으로 예수 그리스도로부터입니다. 하나님이 사랑으로 세상과 인간을 창조하시고, 세상을 새롭게 해 가심을 알게 된 데서 믿음이 생겨납니다. 의인은 예수 그리스도에게서 하나님과 그가 하신 일을 보게 됩니다. 의인의 믿음이 전적으로 하나님에 의해 발생되었기 때문에 의인은 언제나 하나님을 바라보고 그분이 하신 일을 묵상하게 됩니다. 그래서 믿음은 환상이 아니요 눈에 보이는 것보다 더 확실한 사실에 근거합니다.

의인의 믿음의 근거는 자신과 세상을 초월해 계시면서 성령으로 현존하시는 하나님이시므로 자신의 이해관계를 넘어서 하나님을 신뢰합니다. 의인은 불행 가운데서도 자신이 하나님의 사랑 가운데 있음을 알게 되고 요동치 않게 됩니다. 의인에게는 삶의 기초가 하나님께 있습니다. 의인에게서 나타나는 의연함, 자존감, 굳건함, 인자함, 겸손, 한결같음은 하나님에 근거합니다. 그에 대한 신뢰에서 옵니다.

자기의 뜻대로 모든 것이 되어 가야 하는 사람에게 믿음은 자신의 소원과 일치되는 그가 만든 신에 대한 강박관념입니다. 그렇기 때문에 그러한 믿음을 가진 사람들이 기도할 때에는 항상 자신의 어두운 감정에 사로잡혀 절망 가운데서, 그대로 안 되면 어찌하나 하는 초조감에서, 자기 연민에서, 자기도취에서 막연하게 부르짖게 됩니다. 기도하다가 힘이 빠지면 인위적으로 힘을 얻기 위해 자신을 자극하는 방법을 사용하기도 합니다.

그러나 의인의 믿음은 하나님께 있기 때문에 하나님을 향해 그의 능력, 그의 사랑, 그의 뜻을 생각하면서 기도하게 됩니다. 의인의 기도는 자신의 신념이나 욕구가 동기가 아니고 하나님이 기도와 묵상의 동기가 되십니다. 의인은 자신의 기분, 감정, 신체적인 상태에 좌우되지 않고 언제나 하나님을 향하기 때문에 그러한 것들을 넘어서 하나님께 나아가 기도하며 새 힘을 얻게 됩니다. 의인은 자기 기분, 자기 소원대로 모든 것이 되지 않을까 초조와 불안에서 살지 않고, 하나님에 대한 전적인 신뢰와 그로부터 오는 위로, 새로운 힘으로 살아가게 됩니다. 의인에게서 나타나는 삶의 긍정적인 면들은 그 이면에 하나님에 대한 신뢰에 뿌리를 내리고 있습니다.

너희 의인들아 여호와를 즐거워하라(시 33:1-5).

9월 2일

265

하나님의 은혜의 선택

우리는 불순종의 자리에서 우리 멋대로 살다가 멸망할 수밖에 없는 사람들이었습니다. 나의 인생관, 나의 행복, 나의 만족, 나의 개성을 주장하면서 계속 하나님을 멀리하며 살다가 결국 멸망할 수밖에 없는 사람들입니다. 그런데 이제는 그 불순종의 자리에서 풀려나 길, 진리, 생명에로 방향을 전향했습니다.

우리 생의 문제의 해답은 하나님께 대한 순종에 있습니다. 그 순종에 우리의 길이 있습니다. 순종은 생명의 길, 평화의 길, 우리 자신을 초월해 가는 길입니다. 일반적으로 순종하면 복을 받고 잘 산다고 알려져 있습니다. 그런데 알고 보면 순종의 길은 우리 자신을 부인하고 우리가 져야 할 십자가를 지는 길입니다. 순종의 길을 포기하고 우리의 안정, 행복만을 추구하면 우리의 삶은 자꾸 꼬이게 됩니다. 그래서 오히려 더 불행해집니다.

순종은 내면으로 은근히 다른 계획을 가지고 있으면서 그것을 이루기 위해 겉으로 몇 가지 종교적인 계율만 지키는 것이 아닙니다. 순종은 하나님께 우리의 마음, 생각, 의지를 다 드리는 것입니다. 우리의 인격 깊은 곳에 숨기는 것이 없이 그에게 우리를 다 드리는 것입니다. 순종은 그를 사랑하며, 그를 기뻐하는 것입니다. 순종은 우리를 사랑하시는 분께로 한 걸음 한 걸음 다가가는 것입니다. 순종을 포기한 신앙생활에는 회의가 깊게 드리워져 있고 건성으로 믿게 되니 생명력이 없습니다.

우리가 하나님의 진리를 듣고 깨달아서 순종의 자리에 있게 하시는 분이 성령이십니다. 그러므로 순종의 삶도 성령의 도우심 없이는 불가능합니다. 하나님은 우리를 순종의 자리로 옮겨 놓으시고, 그 자리에서 하나님이 우리에게 원하시는 바를 깨닫고 실행할 수 있도록 성령으로 우리와 함께하십니다. 그렇게 하시는 것이 하나님이 일하시는 방식입니다. 우리가 하나님이 일하시는 방식을 알면 알수록 우리의 일을 어떻게 해야 할지 더욱 알게 됩니다.

우리가 끝까지 하나님께 순종할 수 있는 힘은 성령을 통해 얻게 됩니다. 하나님이 우리에게 주시는 힘은 견딜 수 없는 것을 견딜 수 있는 힘, 삶을 긍정하는 힘, 우리를 강하게 하셔서 우리를 위해 마련해 두신 온갖 밝고 아름다운 일에 참여하게 하시는 힘입니다.

하나님이 모든 사람을 순종하지 아니하는 가운데 가두어 두심은(롬 11:30-36).

9월 3일

서로 남의 짐을 지십시오

하나님의 창조에서 중요시되는 것이 죄에 빠져 있는 사람들을 정죄하지 않고 바로 세우는 일입니다. 하나님은 그런 사람들을 그대로 방치해 두지 않으시고, 그들을 치료하셔서 스스로 설 수 있게 하십니다. 여기에서 죄에 빠진 사람이란 고의로 죄를 지은 사람이라기보다는 약해서, 실수로 죄를 지은 사람을 의미합니다.

사람들이 죄에 빠지는 것은 생 자체가 무거운 과제인 동시에 짐이기 때문입니다. 그 짐은 자신이 실현해 가야 할 자신의 삶, 그리고 그 속에 감추어져 있는 자신의 결점, 상처입니다. 그러한 짐 때문에 시험에 들거나 악에 빠질 수 있는 위험스러운 함정들이 많이 있습니다. 삶의 짐이 무거워질 때 특별히 표면적으로 잘 드러나지 않는 약한 면들이 삶 전체에 부정적인 영향을 미칠 수 있습니다.

특히 젊은 사람들에게는 '자신의 삶을 어떻게 실현시켜 가야 할 것인가?'에 대한 무거운 과제와 함께 그의 부모로부터 물려받은 운명의 짐, 성장 과정에서 생겨난 마음의 상처, 성격적 결함과 같은 짐이 있습니다. 더불어 그들이 가지고 있는 야망, 열정과 함께 많은 유혹이 뒤따릅니다. 반면에 기성세대에게는 그들이 상실한 삶, 그들이 살아온 불만족스러운 자신의 역사, 가정과 사회에 대한 책임이란 짐이 있습니다. 더불어 그들에게도 역시 그러한 불만족스러운 삶과 함께 많은 장애물들이 그들이 가는 길에 도사리고 있습니다.

누구나 정직한 사람이라면 자기 자신에게 있는 그러한 점들을 시인하고 항상 조심합니다. 그러나 미련한 사람인 경우, 자신의 그러한 점은 하나도 살피지 못하고 인생의 도상에서 실수해서 넘어진 사람들과 자신을 비교하면서 교만하게 됩니다. 그러한 태도는 자신을 속이는 것입니다.

진정 올바른 영성을 가진 사람은 삶의 짐이 너무 무거워 지친 사람들을 찾아가서 그들의 이야기를 들어 주고 위로하고 기도해 주는 것으로 짐을 나누어 집니다. 삶의 짐에 눌린 사람들에게 특별히 물질적인 큰 도움은 못 주어도 그들을 이해하고 그들을 위해 기도하는 이웃이 있다는 것만으로 삶의 짐이 많이 가벼워집니다. 그리고 스스로 설 수 있도록 도와줍니다.

너희가 짐을 서로 지라 그리하여 그리스도의 법을 성취하라(갈 6:1-3).

자족과 삶의 긍지

삶 자체가 짐이지만 어떤 사람의 경우 자신이 걸어가야 할 길을 발견해서 자신의 결점, 자신의 상처를 삶의 밑거름으로 삼아 창조적으로 살아가는 가 하면, 그렇지 않고 경쟁의식에서 다른 사람의 것만을 이것저것 모방하면서 살아가다 생을 낭비하는 사람도 있습니다. 자족과 삶의 긍지는 다른 사람보다 자신이 낫다는 데서 생기지 않습니다. 언제나 다른 사람이 표준이 될 때 우리에게는 자족이 없게 되고 질투, 시기, 좌절이라는 올무에 걸려들게 됩니다.

어떤 사람의 경우 다른 사람보다 사회적으로 빨리 성공도 하고, 돈도 많이 벌고, 겉으로는 호화스럽게 살기도 합니다. 그러나 그가 살아온 삶의 방식은 거의가 다 진실과 정직, 의로움과 공평을 무시하고 거짓과 약삭빠름, 자기만을 아는 이기주의입니다. 그러면서 그의 미래를 매우 낙관합니다. 미래의 자신의 운명은 자기가 확보해 놓은 업적과 재물로 인해 행복할 것이라 확신합니다. 그 삶의 처세술을 배워 준 아이들이 훌륭하게 될 것이라고 기대합니다.

한편 이러한 사람과는 대조적으로 미리부터 자신의 길을 발견해서 여기저기 곁눈질하며 다른 사람과 비교하지 않고, 항상 하나님을 경외하며, 정의와 진실, 도움을 필요로 하는 사람들에게 사랑과 관용을 베풀며 자신의 생을 일관되게 살아가면서 굉장한 성공이나 보상을 기대하지 않고 살아가는 사람이 있습니다. 그에게는 다른 사람보다 더 잘되고자 하는 경쟁심이나, 그렇게 되지 못함에서 오는 초조감이나 불안도 없습니다. 그는 그의 생의 마지막 날에 하나님 앞에 서야 할 것을 항상 마음에 두고 살아갑니다.

생의 여정에서 우리는 다른 사람과 비교 가운데서 '얼마만큼 더 성공했는가?', '얼마나 더 많은 경제적 부를 획득하는가?'에 초점을 두어서는 안 됩니다. 우리가 관심을 가지고 스스로에게 물어야 할 것은 '나의 삶에서 일관성 있게 지속적으로 진행되어 가고 있는 것이 무엇인가?'입니다.

성령을 위하여 심는 자는 성령으로부터 영생을 거두리라(갈 6:3-10).

하나님의 구원의 은혜

사람들은 하나님이 창조하시고 그가 창조의 활동을 해 가시는 세상에 살면서 하나님이 안 계신 것처럼 살아갈 뿐만 아니라 하나님이 자신에게 무엇을 원하시는지 전혀 관심조차 갖지 않습니다. 그들은 하나님을 부인하고 창조의 질서를 어기면서 행동합니다. 그렇게 사는 사람들은 자신들의 욕망의 지배를 받고 살아갑니다.

그들은 자신들이 자유로운 사람들이라고 주장하지만, 실상은 자유롭지 못한 사람들입니다. 그들이 갖고 있는 사물에 대한 잘못된 표상들은 그들의 욕망을 더욱더 부추깁니다. 그들은 오로지 세속적인 사물, 소유물, 먹고 마시기, 성적 만족감에만 집착합니다. 하나님은 이러한 데서부터 인간을 해방시켜 신중함, 의로움, 경건함으로 살게 하십니다. 이것이 디도서에 나타난 하나님의 현현(顯現, Epiphany), 즉 하나님이 베풀어 주시는 구원의 은혜의 선물입니다.

"모든 사람에게 하나님의 구원의 은혜가 나타났습니다. 그 은혜는 우리를 교육하여, 경건하지 않음과 속된 정욕을 버리고, 지금 이 세상에서 신중하고 의롭고 경건하게 살게 합니다"(딛 2:11-12, 새번역).

예수 그리스도 안에서 드러난 구원의 은총이 무신론의 공허한 활동과 그러한 삶에서 형성된 기질에 따른 노예화에서 인간을 해방시켰습니다. 그러므로 그리스도인은 더 이상 세속적인 욕망, 다른 사람의 눈치, 체면에 의해서 자신의 삶을 결정하지 않고 스스로 결정하며 살아가는 자유로운 사람입니다. 예수 그리스도 안에 나타난 하나님의 사랑은 그리스도인이 자유롭게 살도록 성령을 통해 교육시킵니다. 성령은 그리스도인들이 더 이상 하나님께 반항하는 불순종의 삶과 정욕에 사로잡혀 사는 것을 마감하고 하나님으로 충만한 삶, 그에게 영광을 돌려 드리는 삶을 살 수 있도록 그들을 지속적으로 교육시켜 성숙한 하나님의 백성으로 만들어 가십니다.

모든 사람에게 구원을 주시는 하나님의 은혜가 나타나 우리를 양육하시되(딛 2:11-12).

신중하게 사는 그리스도인

하나님의 구원의 은혜로 살아가는 그리스도인의 삶의 특징은 먼저, 신중함입니다. 이것은 세상에 대해 건전한 사고를 갖는 것, 이성적으로 생각하는 것, 목적에 부합되는 것, 적당하고 예의 바름, 사실을 왜곡하지 않고 있는 그대로 보는 것입니다. 사람들이 하나님을 알지 못하고 정욕에 사로잡혀 있을 때에는 사물을 있는 그대로 보지 못합니다. 우선 자기중심대로 보고 판단하기 때문에 실재를 바르게 보지 못해 실재와는 거리가 먼 헛된 환상에 사로잡히게 됩니다. 쉽게 좌절하고 상처를 받게 됩니다. 인간의 불행은 실재를 있는 그대로 보지 못하는 데서 비롯됩니다.

특별히 거짓된 이념, 거짓된 종교의 교리로 의식화된 사람은 모든 사물을 곡해해서 보고 생각하게 됩니다. 그리고 헛된 환상을 삶의 목적으로 삼게 해서 그것을 위해 자신을 소진시켜 가게 됩니다. 자신의 생명까지도 바치게 만듭니다. 이러한 사람들의 특징은 환상에 사로잡혀 있기 때문에 현재의 삶이 없습니다. 현재의 삶을 살지 못합니다. 현재는 환상을 충족시키기 위한 과정에 불과합니다. 그렇게 사는 사람들에게는 하나님이 없기 때문에 허무, 공허, 무의미의 늪에서 벗어나지 못합니다. 그러나 성령으로 교육받은 사람은 실재를 인식하게 되고, 현재를 바르게 의식하고, 매 순간 온전히 현재에 머물게 됩니다.

사도 바울은 예수 그리스도 안에서 로마 사회를 바라보게 될 때 로마 사회가 만들어 놓은 화려함, 인간의 만족을 추종하는 삶이 얼마나 허구적이며 실재가 아닌 허상인지를 사랑하는 믿음의 동역자 디도에게 서신으로 폭로하고 있습니다.

사람이 정욕에 사로잡힐 때 허구의 세계로 빠지게 됩니다. 성령으로 교육받아 가는 그리스도인들은 망상과 허영, 정욕으로부터 해방되어 가게 됩니다. 그리고 신중하게 살아가게 되면서 그가 상상하는 대로 세상과 사람이 바뀌라고 요구하지 않습니다. 그 자신이 지나치게 다른 사람의 기대에 부합되게 살아가려는 부담으로부터도 자유롭게 됩니다. 그들은 그리스도 안에서 자신들의 살아가야 할 삶을 살아갑니다.

신중함과 의로움과 경건함으로 이 세상에 살고(딛 2:11-15).

의로움

하나님의 구원의 은혜로 살아가는 그리스도인들은 의로운 삶을 살아가는 사람들입니다. 여기서 의로움은 재물이나 명성 때문에 자기를 잃어버리지 않는 것입니다. 자기를 잃어버리지 않는 사람이라야 자기 자신에게 상처를 입히지 않을 뿐만 아니라 다른 사람에 대해서도 올바르고 공정합니다. 많은 사람들이 재물이나 명성, 그리고 인기나 인정을 얻기 위해 자신의 전 생애를 걸고 노력하며 애씁니다. 그들은 그러한 것들을 위해 자신을 희생합니다. 그러나 그들은 자신의 고유한 존엄성에 상응하지 않는 것을 좇기 때문에 결국은 자기 자신에게 상처를 입힙니다.

예수님은 "사람이 만일 온 천하를 얻고도 자기 목숨을 잃으면 무엇이 유익하리요"(막 8:36)라고 말씀하셨습니다. 이 말씀을 달리 번역하면 '자기 영혼에 해를 끼친다면 무엇이 유익하리요'라는 뜻입니다. 우리가 다른 사람으로부터 인정, 호의, 물질적인 것을 다 얻었다 하더라도 결국 자기를 잃어버리게 되면 심한 공허감, 허탈감에 빠지게 됩니다. 그렇게 사는 데서는 자유가 있는 것 같지만 실제로는 자유가 없습니다.

초기 그리스도인들은 그들이 예수 그리스도를 믿고 난 후에 그 시대 분위기가 외적인 명성만을 전부로 여긴다는 것을 알게 되었습니다. 그들은 그리스도 안에서 그 이전의 삶에서 경험했던 공허와 허탈감의 원인을 알게 되었습니다. 그들은 그것을 알고 나서 당 시대 사회의 헛된 짓들에 함께해야 한다는 강박관념으로부터 해방되었습니다. 그들은 그러한 헛된 것들로부터 벗어나서 그리스도 안에서 진정 자기 자신의 삶을 찾아 살아가는 새로운 삶을 배워 가기 시작했습니다.

우리가 올바르고 조화롭게 우리 자신과 일치하며 살아가지 않을 때 우리는 우리 자신의 삶을 상실하게 됩니다. 자신의 삶을 잃어버린 사람은 의롭게 살 수 없습니다. 그러한 사람은 실재의 삶을 살지 못하고 비실재를 추구하면서 살기 때문에 자기 자신에 대해서도 올바르지 못할 뿐만 아니라 이웃에 대해서도 올바르지 못합니다.

선한 일을 열심히 하는 자기 백성이 되게 하려 하심이라(딛 2:11-15).

경건한 삶

하나님의 구원의 은혜로 살아가는 그리스도인에게 요구되는 삶은 경건함입니다. 하나님의 것을 하나님께 드릴 때 우리는 자유인으로 살아갈 수 있습니다. 하나님과의 관계는 우리를 파멸의 소용돌이에서 떼어 놓습니다. 그리고 모든 것을 하나님의 관점에서 보게 만듭니다. 하나님과의 관계는 우리를 진정한 생명의 샘과 접하게 하고 우리는 항상 그 샘에서 갈증을 해결할 수 있습니다. 하나님과의 관계는 우리를 생기 있게 만듭니다.

우리가 하나님을 경외하면서 살아가면 인간의 비극 전체를 발견하게 됩니다. 세상보다 앞선 의식을 갖게 되고 세상을 보는 관점, 진정 인간다운 새로운 삶이 무엇이라는 것을 알게 됩니다. 생명의 길이 무엇인가를 분명히 깨닫기 때문에 환상을 좇으며 자신의 정당한 요구를 외면한 채 항상 자신에게 상처를 입히는 인간의 실재, 인간의 비극들이 보입니다.

우리는 하나님의 사랑과 긍휼의 빛 가운데서만 실재적인 것과 비실재적인 것을 분별하게 됩니다. 그렇기 때문에 그리스도인의 삶에는 그리스도인이 되기 전과 된 후에 서로 상반되는 현상이 일어나게 됩니다.

그리스도인이 된 후에 비실재적인 것들로부터 해방되었기 때문에 부끄러워하는 목록들이 달라졌습니다. 그전에는 소박한 것, 유행의 풍조에 따르지 못하는 것, 양이 적은 것, 겉으로 화려하고 아름답지 못한 것을 부끄러워했습니다. 전에는 소위 사회에서 상류층이라고 하는 사람들 측에 끼어 살기 위해 안간힘을 쓰며 살아갔습니다. 그러나 그리스도 안에서는 그러한 것들이 모두 비실재적인 것임을 알게 됩니다. 그리고 자기 본연의 모습으로 돌아갑니다. 무엇이 진정 값진 것임을 알게 됩니다.

우리에게 나타난 하나님의 구원의 은혜는 우리를 하나님 없이 살던 삶에서와 정욕의 노예적인 삶에서 해방시켰습니다. 그리고 우리를 새로운 자유인으로 살게 만들었습니다. 우리는 우리 시대에서 신중하고 의롭고 경건하게 살아가는 자유인으로 부름 받고 있습니다. 우리는 하나님의 부르심에 하루하루 신실하게 응답하며 살아가야 합니다. 그 응답에는 나 아닌 다른 나로 행세하면서 살아가야 하는 고통의 멍에가 없습니다. 진정 나로서 살아가야 할 참다운 자유의 삶이 있고 진정 기쁨, 찬송, 감사가 있게 됩니다.

구주 예수 그리스도의 영광이 나타나심을 기다리게 하셨으니(딛 2:11-15).

광야에 길을 내십시오

독일의 신학자 판넨버그(Wolfhart Pannenberg)는 철학자 니체 (Nietzsche)의 말을 인용해서 "모든 사람의 내면에는 광야가 숨겨져 있다"고 했습니다. 그 숨겨져 있는 광야를 극복하지 못하면 하나님을 만나는 것이 어렵고 하나님을 섬기는 일이 어렵다고 했습니다. 그런데 이 광야는 처음에는 작은 것이었지만 내면의 세계에서 계속 자라난다고 했습니다. 특히 풍요한 문화권 속에서, 즉 먹을 것, 입을 것 걱정이 없고 쾌락만을 즐길 수 있는 문화, 하나님이 전혀 필요하지 않다고 느껴지는 상황 속에서 이 광야는 자라난다고 했습니다. 이 광야가 자라난다고 하는 것은 영적 의미에서 볼 때 하나님을 필요로 하지 않고, 우상을 많이 걸머지고 살아가는 사람들의 마음 가운데 허무와 무의미가 깊이 뿌리를 내린다는 뜻입니다.

사실 하나님을 필요로 하지 않고 살아가는 사람들의 삶의 양태(樣態)가 거의 하나님 대신에 우상을 섬기고 있습니다. 돈, 쾌락, 건강, 권력, 맘몬을 섬기면서 하나님이 필요하지 않다고 합니다. 거기에 광야가 자랍니다. 허무와 무의미가 뿌리를 내리고, 영혼이 점점 병들어 황폐한 자리가 그의 내면의 세계를 사로잡습니다. 그것을 극복하고 넘어서지 아니하고 계속 그것을 숨기고, 돈과 권력과 쾌락으로 치장하며 살아갈 때 결국 하나님이 약속하신 영원한 가나안은 들어갈 수 없으며 오고 있는 하나님 나라를 맞이할 수 없습니다.

오늘의 인류 역사를 보면 자신이 광야에 길을 내서 삶에 행복을 주겠다고 거짓 약속을 하는 종교 지도자들이나 도덕주의자들이 얼마나 많은지 모릅니다. 그런데 예수 그리스도만은 우리에게 이 길을 바르게 제시해 주셨습니다. 하나님이 이스라엘 백성에게 준비시키신 그 준비의 길을 통해서 오신 예수 그리스도께서는 바로 이 광야의 길을 바르게 가고 넘어서는 길을 제시해 주셨고, 실제로 광야에서 몸소 보여 주셨습니다.

예수 그리스도께서는 마음을 다하고, 뜻을 다하고, 힘을 다하여 전심으로 하나님을 섬기지 아니하면 허무의 광야를 극복할 수 없다는 것을 보여 주셨습니다. 우리는 바로 그를 통해서 우리 내면에 자라고 있는 이 광야의 길을 극복하고, 오시는 하나님을 맞이하는 길로 나아갈 수 있게 되었습니다.

너희는 광야에서 여호와의 길을 예비하라(사 40:1-5).

광야에 길을 내는 준비

오늘의 문제는 핵의 문제도 있고, 암이나 에이즈와 같은 질병의 문제도 있습니다. 경제적인 문제도 있습니다. 지진이나 쓰나미 같은 환경적인 재난의 문제도 있습니다. 그러나 성경이 우리에게 제시하고 있는 가장 중요한 문제는 길을 내는 종교, 광야에 길을 뚫어 주는 영적 지도자가 필요하다는 것입니다.

바로 오늘의 교회의 사명이 여기에 있습니다. 복, 출세, 잘되는 것, 도덕적으로 완전한 인간, 그것을 제시하면서도 내면에 깊은 공허 속에서 시달리고 있는 교인을 양산하는 것이 아니고, 내면에 오시는 하나님의 길을 내게 해서 하나님을 영접하고, 그 광야에 하나님이 계시는 지성소가 생겨나게 하고, 그 하나님과 함께 인생의 여정을 걸어가게 하는 그런 기독교가 필요합니다.

바로 오늘의 신학 교육의 중요한 의미가 있다면 그런 것입니다. 신학 교육을 통해서 그 길을 내는 일에 신학적으로 연구하고 고민하고 그것을 터득해서 바르게 제시하는 그런 사역자들을 만들어 내게 하는 것이 오늘의 신학이 할 수 있는 가장 중요한 일이라고 생각합니다.

광야에 길을 내는 것은 세례 요한만이 할 수 있는 일이 아닙니다. 세례 요한의 때로 끝나는 일이 아닙니다. 교회사를 보고 영성사를 보면 광야에 길을 내라는 이 하나님의 말씀을 듣고 제일 먼저 길을 내기 위한 준비로 광야에 쿰란 공동체가 생겼습니다. 절제하고 금욕적이며, 오시는 하나님을 맞이하기 위해서 그들은 예비했습니다. 거기에서 세례 요한과 같은 인물도 나타났던 것입니다. 세례 요한 역시 광야에서 오시는 예수님을 맞이하라고 외쳤던 것입니다. 그런 점에서 광야의 의미는 매우 중요합니다.

이스라엘아 네가 이르기를 내 길은 여호와께 숨겨졌으며(사 40:27-31).

생명의 빵을 먹어야 합니다

에덴에서 추방되어 은혜의 유예기간에서 살고 있는 인간들이 반드시 통과해야 할 광야가 있습니다. 그것은 지리적인 장소가 아닌 영적 차원에서 광야입니다. 그 광야에서 하나님을 발견하고 마음을 다하고, 목숨을 다하고, 뜻을 다해 그를 섬기는 삶을 익히지 못하면 약속의 땅에 들어갈 수 없습니다.

은혜의 유예기간에 해야 할 가장 소중한 것은 광야에 길을 내서 오시는 하나님을 맞이하는 것입니다. 에덴에서 추방된 인간이 다시 에덴으로 돌아갈 수는 없습니다. 오직 광야를 통과해서 뚫고 나가야 하는 것입니다. 하나님은 저 앞선 시간 속에 계시면서 우리가 그 광야를 극복하고, 광야에서 오고 계신 하나님을 만나서, 우리와 하나님과의 관계를 회복하고 다시 새로운 에덴의 삶을 구축해 가자고 하시는 것입니다.

그것은 영적 성숙과 관계됩니다. 광야에는 많은 장애물들이 있기 때문에 중간에 포기하고 주저앉기 쉽습니다. 영적 성숙은 그만큼 힘듭니다. 그러나 희망을 가지고 지속적으로 꾸준히 인내하며 약속하신 하나님을 믿고 자기 나름대로 길을 터득해 간다면 통과하지 못할 이유가 없습니다. 바로 기독교 영성과 묵상의 핵심은 그 길을 통과하고 터서 그리로 오시는 하나님과 연합하는 것입니다. 예수 그리스도께서 이 길을, 하나님과 깊이 연합해서 사는 참다운 인간의 모습을 우리에게 보여 주셨습니다.

예수님은 자신이 생명의 빵이라고 말씀하십니다. 이 광야에서 우리가 살아남으려면 생명의 빵을 먹어야 된다고 하십니다. 생명의 샘물을 마셔야 되는데 생명의 샘물이 곧 예수님이라고 하십니다. 이 광야의 음식은 오직 예수님밖에는 없다고 하십니다.

교회의 성찬 예식은 바로 그것을 의미합니다. 매주 우리는 예배 중에 임재해 계시는 하나님과 사귐 가운데로 깊이깊이 들어갑니다. 그래서 우리는 매일매일 말씀을 읽고 묵상하는 것에 가장 중요한 우선순위를 둡니다. 그래야 광야를 극복할 수 있습니다. 예배와 성만찬, 말씀을 깊이 읽고 묵상하는 것과 삶의 현장에서 섬김을 통해서 하나님을 섬기는 법, 하나님과 함께 살아가는 법을 배워야 합니다. 그렇지 않으면 광야가 다시 자리하게 되고 허무의 늪 속에서 벗어나지 못합니다.

나는 생명의 떡이니 내게 오는 자는 결코 주리지 아니할 터이요(요 6:34-35).

신성한 성품에 참여하기

인내는 견디어 내는 것, 존재하는 것을 긍정하는 것입니다. 실재를 얕보지 않고 실재 아래에 머무는 것입니다. 다시 말해서 하나님이 친히 기대하시고 신뢰하시는 그 현실 그대로 받아들이는 것입니다. 인내에는 현실을 있는 그대로 받아들이는 능력이 있습니다. 인내에는 도피가 없습니다. 우리는 예수 그리스도에게서 그러한 인내를 보게 됩니다. 인내에서 하나님께 대한 경외심이 나오게 됩니다. 자신의 욕심대로 삶을 세우지 않고 인내 가운데서, 하나님에 대한 경외심에서 자신의 삶의 기반을 구축해 갑니다.

전에는 다른 사람과의 비교에서, 다른 사람에게 보이기 위해, 다른 사람에게 인정받기 위해 경건의 행동을 했다면 새로운 삶에서는 하나님에 대한 경외심에서 자신의 삶을 구축해 갑니다. 우리를 부르시고 우리와 관계 맺기를 원하시는 하나님을 전적으로 신뢰하고, 나 자신의 삶의 원칙, 신조, 내가 추구하는 안정을 내려놓고 그와 관계를 맺습니다. 그에게 나의 전 생애를 겁니다. 거기서 새로운 삶이 시작되고 삶의 에너지 공급원이 바뀌게 됩니다.

그전까지는 생명의 공급원이 사람의 인정이었다면, 새로운 시작에서는 하나님이 됩니다. 전에는 자신의 결핍을 채우고 안정을 얻는 것이 생의 목표였다면, 이제부터는 생명력 있는 삶의 에너지를 공급받아 이루어지는 삶의 열매를 맺는 것입니다. 전에는 경건한 종교적 행위로 인정받는 것이 목적이었다면, 이제는 하나님과 교제의 삶 자체가 목적이 됩니다. 전에는 삶의 유일한 가치가 자신을 아름답게 보전해 가면서 다른 사람에게 내보이는 것이었다면, 이제는 하나님의 성품을 나타내 보이는 것입니다. 전에는 내가 만든 경건의 틀로 사람을 보고 판단했다면, 이제는 틀 없이 사람과 사물을 있는 그대로 보고 이해하고 받아들이는 것입니다. 전에는 나의 틀 안에 모든 사람들을 묶어 두고 통제하고 관리했는데, 이제는 그들을 다 해방시키고 그들에 대한 하나님의 뜻이 이루어지도록 도와주는 것으로 바뀝니다.

자기의 삶을 보고 있고 보여 줄 대상이 하나님이 되는 것입니다. 하나님 앞에서 하나하나 삶의 기초를 쌓아 가게 됩니다. 거기에는 허세와 거짓이 없습니다. 모든 것이 실제적이면서 질서, 아름다움이 수반됩니다.

그의 신기한 능력으로 생명과 경건에 속한 모든 것을 우리에게 주셨으니(벧후 1:3-15).

새로운 피조물

옛것은 불완전한 것들에 얽매여 있는 인간입니다. 즉 죽음, 질병, 고난, 죄에 얽매여 있는 인간입니다. 새것은 예수 그리스도의 부활과 함께 새로 태어난 인간입니다. 옛것은 십자가에서 다 끝나고 예수 그리스도의 부활로 새 운명의 길이 열렸습니다.

새로운 피조물은 그리스도 안에서 하나님으로부터 용서받고, 받아들여지고, 하나님과 화해되고, 치유되어 가고, 보상되는 삶을 살아가게 된 존재를 의미합니다. 그리스도 안에서 새 피조물이 된 삶과 옛것의 차이점은 잃어버린 삶의 중심을 찾은 것입니다. 즉 생명의 기원과 원인, 그리고 근원과 연합입니다. 그리고 삶의 온전한 의미와 목적을 찾은 것입니다.

새로운 피조물의 생명은 하나님이십니다. 하나님으로부터 오는 생명이 새로운 피조물의 모습으로 만들어 갑니다. 전에는 옛것들, 불완전한 것들에 얽매여 살았지만 새로운 피조물이 된 후에는 그에게서 생명의 실현으로 이루어지는 열매들이 나타나게 됩니다. 여기에서 현저하게 내적으로 경험되는 것이 자유, 평강, 기쁨입니다. 그리고 외적으로 표현되는 것들로는 전에 좋아했던 것들로부터의 단절입니다. 그리고 이미 전에 의미 없이 여겼던 것들이 소중하게 받아들여지게 됩니다.

새로운 피조물의 삶에서 일어나는 변화에서 빠뜨릴 수 없는 것은 삶의 의욕입니다. 하나님의 사랑에 눈을 뜨게 되고, 그 사랑의 실체에 대해 마음의 문을 열게 되고, 자신이 하나님의 사랑을 입은 자라는 자각에서 생겨나는 삶의 의욕입니다. 삶을 아름답게 살고자 하는 의욕이요, 모든 피조물을 사랑으로 돌보고 가꾸고자 하는 의욕입니다. 새로운 피조물의 삶에서는 사랑, 생명의 하나님께로 자신을 열어 놓고 살아갑니다. 영원한 생명에의 삶으로 열려 있는 새 피조물의 삶에는 사랑, 관용, 부분적이 아닌 온전한 의미, 새 노래, 감사가 있습니다.

우리에게는 영원히 사는 생명으로 규정된 운명이라는 분명한 '소망의 이유'가 있습니다. 우리의 생명이 완전히 실현되는 때가 하나님께 속해 있습니다. 우리는 그때를 인내로 기다리면서 하나님을 깊이 신뢰해 가는 일에 실패하지 않아야 합니다.

이전 것은 지나갔으니 보라 새것이 되었도다 모든 것이 하나님께로서 났으며(고후 5:17-21).

나라는 존재의 유일성

사람은 누구나 유일한 존재로 세상에 태어납니다. 유일하다는 것은 나라
는 존재 자체가 다른 사람과 같지 않다는 뜻입니다. 유일성은 관계에서 더
뚜렷하게 드러나게 됩니다. 유일성은 하나님의 선물입니다. 나의 유일성
은 태어나서 생을 마감할 때까지 유일한 나로서 되어 가야 하는 생의 과제
입니다.

이것을 비유로 말씀드린다면 이렇습니다. 과수원에 다양한 종류의 묘목을
심었을 때 처음에는 다 같은 것 같지만 시간이 지나면서 각각 본래 수종의
나무로 자라서 그 나무 고유의 열매를 맺게 됩니다. 마찬가지로 사람의 고
귀함은 그의 유일성에 있습니다. 그런데 그것은 유일한 존재로 되어 가는
데서 드러나게 됩니다. 사람은 자신의 유일함을 지니고 있을 때 사회 공동
체에서 다른 사람에게 도움을 줄 수 있습니다.

하나님이 인간을 부르실 때 별명이나 번호를 부르지 않으시고 이름을 부르
셨습니다. 한 분의 인격이신 하나님은 인간을 사물로 대하지 않으시고 인격
으로 대해 주십니다. 하나님이 이름으로 인간을 부르실 때 거기에는 그의 유
일성이 내포되어 있습니다. 나의 나 됨의 가치와 의미는 유일성에 있습니다.
사람이 나이가 들어 가고 생의 연륜이 더해 가면서 그의 유일성이 더 확연
하게 드러나게 됩니다. 그때의 유일성은 겸손, 온유함에서 드러나는 그의
참 인간 됨의 모습입니다. 그것이 바로 하나님의 선물입니다. 그러한 선물
은 많은 생의 고난을 통해서 이루어집니다.

사람은 태어날 때부터 자기의 유일성을 갖고 있지만 그것이 내면적으로 형
성되어 한 인격으로 나타나는 데는 몇 가지 관계에서 이루어집니다. 태어
나는 순간부터 모든 관계를 다 단절하고 오로지 자기만으로 존재해 갈 때
에는 그 유일성이 모두 소멸되고 무의미와 공허에서 죽게 됩니다. 나의 유
일성을 형성시켜 가는 관계 가운데 제일 우선하는 것이 하나님과 사랑의
관계입니다. 나라는 존재의 근원이 하나님이시기 때문에 하나님과 관계없
이 나로 되어 갈 수 없습니다. 자연계의 생물이 햇빛과 비가 없이는 본래의
종으로 되어 갈 수 없듯이 사람도 생명, 빛, 사랑이신 하나님과 관계없이
자신이 되어 갈 수 없습니다.

이스라엘아 들으라 주 곧 우리 하나님은 유일한 주시라(막 12:28-30).

하나님과의 대화

기도는 독백이 아니고 하나님과의 대화입니다. 대화는 인격적인 대상들 끼리만 가능합니다. 하나님은 한 분의 인격이시며, 그는 우리를 만나 주시고, 우리에게 참된 대화를 요청하시는 분입니다. 그 대화에서 하나님은 대화의 주체이시면서 또한 객체이십니다. 객체이신 하나님과 우리의 관계는 '나와 그것'의 관계가 아니고 '나와 당신'의 관계입니다. 하나님이 대화의 주체이시며 객체가 되신다는 것은 대화의 동기와 근거가 하나님께 있다는 것, 그리고 그가 대화의 상대가 되어 주신다는 의미입니다.

존 낙스(John Knox)는 "기도는 하나님과의 진지하고 친밀한 대화다"라고 했습니다. 존 칼빈(John Calvin)은 "기도는 하나님과 경건한 사람들 사이의 친밀한 교제다"라고 했습니다.

묵상이 말 없는 하나님과의 교제라면 기도는 말이 있는 하나님과의 교제입니다. 기도의 말이 개재(介在)된다는 것은 '나와 당신'의 관계에서 쌍방의 뜻과 의도가 포함된다는 것을 의미합니다. 사무엘의 어머니 한나는 마음속으로만 기도를 드리고 있었으므로 입술만 움직이고 소리를 내지 않았습니다(삼상 1:13). 그러나 한나의 기도는 비록 소리는 들리지 않았지만 그것은 말이 있는 기도였습니다. 사도 바울은 자신은 영으로 기도하고 또 "이성으로 기도하겠다"고 했습니다(고전 14:15, 공동번역). 이성으로 기도한다는 것은 말이 있는 대화로서의 기도이며, 거기에는 뜻과 의지가 포함됩니다. 하나님과의 대화는 하나님의 말씀에 귀를 기울이고 들으려고 하는 데서 시작됩니다. 그러므로 우리는 인내를 가지고 기다려야 합니다. 우리가 하나님과 대화할 상대가 될 수 있는 것은 하나님이 이 세상에서 그의 목적을 완성해 가시면서 우리를 그의 계약의 동반자로 부르셨기 때문입니다.

우리는 하나님 현존의 보좌로 다가가기 위한 준비를 스스로 하지 않으면 안 됩니다. 우리가 준비해야 하는 것은 기도의 열쇠인 자신을 계시하시는 하나님의 행위를 기다리는 것입니다. 기도는 오직 그리스도로 말미암아 하나님 보좌로 나아갑니다. 우리는 하나님의 영을 통해서 하나님의 말씀을 들을 수 있고 받을 수 있습니다. 그러므로 우리는 믿음 가운데서 기대, 소망, 겸손, 진지함, 단순함을 준비해야 합니다.

그러면 어떻게 할까 내가 영으로 기도하고 또 마음으로 기도하며(고전 14:15).

나 자신과 화해의 삶

어느 날 한 율법사가 예수께 찾아와서, "모든 계명 가운데서 가장 으뜸 되는 것은 어느 것입니까?"(막 12:28, 새번역)라고 질문했습니다. 예수께서 그에게 대답하시기를, "첫째가 마음을 다하고, 목숨을 다하고, 뜻을 다하고, 힘을 다하여 하나님을 사랑하는 것이라" 하셨습니다. 하나님을 사랑한다는 것은 하나님을 향해 나 자신을 개방하는 것이며, 그와 사랑의 관계를 맺는 것입니다.

하나님을 중심으로 할 때 삶은 영적으로 계속 진화해 가게 됩니다. 그 과정에서 끊임없는 회개가 이루어지면서 진화해 갑니다. 변화보다 진화라는 단어는 부분적인 개선이 아닌 본질의 변형의 뜻을 내포하고 있습니다. 사람은 하나님의 형상으로 진화되어 갈 운명으로 태어납니다.

나라는 존재의 유일성은, 나라는 존재는 나 자신과 화해의 삶에서 유일한 나로 존재해 가게 됩니다. 나 자신과 새로운 관계는 나를 억압하고, 정죄하고, 어떤 율법 조항에 나를 얽어매는 것이 아닙니다. 나의 살아온 역사, 나의 상처, 나의 어두운 면을 억압하지 않고 하나님이 나를 용서하시고 받아주신 것처럼 나 자신을 받아들이는 것입니다. 내가 나 자신과 화해한다는 것은 나 자신의 유일성을 받아들인다는 의미도 됩니다. 그리스도인들이 의롭고 깨끗하고 착하고 복 받게 살려고는 하지만 자신과 화해의 삶에 대해서는 생각을 미처 하지 못합니다. 자신들의 부족한 점에 대해 비판을 받거나 충고를 받을 때 받아들이지 못합니다. 그래서 이웃과도 적대 관계를 갖게 됩니다.

우리는 나 자신과 화해에서 한 걸음 더 나아가서 그러한 나를 부르시는 하나님의 부르심에 응답해야 합니다. 하나님은 내가 싫어하고 억압하는 그러한 나를 사랑하시고 사랑의 관계 맺기를 원하십니다.

예수님은 율법사에게 둘째 계명으로 "네 이웃을 네 몸같이 사랑하여라"(막 12:31, 새번역)라고 하셨습니다. 여기에 사랑의 대상으로 나 자신이 이웃보다 먼저입니다. 나와 화해 없이 다른 사람과의 화해는 불가능합니다. 나 자신의 어두운 면에 진정한 나의 유일성이 숨겨져 있습니다. 하나님은 진정한 나 자신을 상대로 해서 유일한 나로 세워 가십니다.

모든 계명 중에 첫째가 무엇이니이까(막 12:28-30).

이웃 사랑

나라는 존재의 유일성을 가지고 살아가는 데 있어서 이웃 사랑은 이웃에 대해 새로운 이해를 갖게 되는 데서부터 시작됩니다. 이웃에 대한 새로운 이해에서 자신의 유일성이 다른 사람과의 교제에서 드러난다는 것과 다른 사람이 나를 필요로 하는 것은 나의 유일성 때문임을 알게 됩니다. 나를 다른 사람에게 예속시키거나 다른 사람을 나에게 예속시키려 하지 않고 나 자신의 삶을 살아가면서 이웃과 교제하게 됩니다.

사람은 서로 공존하며 살도록 지음 받았습니다. 함께 더불어 살아가는 삶에서 사람들은 서로 다른 점을 인정하지 않으려 하고, 서로 다른 사람을 자신에게 예속시키려 합니다. 그뿐만 아니라 다른 사람이 자신의 유일성을 가지고 살아가는 자유를 허용하지 않으려 합니다. 그러한 닫힌 삶에서 서로 갈등하고 미워하며, 서로 상처 입고 상처 입히게 됩니다.

조용히 우리 자신을 성찰해 보면 우리가 갈등하고 항시 반복되는 똑같은 문제로 고통을 겪는 것은 다른 사람이 나쁘기 때문이 아닙니다. 내가 나의 유일성을 갖지 못하고 다른 사람을 지배하려 하고, 다른 사람의 인정을 독차지하려 하고, 다른 사람의 유일성을 인정하지 않으려 하기 때문입니다. 엄밀하게 따져 보면 우리의 불행은 나 자신의 유일성을 찾지 못하고 항상 다른 사람에게 의존해서 살려고 하기 때문입니다.

빛과 사랑이신 하나님 안에서 새롭게 바라보게 되는 이웃은 내가 소유할 수 없는 당신이라는 사실을 알게 됩니다. 우리는 서로 다름과 고유함에서 고독 없이 살 수 있습니다. 우리와 함께 더불어 살아가는 이웃은 적도 아니며 노예도 아닙니다. 그들은 나의 동료, 친구, 돕는 배필입니다. 사람은 동료, 친구, 돕는 배필에서 자기 자신의 유일성, 인간으로서 자기를 발견하게 됩니다. 우리는 다른 사람과 공존해 살면서 서로를 기대하게 됩니다. 서로에게 없어서는 안 될 존재가 됩니다.

적과 노예 사이에서는 진정한 만남이란 없습니다. 우리는 자신의 유일성에서 서로가 중요하다는 것을 깨닫게 됩니다. 거기서 우리는 다른 사람을 선물로 받아들일 수 있습니다. 내가 다른 사람에게 선사할 수 있는 것은 유일한 나 자신입니다.

둘째는 이것이니 네 이웃을 네 자신과 같이 사랑하라(막 12:31-34).

영원한 관계

우리는 지금까지 관계 가운데서 살았습니다. 우리는 오늘까지도 가족과의 관계, 친구와의 관계, 그리고 사회에서 우리가 맡은 분야의 일과 관련해서 다양한 분야에서 일하는 사람들과 관계 속에서 살았습니다. 우리가 맺고 있는 관계 가운데는 짐스럽고 어려운 관계도 있고, 우리의 삶에 활력을 더해 주는 관계도 있습니다. 그러나 우리는 싫든 좋든 물고기가 물을 떠나서 살 수 없듯이 관계를 떠나서 살 수 없습니다.

우리가 사회에서 맺고 있는 관계들 가운데 영원히 지속되는 관계는 없습니다. 그 이유는 우리의 생이 영원한 것이 아니기 때문입니다. 그리고 우리가 맺고 있는 관계의 유대가 거의 다 우리 자신의 인간적인 필요에 의해서 이루어진 것이기 때문에 이해관계가 충족되지 않을 때나 손상을 입을 때에는 곧 깨어지고 맙니다. 이 현실의 생에서 맺은 관계 가운데 영원한 것은 없습니다.

그런데 이러한 관계와는 다른 영원한 차원의 관계가 있습니다. 그것은 하나님과의 관계입니다. 이 관계는 이 현실에서뿐만 아니라 영원히 지속됩니다. 이 관계는 어떤 인간적인 이유 때문에도 소멸되지 않습니다. 이 관계의 주도권은 우리가 갖고 있지 않고 하나님께 있습니다. 하나님이 일방적으로 하나님과 관계의 길을 예수 그리스도를 통해 마련하셨습니다.

하나님이 이 관계를 마련하신 것은 순전히 그의 사랑 때문입니다. 하나님은 사랑이시므로(요일 4:8) 예수 그리스도를 통해 하나님과 영원한 교제 가운데서 살 수 있는 은혜의 자리를 마련하셨습니다. 이 은혜의 자리는 하나님이 우리를 용서하시고, 받아들이시고, 우리와 화해하시고, 우리를 치유하시며, 우리가 상실한 것을 보상해 주시는 자리입니다. 이 현실에서 충족되지 않은 것들이 채워지는 자리입니다. 하나님은 이 은혜의 자리로 우리를 초대하십니다.

하나님의 초대에는 종족, 신분의 제한이 없습니다. 그렇지만 누구나 다 올 수 없습니다. 성령의 감동과 인도하심을 받는 사람이라야 이 자리에 있게 됩니다. 그래서 이 자리는 성령의 능력으로 이루어지는 교제의 자리입니다.

여호와께서 너희를 기뻐하시고 너희를 택하심은(신 7:6-16).

하나님과 관계를 맺고 사는 삶의 어려움

우리가 살아가고 있는 이 현실에서 하나님과 관계를 맺고 산다고 해서 이 관계 없이 사는 사람들보다 더 많은 경제적 이득을 취한다든지, 사회적으로 높은 신분의 사람이 된다는 보장은 없습니다. 오히려 사회에서 불이익을 당하거나 박해를 당할 때가 더 많습니다.

초대교회 때 그리스도 안에서 하나님과 관계를 맺은 그리스도인들에게는 이 관계의 포기를 강요당하는 위협이 많이 있었습니다. 그러한 위협들로는 환난, 곤고, 박해, 굶주림, 헐벗음, 위협, 칼 등입니다(롬 8:35, 새번역). 그러나 그 시대 그리스도인들은 하나님과 사랑의 관계를 포기하도록 온갖 위협과 순교를 당했지만 결코 포기하지 않았습니다. 하나님이 그들을 끝까지 저버리지 않으셨습니다. 어떤 위협에서도 그들 편이 되셨습니다.

로마의 콘스탄틴 대제 때 기독교가 공인된 후에 이러한 위협과 협박은 없어졌지만 또 다른 문제가 하나님과의 관계를 위협했습니다. 그 시대 로마의 세속적인 화려한 문화에는 하나님과 관계를 공고히 하면서 살아가기에는 너무 힘든 요소들이 많이 있었습니다. 그러한 것들은 주로 쾌락적인 것들이었습니다.

우리 시대에도 역시 위협들이 있습니다. 이슬람 문화권이나 반기독교적인 문화권에서는 그리스도 안에서 하나님과 관계를 맺고 사는 일은 오늘날에도 순교를 각오해야 합니다. 그렇지 않고 어느 정도 기독교 신앙이 허용되는 자유국가에서는 세속적인 문화가 하나님과 신실한 관계를 맺고 사는 일에 어려움을 줍니다. 과거나 현재나 하나님과 신실한 관계를 맺고 사는 일은 쉽지 않습니다.

하나님과의 사랑의 관계는 인간 존재의 기초입니다. 이 기초가 없으면 우리의 존재는 계속 흔들리고 요동하고 불안해합니다. 이 관계는 영원의 세계에서도 계속됩니다. 하나님은 우리와의 관계에서 자신이 누구인지를 드러내십니다. 우리는 하나님과 관계에서 하나님을 알아 갑니다. 하나님과 관계에서 하나님 이해는 경험적입니다. 그 지식이 우리의 존재 기반을 더욱더 견고하게 합니다. 우리는 그리스도 안에서 맺어진 하나님과의 관계가 사랑의 교제, 또는 그와의 깊은 사귐으로 발전되도록 해야 합니다.

그리스도 예수 안에 있는 하나님의 사랑에서 끊을 수 없으리라(롬 8:31-39).

기쁨의 삶

모든 사람들이 기쁘게 살아야 한다는 데는 누구나 다 공감합니다. 그러나 기쁘게 살아가기 위한 조건에 있어서는 의견이 다릅니다. 사람들은 기쁘게 살기 위해서는 기쁨의 조건이 선행되어야 한다고 생각합니다.

전도자는 기쁨을 누리기 위해 이미 우리가 하나님으로부터 받은 것을 가지고 기쁘게 사는 것을 배우라고 말합니다. 기쁨은 언제나 현재 이 순간을 긍정적으로 받아들이는 것에서 옵니다. 기쁨을 놓아 줄 준비가 되어 있을 때에만 참으로 기뻐할 수 있습니다. 울 때도 있고 웃을 때도 있습니다. 슬퍼할 때 슬퍼하고, 기뻐할 때 기뻐할 수 있는 법을 배워야 합니다.

그리고 다른 사람과 비교를 하지 말아야 합니다. 우리는 다른 사람과 비교 가운데서 살아갈 때 기쁨의 순간을 놓치게 됩니다. 비교에서 벗어날 때 젊은이는 젊은이로서, 중년기에 있는 사람은 중년기에서, 노년기에 있는 사람은 노년기에서 기쁘게 살아갈 수 있습니다.

젊기 때문에 기쁘게 살아갈 수 있고, 노년기에 들었기 때문에 기쁘게 살아갈 수 없는 것은 아닙니다. 오히려 영적으로 훈련을 받은 사람은 청년기보다 노년기에 더 기쁘게 살아갈 수 있는 생의 비밀을 발견할 수 있습니다. 젊을 때는 야망이 가득하고 정욕이 왕성하기 때문에 현재를 기쁘게 살아가는 것을 놓칠 수 있습니다. 그리고 주로 감각적인 쾌락을 기쁨으로 착각할 수 있는 위험이 있습니다. 그런데 노년기에는 그러한 데서 해방되기 때문에 오히려 조용히, 그리고 차분히 노년의 기쁨을 풍성히 누릴 수 있습니다. 노년기가 정욕이 감퇴되고, 눈이 잘 보이지 않고, 잘 들리지 않고, 젊은 때의 미모를 유지할 수 없는 시기라는 사실을 있는 그대로만 받아들인다면 노년기에 더 기쁘게 살아갈 수 있습니다.

노년이 되어서도 젊은 때처럼 정욕이 왕성하려고 하고, 더 귀가 잘 들리고, 더 눈이 밝으려 하고, 주름살 없는 얼굴로 오래 살려고만 하면 노년은 서글퍼집니다. 그렇지 않고 노년기를 긍정하고 현실을 있는 그대로 받아들이게 되면 노년의 기쁨을 누릴 수 있습니다.

하나님이 모든 것을 지으시되 때를 따라 아름답게 하셨고(전 3:1-12).

중점을 바로잡으십시오

예언자 학개는 바벨론 포로 후에 활동한 사람입니다. 바벨론 포로기를 지나 고레스 왕의 칙령에 따라 본국으로 귀환한 유대인들은 성전을 재건하는 과업에 착수할 수 있었습니다. 하지만 사역을 시작해 16년이 지난 후에도 백성들은 자신들의 사적인 사정들로 인해 그 일을 끝내지 못하고 있었습니다. 그러한 상황에서 예언자 학개는 백성들로 하여금 성전을 완공하도록 촉구하려는 목적으로 일련의 짧지만 통렬한 말씀들을 선포했습니다. 그는 백성들에게 새롭게 주님을 의지하며, 거룩한 생활을 갱신하고, 미래를 주관하시는 하나님께 대한 믿음을 새롭게 할 것을 촉구했습니다.

그 당시 포로 생활로부터 귀환한 유대인들의 생활은 매우 어려웠습니다. 가뭄으로 인해 경작하는 일과 가축 사육이 불가능해졌습니다. 예언자 학개는 그렇게 그들의 생활이 피폐하게 된 근본 원인이 성전 건축 중단과 밀접한 연관이 있다는 것을 지적하며 성전 공사의 지연 이유가 대적자들보다는 유대인 스스로의 태만과 직무유기 때문이라며 속히 성전 재건 공사를 시작할 것을 촉구했습니다.

유대인들에게 성전 건축은 특별한 뜻을 갖습니다. 70년이라는 오랜 세월 동안 포로 생활을 끝내고 예루살렘으로 귀환한 유대인들에게 폐허가 된 예루살렘 성전을 재건하고 예루살렘을 다시 세우는 일은 하나님의 약속이 현실적 사건이 되는 것입니다. 하나님은 유대인들과 함께 그들 선조에게 약속하신 것을 이루기를 원하셨습니다. 학개의 중심 주제는 분명합니다. 그것은 유대인들이 하나님의 축복을 기대하기 이전에 삶의 우선순위를 바로잡고 성전을 완공해야 한다는 것입니다.

영적인 무관심으로 인해 그들은 자신들을 향한 하나님의 촉구에 응답하지 못했습니다. 절망 가운데서 자신들이 겪는 역경이 자신들의 영적 부패로 인해 나타나는 증상임을 깨닫지 못했습니다. 학개는 그들로 하여금 하나님의 관심보다 자신들의 이기적인 관심사를 우선시할 때 상황이 더 어렵게 된다는 것을 이해하도록 했습니다. 하지만 그들이 하나님을 우선으로 하고 그의 뜻을 행하려고 할 때 하나님은 그의 백성들에게 기쁨과 번영을 가져다주실 것입니다.

성전을 건축하라 그리하면 내가 그것으로 말미암아 기뻐하고 또 영광을 얻으리라(학 1:1-11).

그리스도 안에 거하는 삶

예수님은 자신을 포도나무로, 하나님을 농부로, 우리 인간을 가지로 비유하셨습니다. 인간을 가지로 비유하신 것은 우리의 불완전성을 말씀하신 것입니다. 인간은 스스로 사회적 요구와 자기 자신의 요구에 부응해 갈 수 없습니다. 우리가 지식이나 돈이 많다고 해서, 사회적 지위가 높다고 해서 건실한 사회인으로서 사회적 요구에 응답할 수 있는 것은 아닙니다. 삶의 올바른 목표와 가치관, 그리고 삶의 올바른 원리가 있어야 합니다. 그렇지 못하고 지식이나 재화, 명예나 지위만을 가지고는 다른 사람들의 요구에도 부응할 수 없고, 자신의 내적이고 인간적인 요구도 채울 수 없습니다.

예수님은 포도나무 비유에서 좋은 열매를 맺으려면 가지가 포도나무에 붙어 있어야만 한다고 말씀하십니다. 포도나무에서 떨어져 나간 가지는 아무 열매도 맺지 못합니다. 이것은 그리스도 안에 거하는 삶을 의미합니다. 그리스도 안에 거한다는 것은 예수님이 보여 주신 것처럼 하나님과 깊이 교제하며 사는 것입니다. 하나님과 교제하며 살아가야만 우리 각자에게 허락된 달란트를 발견할 수 있습니다.

또한 그리스도 안에 있다는 것은 하나님이 우리의 삶 가운데 현존하심을 인정하는 것입니다. 그리스도 안에서 하나님의 인도하심과 도우심을 받는 인생이어야 좋은 열매를 맺을 수 있습니다. 그리스도 안에서 하나님의 말씀을 늘 묵상하고, 그 말씀 속에서 지시하시는 인생의 길을 선택하고, 그 방향으로 나아가는 훈련을 하는 것은 현세에서뿐만 아니라 영원한 하나님의 나라에서도 유익할 것입니다.

그리스도 안에 있을 때 좋은 열매를 맺을 수 있다는 말은 생을 더욱 풍성하게 살아갈 수 있다는 것과 같은 의미입니다. 인생을 풍성하게 산다는 것은 좀 더 소중한 가치에서 우리가 하고 있는 일을 보는 것입니다. 그리스도 안에서의 풍성한 삶은 어떤 가치와 목적을 가지고 그 일을 하느냐에 달려 있습니다. 어떤 일이건 간에 우리가 어떤 관점에서, 무엇을 목적으로 그 일을 하느냐에 따라 일의 의미는 달라집니다. 삶과 일에 대한 새로운 가치와 의미의 발견은 그리스도 안에서 이루어집니다.

가지가 포도나무에 붙어 있지 아니하면 스스로 열매를 맺을 수 없음같이(요 15:1-8).

사랑의 빚, 육신의 빚

로마서 13장 8-14절을 보면 크게 두 가지의 삶이 있는데 하나는 '사랑의 빚을 지고 사는 삶'이고, 또 하나는 '육신의 빚을 지고 사는 삶'입니다.

사랑의 빚을 진다는 것은 과거의 삶에서 진 육신의 빚을 다 청산하고 새로운 삶으로 사랑을 실천하며 사는 삶을 의미합니다. 삶은 어디서나 다양하며, 동일하지 않으며, 이러한 다양한 삶의 가치와 의미는 사회적으로 얼마나 높은 신분의 사람이냐에 있지 않습니다. 그 삶이 사랑의 빚을 지고 사는 삶이냐, 그렇지 않고 육신의 빚을 지고 사는 삶이냐에 달려 있습니다.

하나님은 다양한 삶을 살고 있는 사람들을 부르셔서 신분을 바꾸지 않으시고 사랑의 빚진 자의 삶을 살아가게 하십니다. 어느 위치에서, 어느 계급에서 살건 사랑을 실천하며 사랑의 빚진 자로서 살아가는 삶은 고귀한 삶입니다.

육신의 빚만 잔뜩 지고 사랑의 빚은 평생을 살아도 한 번도 져 보지 못하고 살다가 죽음 앞에 섰을 때 개인적인 종말을 어떻게 감당할 수 있겠느냐는 것입니다. 이 세상에서 세상적인 안목으로 볼 때 화려하고 부럽고 많은 사람들에게 '저렇게 살아 보았으면' 하고 충동을 일으킬지 모르지만 그런 삶은 참 비참한 삶입니다. 우리에게 언제나 고통을 주는 문제는 사랑과 용서 없이 육신의 빚을 많이 지며 살아가는 것입니다. 그러한 육신의 빚이 우리의 삶을 더욱 짐스럽게 하고, 내면의 평강을 유지하지 못하게 합니다.

그런데 우리가 갚아야 할 육신의 빚을 예수께서 십자가에서 다 담당하셨습니다. 우리가 갚아야 할 채무를 주님이 다 갚으셨습니다. 우리는 채무에서 자유로워졌습니다. 이제부터 우리는 채무를 다 탕감 받은 자유인으로 사랑의 빚 외에는 아무에게 아무 빚도 지지 말아야 합니다.

피차 사랑의 빚 외에는 아무에게든지 아무 빚도 지지 말라(롬 13:8-14).

구원받은 자의 삶

헨리 나우웬(Henri Nouwen)은 교수직을 사임하고, 어느 날 캐나다에 있는 장애인 공동체 데이브레이크 커뮤니티에서 사목 역할을 하기 위해서 떠났습니다. 그 공동체에 가서 그가 첫 번째로 쓴 책은 《탕자의 귀향》이었습니다. 그는 자신이 바로 하나님의 뜻과는 너무 멀리 가 있었던 탕자였다고 고백합니다. 장애인 공동체에서 장애인들을 섬기면서 비로소 "나는 본향에 돌아왔고, 나의 참된 모습을 찾았다"고 했습니다.

그는 《아담》이라는 책에서 장애인 소년 아담을 섬겨 주고, 아담의 발을 씻겨 주면서 이 아담 안에서 새로운 아담, 곧 예수님을 발견한 이야기를 들려줍니다. 어느 날 자기가 돌보고 있는 소년 아담이 자기의 섬김에 고마움을 느낀 나머지 더듬거리면서 "나는 당신이 너무 좋아요. 당신을 사랑합니다"라고 하는 말을 들었을 때 "너는 내 사랑하는 아들이요, 내 기뻐하는 자라"라는 하늘의 음성을 들었다고 고백합니다.

어두움 가운데서 사는 사람들은 자신들이 자유인이라고 합니다. 정욕에 이끌리어 하고 싶은 대로 하면서 살아가는 것을 그들은 자유라고 합니다. 그들의 삶은 사랑의 빚이 아닌 육신의 빚을 지고 살아갑니다. '오늘 즐길 수 있는 여분의 자금이 있는가?'가 그들의 관심사입니다.

우리의 삶은 동일하지 않고 다양합니다. 그 다양한 삶은 우리의 정욕대로 한없이 낭비하며 살아가기에는 너무나 짧습니다. 우리의 삶의 아름다움과 고귀함은 사랑의 빚을 지고 살아가는 데 있으며, 빛 가운데서 사는 데 있습니다. 비록 장애인의 삶이라도, 늙은이의 삶이라 해도, 흑인의 삶이라 해도 그 삶이 사랑의 빚을 지며 사는 삶일 때, 빛 가운데 있는 삶일 때 아름답습니다. 그러한 삶은 하나님 나라에 가까이 있는 삶입니다. 그러한 삶은 사랑을 실천하며 사는 삶입니다.

우리의 삶이 어떤 형태의 삶이건 어두움의 삶이 아니라 깨어 있는 삶, 빛 가운데 거하는 삶이 되어야 하겠고, 우리의 기도의 제목도 우리 욕망의 실현이나 남보다 우월하게만 살게 해 달라는 기도가 아니라 바로 이런 제목의 기도가 되어야 하겠습니다.

새 노래로 여호와께 노래하며 성도의 모임 가운데에서 찬양할지어다(시 149:1-9).

늘 푸른 신앙

시편 1편에 나오는 '시냇가에 심은 나무'는 세속 사회에 살면서 나타나는 그리스도인들의 특징으로 비유할 수 있습니다. 김정준 박사는 그의 시편 강해에서 시편 1편의 주제를 "늘 푸른 신앙"으로 묘사했습니다. 세속 사회에서 늘 푸른 신앙으로 나타나는 그리스도인에게는 믿지 않는 사람과는 다르게 나타나는 인격적 특징이 있습니다. 그러한 품격은 오랜 세월 밖으로 드러나지 않는 생활 방식에 의해 이루어집니다.

"주님의 율법을 즐거워하며, 밤낮으로 율법을 묵상하는"(시 1:2, 새번역) 것은 믿지 않는 사람에게서는 찾아볼 수 없는, 그리스도인에게만 있을 수 있는 겉으로 드러나지 않는 삶의 방식입니다. 그러한 삶의 방식을 달리 표현하면 생명, 빛, 사랑이신 하나님과의 지속적인 인격적 사귐입니다.

나라는 한 인격을 가진 존재는 생명의 근원이신 하나님과 끊임없는 사귐에서 온전한 인격적 존재로 되어 갑니다. 하나님과의 지속적인 사귐은 영혼의 양식인 하나님의 말씀을 먹는 방식이기도 합니다.

시인이 말하고 있는 '율법을 즐거워하며 밤낮으로 묵상한다'는 것은 말씀을 읽을 때 늘 사랑의 교제 가운데 계신 하나님이 전제가 된다는 것입니다. '나와 함께 깊은 사랑의 교제 가운데 계신 그 사랑하는 님이, 사랑하는 분이 나에게 오늘도 무엇을 말씀하실까?' 하는 간절함을 가지고 말씀을 읽는 것입니다. 한 번 읽고, 간절한 마음을 가지고 또 한 번 읽고, 또 한 번 읽습니다. 마치 밥 한 숟가락을 입에 넣고 30번, 40번 씹는 것에 비유할 수 있습니다. 이렇게 말씀을 계속 읽다 보면 문자로 된 그 말씀 속에 포함된 사랑하는 분의 말씀이 조금씩 들리게 됩니다. 우리의 상황에 따라서 같은 본문이지만 다르게 와 닿게 됩니다. 그렇게 들린 말씀을 가지고 우리는 그분과 대화를 시작하게 됩니다. 우리는 이렇게 말씀을 먹는 방법을 익혀 가야 하고 거기에 익숙해 가야 합니다. 영의 양식을 바르게 먹을 때 그 말씀이 인격화되어 가는 것입니다.

오직 여호와의 율법을 즐거워하여 그의 율법을 주야로 묵상하는도다(시 1:1-6).

살아 있는 신앙

늘 푸른 신앙이 우리 내면에 뿌리내리고 있다는 것은 우리의 생명이 변질되지 않고 건강하게 올바른 목표를 향해 운동해 가고 있다는 의미입니다. 하나님으로부터 선물로 받은 우리의 생명은 지속적인 각성, 새로운 동기부여, 방향 수정이 필요합니다.

그것은 알코올이나 약물로 되지 않습니다. 우리가 세상을 살아갈 때 생의 의미가 없어지고, 기분이 우울하고 답답할 때는 이러한 것들로 각성시키려 합니다. 자극을 시키는 것입니다. 그래서 기분을 맑게 하고 좋게 해 하루를 원만하게 살아가려고 노력합니다. 그렇게 하다 보면 어느덧 자신도 모르게 중독이 됩니다. 그런데 생명은 알코올이나 약물로 깨어나지 않습니다. 각성이 되지 않습니다.

생명은 생명을 주시고 생명의 근원이신 하나님과의 교제 속에서 그분과 연결이 될 때 깨어나게 되고, 방향을 바로잡게 되고, 생의 의미를 소유하게 되고, 그릇된 방향을 수정해서 올바른 목표를 향해서 계속 진행해 가게 합니다. 늘 푸른 신앙은 우리를 초월해 계시는 하나님과 생명의 교제로부터 이루어집니다.

또한 늘 푸르다는 것은 그리스도인의 인격적 품격을 뜻하는데 그것은 그리스도인이 지니고 있는 희망, 삶의 의미, 정의로움, 사랑, 절제 등 그리스도인의 덕(virtue)을 뜻합니다. 그것이 세속 사회에서 그리스도인의 정체성을 드러내게 됩니다. 우리 안에 형성된 품격에서 나오는 것입니다. 그리스도인에게는 눈에 보이는 것에 대한 희망이 아닌 눈에 보이지 않는 영원한 하나님 나라와 관련된 희망이 있습니다. 그리고 삶의 의미, 올곧음, 사랑이 있습니다.

또한 늘 푸르다는 것은 어떤 역경, 고난, 유혹에도 정체성을 상실하지 않고 견디어 내는 것을 뜻합니다. 시냇가에 심긴 나무는 온실에서 자라나는 나무와는 다릅니다. 온갖 풍상을 겪으면서도 자신의 고유한 정체성을 상실하지 않고 견디어 냅니다. 늘 푸른 신앙은 정체되어 있지 않습니다. 그것은 살아서 움직이는 인격 전체를 묘사하고 있습니다.

그 잎사귀가 마르지 아니함 같으니(시 1:1-6).

하나님과의 사귐에서 일어나는 변화

우리가 매일 하나님과 사귐 가운데 살아가다 보면 하나님과의 사귐에서 일어나는 구체적인 변화를 경험하게 됩니다. 하나님과 인격적 사귐에서 하나님에 대한 이해가 바뀌게 됩니다.

우리는 하나님에 대해서 상당히 모호합니다. 사랑이 결핍될 때는 '사랑의 하나님'에 대해서 어렴풋이 들은 내용을 사랑의 하나님이라고 떠올리고, 사랑과 관련된 것을 자꾸 달라고 하고, 또 그것을 믿어 보려고 자꾸 자기를 억압하고 강박관념에 사로잡히게 됩니다. 또 어떤 정의에 관한 문제에 대해 곤고한 자리에 처해 있을 때는 '정의의 하나님'이라는 개념을 자기 나름대로 형성시켜서 자기가 요구하고 있는 정의의 내용을 달성시키기 위해서 자꾸 그것만을 하나님께 요구하게 됩니다.

우리는 우리의 처해 있는 여러 가지 삶의 상황의 문제와 관련해서 그때그때 적절하게 자기가 처한 상황에 맞는 하나님이라는 칭호를 붙여서 그 하나님을 떠올리며 기도할 수 있습니다. 그래서 우리의 믿음은 매우 강박관념적인 믿음입니다. 믿음이 있지만 긴장이 오게 되고, 어떤 난관이 닥치면 믿어지지 않습니다. 그래서 대부분 자기 암시로 '믿자. 믿자' 하면서, 믿지 않으면 이루어지지 않는다고 하는 공포감 때문에 주문 외우듯이 믿어 보려고 하는데, 이것은 잘못된 믿음입니다.

그러나 하나님과 사귐의 삶을 살아가면서 하나님에 대한 이해를 자꾸 쌓아가다 보면 그러한 믿음이 바뀌게 됩니다. 사랑의 하나님 그분 자신을 내가 이해하고 받아들이게 되고, 공의의 하나님 그분 자신을 내가 이해하고 받아들이게 되고, 긍휼의 하나님 그분 자신을 내가 이해하고 받아들이게 됨으로 인해서 삶의 문제가 풀려나가는 것을 경험하게 됩니다. 우리의 실존의 문제와 하나님에 대한 이해는 매우 밀접한 관련이 있다는 것을 하나님과 사귐의 삶을 살아가다 보면 여실히 경험하게 됩니다.

그래서 하나님에 대한 이해는 매우 중요합니다. 이 하나님과 인격적 사귐속에서 나 중심의 하나님 이해가 아니고 하나님 중심의 하나님 이해로 바뀌면서 자유로워지고 그분에 대한 신뢰가 높아집니다. 하나님에 대한 신뢰는 하나님에 대한 바른 이해 속에서 생겨나게 됩니다.

자기 허물을 능히 깨달을 자 누구리요 나를 숨은 허물에서 벗어나게 하소서(시 19:7-14).

빛의 자녀의 생활

에베소라는 도시는 그 당시의 도시들 가운데서도 매우 헬라화된 곳입니다. 그곳에 빛의 자녀, 즉 그리스도를 믿는 형제자매들이 태어났습니다. 잘못하면 그리스도인으로서 경건한 삶의 이상 때문에 현실을 살지 못하고 갈등과 좌절에서 살게도 됩니다. 바울은 에베소 형제자매들에게 "세월을 아끼라"고 권면합니다. 세월을 아낀다는 것은 '현재를 상실하지 않는다', '현재를 산다'는 뜻입니다.

에베소에는 주님과 함께 현실을 살 수 없게 만드는 요인들이 많았습니다. 에베소에 사는 형제자매들이 그리스도와 관계를 맺기 전에는 그 시대 문화와 풍습에 젖어 현실을 살아갔습니다. 그런데 예수를 알고 나서 어둠의 자녀에서 빛의 자녀가 되었습니다. 그들에게 바울은 빛의 자녀로 살아갈 삶의 지혜를 배우라고 권면합니다(엡 5:15). 그 지혜를 배우지 않으면 현실이라는 시간을 잃어버리게 됩니다. 한탄, 좌절에서 도피의 탈출구를 찾든가, 이상에서 현실을 바꾸어 놓으려 하다 세월을 놓칠 수 있습니다. 그래서 지혜로운 사람답게 살라고 했습니다.

그러면 지혜로움이란 어떤 삶입니까? 바울은 이 물음에 대해 "지혜로움은 깨어 있는 삶"이라고 답합니다. 지혜로움은 쾌락의 깊은 잠, 상처의 깊은 잠에서 깨어나 현실을 직시하는 것입니다. 쾌락이나 상처 모두 현재라는 시간을 빼앗아 갑니다. 이러한 잠에서 깨어나지 못할 때 자신의 삶을 바르게 세워 갈 수 없습니다. 바울은 우리는 '하나님의 작품'이라고 했습니다. 우리는 하나님의 희망 가운데 있는 그의 삶의 작품을 만들어 가야 합니다.

그렇다면 세월을 상실하지 않고 현실을 바르게 사용할 수 있도록 우리의 의식을 확실하게 깨어 있게 하는 것이 무엇이겠습니까? 먼저 '주님의 뜻이 무엇인지 깨닫는 것'입니다. 모든 사건을 통해 주님이 말씀하시는 메시지를 들어야 합니다. 세상에 우연은 없습니다. 하나님이 모든 것을 창조하시고 그가 창조하신 모든 것을 통해 말씀하십니다. 우리는 하나님이 사건과 사물을 통해 말씀하시는 것으로 실제로 중요한 것이 무엇인지 알게 됩니다. 현재라는 시간에 나를 존재하게 하는 하나님의 사랑이 무엇을 의미하는지를 물어 가야 합니다. 그래야 세월을 아끼게 됩니다.

오직 지혜 있는 자같이 하여 세월을 아끼라(엡 5:15-21).

시와 찬미와 신령한 노래로 화답하는 삶

우리가 깨어서 지혜롭게 살아가게 하는 힘이 성령이십니다. 에베소서 5장 18절은 "술에 취하지 마십시오. 거기에는 방탕이 따릅니다. 성령의 충만함을 받으십시오"(새번역)라고 말합니다. 현실에 살면서 현실을 초월해 가는 힘이 성령께 있습니다. 현실의 삶이 하나님의 영 안에서 하나님의 영과의 교제 안에서 살아가는 삶이 될 때 현실을 초월해 가게 됩니다.

하나님의 영은 현재의 시간을 어둠의 행동에 빠져들지 않고, 현재를 빛 가운데 살게 하십니다. 성령의 충만함은 우리의 삶을 허송세월하지 않게 합니다. 성령은 우리가 어둠의 깊은 잠에 빠져들지 않게 하십니다. 우리를 깨어 있게 하시고, 어둠의 힘을 극복하게 하십니다. 그리고 그리스도인으로서 현실에서 하나님의 영광을 드러내는 춤을 추게 하십니다.

육적인 욕망은 어둠의 일들을 만들어 냅니다. 그러나 성령의 충만은 사랑, 희망, 기쁨, 화평, 인내, 친절, 선함, 신실, 온유, 절제의 열매를 맺게 합니다. 열매가 있다는 것은 세월을 상실하지 않았다는 것을 의미합니다. 계절을 상실한 나무에는 열매가 없습니다. 결국에는 나중에 찍혀 불에 던져질 수밖에 없습니다. 우리의 삶도 마찬가지입니다. 세월을 아끼지 않을 때 삶을 상실하게 됩니다. 나중 심판 때 아무리 후회해야 소용없습니다.

성령의 충만함은 시와 찬미와 신령한 노래로 서로 화답하는 데서 이루어집니다. 성령이 우리 가운데 함께하시면서 시와 찬미와 신령한 노래로 서로 화답하게 하시며, 가슴으로 주님께 노래하며 찬송하게 만드십니다. 우리 가운데 계시는 성령의 활동은 하나님과 나, 나와 형제자매들 간에 영적 소통이 원활하도록 만듭니다. 영적 소통이 이루어지는 곳에는 답답함, 무의미가 없고 서로서로 시와 찬미와 신령한 노래로 화답이 있습니다. 그리고 모든 일에 언제나 우리 주 예수 그리스도의 이름으로 하나님 아버지께 드리는 감사가 있습니다. 성령의 현존하심과 그의 충만하심으로 나타나는 현실은 감사와 삶의 긍정의 춤입니다.

우리 모두 한번 묵상 가운데서 상상해 봅시다. 우리는 묵상 가운데서 시와 찬미와 신령한 노래로 화답하는 삶이 얼마나 아름다운 춤인가를 알게 됩니다. 그리고 실제의 삶에서도 그러한 삶의 아름다움을 체험해 갈 수 있습니다.

시와 찬송과 신령한 노래들로 서로 화답하며(엡 5:15-21).

10월

주님은 우리가 의존하고 있었던 것들이 얼마나 우리 중심적이었는가를
깨닫게 하십니다. 그리고 그러한 모든 것들을 내려놓게 하시고 그러한 것들과는
다른 것으로 우리를 세우십니다. 주님은 우리가 잃어버렸다고 생각하는 것들을
도로 찾아 주시지 않고 그러한 것들을 비워 버리게 하고 놓아 버리게 하십니다.
대신에 하나님을 더욱더 신뢰하게 하십니다. 그리고 우리 자아를 중심으로 한
삶의 틀에서 벗어나서 대신 베풀고 섬기고 화해하고 도와주는
새로운 소명의 자리로 우리를 옮겨 놓으십니다.

인생의 가을

생태계는 가을이면 거의 다 자신의 충만함을 드러냅니다. 그러나 인간이 맞이하는 생의 가을은 그것과 정반대입니다. 인생의 가을은 쓸쓸함, 외로움, 정신적 공허, 허무라는 원치 않는 손님이 찾아오는 계절입니다. 이러한 부정적인 현상들을 잘 극복하기 위해서는 영적 충만함이 있어야 합니다. 인생의 가을에 영적으로 충전되지 않으면 인생의 겨울을 맞이하는 데 어려움이 큽니다. 영적 충만함을 얻기 위해서는 말씀의 묵상과 영적 독서가 있어야 합니다. 인생의 가을을 더욱 풍성하게 살아가고자 한다면 생의 관심을 자기 자신이 아닌 다른 사람을 위해 선한 일을 하는 데 두는 것이 지혜롭습니다.

이 계절은 인생을 좀 더 깊이 있고 단순하게 살아가야 할 시기입니다. 예수님이 어느 날 갈릴리 바닷가를 거니시다가 어부 시몬을 만나셨습니다. 예수님은 매우 피곤하고 허탈해하는 그의 모습을 보시고 깊은 데로 가서 그물을 던지라고 하셨습니다. 시몬은 예수님의 말씀을 따라 순종했을 때 많은 고기를 잡을 수 있었습니다.

인생의 가을을 깊이 있고 단순하게 산다는 것은 깊은 신앙의 경지로 들어가는 것을 의미합니다. 인생의 가을에 다른 계절보다 깊이 있는 신앙생활이 이루어져야 하는 이유는 가을에 찾아오게 되는 정신적 공허와 허무를 극복해 가기 위해서입니다.

밤이 새도록 수고하였으되 잡은 것이 없지마는(눅 5:1-11).

인생의 계절을 상실하지 않고 살아가려면

세상의 어떤 사람도 자신의 인생의 계절을 후회 없이 완전하게 향유해 가지 못합니다. 누구나 현재 자기가 있는 생의 계절에서 다음 계절로 넘어설 때에는 후회, 갈등, 두려움을 겪습니다. 인간이 자신의 생의 계절을 후회 없이 완전하게 실현해 가지 못하는 이유는 인간이 피조물이라는 것과 죄 때문입니다.

죄는 우리가 인생의 방향을 바르게 설정해 갈 수 없게 하고, 허무한 것과 무의미한 것에 집착하게 만들며, 자신에 대한 하나님의 뜻을 깨닫지 못하게 합니다. 그래서 언제나 우리의 생에는 후회, 허무, 갈등이 따라다닙니다. 우리가 이 세상에 살면서 상실한 인생을 보장받을 수 있는 길은 오직 하나님의 사랑과 그의 용서뿐입니다. 그 이외에는 다른 길이 없습니다. 하나님의 사랑은 우리의 죄를 씻어 내고 우리의 허무와 후회를 씻어 냅니다. 영원한 삶에 대한 새로운 약속을 줍니다.

인생은 하나님의 선물입니다. 우리에게 선물로 허락하신 이 인생을 잘 살아간다는 것은 인생의 각 계절을 상실하지 않고 살아간다는 말입니다. 우리는 인생의 계절을 상실하지 않기 위해 늘 하나님의 인도하심을 구하고 따라야 합니다. 인생의 가을을 맞이했다는 것은 하나님의 은혜입니다. 가을은 우리를 다시 한 번 하나님 앞에 정직하게 만들어 줍니다. 그러한 뜻에서 가을은 하나님의 축복입니다.

주께서 내 곁에 서서 나에게 힘을 주심은(딤후 4:9-22).

새 언약의 일꾼들

인간에게는 무상한 것을 영구한 것으로 간주해서 그것을 절대시하는 어리석음 때문에 진정 영원한 것과 평생 접하지 못하고 살다가 생을 마치는 예가 너무나 많습니다. 그런데 인간에게는 그러한 것들을 영구한 것으로 간주해 버리는 어리석음이 있습니다. 그러한 것들을 영구한 것으로 자신들의 옆에 있게 하려는 욕망 때문에 종교를 갖기도 합니다. 그러다가 감당할 수 없는 허무의 수렁에 빠져 헤어 나오지 못합니다.

예수 그리스도께서는 참빛으로 세상에 오셨습니다. 그는 죽은 자들 가운데서 살아나셔서 영원한 빛으로 세상을 비추고 계십니다. 그 안에서 무상한 것들에 묶여 있는 사람들이 그것들로부터 해방되어 갑니다. 그리스도인들은 세상에서 하나님의 영광의 빛을 반영하는 사람들입니다. 그리스도인들은 자신의 의가 아닌 하나님의 은혜로 그리스도 안에서 하나님과 관계를 맺은 사람들입니다. 이것은 영광된 삶의 자리로 옮긴 사건입니다.

그런데 실제로 그리스도인들의 삶에서 하나님의 영광의 광채가 반영되지 못하고 있습니다. 그 이유는 영구하지 못한 무상한 것들을 절대시해 그러한 것들에 얽매여 있으면서 하나님의 영광에 참여하지 못하기 때문입니다. 주님의 영이 계신 곳에는 모든 무상한 것들로부터 해방시켜 가는 자유가 있습니다. 하나님의 형상으로 지음 받은 새로운 운명의 삶이 실현되어 가는 길로, 하나님을 신뢰하는 사람으로 되어 가게 합니다.

그리스도인들은 자기 시대에 교파의 수호자, 율법의 수호자들이 아닙니다. 더욱이 영구하지 못한 무상한 것들이 영구히 그들을 떠나지 않는다는 보장을 가지고 살아가는 사람들도 아닙니다. 그들은 돌비에 새겨진 율법을 철저히 지키면서 자신들이 하나님의 자녀임을 확인해 가는 사람들도 아닙니다. 그리스도인들은 자기 시대에 새 언약의 일꾼들입니다.

새 언약의 일꾼들은 주님의 영으로 무상한 것들로부터 자유로워지며, 주님과 같은 모습으로 변화해 점점 더 큰 영광에 이르게 되는 복된 운명의 사람들입니다. 어떤 상황에서나 하늘이 열려 있고 주님의 영으로 생겨나는 하나님의 영광에 참여한 자녀들이라는 자아의식이 있습니다. 관용과 희망, 사랑, 새 노래가 있어 하나님의 영광이 반영됩니다.

주는 영이시니 주의 영이 계신 곳에는 자유가 있느니라(고후 3:7-18).

10월 3일

하나님의 영광에 참여해 가는 삶

그리스도인들이 그리스도를 통해 하나님의 영광에 접하게 된 동기들은 다 같지 않고 다양합니다. 그리스도와 접하게 되는 매개체들로 교파의 교리, 성경, 은사 체험, 설교, 성만찬, 신앙 서적, 공동체, 교회, 은사 받은 사람 등을 들 수 있습니다. 그 자체로서는 가치와 아름다움을 가지고 있지만 하나님을 대신할 수 없습니다. 그 매개체들 자체가 변질되어서가 아닙니다. 그 자체로 서는 아무런 구원의 능력을 가지고 있지 못합니다.

그리스도인들이 하나님 대신에 매개체에 집착하거나, 세상의 무상한 것들에서 자유로워지는 삶을 깨우쳐 가지 못하고 계속해서 그러한 것들에 집착해 있으면서 그러한 것들을 하나님보다 절대시하거나, 세상의 것들이 자기에게서 영구히 떠나지 않게 해 달라고 하나님을 끈질기게 이용해 갈 때 하나님과의 교제는 끊어지게 되고, 하나님의 영광으로 변화되는 삶도 없습니다. 그러한 신앙생활에는 하나님의 영광의 빛이 없기 때문에 거기에는 갈등, 분열, 정죄, 진보 없이 반복되는 자기 결심 같은 것들이 자리합니다.

그러한 유형의 신앙생활은 은혜의 자리가 아닙니다. 그러한 신앙생활에서는 어둠의 일들만이 드러나서 오히려 하나님의 영광을 가리게 됩니다. 다른 사람보다 특별한 은사를 받았다고 하는 신자들 가운데 초기에는 어느 정도 은사를 통해 하나님의 영광의 빛을 반사하다가 점차 하나님이 아닌 은사 그 자체에, 또는 명성, 인기에 집착할 때 빛이 사라져 가는 모습을 보게 됩니다.

세상에서 하나님의 영광을 반영해 가려면 겸손, 온유를 배워 가야 합니다. 무상한 것들에 묶여 있을 때 하나님의 영광으로부터 멀어지게 됩니다. 그렇게 될 때 이미 하나님의 영광과 멀리 있으면서 자신의 경건이나 봉사를 가면으로 사용해 자신이 하나님의 영광 가운데 있는 것처럼 위장하게 됩니다.

그리스도 안에서 하나님과 관계를 맺어 거룩한 교제 가운데 살게 된 그리스도인들에게는 하나님의 영, 그리스도의 영이 있습니다. 성령이 그리스도 안에서 하나님과 교제가 현실적이 되게 하십니다. 그리고 그 영이 믿는 자들 안에서 계속해서 그리스도를 통해 하나님에 대한 믿음과 소망을 발생시키시면서 하나님을 신뢰하며 그의 영광에 참여해 가게 하십니다.

주의 영광을 보매 그와 같은 형상으로 변화하여 영광에서 영광에 이르니(고후 3:7-18).

우리를 초월해 가게 하시는 하나님

그리스도인들인 우리는 하나님을 믿지만 대부분 우리 자신의 실존의 문제와 관련해서 하나님을 믿습니다. 우리에게는 하나님을 믿는 인간적인 이유가 다 있습니다. 그 이유와 관련해서 우리 나름대로 매우 편협한 하나님에 대한 이해를 갖고 있습니다. 우리는 우리가 규정해 놓고 있는 하나님께 우리 자신의 문제를 우리의 뜻대로 이루어 주실 것을 기대합니다.

우리는 하나님을 믿지만 우리 자신의 문제를 초월하지 못합니다. 우리가 믿는 하나님은 나의 안전을 지켜 주는 수호신에 불과하기 때문에 그 하나님으로는 자신을 초월해 갈 수 없습니다. 그래서 거의 평생 교회에 다니며 주일 성수, 십일조 생활, 때때로 봉사에 많은 시간을 할애하지만 우리는 언제나 자신의 문제에서 맴돌다 생을 마치게 될 수 있습니다.

사실 우리가 하나님을 믿으면서 자신을 초월해 가게 하시는 하나님으로 만나지 못하면, 그리고 그에게 발견되지 못하면 신앙생활에서 가장 핵심적인 것을 빠뜨리는 것이 됩니다. 그렇게 될 때 우리의 기도 시간을 주님이 가르쳐 주신 기도와는 전혀 다른 언제나 나의 소원, 나의 뜻이 나의 생애에서 이루어지게 해 달라고 애원하는 것으로 보내게 됩니다.

그러면 기독교 영성에서 진정 우리를 초월해 가실 수 있는 하나님을 만날 수 없을까요? 우리가 믿는 하나님은 우리 자신을 초월해 가게 하시는 하나님은 못 되실까요? 그렇지 않습니다. 우리가 믿는 하나님은 우리의 생각을 넘어서는 분이십니다. 예수 그리스도의 부활을 통해 그의 현존을 나타내고 계시는 하나님은 영광의 하나님이십니다. 누구나 그 하나님의 영광에 접할 때 자신을 초월해서 그의 영광을 찬양하고 그를 위해 살아가는 새로운 하나님의 일꾼으로 태어나게 됩니다.

하나님의 영광에 접한 사람들의 공통점은 거룩한 허무에 빠지게 된다는 것입니다. 그러면서 움켜쥐고 있던 무상한 것들을 놓아 버립니다. 그리고 영광의 하나님을 찬양하게 됩니다. 현재 그의 상황이 병, 가난, 실패, 고난, 슬픔의 자리에 있어도 그러한 것을 초월해서 하나님을 찬양하게 됩니다. 하나님의 영광은 모든 것을 초월하게 합니다.

길이 있을 것은 더욱 영광 가운데 있느니라(고후 3:7-18).

참된 위대성

이 세상에 완성된 삶을 가지고 태어나는 사람은 없습니다. 영국의 신학자 윌리엄 바클레이(William Barclay)는 "인생은 건축 재료와 비슷한 데가 있다"고 했습니다. 그는 말하기를, "하나님은 우리에게 완성된 인생을 제공해 주시는 것이 아니라 인생의 재료를 제공해 주시는데, 우리는 그것을 사용해서 자신의 인생을 지어 내야만 한다"고 했습니다. 이어서 그는 "하나님은 인생의 재료로서 우리에게 재능과 능력을 가진 '우리 자신'을 제공해 주시고, 아름답고 풍성한 '세계'를 제공해 주시고, 다시 우리와 더불어 같이 살아갈 '동료'를 제공해 주시면서, 이러한 재료들을 다루어 가치 있는 인생을 지어 내라고 하신다"고 했습니다. 여기서 '지어 낸다'는 것은 '생을 성취한다'는 뜻입니다.

사람들은 자신의 생을 성취해 가려고 많은 시간과 재물, 에너지를 투자합니다. 그렇지만 진정 생을 성취한다는 것이 무엇이며 그 길이 어떻게 가능한지 모릅니다. 우리 그리스도인들도 예수를 믿지만 예수님으로부터 그 길을 올바르게 배우지 못합니다. 그들은 구하는 바가 무엇인지도 알지 못하면서 하나님께 그들의 소원을 아뢰곤 합니다. 그 길을 바르게 깨닫고 성취한 사람을 가리켜 득도(得道)했다고 말할 수 있습니다.

예수께서 그의 삶을 통해 보여 주신 참 삶의 성취는 진정 가치 있고 참되고 의로운 일을 위해 자신을 온전히 내놓는 것입니다. 이 목표점을 향해 끊임없이 나아가는 과정이 자기 초월의 길입니다. 사람은 누구나 하나님이 그에게 선물로 주신 인생의 재료를 가지고 가치 있는 인생을 지어 내야만 합니다. 그렇게 하기 위해 어린 시절부터 자신의 재능을 개발하고, 세계와 인간을 배워야 합니다. 그리고 생의 최종적인 목표는 자신을 다른 사람을 위해 내놓는 것이어야 합니다. 내놓는다는 것은 자발적인 사랑의 희생을 말합니다. 그러한 희생에는 반드시 대속의 열매가 있습니다.

너희 중에 누구든지 으뜸이 되고자 하는 자는 너희의 종이 되어야 하리라 (마 20:20-27).

섬김의 자리에서 이루어지는 삶의 성취

우리 그리스도인들은 현실에서 생의 어느 계절, 어떤 장소에 있든지 섬김의 자리에 있어야 합니다. 그 자리에서 예수 그리스도의 대속의 능력이 현실적 사건이 되게 할 수 있습니다. 그래서 그리스도인들이 있는 자리가 거룩한 장소와 시간이 됩니다.

그렇게 하기 위해서는 끊임없이 자기 초월을 터득해 가야 합니다. 섬김의 자리에서 자기 초월이 이루어지지 않으면 하나님의 의를 드러내지 못하게 됩니다. 그 자리에서 자신의 의를 드러내려고 할 때 거기에는 아무런 대속의 열매가 열리지 않습니다. 오히려 공허, 무의미, 섭함, 내적 고갈에 시달리게 됩니다. 그리고 그 자리에는 평화가 아닌 분열이 있게 됩니다. 섬김의 자리에서 하나님의 의를 드러내기 위해서는 하나님으로부터 지속적인 영적 자원의 공급이 끊어지지 않아야 합니다. 그렇지 않으면 내적 고갈로 시달리게 되고 그러한 고갈을 사람들의 인정, 칭찬으로 채워 가게 됩니다. 그리고 더 견디기 힘든 것은 억울한 감정입니다. 그러한 섬김에서는 영적 성취가 이루어지지 않습니다.

우리 그리스도인들은 매일매일 섬김의 자리에서 자신의 생을 성취해 가야 합니다. 가정에서는 가족 간에 서로 섬기며, 직장에서도 섬김을 받으려 하기보다 섬기는 자리에 있어야 합니다. 섬김의 자리는 사회적으로 신분이 낮은 자리를 택하는 것이 아닙니다. 사회적으로 어떤 신분으로 있든지 그 자리에서 자기를 초월해 가는 삶을 실현해 갈 때 진정한 지도력을 발휘할 수 있습니다.

그렇게 하기 위해서는 무슨 일을 하든지 사람들로부터 보상을 기대해서는 안 됩니다. 은밀한 가운데 계신 하나님으로부터 영적 자원을 공급받아 가야 합니다. 참된 삶의 성취는 섬김의 자리에서 자기를 초월해 가면서 사랑의 희생을 실현해 가는 데 있습니다. 그러한 삶의 성취는 표면으로 드러나지 않습니다. 언제나 숨겨져 있습니다.

너희 중에 누구든지 크고자 하는 자는 너희를 섬기는 자가 되고(마 20:20-27).

하나님 중심으로 사는 삶

기독교 신앙에서 삶의 유형을 두 가지로 구분할 수 있습니다. 자신이나 사물을 중심으로 삼고 살아가는 삶과, 하나님을 중심으로 하는 삶입니다. 성서에서는 인간이 하나님 중심으로 살도록 지음 받았다고 말씀하고 있습니다. 인간이 하나님의 형상으로 지음 받았다는 것에는 하나님 중심으로 살아야 하는 존재 방식을 가지고 있다는 뜻이 내포되어 있습니다. 우리 인간이 삶의 중심을 무엇으로 삼고 살아가느냐 하는 문제는 인간의 행복과 매우 밀접한 관계가 있습니다.

사람들은 인간의 행복이 우리가 생각하고 원하는 대로 모든 것이 되어야 주어진다고 확신하고 있습니다. 그래서 원하는 바를 성취하고 소유하려고 노력합니다. 다른 대상을 희생시켜서라도 원하는 바를 쟁취하려고 합니다. 그러나 실제로 자신이 중심이 되어 살아가는 삶에서 원하는 바를 다 소유한다고 해도 행복은 없습니다. 진정한 삶의 행복은 바른 중심에서부터 시작됩니다. 거기서 출발하는 여정이 될 때 행복한 삶을 이루어 갈 수 있습니다.

영적 삶의 출발점은 하나님 중심에서 시작됩니다. 그러한 사실은 우리가 영적 훈련을 해 보면서 확인해 갈 수 있습니다. 영적 훈련에서 언제나 장애물로 나타나는 것이 나 자신입니다. 나라는 장애물이 언제나 영적 진보의 길을 가로막습니다. 그것을 넘어서는 것이 그렇게 쉽지 않습니다. 우리가 우리 자신을 중심으로 해서 살아갈 때에는 모든 것을 왜곡시키게 됩니다. 우리 자신을 중심으로 하는 삶에서는 자신의 욕망이나 이해관계에서 모든 것을 생각하고 판단하기 때문에 사물을 있는 그대로 보지 못합니다.

어린아이가 성숙된 어른이 되어 가는 과정에서 드러나는 차이는 자기중심에서 점점 벗어나게 되는 것입니다. 예수께서는 제자들에게 사람이 어린아이와 같지 않으면 하나님 나라에 들어갈 수 없다고 하셨습니다. 이 말씀에 숨겨져 있는 깊은 뜻은 어린아이로 항상 머물러 있으라는 것이 아닙니다. 어린아이의 특징은 계속 몸과 마음과 생각이 자라는 것입니다. 그와 같이 성장하라는 뜻입니다.

너는 범사에 그를 인정하라 그리하면 네 길을 지도하시리라(잠 3:5-8).

온전한 자기실현

인간의 삶은 관계입니다. 그러한 관계가 나를 중심으로 해서 이루어질 때에는 모든 것이 뒤죽박죽이 됩니다. 에덴동산에서 아담과 하와가 삶의 중심을 잃어버린 이후 인간의 역사는 계속 혼돈에 혼돈을 거듭해 오고 있습니다. 예수께서 세상에 오심으로 일어난 가장 큰 변화의 충격은 삶의 중심을 바꾸어 놓으신 것입니다. 예수님은 실제로 하나님 중심의 삶을 실현하셨습니다.

대부분의 사람들에게 유일하고 가치 있는 삶은 자기를 중심으로 한 자기실현입니다. 우리는 자기실현을 위해 배우기도 하고, 결혼도 하고, 사회생활을 해 가게 됩니다. 그런데 우리의 자기실현에서 언제나 문제로 대두되는 것이 '이 세상에서 사는 동안 온전한 자기실현이 진정 가능한 것인가?'라는 문제와, 그리고 비록 어느 정도 자기실현이 이루어졌다고 생각하면 오히려 그 지점에서 더 깊은 허무와 무의미를 경험하게 된다는 사실입니다.

삶의 허무와 무의미는 이 현실에서 어느 정도 자신이 원하는 바를 쟁취한 후에 오는 경험입니다. 현실에서 자신의 실현이 전혀 없는 사람의 경우 허무가 아닌 탐욕에 시달립니다. 진정한 허무는 삶의 성취 후에 옵니다. 그 허무에서 지금까지 나를 중심으로 이룬 것을 하나님 중심으로 다시 삶을 배열해서 새로운 삶을 시작하는 기회로 삼을 수 있습니다.

삶의 실현은 우주의 궁극적 실재와 만남에서 이루어집니다. 삶의 실현은 눈에 보이는 업적이 아닌 우주의 궁극적 실재와의 만남에서 이루어지는 영적 경험입니다. 명망이 높은 유명한 물리학자가 그의 중년에 물리학을 연구하는 과정에서 우주의 궁극적 실재이신 하나님을 만나게 됩니다. 그에게는 그 순간이 새로운 영적 여정의 시작이 됩니다. 그때까지 쌓아 온 물리학의 업적이 그 순간부터 새로운 중심으로 재편됩니다. 그리고 그의 삶의 목표는 물리학 자체가 아닌 '하나님의 영광'이라는 새로운 목표로 설정됩니다.

우리 인간이 하나님의 영광을 위해 산다는 것은 온전한 자기실현이며 인간으로서 가질 수 있는 최선의 삶의 목표입니다. '하나님의 영광을 위하여'라는 삶의 목표는 우리의 삶에서 매우 깊이 숨겨져 있는 삶의 길입니다.

내가 그리스도를 본받는 자가 된 것같이(고전 10:31-11:1).

하나님의 영광을 위하여

사도 바울은 인간 삶의 진정한 실현의 길이며 목표인 "하나님의 영광을 위해 살라"는 말을 합니다. 고린도교회 성도들은 인간 최고의 삶의 목표를 알고 있으면서도 그것을 실현해 가지 못하고 있었습니다. 그들은 어디까지나 자기중심적으로 살아갔기 때문에 교회에 분쟁이 발생하곤 했습니다.

그리스도인들에게는 하나님이 창조하신 것들을 무엇이나 다루고 먹고 사용할 수 있는 자유가 있습니다. 무엇이든지 그것들을 우리의 필요에 따라 사용할 수 있습니다. 그런데 거기에는 엄연한 원칙이 있습니다. 그것은 '우리 중심이 아닌 하나님의 영광'이라는 원리입니다.

본문에서 '먹고 마시고, 모든 것은'이란 인간의 존재 방식 전체를 포함하는 내용입니다. 바울은 존재 방식을 나를 중심으로 하는 것이 아닌 하나님의 영광을 위해서 하라고 말합니다. '하나님의 영광을 위하여'라는 말은 그리스도인이면 누구나 거침없이 쉽게 사용하는 말입니다. 여기에는 우리의 결단과 행동이 수반되어야 하는 매우 깊은 뜻이 내포되어 있습니다. '하나님의 영광을 위하여'라고 할 때에는 우리 자신이 좋아하거나 즐기는 것, 또한 원하는 것을 억압하거나 숨기거나 자신을 비하시키는 것이 아니라 하나님께 순종한다는 뜻이 내포되어 있습니다. 온전한 순종은 나 중심에서 하나님 중심으로 우리의 의지를 결단하고 실천하는 것입니다.

하나님은 빛, 생명, 사랑이시므로 하나님을 중심으로 한 삶은 정체되어 있지 않습니다. 하나님이 중심이 된 삶에서는 하나님이 중심이기 때문에 나라는 존재가 변형되어 가면서 하나님 자신이 드러나시게 됩니다.

유명한 악성의 교향곡을 연주할 때 지휘자와 단원들이 자신의 명성을 드러내려고 하면 그 곡에 담긴 작곡자의 혼을 드러낼 수 없습니다. 그와 같이 우리가 하나님을 중심으로 살아갈 때 하나님의 영광이라는 하모니를 연출해 낼 수 있습니다. 하나님의 영광을 위하여 하는 일에는 평화가 있습니다. 하나님의 영광을 위하여 사는 데서 하나님의 뜻이 하늘에서와 같이 우리 가운데 이루어지게 됩니다.

무엇을 하든지 다 하나님의 영광을 위하여 하라(고전 10:31-11:1)

행복의 길

행복은 우리가 원하는 것을 소유하는 데서 이루어지는 것이 아니라 행복해질 수 있는 삶을 살아가는 데서 이루어집니다. 행복은 행복의 길을 바르게 터득해 가는 데서 이루어집니다.

전도서는 행복에 대한 이상을 말하지 않고 인간 삶의 현실을 말합니다. 그러면서 그러한 현실에서 어떻게 살아갈 것인가에 대해 진술한 안내의 길을 제시해 주고 있습니다. 여기서 우리는 행복한 삶이 현실을 바르게 이해하고 받아들이는 지혜를 터득하는 데서 이루어지는 것임을 알게 됩니다.

히브리 현자가 말하는 인생에는 태어남과 죽음, 심을 때와 뽑을 때, 죽일 때와 살릴 때, 허물 때와 세울 때, 울 때와 웃을 때, 껴안을 때와 껴안는 것을 삼갈 때, 찾아 나설 때와 포기할 때, 찢을 때와 꿰맬 때, 말하지 않을 때와 말할 때, 사랑할 때와 미워할 때, 전쟁을 치를 때와 평화를 누릴 때 등 모든 것이 다 담겨 있습니다. 이 내용들은 사람이 이 세상에 태어나서 겪어야 하는 생의 현실입니다. 누구도 피해 갈 수 없습니다.

이러한 현실에서 행복해진다는 의미가 진정 무엇인가를 우리는 묻지 않을 수 없습니다. 그러한 질문에 대해서 현자는 우리에게 "기쁘게 사는 것, 살면서 좋은 일을 하는 것"(전 3:12, 새번역)이라고 말합니다. 그러한 삶의 기술을 배우고 터득하라는 것입니다. 기쁘게 사는 것은 그냥 되는 것이 아니고 배워 가야 합니다.

그러면 기쁘게 살아가기 위해, 다시 말해서 '행복해지기 위해 무엇을 배워야 하는가?'라는 질문을 하게 됩니다. 행복해지기 위해서는 생의 현실을 긍정하는 것을 배워야 합니다. 현실을 긍정하려면 삶을 하나님의 선물로 받아들여야 합니다. 우리가 현실을 도피하지 않고 현실을 하나님의 선물로 받아들일 때 생의 모든 때에 숨겨 있는 하나님의 뜻을 발견하게 됩니다. 그것은 현실을 긍정하지 않으면 발견할 수 없습니다. 현실을 긍정하지 않을 때 생은 지루하고 무의미한 시간의 연속일 뿐입니다. 그렇지 않고 그때그때에 발생되는 사건에서 하나님의 뜻을 깨달을 때 감사와 기쁨, 여유가 있습니다.

기뻐하며 선을 행하는 것보다 더 나은 것이 없는 줄을 내가 알았고(전 3:1-12).

현재를 살아가는 기술

행복한 삶을 위해서는 현실에서 현재를 살아가는 기술을 터득해 가야 합니다. 대부분의 사람들이 현재를 살지 못하고 과거나 미래로 도피하며 살아갑니다. 현실을 받아들이지 못할 때 더욱 그러합니다. 행복은 현재에 있지, 과거나 미래에 있지 않습니다. 그래서 현재를 살아가는 것이 중요합니다. 행복의 근원이신 하나님은 과거나 미래에 계시지 않고 현재 우리와 함께하십니다. 그래서 현재는 중요합니다.

대부분의 사람들이 현재의 삶을 누리는 대신 오직 앞날을 준비하기만 합니다. 그들은 좋은 계획을 가지고 미래에 편안히, 그리고 즐겁게 살 수 있게 되길 바라며 준비합니다. 그러나 그러한 사람들은 완성하지 못한 계획들 주위만 늘 맴돌게 됩니다. 흔히들 하는 이야기로 "죽음을 준비해야 한다. 노후를 준비해야 한다"고 합니다. 그러한 준비는 현재를 사는 데서부터 시작됩니다. 흔히들 노년에 안정된 거처, 재화, 건강만 있으면 된다고 합니다. 그러나 하나님과의 깊은 사귐이 없고, 자기 자신과의 화해가 없고, 창조적인 삶을 배우지 못하면 매일 하루하루는 지옥과 같을 것입니다. 자기 자신과 함께 현재를 살아가는 것을 익히지 못하면 노년은 매우 외롭고 두려워집니다.

사람들은 현재에 어려움이 있을 때나 자신의 계획이나 정서에 맞지 않을 때 미래의 계획을 더 많이 세우게 됩니다. 흔히들 이때만 지나가면 무엇도 하고 무엇도 하겠다고 합니다. 그러면서 현재는 아무 의미 없는 것으로 그냥 흘려보냅니다. 그러다가 대부분의 시간을 놓쳐 버립니다. 현재를 산다는 것은 현재에서 먹고 즐기는 것이 아닙니다. 꿈에서 깨어나 현실로 돌아오는 것을 의미합니다. 사람은 꿈이 없으면 안 됩니다. 그런데 그것이 공허한 것이 되어서는 안 됩니다. 미래의 행복은 현재에 있습니다. 현재를 살지 못하면 미래에도 행복은 없습니다.

수고함으로 낙을 누리는 그것이 하나님의 선물인 줄도 또한 알았도다(전 3:13-14).

생의 짐을 즐겁게 지는 삶

어떤 분이 오랜 직장 생활의 짐을 벗게 되면서 아내와 여행도 하고 그동안 하고 싶었던 일을 할 수 있게 되었다고 기뻐했습니다. 그런데 은퇴를 한 후에 얼마 안 있어 아내가 풍으로 쓰러져 은퇴 후 시간을 아내의 병 수발을 하다가 아내보다 먼저 세상을 떠났습니다.

히브리의 현자는 "사람이 먹을 수 있고, 마실 수 있고, 하는 일에 만족을 누릴 수 있다면, 이것이야말로 하나님이 주신 은총이다"(전 3:13, 새번역)라고 말했습니다. 행복은 생의 짐을 즐겁게 지는 삶을 터득해 가는 데서 이루어집니다. 히브리 현자가 말한 생의 때에는 생의 짐이 있습니다. 누구나 자기가 당한 때에 짐을 피할 수 없습니다. 올바른 신앙은 그 짐을 피하게 하지 않고 즐겁게 지게 합니다. 행복은 짐이 없는 데 있지 않고 어떤 짐이든 즐겁게 지며 살아가는 데 있습니다. 우리의 삶이 힘들고 어려운 것은 생의 짐이 다른 사람보다 무거워서가 아니라 그것을 져야 한다는 억울함, 빨리 벗어 버리고 나만의 안정을 찾으려는 욕망 때문입니다.

모든 생의 때에 져야 할 짐이 있습니다. 사람들은 그 짐을 빨리 벗고 자신만이 원하는 삶을 살려고 합니다. 그러면서 현재를 의미 없이 보내게 됩니다. 그 짐을 벗고 나면 진정 자신이 원하는 행복의 순간이 오는가 하면 그렇지 않습니다. 또 다른 짐이 기다리고 있습니다. 행복은 모든 때를 놓치지 않고 순간을 성실하게 살아가는 데에 있습니다. 사람들은 그때가 지나고 나면 다음에 자기가 원하는 행복한 순간이 올 것이라고 생각합니다. 그것은 환상입니다. 더 어려운 일이 그를 기다릴 수도 있습니다.

하나님은 우리 모두를 행복의 자리로 초대하고 계십니다. 그런데 그 행복의 자리가 고난이 없는 자리, 짐이 없는 자리라고 생각해서는 안 됩니다. 우리가 겪는 고난의 자리, 무거운 짐 진 자리에 주님이 함께하십니다. 그러면서 "내가 너와 함께한다. 내가 참으로 너를 도와주리라. 참으로 나의 의로운 오른팔로 너를 붙들리라. 아무것도 염려하지 말고 오직 모든 일에 기도와 간구로 너의 구할 것을 아뢰라. 그리하면 인간의 지혜를 뛰어넘는, 인간의 판단을 초월한 하나님의 평강이 너의 마음 중심에 자리할 것이다"라고 말씀하십니다. 이 말씀대로 됩니다. 이것이 복음입니다.

수고함으로 낙을 누리는 그것이 하나님의 선물인 줄도 또한 알았도다(전 3:9, 13).

우리는 무엇으로 사역해야 합니까

"하나님은 그의 목적을 성취하기 위해 신부, 주교, 목사, 선교사들만을 필요로 하시는 것은 아니다. 하나님은 기술자, 약제사, 의사, 철학자, 판사, 속기사 등도 필요로 하신다. 나는 오직 종교적 임무, 즉 성서를 읽는 일, 기도하는 일, 내가 저술한 책에 대해서 이야기하고, 혹은 환자, 또는 친구와 함께 삶의 의미에 대해 토론할 때에만 하나님을 섬기는 것은 아니다. 나는 환자에게 주사를 놓을 때, 또는 환부를 수술할 때, 또는 처방전을 쓸 때, 혹은 좋은 조언을 할 때에도 역시 하나님을 위하여 일한다. 나는 내가 신문을 읽을 때, 여행을 할 때, 농담을 할 때, 또는 공작을 할 때에도 역시 하나님을 섬긴다. 나는 모든 것에 관심을 갖는 것으로 그를 섬긴다. 하나님은 모든 것에 관심이 있으시기 때문에 모든 것을 창조하셨다. 그리고 그는 그의 창조 가운데 나를 두셨다. 그래서 나는 전적으로 그것에 참여한다."
폴 투르니에가 ≪모험으로 사는 인생≫에서 말한 내용입니다. 하나님의 사역에는 재물, 건강, 지식, 기술 등이 모두 필요할 수 있습니다. 그러나 이러한 것들 이전에 꼭 필요한 것이 있습니다. 그것은 하나님과의 친근한 교제의 삶입니다. 우리는 하나님과의 교제에서 그를 알게 되고, 그를 사랑하게 되고, 그에게 순종하게 됩니다.

그렇기 때문에 하나님의 사역을 담당하고자 할 때 '무엇으로 어떻게 사역해야 하는가?' 하는 문제는 누구에게나 대두됩니다. 하나님의 사역자가 되는 길은 하나님을 섬기는 삶입니다. 하나님을 섬기기 위해 반드시 목사, 신부, 선교사가 되어야만 하는 것은 아닙니다. 하나님을 섬기는 일은 현재 있는 그 자리에서 자신의 있는 모습 그대로 이루어져야 합니다. 대부분 하나님의 사역은 내가 현재 종으로 있든지, 주인으로 있든지, 어부로 있든지, 세리로 있든지 그 현실을 그대로 받아들이는 자리에서 이루어집니다.

하나님이 동방의 에덴에 동산을 창설하시고 그 지으신 사람을 거기 두시니라(창 2:5-15).

거룩한 갈망

인간에게는 다른 피조물과는 달리 누구에게나 '거룩한 갈망'이 있습니다. 이 갈망은 과학 문명의 발달이나 물질의 풍요로움이 해결해 줄 수 없는 것입니다. 인간에게는 시간과 공간을 거룩함으로 채우고자 하는 갈망, 자신의 생을 통합시켜 가고자 하는 갈망이 있습니다. 그러한 갈망이 거룩한 갈망입니다. 표현을 달리해서 말씀드리면 인간에게는 누구에게나 생명을 원하고 좋은 날을 보기를 원하는 갈망이 있습니다.

세속 사회에서 사는 사람들 가운데는 거룩한 갈망이 무엇인지도 모르고 살아가는 사람들이 대부분입니다. 그들은 삶의 고갈, 무의미를 느끼면서 방황하며 살아갑니다. 그러한 내적 고갈이 삶을 더욱 피곤하게 만들고, 고통스럽게 하고, 물질, 권력, 쾌락을 우상으로 섬기며 살아가게 만듭니다. 교회에 출석하는 사람들에게서도 이와 똑같은 내적 현상이 발생되는데, 그러한 것들을 어떻게 해결해야 할지 몰라 방황하는 사람들이 많이 있습니다. 교회에서 신자들은 바쁘게 교회 행사에 자신을 얽어매어 그러한 내적 문제를 잊고 살아가려고 하지만, 이것이 근본적으로 해결책이 되지 못합니다.

하나님을 찾는 일은 그렇게 용이하지 않습니다. 그래서 대부분의 사람들이 하나님을 찾다가 실망해 포기합니다. 사실 우리가 하나님을 찾아 발견하기보다 내가 하나님께 발견되는 것입니다. 거룩한 갈망을 느끼는 사람은 이미 하나님께 발견된 사람입니다. 거룩한 갈망 때문에 하나님을 찾아나서기보다 그를 발견하신 하나님께 자신을 드러내 보여야 합니다.

인류 초기 역사에서 아담은 하나님께 발견되었지만 하나님을 피해 숨었습니다. 그를 찾으시는 하나님 앞으로 용기 있게 다가가지 못했습니다. 거룩한 갈망은 하나님의 부르심, 그 자체입니다. 우리는 하나님께 발견된 사람으로서 지금도 나를 부르시는 하나님께 응답해야 합니다.

누구든지 목마르거든 내게로 와서 마시라(요 7:37-39).

영혼의 굶주림에 대한 상처 치유

거룩한 갈망은 알지 못하는 본향에 대한 동경이기도 합니다. 그러한 동경은 창조주 하나님의 그림자이기도 합니다. 우리가 이 그림자를 자세히 들여다볼 때 거기에 어렴풋이 비치는 상(像)이 있습니다. 우리는 그 상에서 희미하지만 집을 나간 아들을 기다리는 아버지, 잃어버린 동전을 찾고 있는 여인, 잃어버린 한 마리 양을 찾고 있는 목자의 표상을 발견할 수 있습니다.

폴 존스(W. Paul Jones)는 이 갈망을 '영혼의 굶주림'이라 했습니다. 그는 그것을 치유하기 위해 우리의 지나온 날들 가운데서 가장 가까운 날부터 시작해 탐색해 들어가면서 그 근원을 찾아가야 한다고 했습니다. 이것은 마치 정원에 심어 놓은 값비싼 나무가 죽어 갈 때 그것을 살리기 위해 다 시들어 가는 나무의 가지로부터 시작해 껍질이 벗겨진 줄기로 이동해 가면서 끈질기게 그 원인을 추적하다 보면 마침내 썩어 가는 뿌리에 도달하게 되는 것과 같습니다. 토양에 문제가 없음에도 시들어 가는 나무는 그 원인이 뿌리에 있습니다. 뿌리가 썩었기 때문에 자양분을 흡수하지 못합니다.

영혼의 굶주림은 사랑과 인정받음에 대한 굶주림입니다. 이 굶주림은 내적 상처로 인해 오는 것입니다. 이 상처는 아담으로부터 시작해 인류 대대로 대물림해 오면서 자신에게 상처를 줄 뿐만 아니라 다른 사람에게도 상처를 줍니다. 이러한 상처는 나무의 썩은 뿌리와 같이 하나님의 사랑과 긍휼에 영혼의 뿌리를 내리지 못합니다.

그러나 역설적이지만 이러한 굶주림은 하나님이 우리에게 주신 선물이기도 합니다. 이것을 치유하는 길은 우리의 갈망과 굶주림을 하나님의 선물로 받아들이는 것입니다. 우리가 그것을 받아들일 때 하나님과 화해가 이루어지고 상처를 준 사람을 용서하게 됩니다. 그때의 용서는 그가 나에게 준 상처 때문에 하나님의 사랑과 긍휼을 느낄 수 있었기 때문입니다. 그때 우리는 주님이 가르쳐 주신 기도 가운데 한 대목, "우리가 우리에게 죄지은 사람을 용서하여 준 것같이 우리의 죄를 용서하여 주시고"(마 6:12 새번역)라는 기도를 하게 됩니다.

나를 믿는 자는 성경에 이름과 같이 그 배에서 생수의 강이 흘러나오리라(요 7:37-39).

하나님을 갈망하는 삶

우리의 갈망과 굶주림이 근원적으로 치유되어 가더라도 상처의 흔적은 남아 있습니다. 그 흔적은 수치나 부끄러움이 아니라 은혜의 흔적이 됩니다. 그때 우리는 그것을 숨기지 않고 은혜의 흔적으로 스스럼없이 드러낼 수 있습니다.

갈망, 굶주림은 우리 인격의 미분화된 한 부분이기도 합니다. 그러한 의미에서 갈망은 매우 희망적입니다. 갈망 안에는 나의 참모습이 있습니다. 갈망이 바르게 치유되지 않을 때 나의 자아는 외적인 것들에 얽매이게 됩니다. 예를 들면 명예, 인기, 학벌, 사회적 지위, 거짓된 이념, 사이비 신앙 등에 얽매여 살아가게 됩니다. 그러한 상태에 있는 자아를 '거짓된 자아'라 합니다. 사도 요한은 그러한 거짓된 자아를 "육신의 정욕과 안목의 정욕과 이생의 자랑"(요일 2:16)에 얽매여 사는 삶이라 했습니다.

거짓된 자아로 살아가는 삶은 매우 불행합니다. 그것으로 살아가는 삶에는 열매가 없습니다. 평생 참된 자기를 찾지 못했기 때문에 자기가 살고 있는 시간과 공간을 헛된 것으로 채워 가게 됩니다. 그리고 나이가 더해 갈수록 삶은 더욱 공허해집니다.

시편 1편에서는 그러한 삶을 쭉정이(새번역)로 비유하고 있습니다. 쭉정이의 특징은 언제나 수평적인 이동만을 한다는 것입니다. 수평적인 삶만으로는 우리의 미분화된 인격을 성장시켜 갈 수 없습니다. 우리의 미분화된 인격을 성장시켜 가려면 먼저 참자아를 찾아야 합니다. 참자아는 하나님의 영으로 깨어날 때 찾게 되는데 몇 번의 절망과 좌절, 아픔을 경험하게 됩니다. 그 아픔은 허구적인 것에 대한 실망, 좌절, 억울함입니다. 그 억울함은 헛된 것에 속아 자신의 인생을 상실한 데 대한 후회입니다.

시편 42편은 매우 중요합니다. 이 시편의 중요성은 인간의 갈망을 해결해 가는 바른 길을 제시해 주고 있다는 데 있습니다. 시인에게는 갈망이 있고 그 근원지를 알고 있습니다. 시인은 지난날 그가 자신의 갈망을 채울 수 있었던 시간과 공간을 회상하고 기억하고 그리워하며 자신의 영혼을 위로합니다.

내 영혼이 주를 찾기에 갈급하니이다(시 42:1-11).

나의 시간과 공간을 거룩한 장소로

거룩한 갈망의 근원을 발견한 사람은 그 후에도 계속 목마름을 갖게 되는데 그때의 목마름은 그전의 것과는 다릅니다. 그 목마름은 사모함입니다. 더욱더 간절히 그 목마름을 채워 주시는 하나님을 사랑하는 연인을 사모함같이 사모하게 됩니다. 그러면서 자신의 시간과 공간을 사모하는 분과 함께 지내는 데 방해되지 않도록 거룩하게 만들어 갑니다. 그러한 시간과 공간에는 찬양이 있고, 감사가 있고, 사랑의 교제가 있습니다. 왜곡, 탕진, 의미 없는 소모, 소란, 분노, 싸움 같은 것들이 점점 자리하지 못하게 됩니다. 그러한 분위기에서 사람들은 하나님의 임재를 더욱 깊이 느끼게 됩니다. 우리가 수도원에서 느끼는 분위기는 바로 그러한 경험들입니다. 포근함, 따뜻함, 평온, 의미 없이 시간을 허비할 수 없는 거룩한 분위기는 다른 곳에서보다 우리에게 하나님의 임재를 더 쉽게 느끼게 합니다. 그래서 시인은 이렇게 말했습니다.
"진실로 주님의 선하심과 인자하심이 내가 사는 날 동안 나를 따르리니, 나는 주님의 집으로 돌아가 영원히 그곳에서 살겠습니다"(시 23:6, 새번역).
이러한 변화를 우리는 다른 사람에게서 기대해서는 안 됩니다. 먼저 나 자신부터 시작되어야 합니다. 우리는 곧잘 그러한 시간과 공간이 되어 있지 않다는 데 대해 비판과 냉소적인 태도를 취할 수 있습니다. 다른 사람이 만들어 가는 거룩한 공간과 시간에서 안일하게 거하려는 태도는 잘못입니다. 우리는 우리의 시간과 공간에서 건물과 자연의 외형을 깨끗하게 정리해 놓는 것까지는 어느 정도 합니다. 그것도 필요하지만 더 중요한 것은 그 장소를 거룩하게 만들어 가는 삶으로 변형되어 가는 것입니다. 예수님은 영혼의 갈망 가운데서 방황하고 있는 사람들에게 이렇게 말씀하십니다.
"목마른 사람은 다 나에게로 와서 마셔라. 나를 믿는 사람은, 성경이 말한 바와 같이, 그의 배에서 생수가 강물처럼 흘러나올 것이다"(요 7:37-38, 새번역).

어찌하여 내 속에서 불안해하는가 너는 하나님께 소망을 두라(시 42:1-11).

하나님의 백성으로서의 정체성

바울은 하나님의 약속에서 지시하는 부활하신 그리스도를 만났고 그를 주님으로 모셨습니다. 그리고 바리새인으로서가 아닌 부활하신 예수 그리스도의 종으로 부활의 새 삶, 부활의 증인으로 살아가게 되었습니다. 그러나 그의 동족은 약속의 자녀요 하나님과 관련된 모든 것을 가지고 있지만 하나님의 약속이 지시하는 예수 그리스도는 받아들이지 않았습니다. 바울은 하나님의 약속에 참여하지 않으면 하나님의 백성이 되는 진정한 의미를 잃어버리고 있는 것이라고 말하고 있습니다.

그리스도인들은 하나님의 약속에서 지시하고 있는 부활하신 그리스도를 구주로 받아들인 사람들입니다. 그리고 그 안에서 하나님의 창조의 미래에 이루어질 또 한 가지 약속을 기다리고 있습니다. 하나님의 약속은 장차 하나님에 의해 이루어질 기적, 능력을 지시하고 있습니다. 그리스도인들은 하나님이 약속에서 지시하신 그 일을 소망하면서 인내 가운데 하루하루를 살아가게 됩니다.

부활하신 그리스도와 함께 신앙의 순례의 길을 가고 있는 순례자들이 바라보는 약속은 "보라 내가 만물을 새롭게 하겠다"는 것입니다. 이 약속은 성서에 나타나 있는 모든 약속들의 마지막 성취입니다. 그리고 현실에서 선을 추구해 가는 그리스도인들의 삶의 실현의 시간이기도 합니다.

하나님은 약속하신 것은 반드시 이루십니다. 우리 그리스도인들은 이 약속이 있기 때문에 현실에서 믿음, 소망, 사랑, 화평을 추구하고 그것들을 실현해 가면서 살아갑니다. 부활하신 그리스도 안에서 우리의 미래는 하나님의 영광으로 가득 차 있는 매우 영광스러운 미래입니다. 그래서 기독교 신앙에 성화 다음에 오는 것이 영화(Glorification)입니다.

이 그릇은 우리니 곧 유대인 중에서뿐 아니라 이방인 중에서도 부르신 자니라(롬 9:19-29).

마음이 가난한 자

산상수훈 첫 부분에 있는 여덟 가지 행복한 삶에 대한 가르침은 값진 것입니다(마 5:1-11). 그 첫 번째가 "마음이 가난한 사람은 복이 있다. 하늘나라가 그들의 것이다"(마 5:3, 새번역)라는 말씀입니다.

그 시대 예수님을 따르던 사람들의 대부분은 재물, 사회적인 지위, 자존감, 건강을 갖지 못한 인생의 '벼랑 끝에 서 있는 사람들'이었습니다. 그러한 그들에게는 행복한 삶에 대한 염원이 매우 강렬했습니다. 예수님은 그들의 깊은 내면의 갈망을 보셨습니다. 그들이 세상적인 행복의 요건들은 갖지 못했지만, 그들이 가지고 있는 행복에 대한 갈망은 보다 근원적인 갈망과 연관되어 있었습니다.

예수께서 말씀하신 마음의 가난은 부, 건강, 성공에 대한 갈망보다 인간의 내면 깊은 곳에 숨어 있는 사랑, 본향, 연합에 대한 갈망을 의미합니다. 이것을 다 포함하는 언어는 '동경'(憧憬)입니다. 인간에게는 누구에게나 세상의 것들로는 채울 수 없는 동경이 있습니다. 그러한 동경이 현실의 삶에서는 삶의 실현, 완전함, 행복의 추구로 나타납니다.

그러한 동경이 사람들에 따라서 다르게 나타납니다. 현재 자신이 향유하는 삶에서 보다 더한 것을 갈망하고 그것을 추구해 가는 이면에는 영원한 것에 대한 동경이 있습니다.

그러한 동경과 만나는 지점이 어떤 것을 성취했을 때나 실현했을 때 경험되는 허무입니다. 허무의 이면에는 동경이 숨어 있습니다. 허무에는 영원한 본향을 가리키는 지시가 있습니다. 허무에 숨어 있는 동경을 알아차릴 때 허무에서 벗어나게 됩니다.

동경에 내포된 완전한 조화의 삶, 사랑, 본향에 대한 그리움은 영적 언어입니다. 이 언어를 들을 수 있고 이해할 수 있는 사람은 허무와 중독의 늪에 빠지지 않고 동경이 지시하는 곳으로 계속 모험을 해 갈 수 있습니다. 사람이 동경을 가지고 있다는 것은 살아 있다는 것을 의미합니다. 우리가 동경이 지시하는 곳으로 따라가면 독선, 아집, 교만, 깔봄, 자기과시, 자랑, 허세에 사로잡히지 않고 현실을 넘어서 자신을 초월해서 살아갈 수 있습니다. 동경의 길은 만물을 새롭게 하시는 하나님에게서 끝납니다.

심령이 가난한 자는 복이 있나니 천국이 그들의 것임이요(마 4:23-5:3).

동경과 함께하는 삶

"삶은 '나는 누구이며, 왜 여기에 있으며, 내 삶의 목적이 무엇인가?'라는 물음에 대한 해답을 주며, 삶에 의미를 주는 어떤 사람이나 어떤 것을 찾는 여정이다. 나는 우리 모두가 느끼는 이 커다란 욕구가 삶의 여정에서 우리 자신이 갖는 평범한 목적으로는 만족할 수 없는 동경의 원인이 된다고 믿는다. (생략) 어떤 대상을 동경한다는 것은 그 대상을 소유할 수 있다는 의미가 아니다. (생략) 동경은 여러 기억과 연관되어 있다. (생략) 아마도 우리의 모든 삶이 이 열정과 관련되어 있을 것이다. (생략) 우리에게는 희망이 있다. 그 희망은 우리 삶의 모든 영역에서 동경의 대상과 정직하게 대면할 때 우리가 찾던 그 무언가에 대한 동경이 궁극적으로 우리를 죽음과 그 죽음 너머로의 세계로도 인도해 간다는 것이다."

동경을 아름답게 묘사한 엘리자베스 바세트(Elizabeth Bassett)의 글입니다. 예수님은 인간이 추구하고 있는 행복의 갈망에 숨어 있는 동경이 지시하는 곳으로 우리를 인도하십니다. 예수님은, 동경은 하나님 나라와 관련되어 있다고 말씀하십니다. 그리고 예수님은 그 동경이 무엇을, 어디를 지시하고 있음을 깨닫게 하십니다. 하나님의 약속에는 하나님이 이루실 기적, 영적인 일에 대한 지시가 있습니다. 동경에는 본향, 사랑, 참의미의 실체에 대한 지시가 있습니다. 그래서 동경이 지시하는 바를 따라 모험을 해 가는 사람은 하나님 나라에 다다르게 됩니다. 그곳에 우리가 추구하는 행복이 있습니다.

동경과 함께하는 삶의 시작은 모방에서 시작되어서는 안 됩니다. 동경과 함께하는 삶의 시작은 자신으로부터 시작되어야 합니다. 동경에는 현재 나의 모습에서 미래의 모습이 담겨 있습니다.

계절적으로 가을은 우리의 내면 깊은 곳에 숨어 있는 동경과 마주 대할 수 있는 기회입니다. 사계절 중 가을에 우리가 경험하는 쓸쓸함, 허무, 우수는 영적 언어입니다. 그것은 영원한 사랑과 본향을 지시하는 언어입니다. 우리가 그 언어를 알아들을 때 영적으로 풍성한 가을을 살게 됩니다.

예수께서 무리를 보시고 산에 올라가 앉으시니 제자들이 나아온지라(마 4:23-5:3).

대제사장이신 예수

상담자들이 도움을 요청하러 온 사람들로부터 흔히 듣는 말은 "당신은 이해하지 못해요"라는 말입니다. 우리는 우리가 겪는 문제나 시험이 나만이 겪는 것이라고 생각합니다. 그런데 예수님은 인간의 모든 연약성을 경험하셨습니다. 그는 거절의 고통, 쓰라린 굶주림, 온갖 모욕, 배신, 임박한 죽음에 대한 두려움 등을 경험하셨습니다. 그는 인간이라는 존재가 얼마나 고통스러운지를 잘 알고 계십니다. 그러므로 그는 우리를 도우실 수 있습니다.

우리를 진정 도우실 수 있는 분이 있기 때문에 그를 신뢰하고 그에게로 나아가야 합니다. 여기에서 '제때'라는 시간을 강조하는 것은 매우 중요한 뜻이 있습니다. 우리에게 발생되는 문제들을 통해 우리는 하나님을 새롭게 대면할 수 있는 기회를 얻습니다. 그래서 우리 개인의 역사는 곧 거룩한 역사가 됩니다. 하나님은 무엇인가를 거두어 가시면 반드시 더 좋은 것을 주십니다. 우리가 살아가면서 겪는 시련은 거룩한 생명에 대한 걸림돌이 아니라 그것을 부여받는 과정입니다.

우리가 경험하는 아픔들은 우리 중심의 낡은 삶의 틀들이 깨어지는 순간들입니다. 즉 우리의 기대, 희망, 자존감이 무너지는 순간입니다. 하나님은 그러한 것들을 흔들어 놓으시고, 새로운 의미로 나를 세우시고, 그전과는 다른 소명의 자리에 있게 하십니다.

우리는 우리가 믿었던 사람으로부터 배신을 당했을 때, 지금까지 모은 재산을 모두 사기당했을 때, 우리 자신이 한 몸에 지녔던 호감, 친절, 배려, 인기, 인정을 다른 사람들로부터 빼앗겼다고 느낄 때가 있습니다. 어떤 때는 죄책감으로 심히 고통스러울 때가 있습니다. 어떤 때는 미움, 분노로 고통을 당할 때가 있습니다. 어떤 때는 질병과 죽음의 공포로 고통을 겪을 때가 있습니다. 어떤 때는 생의 출구가 보이지 않고 캄캄함을 느낄 때, 삶을 포기하고 싶을 때도 있습니다. 그러한 때 다른 사람을 원망하거나 세상을 비관하지 않고 조용히 주님께 나아가 우리의 아픔을 그대로 아뢸 때 주님은 우리를 도와주십니다.

그러므로 우리에게 큰 대제사장이 계시니 (히 4:14-16).

때를 따라 돕는 은혜

주님의 도우심은 우리가 생각하는 것과는 다릅니다. 주님은 우리가 의존하고 있었던 것들이 얼마나 우리 중심적이었는가를 깨닫게 하십니다. 그리고 그러한 모든 것들을 내려놓게 하시고 그러한 것들과는 다른 것으로 우리를 세우십니다. 주님은 우리가 잃어버렸다고 생각하는 것들을 도로 찾아 주시지 않고, 그러한 것들을 비워 버리게 하시고 놓아 버리게 하십니다. 대신에 하나님을 더욱더 신뢰하게 하십니다. 그리고 우리 자아를 중심으로 한 삶의 틀에서 벗어나서 대신 베풀고 섬기고 화해하고 도와주는 새로운 소명의 자리로 우리를 옮겨 놓으십니다.

때를 따라 돕는 은혜를 통해 우리는 우리의 삶을 짐스럽게 만들어 가는 굴레에서부터 점점 벗어나게 됩니다. 그리고 새로운 삶을 덧입게 됩니다. 거기서 우리는 진정한 은혜가 무엇인가를 알게 됩니다. 거기서 우리는 주님으로부터 돕는 은혜 없이 세상을 살아가는 것이 불가능하다는 사실을 알아가게 됩니다. 우리는 세상에 살면서 단순한 위안이나 위로가 아닌 하나님의 뜻을 따라 살아가기 위해 때를 따라 돕는 은혜가 필요합니다. 그리고 세상에서 주님의 승리에 동참하기 위해 돕는 은혜가 필요합니다. 그리고 후회와 죄책감으로부터 해방 받기 위해 주님의 자비가 필요합니다.

그러므로 우리는 긍휼하심을 받고 때를 따라 돕는 은혜를 얻기 위하여(히 4:14-16).

담대하게 은혜의 보좌로 나아가십시오

예수님이 영원한 대제사장이 되시므로 우리에게는 하나님과 막혔던 소통의 길이 열렸습니다. 우리의 문제는 하나님과 소통이 단절된 가운데서 발생되는 문제이기도 합니다. 하나님과의 소통의 단절은 우리를 외롭게 하고, 스스로 자아의 감옥에 갇혀 있게 합니다. 그런데 예수님은 소통의 길을 열어 놓으셨습니다. 예수님 안에서 하나님과 소통의 길이 우리에게 열려 있습니다.

그러한 점에서 그리스도인이 세상에서 그리스도 안에 있지 않은 사람들보다 더 유리한 삶의 자리인 은혜의 자리에 있습니다. 이 은혜의 자리는 그리스도 밖에 있는 사람보다 그리스도 안에 있는 사람이 세상에서 더 큰 혜택을 누리며 산다는 것이 아닙니다. 그리스도인들은 이 세상에 살면서 어떤 답답한 일을 당해도 그것이 생명의 걸림돌이 아니라 그것을 부여받는 과정으로의 삶의 자리에 있습니다. 우리가 당하는 어떤 고통스러운 것까지도 고통을 이기신 예수님의 승리를 내포하고 있습니다. 그러한 의미에서 그리스도인은 은혜의 자리에 있습니다.

대제사장이신 예수님은 우리의 어떤 고통의 문제도 들어 주시고 이해해 주시고 도와주십니다. 그러므로 우리는 우리의 문제를 가지고 담대하게 은혜의 보좌로 나아가 자비를 받고 은혜를 입어서 제때에 주시는 도움을 받도록 해야 합니다. 그 누구도 영원한 대제사장의 도움을 받지 않고 살 수 있는 사람은 없습니다. 단지 그 필요를 느끼며 살아가느냐, 그렇지 않느냐의 차이점이 있을 뿐입니다.

우리의 삶이 힘들고 고통스러울 때가 있지만 우리에게는 때를 따라 도움을 주시는 대제사장이신 주님이 계십니다. 삶이 짐스러워 고통당하는 사람들에게 하나님이 주시는 해답은 "내가 너희를 위해 영원한 대제사장을 세워 놓았노라" 하는 것입니다.

은혜의 보좌 앞에 담대히 나아갈 것이니라(히 4:16-5:14).

위로부터 난 지혜

삶은 관계입니다. 나와 자신, 나와 이웃의 관계입니다. 사람들의 문제들이
이 관계에서 발생됩니다. 이 관계에서 상처를 받고 주면서 살아갑니다. 사
람들은 관계에서 생긴 문제들을 자기 억압, 책임 전가, 일시적으로 경감시
켜 줄 수 있는 매개체들을 통해 해결하려고 하기 때문에 반복되는 함정에
빠지곤 합니다.

사도 야고보는 인간의 내적 문제를 해결해 가는 방법으로 위로부터 오는
지혜를 말합니다. 위로부터 오는 지혜보다 먼저 땅의 것, 귀신에 속한 것으
로 시기와 다툼을 말합니다. 시기와 다툼은 상처 입은 좌절의 감정에서 나
오는 문제 해결의 방식입니다. 이것은 자기가 이루지 못한 삶에서 나오는
좌절, 열등감의 표현이요 상한 마음의 표현이기도 합니다.

창세기 4장에 가인과 아벨 형제가 아담의 후손으로 등장합니다. 두 형제가
각기 하나님께 제사를 드릴 때, 하나님은 아벨의 제사는 받으시고 가인의
제사는 받지 않으셨습니다. 그때 가인은 아벨에 대해 독한 시기심을 품게
됩니다. 가인은 자신의 문제가 자기에게 있다고 받아들이지 않고 동생 아
벨 때문이라고 생각했습니다.

가인은 자신의 마음의 상처를 아벨을 없앰으로 해결하고자 했습니다. 그는
어느 날 동생을 들로 유인해서 돌로 쳐 죽였지만 평생을 떠돌아다니는 신세
가 되었습니다. 가인에게는 진정한 쉼이 없었습니다. 가인은 진정 자기 자신
으로 살지 못하고 무엇을 하든지 다른 사람과의 비교에서 살아간 사람의 표
상입니다. 그는 자기 자신과 화해 없이 살아간 사람의 표상입니다.

사도 야고보는 위로부터 난 지혜로 먼저 '성결'을 말합니다. 우리는 파선
한 배와 같은 세상에 살면서 상처를 받고 상처를 줍니다. 상처는 마음에 분
노, 적대감, 분열을 일으키고 우리의 마음의 흐름을 욕망으로 몰아갑니다.
점점 하나님으로부터 멀어지게 합니다. 이러한 마음의 상태에서 벗어나는
길은 묵상 시간을 통해 하나님께로 가까이 다가가는 데 있습니다. 복잡한
사념, 그리고 분노의 감정들을 하나님께 고백하고 조용히 하나님의 임재
속으로 들어갈 때 우리의 마음은 깨끗해질 수 있습니다.

오직 위로부터 난 지혜는 첫째 성결하고 다음에 화평하고(약 3:13-18).

참된 지혜

인간의 모든 내적 갈등의 해결은 하나님께 고백을 통해서 이루어집니다. 참된 지혜는 올바른 관계를 만들어 갑니다. 참된 지혜는 자신과의 화해는 물론, 다른 사람과 하나님과의 바른 관계를 맺게 합니다.

그런데 우리는 나 자신이 진정 누구인지를 잘 알지 못합니다. 우리가 알고 있는 나는 다른 사람에 의해 평가되고 규정된 나입니다. 우리는 진정 나 자신을 알지 못하고 있으므로 나 자신과 바른 관계를 맺지 못하고 삽니다. 진정한 나를 찾아 대면하기까지는 나와의 화해는 어렵습니다.

물론 다른 사람과 하나님과의 관계도 마찬가지입니다. 우리는 내가 다른 사람에 의해 착한 사람으로 규정되어 있으면, 착한 사람으로 다른 사람에게 다가갑니다. 내가 사회적으로 유명인사이면, 유명인사로 다른 사람에게 다가갑니다. 그 다가간 자리에서 착한 사람으로, 유명인사로 인정받지 못하거나, 나 스스로 그러한 사람으로 비치는 데 실패하면 깊이 좌절합니다. 그리고 나를 인정해 주지 않은 사람에 대해 분노하고 적대 감정을 갖습니다.

우리는 내가 다른 사람에게 인정받고 있지 못하다고 생각되면 다른 사람에게로 다가가기를 주저합니다. 그렇지 않으면 다른 사람에게 인정받으려 자신을 무모하게 희생합니다. 그것이 받아들여지지 않으면 역시 좌절하고 적대적이 됩니다.

참된 지혜는 내가 누구인지를 아는 것입니다. 그리고 진정한 나로서 살아 가면서 다른 사람과 하나님과 관계를 맺어 가는 삶의 방식입니다.

내가 네게 무엇을 줄꼬 너는 구하라 솔로몬이 이르되(왕상 3:3-13).

관용과 양순의 삶

사도 야고보는 위로부터 난 지혜로 '관용'을 말합니다. 관용은 정의보다 더한 것을 뜻합니다. 도저히 용납될 수 없는데도 불구하고 용서하고 받아들이는 것입니다. 우리가 겪는 고통은 다른 사람을 받아들이지 못하고 나 자신도 받아들이지 못하는 데 있습니다.

하나님은 우리에 대해 관용하십니다. 도저히 용서하고 받아들일 수 없는 우리를 용서하고 받아들이십니다. 우리가 착할 때도 착하지 않을 때도, 완전하다고 생각할 때나 그렇지 않다고 낙심할 때나, 우리가 설교를 잘해서 기분 좋을 때나 설교를 못해서 스트레스를 받을 때나 우리를 용납하십니다. 그런데 우리는 나 자신을 용서하고 받아들이지 못합니다. 우리는 나 자신의 실수를 받아들이지 못하고 불면의 밤을 보낼 때도 있습니다.

완벽주의 남편을 받아들이지 못해 상처받는 아내가 있고, 자기 자신처럼 완벽을 추구하지 않는 아내 때문에 갈등하고 상처받는 남편이 있습니다. 아내는 완벽주의 남편을 바꾸어 놓으려 하고, 남편은 아내를 완벽주의에 들어오게 하려고 합니다. 그들의 삶의 목표는 서로를 바꾸어 놓는 데 있습니다. 그러한 부부간의 관계에서는 진정한 사랑이 없습니다.

이 문제의 해결책은 하나님으로부터 오는 삶의 지혜인 관용과 양순입니다. 관용은 상대를 있는 그대로 받아들이는 것입니다. 양순은 순종을 의미합니다. 모든 상황에서 나에게 말씀하시는 하나님의 음성에 귀를 기울이고 그에게 순종하려는 마음의 태도입니다.

구약의 인물 요셉은 그가 당한 모든 불행한 상황에서 하나님께 순종했습니다. 요셉이 처한 상황마다 하나님이 요셉과 함께하셨고, 하나님은 요셉에게 말씀하셨습니다. 요셉에게 그가 당한 불행한 처지는 모든 것을 합력해서 유익이 되게 해 주시는 하나님의 은혜의 사건이었습니다. 모든 상황이 그에게 기회였습니다. 그러한 태도가 하나님의 지혜입니다. 위로부터 오는 지혜를 가진 사람은 억울함, 분노로 자신을 상처 입히지 않습니다.

오직 위로부터 난 지혜는 첫째 성결하고 다음에 화평하고 관용하고 양순하며(약 3:13-18).

하나님의 지혜

사도 야고보는 위로부터 난 지혜로 '긍휼'과 '선한 열매들'에 대해 말합니다. 하나님은 우리가 죄를 지어도 긍휼히 여기십니다. 우리를 버리거나 떠나지 않으십니다. 하나님은 우리를 긍휼히 여기시는데 우리는 자신은 물론 다른 사람도 긍휼히 여기지 못해 상처를 받습니다.

긍휼은 실천하는 행동입니다. 다른 사람을 긍휼히 여길 때 선한 행동이 뒤따르게 됩니다. 긍휼은 자신에게 짐이 되거나 상처를 주는 사람의 이면을 보게 될 때 그를 불쌍히 여기는 감정입니다. 상처에서 해방되는 길은 다른 사람을 긍휼히 여기고 아무런 대가를 기대하지 않고 긍휼을 베푸는 것입니다.

이어서 사도 야고보는 "편견과 거짓이 없나니"라고 말합니다. '편견'은 그릇된 생각, 감정, 판단에 묶여 있는 것입니다. 마음의 상처는 사람을 편견에 묶어 둡니다. 자신이 늘 옳다고 생각합니다. 편견은 자신뿐만 아니라 다른 사람도 고통스럽게 만듭니다. 편견은 거짓된 확신이요 정직하지 못한 판단입니다. 위로부터 난 지혜는 편견과 거짓이 없습니다. 언제나 자신을 열어 놓고 배우는 자세를 갖습니다. 그렇기 때문에 그러한 사람에게는 깨달음이 있고, 삶의 수정이 있습니다.

하나님은 만물을 새롭게 해 가십니다. 만약 하나님이 세상을 포기하셨다면 영적 치유는 불가능합니다. 우리가 기대할 수 있는 일은 아무것도 없습니다. 우리의 희망은 하나님께 있습니다. 우리에게 오시는 하나님은 우리를 사랑하시며, 우리와 사랑의 관계를 맺으시고, 우리를 전인적으로 온전한 사람으로 세우시는 하나님이십니다.

우리는 어떤 고통스럽고 절망적인 상황에서도 이 하나님을 전적으로 신뢰해야 합니다. 우리는 하나님으로부터 오는 지혜로 삶의 문제를 풀어 가야 합니다. 하나님으로부터 오는 지혜는 지속적으로 나를 상한 감정에 묶어 놓지 않고 풀어 놓으며, 하나님께 신뢰를 갖게 하고, 그에게 나를 위탁하게 합니다. 상처는 낡은 삶의 방식이요, 지혜는 새 삶의 방식입니다. 하나님의 지혜는 닫힌 삶을 여는 빛입니다. 그리스도 안에서 형성되는 새사람의 모습입니다.

그는 선행으로 말미암아 지혜의 온유함으로 그 행함을 보일지니라(약 3:13-18).

눈먼 바디매오가 고침을 받다

인간의 지성이 깨어나면서 사물에 대한 편견에서 많이 벗어나고 있지만 아직도 그 길은 요원합니다. 인간이 사물을 있는 그대로 보고 이해하지 못한다는 것 자체가 죄인이라는 사실을 말해 주고 있습니다. 그렇게 말할 수 있는 것은 영성생활에서 사물을 있는 그대로 보고 편견으로부터 자유로워지며, 건강한 자존감이 이루어지는 변화의 경험에서 인간을 지배하고 있는 것이 죄라는 사실을 확인하게 되기 때문입니다.

예수님이 바디매오에게 "네게 무엇을 하여 주기를 원하느냐"고 물으셨을 때 바디매오는 자신이 불행하게 된 사연을 말하지 않았습니다. 그는 예수님께 다시 볼 수 있게 해 달라고만 했습니다. 바디매오에게는 새 삶에 대한 간절한 염원이 있었습니다. 그는 새 삶을 예수님이 반드시 이루어 주실 것을 믿었습니다. 바디매오의 간절한 염원은 인간을 향한 하나님의 간절한 뜻이기도 합니다. 그래서 예수님이 세상에 오신 것입니다. 바디매오의 염원이 이루어졌다기보다는 하나님의 뜻이 바디매오에게 이루어졌습니다.

바디매오가 경험한 어두움은 이 시대에 살아가고 있는 사람들의 답답함, 고통이기도 합니다. 눈을 뜨고 살지만 보이는 것은 사물의 표면밖에 없습니다. 무엇을 먹을까, 무엇을 입을까, 무엇을 마실까에 대한 궁리에서 아침을 맞고 하루를 마감하게 됩니다. 그리고 무의미, 갈등, 낮은 자존감으로 인한 정서적 혼란에서 살아가고 있습니다.

그런데 복음서 저자들이 전해 주는 메시지가 있습니다. 눈에 보이는 생 이면에 보지 못하는 새로운 삶이 있다는 것입니다. 인간이 당하는 불행, 고통에는 하나님의 고통과 승리가 내포되어 있다는 것입니다.

인간이 당면하는 고통과 불행이 인간의 운명을 규정하고 만다면 인간에게는 희망이 없습니다. 그런데 거기에 하나님의 아픔과 하나님의 승리가 내포되어 있습니다. 그것이 예수님의 십자가와 부활입니다. 우리가 고통을 가지고 예수님께 나아가 도움을 요청하면 고통에서 승리하는 길로 우리를 인도해 가십니다. 그래서 우리는 어떤 상황에서도 때를 따라 돕는 은혜를 얻기 위해 주님의 은혜의 보좌 앞으로 담대하게 나갈 수 있습니다.

가라 네 믿음이 너를 구원하였느니라 하시니 그가 곧 보게 되어(막 10:46-52).

하나님의 승리를 살아가는 비결

인도 영화 〈블랙〉(Black)은 눈도 보이지 않고 귀도 들리지 않는 소녀 미셸의 이야기입니다. 그에게는 세상이 온통 블랙입니다. 어느 날 그에게 기적처럼 다가온 사하이 선생님, 그는 어둠 속에 갇힌 미셸을 빛의 세계로 조금씩 이끌어 냅니다. 그의 헌신적인 사랑은 미셸에게 눈과 귀가 되어 주고, 영혼이 되어 주었습니다.

그렇게 하기를 40년, 미셸에게 영혼의 빛을 불어넣어 준 사하이 선생님은 알츠하이머병에 걸려 미셸의 곁을 떠나게 됩니다. 그 역시 온 세계가 온통 블랙에 갇혀 있습니다. 그러나 선생님의 영혼이 이번에는 미셸을 통해서 되살아나게 됩니다. 미셸은 12년 만에 대학을 졸업하면서 졸업식에 모인 청중에게 이렇게 말합니다.

"하나님 눈으로 보면 우리는 모두 맹인입니다. 여러분 중 누구도 그분을 보거나 듣지 못했으니까요. 하지만 나는 하나님을 만졌고 그분의 존재를 느꼈습니다. 나는 블랙이 무엇인지 이제는 알아요. 그것은 성취예요. 여러분이 입은 검은 가운이 곧 성취입니다."

태어날 때부터 보지 못하고 듣지 못하는 미셸은 바디매오보다 더 비참한 현실의 생을 살 수밖에 없는 사람이었습니다. 그러나 하나님이 의도하신 미셸의 운명은 그러한 것이 아니었습니다. 미셸은 하나님의 깊은 사랑과 긍휼과 자비 가운데 있는 그의 삶을 찾아냈습니다. 미셸의 고통에는 주님의 고통과 주님의 승리가 포함되어 있었습니다. 그의 고통 가운데 있는 주님의 승리가 승리한 것입니다.

우리는 고통을 위해 태어나지 않았습니다. 그리스도인은 고통이 있는 세상에서 주님의 승리를 살기 위해 태어난 사람입니다. 그 삶을 예수님 안에서 발견하고 그의 능력으로 살아가면서 희망 가운데서 살아가는 사람입니다.

어두움 가운데 있는 사람이 예수님 안에서 새로운 빛의 세상을 보게 됩니다. 예수님 안에서 보게 되는 우리 자신의 운명과 세상은 질병, 실패, 고통, 죽음이 극복된 새로운 현실입니다. 어둠이 있는 이 현실에서 하나님의 승리를 살아가는 비결은 오직 한 가지입니다. 자신을 십자가에 못 박고 부활하신 그리스도께서 내 안에서 사시도록 자리를 비워 드리는 것입니다.

맹인이 이르되 선생님이여 보기를 원하나이다(막 10:46-52).

이 은혜의 자리

우리가 살고 있는 이 현실 세계에는 눈에는 보이지 않는 '하나님의 은혜와 영광의 열린 공간'이 있습니다. 이 공간에서 살고 있는 사람들이 그리스도인들입니다. 이 공간은 영적 공간입니다. 이것은 예수 그리스도에 의해 이루어졌습니다. 예수 그리스도께서 이 세상에 오셔서 십자가에서 죽으시고 부활하심으로 생겨난 공간입니다.

이 공간에서 발생되는 영적 현실은 인간이 새로운 삶으로 태어나게 합니다. 인간이 새로운 삶으로 태어난다는 것은 새로운 사귐인데, 그것은 하나님과의 새로운 사귐이며, 모든 피조물과도 새로운 연대 관계를 갖는 것입니다. 이 사귐은 예수 그리스도를 믿는 믿음 안에서 이루어집니다. 이 사귐은 하나님의 은혜 안에서 열린 미래를 바라보기 때문에 하나님의 희망에 우리 자신을 열어 놓게 됩니다.

이 사귐에서는 인간이 하나님에 의해 용서되고 받아들여지고 치유되고 상실된 것을 보상받게 됩니다. 이 사귐은 하나님의 사랑으로 이루어졌고, 성령에 의해 영적 현실이 됩니다. 이 새로 태어남은 하나님의 희망 속에 있는 새로운 인격적 시작이며, 성령에 의해 계속 완성되어 가며, 만물을 새롭게 하시는 하나님 때에 완전히 실현됩니다. 생명의 영이신 성령에 의해 새로 태어난 사람은 영원한 생명으로 다시 태어나기 때문에 그에게서 죽음은 폐기됩니다. 그리고 새로 태어난 삶은 하나님께로부터 오는 것으로 살게 됩니다.

이 은혜의 공간에서 이루어지는 새로운 삶으로의 인격적 시작은 성령의 능력 안에서 실현되어 가지만, 새로운 삶의 실현을 위해 영적 기술, 즉 삶의 방식을 배워야 합니다. 은혜의 공간에서는 하나님과 사귐이 가장 우선합니다. 하나님과 사귐이 바르게 되어 가지 않으면 새로 태어난 삶은 자라지 않습니다.

하나님과 온전한 사귐으로 들어가기 위해서는 하나님과 소통이 잘되어야 합니다. 소통을 배우기 위해서는 우리 자신의 가장 내밀한 곳에 숨겨 있는 것들을 하나님께 내려놓아야 합니다. 수치심, 가책, 자기혐오, 죄책감, 낮은 자존감, 열등감과 같은 것들은 하나님의 사랑과 은혜를 받아들이는 데 가장 큰 방해물입니다. 신자들이 하나님과 소통을 위해 기도의 기교를 배우려고 합니다. 기도는 기교가 아닙니다. 기도는 하나님과 진정한 대화입니다.

우리가 믿음으로 서 있는 이 은혜에 들어감을 얻었으며(롬 5:1-11).

11월

하나님의 은혜는 나의 기분이나 감정에 따라 존재하는 것이 아닙니다.

하나님의 은혜는 나의 생각. 느낌. 행동을 언제나 초월해서 은혜로 항상 있습니다.

하나님의 은혜는 나의 도덕적 선행에 따라서 많이 내리기도 하고 적게 내리기도

하는 것이 아닙니다. 언제나 자유롭게 하는 은혜로 존재해 가고 있습니다.

다만 은혜에 사로잡힌 사람은 하나님께 순종하고

하나님께 충실한 증인이 되는 것뿐입니다.

은혜의 자리에 계시는 성령

세상에서 그리스도인들은 믿지 않는 사람들과는 달리 특별한 은혜의 자리에 있습니다. 그 은혜의 자리는 세상 사람보다 더 큰 혜택을 누리며 살아가는 자리가 아닙니다. 오히려 세상에서 믿지 않는 사람보다 더 살아가기 어려울 때가 있습니다. 특별히 기독교 문화가 아닌 사회, 기독교에 대해 적대적인 정치체제 가운데서는 그리스도인으로 살아가는 것이 여간 어렵지 않습니다. 그래서 신앙을 포기하는 사람들도 있습니다.

목회 현장에서 제가 실제로 보고 느낀 것은 그리스도인들이 은혜의 자리에 있지만 그들이 감사, 기쁨, 자유, 희망도 없이 살아가는 모습을 많이 보아 왔다는 것입니다. 그들은 은혜의 자리에 있지만 자신들의 문제로 자주 상처를 받고, 삶의 현실에서 발생하는 문제에 대해 아무런 해답을 얻지 못하면서 살아가는 사람들입니다. 그와는 반대로 현실의 삶에서 발생하는 어려운 문제들을 은혜의 자리에서 잘 감당하며 어떤 문제도 영적 성장의 밑거름으로 만들어 가는 능력 있는 그리스도인들도 있습니다.

우리가 서 있는 은혜의 자리에는 성령이 계십니다. 하나님은 성령을 통해 그의 사랑을 우리 마음속에 부어 주십니다. 성령은 모든 상황에서 하나님의 사랑을 깨닫게 하십니다. 하나님 사랑의 깨달음이 어떤 상황에서나 하나님을 신뢰하게 만들고 그에게 감사하게 합니다. 주의 영이 계신 곳에는 자유가 있습니다. 그 자유가 모든 것을 이기게 합니다. 창조주 하나님, 만물을 새롭게 하시는 하나님, 사랑과 긍휼의 하나님은 우리를 초월해 계시면서 우리 가운데 현존해 계십니다. 그는 우리와 깊은 교제를 원하십니다. 하나님과 온전한 사귐 가운데 있게 될 때 모든 상황이 은혜의 자리가 됩니다.

우리로 화목하게 하신 우리 주 예수 그리스도로 말미암아 하나님 안에서 또한 즐거워 하느니라(롬 5:1-11).

은혜의 자리에서 일어나는 일들

예수님 시대에 팔레스타인 여리고 지방에 삭개오라는 실제 인물이 있었습니다. 그는 키가 작았습니다. 그는 자신을 언제나 작게 느끼며 살았습니다. 그는 자신을 다른 사람들에게 크게 보이기 위해 세리장의 자리에까지 올라가서 돈을 많이 벌었습니다. 그런데 다른 사람들은 물론 자기 자신으로부터도 더욱더 소외되었습니다. 어느 날 그는 여리고를 지나가시는 예수님을 만나 뵙고 은혜의 자리에 섰습니다. 그 자리에서 자신을 크게 보이려고 했던 모든 것들을 내려놓고 진정한 자신으로, 넉넉하고 당당한 사람으로 살 수 있게 되었습니다.

은혜의 자리는 세상적으로 다른 사람보다 더 나은 조건에서 사는 것이 아닙니다. 오히려 세상에서 다른 사람보다 더 못한 상황에 있지만 은혜의 자리에서 이루어지는 사귐이 세상에서 부요하게 살게 만듭니다. 우리가 은혜의 자리에 서게 될 때 우리가 할 수 있는 것은 아무것도 없다는 것을 알게 됩니다. 오로지 나 자신으로 돌아와서 나를 사랑하시는 하나님의 사랑을 받아들이는 것 외에는 할 수 있는 일이 아무것도 없습니다. 그 하나님의 사랑이 나를 나로 살 수 있도록 만들고, 세상에서는 섬기는 자로 살아가게 만듭니다.

우리가 은혜의 자리에 확고하게 서지 못할 때에는 언제나 나 자신의 결핍된 부분에 집착해 살아가면서 외적인 것으로 자신을 크게 보이려고 합니다. 은혜의 자리에 있지 아니하고는 낮은 자리인 섬김의 자리에 내려갈 수 없습니다. 그러나 은혜의 자리에 있게 될 때 나 자신을 다른 사람을 위해 내놓을 수 있고 아무리 낮은 자리에 있어도 자신을 작게 느끼지 않게 됩니다.

우리는 이 은혜의 자리에서 하나님이 하신 일을 묵상해야 합니다. 그 자리에 서게 될 때 우리 자신을 새롭게 인식하게 되고, 나는 하나님의 사랑을 받고 있는 유일한 존재라는 사실을 알게 됩니다. 우리는 세상에서 경쟁의 자리에 있게 되고, 나를 정죄하는 자리에 있게 됩니다. 그러한 상태에서는 다른 사람을 섬길 수 없습니다. 은혜의 자리는 우리가 하나님을 위해서 무엇을 해야 하는 자리가 아닙니다. 하나님이 우리를 위해 이미 하신 그 일을 믿음으로 받아들이면 됩니다. 하나님으로부터 오는 것으로 매일을 살아가는 삶의 방식을 배워 가면 됩니다.

더욱 그의 살아나심으로 말미암아 구원을 받을 것이니라(롬 5:1-11).

추수 때까지 인내로 기다리십시오

팔레스타인 지방에 농부 한 사람이 낮에 밭에 나가 씨를 뿌렸습니다. 그런데 그에게 원한이 있는 이웃 사람이 지켜보고 있다가 악의에 찬 계획을 꾸미며 그 밤에 아무도 눈치채지 못하게 살그머니 그 밭에 가서 가라지 씨를 뿌렸습니다. 밀이 쑥쑥 자라면서 이상할 정도로 많은 가라지가 눈에 띄게 되었습니다. 종들은 가라지를 뽑아야 하지 않느냐고 농부에게 물었고 그는 제안을 받아들이지 않았습니다. 가라지를 뽑아낼 때 밀이 다칠지 모르니 둘 다 자라게 놔두는 것이 농부의 생각이었습니다. 추수할 때 결국 가라지는 뽑힐 것이며 밀은 창고로 보내질 것입니다.

중요한 것은 집주인의 결정입니다. 판단의 권리는 주인만이 가지고 있습니다. 주인은 가라지와 그로 인한 피해를 참으며 나중 추수 때에 가서 가려 내려고 한 것입니다. 주인의 결정은 그대로 실행될 것입니다. 그전에 밀과 가라지를 판별해 가려내려는 노력은 주인의 계획을 간섭하는 것입니다.

하나님을 믿는 사람들은 세상 돌아가는 형세를 견딜 수가 없다고 생각할 때가 많습니다. 예수님 공생애 기간에 예수님을 따르는 많은 사람들 가운데는 제자들이 볼 때 의문을 제기할 사람들이 많이 있었을 것입니다. 바리새인들이나 율법사들의 눈에 비친 예수님을 따르는 사람들은 거의 다 밀밭에 가라지보다 더 못한 존재로 보였을지도 모릅니다.

사회 공동체에서 선한 사람들의 고통이 있습니다. 그것은 악한 사람들이 만들어 내는 무질서, 폭력, 오만, 그릇된 생각입니다. 그러나 선한 사람들은 추수 때가 있으니 낙심하지 말고 인내로 기다려야 합니다. 그들의 고통은 추수 때에 끝날 것이며 악한 자들은 그들을 위해 마련되어 있는 운명을 당하게 될 것입니다. 역사의 주인이며 심판자는 하나님이십니다. 하나님은 누구의 간섭도 받지 않으시고 목표를 향해 모든 것을 이루어 가십니다. 하나님은 당신의 보호 아래 밀이 황폐되지 않고 한데 묶여 당신 곳간에 쌓이게 될 것을 알고 계십니다. 하나님의 지고한 뜻에 순종하는 사람들은 강한 믿음과 깊은 이해와 사랑과 성숙한 지혜가 필요합니다. "원수 갚는 것은 내가 할 일이니"(롬 12:19, 새번역)라고 하신 말씀을 기억해야 합니다.

둘 다 추수 때까지 함께 자라게 두라(마 13:24-30).

자신과의 화해

예수님을 믿는 사람들 가운데는 완벽을 추구하는 완벽주의자들도 있습니다. 잘못을 전혀 범하지 않고 결함이 없는 순수하고 완전한 사람, 그리고 순수한 교회를 이상으로 삼습니다. 그들은 공동체 안에서는 물론 사람의 육체와 영혼 안에서 자라는 가라지들을 모두 제거하기를 원합니다. 쉽사리 폐쇄적인 경건주의나 독선에 빠져들게 됩니다. 그들은 교회 안에 존재하는 결함과 죄를 용납하지 않습니다. 완벽하게 살아가려고 노력하면서 상당한 고통을 겪고, 자신의 약점뿐 아니라 장점까지도 파괴하게 됩니다.

가라지 비유는 우리가 우리 자신이 지닌 결함과 잘못들을 어떻게 다루어야 하는가에 대해 생각하게 만듭니다. 우리는 이 비유를 통해서 완벽주의적인 자세에 빠지지 않도록 자신을 지키는 방법을 배울 수 있습니다. 이로써 나 자신뿐만 아니라 공동체 안에서 형제자매들 간에도 평화롭고 온화한 공동체를 만들어 갈 수 있습니다.

안셀름 그륀은 《자기 자신 잘 대하기》에서 "자기 자신과 화해한다는 것은 과거의 상처들과 화해하는 것"을 뜻한다고 했습니다. 그는 "화해하는 데는 오랜 시간이 필요합니다. 우리는 상처들에 '입을 맞추어야' 합니다. 그러면 상처들은 새로운 삶의 원천으로 바뀔 수 있습니다"라고 말했습니다.

사람들은 상처를 피해 가거나 억압하거나 그 상처와 관련된 사람을 증오하며 흥분합니다. 어디까지나 자신의 상처는 자신의 책임이 아니라고 책임을 회피합니다. 그리고 자기 연민 가운데 빠지곤 합니다. 이러한 방법으로는 상처의 치유도 어렵고 화해도 어렵습니다.

상처와 화해하는 한 가지 방법으로 나에게 떠오르는 생각들을 피하거나 거부하지 말고 그것을 받아들여 대화를 하고, 하나님 앞에서 그 생각들을 바라보며 하나님이 이것을 통해 내게 말씀하고 싶어 하시는 것이 무엇인가를 물어보는 것도 크게 도움이 됩니다.

마지막 추수, 즉 우리에게 죽음의 시간이 다가왔을 때 하나님이 밀을 가라지와 분리시키시며, 가라지들을 불태우실 것입니다. 가라지를 태우는 일은 이 땅 위에서 살고 있는 동안에는 이루어지지 않을 것입니다. 만일 지상 생애 중에 일어난다면 우리는 우리 삶의 일부분을 함께 희생하게 됩니다.

가라지는 먼저 거두어 불사르게 단으로 묶고(마 13:24-30).

하나님의 은혜

하나님의 은혜는 우리가 어떤 신분의 사람인지, 즉 어떤 사회적 지위, 학벌, 소유, 재능을 가졌는지를 묻지 않습니다. 하나님의 은혜는 우리의 공적, 노력 없이 하나님이 우리를 사랑하시고 우리를 취하신다는 것입니다. 이러한 하나님의 은혜는 우리가 이 세상에 태어나기 전에, 그것을 깨닫기 전에 이미 허락되어 있었습니다. 진정한 의미에서 인간이 된다는 것은 이러한 하나님의 은혜를 누리는 것을 뜻합니다. 하나님의 은혜를 제대로 누릴 수 있는 사람은 참된 인간으로 되어 가지 않을 수 없습니다.

우리는 하나님의 은혜를 누리는 사람을 하나님의 은혜를 받은 사람이라고 합니다. 그러한 사람들은 세상에서 다른 사람보다 더 잘살고, 장수의 복을 누리는 것으로 이해하고 있습니다. 그런데 하나님의 은혜를 누리는 사람들이란 그러한 사람들이 아닙니다. 많은 사람들 가운데서 예수 그리스도를 믿게 되어 예수 그리스도 안에서 하나님을 알게 되고, 하나님과 깊은 사귐의 삶을 살아가는 구원받은 자로서 전과는 다른 삶의 목표와 의미를 가지고 살아가는 사람들을 의미합니다. 그러한 사람들은 하나님의 은혜의 선물로 주어진 구원의 새 삶을 누리며 살아갑니다.

하나님의 은혜를 누리는 사람에게는 속죄의 기쁨과 감사, 하나님과 교제의 즐거움이 있습니다. 베풂을 받기보다는 다른 사람을 위해 베푸는 것을 즐거워합니다. 우리 그리스도인들은 평생 베풂을 받으면서 살기보다는 도움을 필요로 하는 사람들에게 베풀면서 살아가는 것을 배워야 합니다. 다른 사람에게 베풀어 주는 데에는 물질보다 먼저 마음이 중요합니다. 베풂은 물질에 앞서 마음이 있어야 합니다.

우리는 하나님의 자녀들이기 때문에 우리 아버지 하나님으로부터 배운 베풂의 삶을 실천해 가야 합니다. 베풀되 상대에게 아무것도 기대하지 않는 자유를 배워 가야 합니다. 은혜를 누리는 사람은 세상 사람들이 발견하지 못한 것을 발견한 사람입니다. 가을에 농부들에게는 수확과 그것을 누리는 기쁨이 있습니다. 그러나 하나님의 은혜를 누리는 사람에게는 수확의 기쁨보다 더한 기쁨이 있습니다. 하나님의 은혜를 누리는 사람은 모든 피조물과 화해의 삶을 살아가게 됩니다.

하나님의 은혜로 값없이 의롭다 하심을 얻은 자 되었느니라(롬 3:21-26).

조건 없는 은혜

하나님의 은혜는 인간의 변명, 핑계를 받아들이지 않습니다. 신구약 성서에서 하나님으로부터 부름을 받은 사람들은 자신을 부르신 하나님께 "나는 입술이 둔한 사람입니다", "나는 죄인입니다", "나는 아직 나이가 어립니다"와 같은 변명을 하곤 했습니다. 그러한 변명이 하나님께는 받아들여지지 않았습니다.

하나님의 은혜는 인간의 능력, 재능을 문제로 삼지 않습니다. 하나님은 우리가 죄인이라는 사실, 유혹에 잘 넘어간다는 것, 상처가 많다는 것, 의지가 약하다는 것을 다 아시고 은혜를 베풀어 주십니다. 하나님의 은혜는 우리의 능력을 초월합니다. 하나님이 우리에게 그 무엇을 기대하시고 그의 뜻을 이루어 가고자 하신다면 예수 그리스도를 우리 위해 보내서서 십자가의 고난을 당하게 하시지 않았을 것입니다. 하나님은 우리를 매우 잘 아십니다. 그래서 우리가 할 수 없는 구원의 길을 열어 놓으셨습니다. 어떤 조건도 내세우지 않으시는 자유로운 은혜입니다.

하나님의 은혜는 이 세상의 그 어떤 유형의 피조물보다도 강합니다. 그 은혜를 이길 수 있는 것이 없습니다. 그러한 하나님의 은혜가 예수님을 부인한 베드로를 사도로 세웠고, 그리스도를 믿는 사람들을 핍박한 사울을 사도 바울로 세웠습니다. 그 사실을 깨달은 바울은 "내가 나 된 것은 하나님의 은혜로 된 것이니"(고전 15:10)라고 했습니다.

하나님의 은혜는 그 어떤 것에도 방해받지 않습니다. 만약 하나님의 은혜가 인간의 죄, 불의에 의해 방해를 받는다면 이 세상은 매우 암담할 것이며, 우리가 희망을 걸고 살아갈 수 있는 근거가 없을 것입니다. 우리가 살고 있는 이 현실에 악과 불의의 세력이 있지만 우리가 희망을 저버리지 않고 살아가고 있는 근거는, 하나님의 은혜는 그러한 것들에 의해 방해를 받지 않고 그의 모든 피조물에게 새롭게 주어지고 있기 때문입니다. 하나님의 은혜는 과거 어느 한 시대에 있었다가 지금은 사라진 것이 아닙니다. 하나님의 은혜는 오시는 하나님과 함께 계속 새롭게 주어지고 있습니다. 인간이 베푸는 혜택은 그 사람의 건강, 기분, 기타 조건에 영향을 받습니다. 그러나 하나님의 은혜는 어떤 조건에도 얽매이지 않습니다.

모든 믿는 자에게 미치는 하나님의 의니 차별이 없느니라(롬 3:21-26).

은혜의 증인

하나님의 은혜는 인간이 소유해 갖고 있을 수 있는 것이 아닙니다. 교회 안에서 흔히 볼 수 있는 현상으로 방언, 신유의 은사, 기도를 많이 한다는 사람들은 그렇지 못한 사람들보다 하나님의 은혜를 특별히 소유하고 있는 사람들처럼 보이기도 하고, 그들 가운데 다른 사람보다 하나님의 은혜를 자신들의 전유물처럼 생각하는 사람들도 있습니다. 그러나 절대로 그렇지 않습니다. 하나님의 은혜는 어떤 특정한 사람들이 소유할 수 있는 것이 아닙니다. 하나님의 은혜는 언제나 오시는 하나님과 함께 새롭게 주어지는 하나님의 선물입니다.

언제나 우리에게 새롭게 주어지는 하나님의 은혜는 그 누구에게나 다가와서 그에게 구원을 베풀고 그를 의의 병기로 사용합니다. 하나님의 은혜는 우리가 언제나 중립적이며 방관적인 태도를 취하는 것을 허용하지 않습니다. 하나님의 은혜는 우리를 소유해서 우리의 현재의 모습 그대로 세상에서 은혜의 증인이 되게 합니다. 하나님의 은혜에 사로잡힌 사람들은 언제 어디서나 그들이 해야 할 일에 최선을 다한 후에 "나는 무익한 종이라. 오로지 내가 해야 할 일을 했을 뿐"이라고 말하게 됩니다. 결코 자신을 내세우지 않습니다. 그들이 말할 수 있는 것은 오로지 하나님의 은혜뿐입니다. 하나님의 은혜는 우리가 소유한 모든 것을 하나님의 선물로 받아들이게 합니다. 그러한 사람들은 이 세상 일이 잘 풀리고 안 풀리는 것을 기준으로 하나님의 은혜를 가늠하지 않습니다. 현재 삶의 조건이 최악이라 해도 하나님의 은혜 때문에 감사하고 기뻐합니다.

하나님의 은혜는 현실의 생에서 어떤 상황에서나 자족함을 갖고 살게 합니다. 그들에게는 하나님의 은혜 그 자체로서 감사의 조건이 됩니다. 그들에게는 자신이 하나님께 의롭다는 선고를 받았다는 그 사실 자체만으로 감사의 조건이 됩니다. 하나님의 은혜에서 가장 큰 사건은 하나님으로부터 심판, 저주가 아닌 의롭다 함을 선고받았다는 사실입니다. 하나님께로부터 의롭다 함을 선고받은 그들을 그 누구도 정죄할 수도 취소할 수도 없습니다.

곧 예수 그리스도를 믿음으로 말미암아 모든 믿는 자에게 미치는 하나님의 의니(롬 3:21-26).

한계를 넘어서는 은혜

하나님의 은혜에는 한계가 없습니다. 어떤 제도, 교리, 의식, 신학에도 하나님의 은혜는 매이지 않습니다. 하나님의 은혜는 인간의 모든 한계를 넘어섭니다. 하나님의 은혜를 깨닫지 못한 사람들에게는 구별이 많고 판단이 많습니다. 더러운 것, 싫은 것, 나쁜 것과 좋은 것, 선하고 악한 것 등의 구별이 많습니다.

그러한 사람들이 하나님의 은혜의 깊이와 넓이를 알고 난 후에 그 구별이 점점 없어지게 됩니다. 하나님의 은혜 밖에 있을 때에는 약한 것, 병든 것, 자신의 정서에 맞지 않는 것들을 언제나 구분해서 멀리하곤 했습니다. 그러한 대상들은 다 하나님의 은혜 밖에 있다고 생각했습니다. 그런데 은혜 안에서 그러한 대상들도 역시 하나님의 은혜 안에 있다는 것을 알게 됩니다. 그들은 하나님의 은혜 없이는 도저히 살 수 없다는 것을 알게 됩니다.

또한 하나님의 은혜는 획일이 아니고 다양성입니다. 그래서 은혜는 다양한 길, 수단을 열어 줍니다. 은혜 안에서는 옛것과 새것이 공존해 있습니다. 은혜에서는 엄격한 금지령, 명령만 있지 않고 오래된 길과 새 길, 익숙한 길과 낯선 길이 열려 있습니다. 은혜는 "무엇이든지 참된 것과, 무엇이든 경건한 것과, 무엇이든지 옳은 것과, 무엇이든지 순결한 것과, 무엇이든지 사랑스러운 것과, 무엇이든지 명예로운 것과 또 덕이 되고 칭찬할 만한 것"(빌 4:8, 새번역)을 생각하게 하고 그러한 길을 열어 줍니다. 그래서 은혜를 누리는 사람에게는 사람의 헤아림을 뛰어넘는 평강이 그의 마음에 자리하게 됩니다.

모든 믿는 자에게 미치는 하나님의 의니 차별이 없느니라(롬 3:21-26).

은혜, 새로운 시작

하나님의 은혜는 모든 것을 새롭게 해 갑니다. 하나님의 은혜에서는 끊임없는 새로움이 전개되어 갑니다. 그런데 그러한 새로움이 나중에 어떻게 변해 갈지는 아무도 모릅니다. 그것은 아들도 모르고 오직 아버지만이 아십니다. 하나님의 은혜에는 언제나 새로운 시작의 길이 열려 있습니다. 하나님의 은혜에는 절망이 없습니다. 우리는 그러한 새로움의 변화를 예수님의 부활에서 보게 됩니다. 예수님의 부활은 은혜가 지향하는 새로움이 무엇임을 보여 주고 있습니다.

하나님의 은혜는 절망이나 허무를 허용하지 않습니다. 거기에는 언제나 새로운 시작의 기회가 있습니다. 하나님의 은혜는 밀밭에서 가라지와 밀이 함께 자라게 합니다. 하나님의 은혜는 가라지가 아니고 밀이 건강하게 잘 자라게 하는 것입니다. 밭에 있는 가라지를 바라보면서 깊은 근심과 걱정에 사로잡혀 있는 사람은 은혜를 누리지 못합니다. 하나님의 은혜는 하나님과 화해는 물론, 우리 자신과 화해의 삶이 이루어지게 합니다. 하나님의 은혜는 유일합니다. 그 은혜는 예수 그리스도 안에서만 존재합니다.

하나님의 은혜는 나의 기분이나 감정에 따라 존재하는 것이 아닙니다. 하나님의 은혜는 나의 생각, 느낌, 행동을 언제나 초월해서 은혜로 항상 있습니다. 하나님의 은혜는 나의 도덕적 선행에 따라서 많이 내리기도 하고 적게 내리기도 하는 것이 아닙니다. 언제나 자유로운 은혜로 존재해 가고 있습니다. 다만 은혜에 사로잡힌 사람은 하나님께 순종하고 하나님께 충실한 증인이 되는 것뿐입니다.

우리 그리스도인들은 고난의 상황을 겪고 있다고 해서 얼굴을 찡그리고 상황에 매이지 말고 시선을 언제나 하나님의 은혜에 맞추어야 합니다. 그리고 그 은혜를 언제나 묵상해야 합니다. 그러면서 하나님 앞에 나아가 나의 사정을 다 아뢰고 그에게 기도해야 합니다. 은혜는 그 은혜에 감사할 줄 아는 사람에게 더 임합니다. 우리는 은혜를 늘 바라보고 은혜의 실체이신 하나님을 대면하며 그 은혜에 잠겨서 살아가야 합니다.

자기도 의로우시며 또한 예수 믿는 자를 의롭다 하려 하심이라(롬 3:21-26).

믿음의 법

일반적으로 여타 종교에서나 도덕에서는 인간 문제의 해결을 위한 방안으로 인간 스스로가 착해지든지 선행이나 종교적인 수양을 많이 쌓아 가는 길을 제시하거나 요구합니다. 그러나 믿음의 법에서는 인간의 구원을 위해 인간에게 요구되는 것은 없습니다. 이미 하나님이 다 이루어 놓으신 구원의 선물을 받아들이면 됩니다. 그런 다음에 하나님의 영의 인도하심을 따라 하나님의 자녀로 살아가는 삶의 방식을 배워 가야 합니다. 그것도 강요가 아닌 자발적인 것입니다. 믿음의 법은 인간의 자랑이 멈추고 하나님의 진실한 의로움이 시작되는 토대요, 질서요, 빛입니다.

믿음의 법에서 인간의 의로움은 하나님으로부터입니다. 믿음의 법은 하나님의 부정과 긍정에서 이루어진 새로운 법입니다. 하나님의 부정은 하나님이 인간의 죄를 간과하지 않으시고 하나님 스스로 죄를 담당하신 것이요, 긍정은 그에 근거해 인간을 의롭다 하신 것입니다.

세상에는 어두운 일들이 계속 꼬리를 물고 일어나고 있고, 미래가 없는 것처럼 느껴질 때도 있습니다. 그러나 믿음으로 하나님이 하시는 일을 보게 될 때 하나님은 세상을 포기하지 않으셨고, 세상을 극진히 사랑하고 계시며, 지금도 하나님의 신실하심과 그의 능력 안에서 새로운 인간이 일어나고 있고, 새로운 세상이 출현하며, 새로운 날이 밝아 오고 있다는 것을 알 수 있습니다. 믿음의 법에서는 인간의 공적, 인간의 업적, 인간의 자랑이 모두 제외됩니다. 오로지 하나님의 은혜만이 있을 뿐입니다.

묵상 생활에서 나의 의가 더욱 커지거나 묵상에서 믿음이 만들어지는 것이 아닙니다. 묵상 생활을 통해 하나님에 의해 이루어져 가는 새로운 현실을 보게 되고, 그러한 일을 해 가시는 하나님을 신뢰하게 되고, 그 하나님과 더욱 가까워지게 됩니다. 그것도 하나님의 은혜의 선물이기에 자랑할 것이 없습니다. 하나님이 우리를 죄 없다고 하신 것은 하나님이 그렇게 하셨기 때문입니다. 우리는 죄 없다고 선고하신 하나님의 신실하심을 믿습니다. 우리가 죄 없다고 선고받은 것은 전적으로 하나님의 은혜요 하나님의 은혜의 선물인 믿음으로입니다.

믿음으로 말미암아 의롭다 하실 하나님은 한 분이시니라(롬 3:27-31).

영적 경주

바울은 빌립보서 3장에서 그리스도인의 삶을 '영적 경주'로 묘사하고 있습니다. 바울은 다메섹 도상에서 부활의 주님을 만난 후 그의 삶의 형태가 완전히 달라졌습니다. 자신의 자아를 축으로 한 자신의 의를 세우는 것이 아니고, 자신을 넘어선 그리스도 안에 있는 새로운 삶을 살게 되었습니다. 그 새로운 삶에서 다시 보게 된 그전의 삶은 너무 가치 없는 것들이어서 '오물'이라고 했습니다.

바울이 새로 시작된 영적 경주를 완주하기 위해 원칙으로 삼은 것이 있습니다. 그것은 '뒤에 있는 것은 잊어버리는 것'입니다. 바울은 그의 영적 경주의 장애물들이 앞에 있는 것들이 아닌 뒤에 있는 것들이라는 것을 알게 되었습니다. '뒤에 있는 것들'이란 '과거의 짐'입니다. 잊어버린다는 것은 과거의 짐을 벗는 것을 의미합니다.

과거의 짐을 벗어 버리는 길은 회개를 통해서입니다. 바울은 그의 생에 반전이 있기 전 그리스도인들을 매우 핍박했습니다. 바울에게 있어서 잊어버린다고 한 것은 변명이나 자기 합리화, 또는 자기 억압, 부인이 아닙니다. 그것은 회개를 의미합니다.

또한 과거의 짐을 벗어 버리는 길은 용서를 통해서입니다. 바울에게는 새로운 영적 경주가 시작된 후에 많은 핍박이 있었습니다. 바울은 그러한 사람들을 마음으로 용서하고 화해해야 한다는 것을 깊이 깨달았을 것입니다. 영적 경주에서 분노의 감정, 미움을 해결하지 않고는 그리스도 안에 있는 새로운 삶을 소유할 수 없습니다.

바울이 영적 경주의 원칙으로 삼은 또 하나는 하나님의 부르심에 늘 귀를 기울이는 것입니다. 영적 경주의 생명은 하나님의 부르심입니다. 그 부르심에 언제나 귀를 기울여야 합니다. 하나님의 부르심은 삶이 다양한 것처럼 다양합니다. 하나님은 우리를 어떤 직업인으로 부르시지 않고 자아 중심의 생활에서 하나님 중심으로의 새로운 삶으로 부르십니다. 그 부르심 가운데서 자신의 삶의 의미와 가치를 새롭게 받아들이게 하십니다. 그러한 부르심 가운데서 과거는 은혜이며, 현재는 감사요, 미래는 희망이 됩니다.

오직 한 일 즉 뒤에 있는 것은 잊어버리고 앞에 있는 것을 잡으려고(빌 3:4-14).

실상과 증거로서 믿음

우리가 섬김의 사역을 하면서 즐기며 감사하는 것은 은혜의 자리이며 하나님의 구원의 사역에 참여하는 것이라는 데 있습니다. 믿음으로 산다는 것은 보이지 아니하시는 하나님을 위해 그가 하시는 창조의 사역에 함께해 가는 것입니다. 그리고 우리의 삶이 하나님의 뜻을 표준으로 삼고 사는 것을 의미합니다. 믿음은 하나님의 구원의 창조의 현실에 참여하게 합니다. 묵상은 하나님의 현실에 가장 가깝게 다가가게 합니다.

하나님이 제일 기뻐하시는 것은 봉사보다도 우리를 사랑하시며 우리를 구원하시는 하나님을 신뢰하는 일입니다. 믿음은 눈에 보이는 것들의 실재이신 하나님을 신뢰하게 합니다. 그 신뢰의 대상은 어떤 풍파에도 흔들리지 않고 무너지지 않는 견고한 반석, 요새, 바위이십니다. 하나님은 하나님 자신을 알아보고 신뢰하는 것을 가장 기뻐하십니다.

교회는 주님의 몸입니다. 주님의 몸인 교회에는 은혜의 하나님에 의해 밀들이 자라고 있고, 한편으로는 가라지도 자라고 있습니다. 우리는 신앙생활을 하다가 부정적인 일 한두 가지를 보고 낙심을 하든가 포기하면 안 됩니다. 우리는 서로 격려하며 기도하며 하나님이 하시는 건강한 밀을 만들어 가는 일에 최선을 다해야 합니다. 하나님의 은혜 안에서는 가라지를 뽑는 것이 우선이 아니라 하나님이 하시는 것과 같이 건강한 밀을 재배해 가는 일이 우선이 되어야 합니다. 우리의 기쁨과 희망은 거기에 있습니다. 그렇지 않고 가라지 때문에 모든 대화의 소재가 거기에 집중되어 있고, 가라지가 우리의 마음을 사로잡게 되면 우리는 마귀의 자녀들이 됩니다.

진정한 믿음은 하나님의 은혜의 밭에 함께 자라고 있는 가라지 때문에 슬퍼하고 낙심하며 그것을 깨끗이 뽑아 주실 것을 "믿습니다. 믿습니다" 하고 자기암시에 몰입하는 것이 아닙니다. 참된 믿음은 가라지가 있음에도 불구하고 건강한 밀을 재배해 가시는 하나님을 바라보면서 희망과 기쁨으로 하나님을 절대적으로 신뢰하고 하나님의 일에 참여해 가는 것입니다.

믿음은 바라는 것들의 실상이요 보이지 않는 것들의 증거니 (히 11:1-6).

은혜 입은 자의 삶

모세는 이스라엘 역사에서뿐만 아니라 인류 역사에서도 훌륭한 지도자로 평가받는 사람입니다. 그는 이스라엘 지도자로 태어날 때부터 많은 어려움과 시련을 겪었습니다. 성서에 기록된 모세의 생애를 자세히 읽어 보면 모세는 하나님이 기뻐하시는 사람, 하나님의 은총을 입은 사람, 하나님의 친구, 하나님의 종으로 나타나 있습니다.

하나님의 은혜를 입은 자의 삶은 하나님과 사귐 가운데 있습니다. 모세의 삶에서 우리가 쉽게 발견할 수 있는 것은 모세는 하나님과 매우 친밀한 사귐 가운데 있었다는 것입니다. 본문에는 모세의 기도 내용이 나옵니다. 이 기도문을 읽어 보면, 모세는 절친한 친구와 이야기하는 것처럼 하나님과 대화를 합니다. 그만큼 모세는 하나님과 깊은 사귐 가운데 있었습니다. 그러한 사귐에서 하나님께 숨길 수 있는 것은 아무것도 없었습니다. 그의 마음 깊은 곳에 있는 생각과 감정을 하나님께 솔직히 표현하고 있습니다.

우리 인간이 하나님과 친구처럼 친밀한 관계를 맺을 수 있다는 것은 하나님의 위상을 격하시키는 것이 아닙니다. 하나님이 우리에게 그만큼 가깝게 다가오시면 그와의 사귐이 그만큼 친밀해질 수 있다는 사실을 의미합니다. 진정 사랑하는 사람 사이에서는 마음 깊은 곳에 숨겨져 있는 유보의 장벽도 다 허물어지게 됩니다. 그래서 온전한 일치를 이룰 수 있습니다. 우리 인간이 하나님과의 관계에서 그렇게까지 친밀한 관계로 들어갈 수 있습니다. 예수께서도 그러한 사실을 확인시켜 주셨습니다.

하나님께는 부성과 모성이 다 있기 때문에 우리는 하나님과의 사귐에서 부성의 존엄과 위엄, 모성의 양육과 보호와 그의 품에 포근히 안김에서 쉼을 경험하게 됩니다. 그 경험은 하나님과의 사귐을 더욱 친밀하게 만들어 가며, 그를 더 깊이 신뢰하여 비밀이 없게 됩니다. 간절한 간구도 있게 되고, 때때로 항변도 있습니다. 하나님과의 친밀한 사귐에서는 현실을 초월하게 되면서도 현실을 긍정하고 사랑하게 됩니다. 그래서 하나님과의 친밀한 사귐 가운데 있는 사람은 세상에서 부러운 것이 없어지며 자족함이 더욱 커지게 됩니다.

나와 주의 백성이 주의 목전에 은총 입은 줄을 무엇으로 알리이까(출 33:12-23).

중보자로 서는 은혜

은혜를 입은 자는 이 세상에서 중보자로 살아가게 됩니다. 모세의 생을 자세히 연구해 보면 그는 하나님의 부르심을 받은 후 이스라엘 백성과 하나님 사이에 중보자로 서 있었습니다. 그는 이스라엘 백성의 무지, 완악함, 어리석음과 하나님의 사랑, 그의 의 사이에서 언제나 중보자로 서 있었습니다. 이스라엘 백성이 하나님께 죄를 범할 때 모세는 기도했습니다.

"슬픕니다. 이 백성이 금으로 신상을 만듦으로써 큰 죄를 지었습니다. 그러나 이제 주님께서 그들의 죄를 용서하여 주십시오. 그렇게 하지 않으시려면, 주님께서 기록하신 책에서 저의 이름을 지워 주십시오"(출 32:31-32, 새번역).

모세는 자기 백성을 매우 사랑하는 마음에서 자기 백성을 대신해 하나님 앞에 서서 용서를 구했습니다.

이 세상에서 하나님의 은혜를 입은 자는 하나님의 심판에서 자기만의 평안을 누리는 것이 아니라 중보자로서 하나님께 용서를 구하게 됩니다. 그러한 중보자로 서 있는 자리가 은혜이며 축복입니다. 그런데 누구나 다 그 자리에 설 수 있는 것은 아닙니다. 하나님의 은혜를 입은 자만이 그러한 자리에 설 수 있습니다. 중보자로 설 수 있는 사람은 백성을 위해 자신을 하나님께 내놓은 사람입니다. 그리고 하나님께 자신을 온전히 바친 사람이어야 합니다. 그리고 역사의 현실에서 바른 역사의식과 자유인으로서 사회적 책임을 가진 사람이어야 합니다. 중보자는 자유인이면서 동시에 죄의식이 아닌 책임을 느끼며 사는 사람입니다.

하나님의 은혜를 입은 자의 삶에는 애통함이 있습니다. 은혜를 입은 자의 애통함은 자신의 죄도 포함되지만 그것보다 백성의 죄 때문입니다. 은혜를 입은 자는 하나님의 아픔이 무엇이라는 것을 압니다. 그래서 자신이 죄를 짓거나 다른 사람이 죄를 지었을 때 두려움과 공포보다는 아픔을 느끼게 됩니다. 그러한 아픔에서 깊이 눈물의 회개를 하게 됩니다.

하나님은 시대마다 그가 기뻐하시는 사람, 소중히 여기시는 사람, 좋아하시는 사람을 중보자로 불러 세우십니다. 그들의 중보의 기도가 하나님께 상달됩니다.

항상 하나님께 감사하며 기도할 때에 너희를 기억함은(살전 1:1-6).

생의 어두운 밤이 올 때

예수님은 모든 인류의 거짓, 불의, 죄로 얼룩진 상처와 아픔을 그대로 다 짊어지고 십자가에 달리셨습니다. 그러나 그 절망적인 어두운 시간은 영원하지 않았습니다. 그 어두운 시간 다음에 부활의 새벽이 다가오고 있었습니다. 예수님은 그 부활의 새 생명의 삶이 모든 인류에게 오게 하기 위해 생의 어두운 밤을 기꺼이 받아들이셨습니다.

예기치 않게 찾아오는 생의 어두운 밤은 우리에게 매우 고통스럽습니다. 그 고통은 영적인 것입니다. 그때는 묻어 두었던 것들, 회피했던 것들, 부인했던 것들이 다시 살아나는 시간입니다. 그 시간은 진정한 나 자신과 만남의 시간입니다. 그 시간은 나 자신이 매우 초라하고 왜소해지는 시간입니다. 나 자신이 여지없이 진흙탕에 내동댕이쳐지는 시간입니다.

그러나 성서에서 말하는 희망의 소식은 인생의 밤은 병든 사람에게 유능한 의사가 찾아오는 것과 같은 시간임을 알려 줍니다. 죽을병에 걸린 사람은 깊이 좌절합니다. 그러나 그의 병을 잘 알고 있는 의사가 그를 치료하기 위해 찾아오는 시간은 희망의 시간입니다.

우리는 생의 어두운 밤에 무엇을 하려고 몸부림치기보다는 조용히 하나님의 임재를 기다릴 수밖에 없습니다. 인생의 밤에 몸부림치면 칠수록 우리에게 말씀하시는 하나님의 음성을 들을 수 없습니다. 생의 어두운 밤이 다가올 때 우리는 하나님께로 돌아가 무릎을 꿇어야 합니다.

우리 생의 어두운 밤은 모든 허구의 옷을 벗어 버리는 시간입니다. 우리의 지나온 날들에서 덮어 두고 억압해 온 상처와 부끄러움들을 모두 다시 기억해 내서 하나님께 다 내놓는 시간입니다. 나라는 한 존재가 다시 한 번 태어나는 시간입니다. 하나님과 가장 가까운 교제의 시간입니다. 이것이 기독교 신앙의 역설입니다. 가장 고통스럽고, 가장 부끄럽고, 가장 수치스럽게 느끼는 시간인데 하나님이 가장 가까이 다가와 계신다는 것입니다. 모순이 가득한 인간의 역사에 이러한 수수께끼 같은 시간이 있기에 우리는 희망을 갖게 됩니다. 이 수수께끼는 신앙 가운데 들어올 때에야 풀리게 됩니다. 그래서 그리스도인들은 어떤 절망 가운데서도 희망을 갖고 살 수 있습니다.

어떤 사람이 날이 새도록 야곱과 씨름하다가(창 32:13, 22-32).

중년기의 위기

"중년기의 위기는 삶을 구성하고 있는 요소들을 송두리째 뒤흔들어 추려내고 새롭게 정리합니다. 신앙의 입장에서 보면 이 위기에 하나님이 손수 작용하십니다."

1300-1361년에 살았던 독일의 신비가 요하네스 타울러(Johahnes Tauler)의 말처럼, 중년기의 위기는 우리의 신앙 여정에 결정적인 이정표입니다. 우리가 삶을 풍요롭게 하고 자신을 실현하기 위해 하나님을 이용하는지, 혹은 우리가 믿음을 지닌 채 하나님께 우리 자신을 맡기고 우리 삶을 위탁할 준비가 되어 있는지가 결정되는 시절이 중년의 시기입니다.

영적 삶은 각 단계마다 독특한 기능을 지니고 있습니다. 그중에서도 중년의 시기는 하나님께로 가는, 그리고 고유한 자기실현을 이루는 과정에서 결정적인 단계이며 매우 고통스러운 단계입니다. 고통스러운 단계이기 때문에 많은 사람들은 이 단계를 믿으려 하지 않고 나름대로 '도피'라는 방어기제를 가지고 반응합니다.

중년기의 위기에 대한 또 다른 반응은 멈추어 서는 것입니다. 즉 다음 발전 단계로 가라는 요구를 따라가지 못하고 지금까지의 삶의 방식에 집착하는 것입니다. 타울러는 사람들이 완고하고 소심하게 고수하려고 하는 원칙을 '우상'이라고 부릅니다. 많은 사람들이 자신들의 우상 위에 앉아 있고, 참된 하나님과의 만남을 회피하기 위해 자신들의 우상에 의지한다고 했습니다. 하나님이 자신에게 직접 말을 건네시고 질문하실 수 있는 모든 기회를 거부합니다.

타울러에 의하면 중년기의 위기에 필연적으로 따르는 위급함과 어려움은 단지 인간 안에서 하나님이 탄생하시기 위한 출산의 진통입니다. 하나님은 인간들이 이 위기의 궁지에서 자기 영혼의 심연에 귀 기울이고, 자신의 무기력과 약점을 인식하며, 성령 하나님께 자신을 온전히 내맡기도록 자극하십니다. 자기 내면에서 이루어지는 하나님의 작용을 방해할 수 있는 모든 것을 버리면 하나님이 영혼의 심연에 탄생하실 수 있습니다. 중년기의 위기는 참된 인간임이 무엇인가를 깨닫고 하나님께 나아가는 길에서 결정적인 한 발자국을 내디딜 수 있는 기회입니다.

나의 질문에 대하여 어떻게 대답하실는지 보리라(합 2:1-4).

그리스도인의 감사

우리가 일 년을 결산하거나 지나온 시간들을 돌이켜 볼 때 감사는 어디까지나 우리 자신이 표준이 됩니다. 나에게 건강이 있었나, 나에게 좋은 일이 있었나, 또 자녀들이 잘되었는가, 하던 사업에 실패가 없었는가, 병에 걸리지 않았는가, 또는 재물, 소유와 관련해서 감사의 조건을 찾고는 합니다. 그렇게 하다가 특별히 감사의 조건이 없을 때는 그 감사가 상당히 각박한 가운데서 형식적인 감사가 되곤 합니다.

감사의 생활은 삶을 긍정하는 삶이라고도 말씀드릴 수 있습니다. 우리 그리스도인들의 감사는 자신이 중심이 된 가운데서 어떤 특별한 조건 때문에 감사를 드린다기보다도 그 시발점, 시금석이 어디까지나 하나님께 있습니다. 하나님이 나에게, 우리 가정에게, 우리 민족에게, 전 인류에게 긍휼과 자비를 베풀어 주셨다는 것이 감사의 출발점이 됩니다. 이러한 감사에서 우리는 일상적인 생활을 보다 여유 있게 지탱해 갈 수 있습니다.

이 감사는 하나님의 긍휼과 관련이 되는데, 하나님의 긍휼은 우리의 현실을 다 없애 주는 것이 아니고 우리의 현실의 비참성을 그대로 보게 만듭니다. 다 잃어버리게 하고, 없이하고, 나만이 잘되고 행복하게 하기보다는 현재 우리 자신의 연약함과 비참함을 있는 그대로 현실로 보게 만드십니다. 투병 가운데 있는 사람, 사업에 실패한 사람, 생의 곤고함 가운데 있는 사람의 현실을 그대로 다 보게 만드십니다. 그러면서 그러한 현실 가운데서 감사를 배워 가게 하십니다.

그래서 '감사하다'(thank)와 '생각하다'(think)는 밀접한 관련이 있습니다. 영어에서 이들은 같은 어원에서 나왔는데, 조용히 우리가 지나온 날들을 생각해 보면 감사하지 아니할 수 없을 것입니다. 그리스도인의 감사는 특별히 무엇이 잘되어서만이 아니고 언제나 우리가 처하고 있는 현실에서 하나님이 먼저 우리를 사랑하셨고, 우리에게 긍휼을 베푸셨다고 하는 데서 감사를 갖게 됩니다.

여호와로 말미암아 즐거워하며 나의 구원의 하나님으로 말미암아 기뻐하리로다(합 3:17-18).

구원받은 자의 노래

시편 107편은 여러 가지 어려움과 시련을 겪은 사람들이 구원의 기쁨을 노래한 시입니다. 이 시편에 나타나 있는 어려움과 시련은 전쟁, 감옥 생활, 질병, 폭풍의 바다입니다. 어떤 이들은 전쟁에서 패했고, 어두운 지하 감옥에 갇혔으며, 질병과 바다의 폭풍을 겪기도 했습니다. 그들이 자신의 과거를 회상했을 때 결코 홀로 내버려져 있지 않았음을 깨닫게 되었습니다. 그들이 전혀 불가능한 상황에서 구원을 받았을 때 한 가지 공통된 경험은, 그들을 구원해 주신 긍휼의 하나님을 찬양하고 감사하려는 마음이었습니다. 여기에 사막이나 감옥, 병상이나 풍랑이 이는 바다는 우리의 현실에 존재합니다. 이를 통해 좌절, 절망, 우울, 고독, 공포를 경험합니다. 그 경험들은 희망과는 완전히 대치되어 우리의 삶을 비관적으로 만듭니다.

그런데 놀랍게도 본문에서 말하는 결론은 사막이나 감옥에서, 병상이나 폭풍이 이는 바다에서 나올 수 있는 길이 있다는 것입니다. 사막에는 시원한 물과 오아시스가 있고, 캄캄한 감옥 밖에는 상쾌한 공기가 있는 들판이 있으며, 폭풍의 바다에는 잔잔한 물과 안전한 항구가 있습니다. 그러한 곳으로 우리를 인도해 주시는 분이 하나님이십니다. 이것이 바로 이 위대한 시편이 우리에게 주는 메시지입니다. 우리가 불가능한 상황에 부딪쳤을 때 우리는 혼자만 있지 않습니다. 하나님이 우리와 함께하십니다. 그렇기 때문에 우리는 희망을 갖고 "그는 선하시며 그 인자하심이 영원함이로다"라고 감사의 찬양을 드릴 수 있습니다.

우리는 현실에서 사막, 감옥, 질병, 폭풍의 바다를 피해 갈 수는 없습니다. 그러나 우리는 그러한 가운데서 우리를 인도하시는 하나님의 구원의 손길을 경험해 오고 있습니다. 이것이 우리의 위대한 생의 경험입니다. 우리가 함께 모여 예배하는 것도 그 구원의 하나님을 기억하기 위해서입니다. 예배는 구원을 경험한 사람들이 드리는 감사의 응답입니다.

우리의 일상생활에서 늘 하나님의 긍휼을 입은 자로서의 삶이 나타나야 합니다. 기독교 신앙의 윤리도 그 삶에 대한 응답입니다. 긍휼을 입은 자가 하나님께 물질만이 아니라 영혼과 몸과 삶 전체를 자발적으로 드리는 복종이 산 제물입니다. 우리의 생 전체가 감사의 표현으로 일관되어야 합니다.

여호와의 인자하심과 인생에게 행하신 기적으로 말미암아 그를 찬송할지로다(시 107:1-9).

우리 마음의 보화

신약성서 복음서에는 예수님의 비유가 많이 기록되어 있습니다. 그러나 비유가 의도하는 실재는 언제나 하늘나라입니다. 그러므로 비유를 듣는 사람은 이러한 관계에서 거기에 담긴 진정한 의도가 무엇인지를 음미할 때 깨달음이 있게 됩니다. 예수님의 비유를 이해하는 근본 열쇠는 예수님에 대해 믿음을 갖고 마음을 열고 듣는 것입니다.

우리가 묵상을 할 때도 마찬가지입니다. 예수님을 사랑하는 마음을 가지고, 그에게 복종하고자 하는 마음, 오늘도 그의 말씀에 귀를 기울여서 순종하고자 하는 마음을 전제로 가질 때 본문이 바르게 이해가 됩니다.

어떤 사람이 우연히 다른 사람의 밭에서 보물을 발견해 그것이 매우 값비싼 것임을 알게 됩니다. 그는 재산을 다 팔아 그 밭을 삽니다. 이 비유의 핵심은, 이 보물을 위해 모든 것을 팔고 내려놓고 포기해야 한다는 것입니다. 하늘나라를 위해서는 최고 가치를 발견한 만큼 가장 우선순위로 여기고, 최선을 다해 전적인 봉헌이 요구된다는 것입니다. 하늘나라의 엄청나고 기가 막힌 가치와 이 가치를 깨달은 하늘나라의 백성들만이 과감한 결단과 희생을 행동으로 실천할 수 있음을 드러내 주고 있습니다. 이 가치를 깨달은 자는 이것의 존귀함으로 인해 자신이 그동안 가장 귀하고 소중하게 생각했던 모든 것들을 팔고 천국의 절대 가치와 바꾸는 새로운 삶을 시작하게 됩니다.

이 비유에서 또 하나 생각할 요소는 그토록 특별한 희생을 요구하는 보물을 발견했을 때 느끼는 무한한 기쁨입니다. 이 보물과 비교해 볼 때 다른 실재들도 있지만 그러한 것들까지도 새로운 가치로 보게 하는 것이 하늘나라이며, 하나님 자신이십니다.

예수님을 통해서 하나님을 발견한 사람은 모든 것을 기쁘게 포기합니다. 진리와 생명을 발견했기 때문입니다. 하나님을 발견했다는 것은 삶의 궁극적인 의미를 발견했다는 것입니다. 이러한 진리는 이 진리를 경험함으로써만 알 수 있습니다. 그래서 우리의 인간적인 사고방식과 어떤 것을 잃어버리지나 않을까 하는 걱정과 자신의 인생 목적들이 항상 이 진리와 충돌을 빚습니다.

천국은 마치 밭에 감추인 보화와 같으니(마 13:44-46).

진주의 비유

다른 하나는 '진주'의 비유입니다. 진주라는 단어는 고귀한 가치만이 아니라 흠 없는 아름다움에 대한 개념을 지니고 있습니다. 하늘나라는 최고의 가치를 지니고 있을 뿐만 아니라 인간이 얻을 수 있는 가장 아름답고 완전한 보화입니다.

밭에 있는 보화의 비유와 비교해 볼 때 새로운 요소가 있다면, 이 이야기에 나오는 사람이 값진 진주를 찾아다니고 있다는 것입니다. 밭의 보물을 발견한 사람은 우연히 발견했고, 그다음에 할 일을 결정했습니다. 많은 사람들이 보물을 발견하리라는 희망이나 의도도 없이 예수님을 만나지만 그들은 예수님에 의해 압도되고 맙니다.

진주의 비유에서는 진주를 찾고 있던 중 만나게 됩니다. 그는 처음으로 이처럼 아름답고 값나가는 진주를 발견합니다. 그는 이 값진 진주를 사기 위해 조금도 주저하지 않고 모든 것-그의 모든 재산-을 팔았습니다. 그는 경험으로 이 진주가 그만한 가치가 있다는 것을 알고 있었습니다. 이 사람의 마음은 자기가 찾고 있는 것을 발견할 때까지 만족이 없었습니다. 그러나 일단 찾던 것을 발견하고 나서는 그것을 얻기 위해 모든 것을 희생하게 됩니다.

하늘나라에서는 최고의 헌신이 요구됩니다. 요구 조건은 매우 엄하지만 예수께서는 조건을 완화시키지 않으십니다. 예수께서는 오히려 구원의 축복이 얼마나 매혹적인가, 그리고 그것을 발견한 사람에게는 얼마나 큰 기쁨이 주어지는가를 보여 주고 계십니다. 지금까지 신앙생활을 해 오면서 이러한 최고의 가치를 소유한 것에 대한 자부심과 만족함 가운데 다른 것을 기꺼이 희생하며 기쁨으로 하루하루를 감사하며 살아가고 있습니까?

천국은 마치 좋은 진주를 구하는 장사와 같으니 (마 13:44-46).

하나님이 바라시는 뜻

14세기 신학자 겸 신비가 요하네스 타울러는 자기에게 온전함에 이르는 참길을 가르쳐 줄 사람을 보내 달라고 하나님께 8년간 기도했습니다. 어느 날 기도 중에 그는 교회 계단으로 나가면 멘토를 만날 것이라는 내면의 음성을 들었습니다. 그는 그 음성에 주저 없이 순종했습니다. 교회 계단에 가 보니 맨발에 누더기 차림의 부랑아가 있었습니다. 상처 부위에는 피가 엉겨 있었습니다. 타울러는 그에게 하나님이 당신께 좋은 하루와 행복한 삶을 주시기를 빈다고 정중히 인사했습니다. 그러자 부랑아는 한 번도 나쁜 하루를 보낸 기억이 없다고 대답했습니다. 타울러가 깜짝 놀라 내막을 묻자 거지는 이렇게 설명했습니다.

"저는 배가 부를 때나 배고파 죽을 지경이거나 똑같이 하나님을 찬송합니다. 거절당하고 멸시받아도 여전히 하나님께 감사합니다. 제 삶을 향한 하나님의 섭리와 계획에 대한 제 신뢰는 절대적입니다. 그래서 나쁜 하루란 제겐 존재하지 않습니다. 선생님은 또 제게 행복한 삶을 빌어 주셨습니다. 저는 항상 행복하다고 말할 수밖에 없습니다. 제가 하나님을 경험하며 배운 것인데요, 그가 하시는 일은 무엇이든 반드시 좋은 일입니다. 아침마다 제 첫 결심은 저 자신을 오직 하나님 뜻에만 매는 것입니다. 그렇게 여태껏 긴 세월이 흐르는 동안 저는 하나님 뜻이 곧 하나님 사랑임을 배웠습니다. 그가 부어 주시는 은혜로 저는 제 뜻을 그의 뜻에 합했고, 그래서 무엇이든 그가 뜻하시는 바가 곧 제 뜻입니다. 그래서 저는 언제나 행복했습니다."

우리는 이 이야기에서 사람이 진정 하나님의 은혜의 자리에 서게 될 때 인간의 모든 불행한 조건을 초월해서 하나님을 신뢰하며 그를 찬양하게 된다는 사실을 알게 됩니다.

여호와를 신뢰하는 자에게는 인자하심이 두르리로다(시 32:7-11).

순종의 기쁨

그리스도인은 하나님의 은혜의 자리에 서 있는 사람들입니다. 그 은혜의 자리는 예수 그리스도 안에서 새로 태어난 삶, 즉 새로운 사귐의 자리입니다. 그곳에서 우리는 하나님과의 화해는 물론, 우리 자신과도 화해, 그리고 이웃과도 화해를 이루게 됩니다. 누구든지 성령의 감동과 인도하심으로 그 은혜의 자리에 서게 될 때 죄와 죽음으로부터 자유로워집니다. 그리고 영원한 생명을 선물로 받게 됩니다. 그 은혜의 자리에서 현실을 넘어 영원한 시간 가운데, 고난을 넘어서 부활의 영광 가운데 있는 자신의 운명을 보게 됩니다.

그러면서 현실에서 몇 가지 우리 자신의 경험이 있습니다. 그중의 하나가 기쁨입니다. 그 기쁨은 세상이 주는 것과는 다릅니다. 그 기쁨은 하나님과의 사귐에서 오는 기쁨입니다. 하나님은 생명의 하나님, 사랑의 하나님이시므로 그와의 사귐에서 경험되는 것이 기쁨입니다. 그 사귐에서 요구되는 것이 순종입니다. 순종에서 지속적인 기쁨이 있습니다. 본문에서 "항상 기뻐하라"고 했습니다. 이 말에는 은혜의 자리로 불러 주신 분의 뜻에 항상 순종하라는 뜻이 내포되어 있습니다.

한나 위탈 스미스(Hannah Whitall Smith)는 "그리스도인의 행복한 삶의 비결은 순종의 기쁨"이라 했습니다. 그리고 순종에서 은혜의 삶이 성취됩니다. 그리스도인의 삶의 성취는 순종에서 이루어집니다. 우리를 은혜의 자리에 서게 해 주신 그의 뜻에 순종해 갈 때 성취감과 기쁨을 경험하게 됩니다. 우리가 아침에 일어나서 조용히 묵상 가운데서 "오늘 하루도 주님의 뜻이 저의 뜻이 되게 해 주십시오"라는 기도와 함께 우리 자신을 하나님의 뜻에 매는 것이 순종의 기본 태도입니다. 하나님께 순종해 가는 삶을 익혀 갈 때 기쁨이 우리 마음에 자리 잡게 됩니다. 그리고 하나님과의 사귐에서 소통이 이루어집니다.

본문에 "쉬지 말고 기도하라", "끊임없이 기도하라"고 했습니다. 소통이 끊이지 않게 하라는 뜻입니다. 하나님과의 사귐에서 제일 중요한 것은 소통입니다. 은혜의 자리의 특징은 하나님과 소통의 길이 늘 열려 있다는 것입니다. 하나님과의 소통은 이 현실의 생이 끝나도 영원히 지속됩니다. 그 소통의 길이 기도입니다.

항상 선을 따르라 항상 기뻐하라 쉬지 말고 기도하라(살전 5:12-17).

범사에 감사하라

감사는 모든 조건을 초월한 감사입니다. "범사에 감사하라", "모든 일에 감사하라"고 했습니다. 이것은 '모든 상황에서 삶을 긍정하라'는 뜻입니다. 은혜의 자리에서는 지나온 생의 모든 여정에서 일어난 일들이나 현재에서 발생하는 모든 일들을 긍정하게 됩니다. 은혜의 자리에서 지나온 날들을 돌이켜 보면 현재 은혜의 자리에 있게 만들었다는 데서 모든 것을 긍정하게 됩니다. 그리고 현재의 상황에서 발생되는 모든 일들이 다 합력하여 선을 이루게 될 것이라는 희망에서 긍정적이 됩니다. 모든 일에 감사한다는 것은 우리의 생이 사랑의 하나님의 섭리 가운데 있다는 것을 시인하는 것입니다.

인생을 성공적으로 살아왔든 아니든 우리는 은혜의 자리에 있지 못할 때 삶을 긍정적으로 받아들일 이유를 찾지 못하게 됩니다. 그것이 고통스러운 것입니다. 그러나 현재 하나님의 은혜의 자리에 서 있게 될 때 지나온 모든 날들이 지금 이 자리, 즉 사귐의 자리에 있게 만들었다는 데 대한 감사가 있게 됩니다. 그래서 감사는 포괄적입니다.

알코올중독에 걸린 어떤 사람이 알코올중독 재활 프로그램에서 "인간이 걸리는 모든 질병 중에서 하나를 골라야 한다면 나는 내 병 알코올중독을 택할 것이다"라고 했습니다. 그 이유를 묻자 그는 "이 프로그램의 12단계가 아니었던들 나는 절대 하나님을 만나지 못했을 것이기 때문이다"라고 했습니다. 알코올중독이 좋은 것은 아닙니다. 그러나 그 알코올중독으로 하나님을 만나게 되었다는 사실, 즉 은혜의 자리에 있게 되었다는 사실이 그에게는 지나온 생을 긍정할 수 있게 했습니다.

우리가 다른 사람보다 무엇이 더 낫기 때문에 감사가 있고, 그렇지 않기 때문에 감사가 없다면 그것은 다 잘못된 것입니다. 우리는 그러한 모든 것을 초월해서 현재 내가 이 은혜의 자리에 있게 되었다는 사실 때문에 감사할 수 있어야 합니다. 감사가 없다는 것은 아직도 지나온 자신의 역사, 그리고 자신의 상처와 화해하지 못하고 있으며, 다른 사람과 비교의 삶에서 벗어나지 못하고 있다는 것을 의미하기도 합니다.

범사에 감사하라 이것이 그리스도 예수 안에서 너희를 향하신 하나님의 뜻이니라(살전 5:18).

자족의 비결

그리스도인들은 하나님의 은혜의 자리에 있는 사람들입니다. 그렇다고 세상에서 특혜를 누리도록 선택받은 무리들은 아닙니다. 그들은 영적인 면에서 세상 사람들과는 다른 하나님 나라의 보화를 선물로 받은 사람들입니다. 그 점에서 그들은 세상 사람들이 누리지 못하는 은혜의 삶을 누리게 됩니다. 그런데 그리스도인들 가운데 다수가 자신들이 누려야 하는 영적 은사를 누리지 못하면서 살아갑니다. 하나님의 은혜의 자리에 있는 사람들이 은혜를 누리지 못하면서 살아가는 것은 신앙의 아이러니입니다.

사도 바울이 그리스도를 알고 난 후에 그의 생에서 일어난 여러 가지 변화 가운데 하나가 어떤 처지에서도 자족하는 비결, 또는 만족하는 법을 배운 것입니다. 바울이 어떤 경우에도 적응할 수 있는 비결을 배웠다는 것은 은혜를 누리면서 살아간 삶의 모범이 됩니다. 일반적으로 사람들이 공감하는 것은 어떤 경우에서도 자족하게 살려면 그만한 환경적 여건이 마련되어야 한다는 생각입니다. 그래서 그러한 환경을 만들어 가려고 노력합니다. 그런데 사도 바울이 말한 자족은 환경을 넘어서는 것입니다. 환경적으로 모든 것이 다 구비되어 있어도 자족하지 못하면서 살아가는 사람들이 많이 있습니다. 다른 사람을 사랑하지 못하는 데서, 그리고 나를 초월하지 못하고 있는 데서 내면의 상처로 은혜의 삶을 누리지 못하고 사는 사람들이 많이 있습니다. 어떤 상황에서도 자족하면서 살아갈 수 있는 비결은 하나님의 능력입니다. 사도 바울은 그 사실을 "내게 능력 주시는 자 안에서 내가 모든 것을 할 수 있느니라"(빌 4:14)라고 말합니다.

자족의 비결은 하나님으로부터 옵니다. 자족은 정신적, 영적 차원의 경험이므로 영적으로 궁핍한 상태에 있을 때에는 자족이 없습니다. 이 비결은 하나님의 임재 안에서 살아가는 삶을 배워야 합니다. 하나님의 임재라는 영적 환경만이 자족하며 살게 만듭니다. 하나님의 임재에서는 우리가 소유하고 있는 것을 다 포기해도 풍족함을 누릴 수 있습니다. 적은 것으로도 자족하며 살 수 있습니다. 자족의 삶은 소유의 넉넉함에 있지 아니하고 하나님과 함께하는 데서 옵니다.

어떠한 형편에든지 나는 자족하기를 배웠노니(빌 4:10-20).

하나님의 임재 가운데서 살아가는 삶

자족의 비결이 하나님의 임재에서 이루어진다고 하면 '우리가 어떻게 하나님의 임재 가운데서 살아갈 수 있는가?'라는 물음을 제기할 수 있습니다. 특별히 방법이나 기술이 필요하지는 않습니다. 하나님의 임재 가운데서 살아가는 습관을 들여야 합니다.

먼저, 우리의 신앙생활이 우리 자신이 중심이 되어 자신의 의를 드러내려는 데서 하나님 중심으로 하나님의 의를 드러내려는 삶으로 방향을 전환해야 합니다. 자신을 중심으로 하는 삶에서 하나님의 임재는 불가능합니다. 우리 자신이 중심이 되어 있을 때 하나님을 믿는다고 하면서 항상 인기를 의식하고, 다른 사람들과 비교하며, 다른 사람에게 잘 보이기 위해 다른 사람에게 집중되어 있거나 은근히 내면으로 다른 것을 즐기면서 하나님을 찾게 됩니다. 그러니까 하나님이 기뻐하시지 않는 일들 속에서 즐거움을 찾으려 하는 것입니다. 그리고 항상 자신의 행복을 위한 계획에 몰두해 있으면서 중언부언 주문을 외우는 신앙생활을 하게 됩니다. 그러한 신앙생활에는 하나님이 함께하시지 않습니다.

예수님은 "골방에 들어가 문을 닫고서, 숨어서 계시는 네 아버지께 기도하여라"(마 6:6, 새번역)라고 하셨습니다. 하나님은 허세, 위선을 드러내는 신앙생활에는 계시지 않습니다. 그러한 데서 떠난 곳에 계십니다. 숨어 계신다는 것은 극장 객석에 앉아서 위선의 쇼를 즐기시는 하나님이 아니시라는 뜻입니다. 사람들 앞에서 자신을 드러내기 위해서 하는 자선, 봉사에는 하나님이 계시지 않습니다. 그러한 사람은 열심히 종교적인 쇼를 하지만 하나님 임재 가운데에서는 살지 못합니다.

그러한 자리를 떠나 사람들에게 자신의 의를 드러내고자 하는 의도를 접고 오로지 하나님께 그의 마음이 향할 때 하나님의 임재 안에 있게 됩니다. 우리가 묵상에서 온갖 사념을 상관하지 않고 다 흘려보내고 난 후 마음이 고요해질 때 하나님의 임재를 느낄 수 있습니다. 우리는 거기서 하나님은 매우 적막한 곳에서 우리를 만나 주시는 분이심을 확인하게 됩니다. 자신을 사람들에게 드러내 보이려고 하는 사람은 언제나 군중들 앞에서 연기를 하게 됩니다. 거기에는 하나님이 계시지 않습니다.

너희는 기도할 때에 외식하는 자와 같이 하지 말라(마 6:5-6).

가장 가까이 계시는 하나님

하나님의 임재 가운데 살아가는 삶을 살기 위해서는 하나님과 함께하는 자리에서 아주 가까운 친구에게 하듯이 꾸미지 않고 매우 진솔한 대화를 하나님과 나누는 습관을 길러야 합니다. 어떤 일을 하면서 그 일이 힘들고 잘 풀리지 않을 때 이렇게 기도할 수 있습니다.

"하나님, 저에게는 풀리지 않는 고민이 있습니다. 그 원인이 무엇인지, 그 해결의 길이 무엇인지 알려 주세요. 그렇게 하겠습니다."

"하나님, 제가 다른 사람을 용납하고 받아들여야 하는데 저로서는 할 수 없습니다. 하나님이 저에게 그렇게 할 수 있는 능력을 주셔야 할 수 있습니다. 하나님, 제가 하나님이 원하시는 바를 할 수 있도록 도와주세요."

우리와 가장 가까이 계시는 하나님과의 교제에서 우리는 어떤 것도 숨기지 않고 대화할 수 있어야 합니다. 하나님과의 대화에는 유치하거나 고상한 것이 문제가 되지 않습니다. 오직 진솔함, 솔직함이 요구됩니다. 그러한 대화를 계속해 가는 과정에서 하나님의 사랑이 우리를 일깨워서 우리의 행사를 모두 하나님께 맡기는 습관이 들게 됩니다.

먼저 하나님께 아뢰는 습관을 들여야 합니다. 우리는 풀리지 않는 문제나 고민이 있을 때 다른 사람에게 찾아가 하소연하거나 분노 가운데서 상대에게 내뱉곤 합니다. 언제나 문제를 가지고 사람에게로 향하곤 하는 우리의 습관을 하나님께로 돌리는 습관으로 바꾸어 가야 합니다. 그러한 가운데서 우리는 하나님으로부터 문제의 해답을 얻는 습관을 들여 가게 됩니다. 그리고 하나님을 기쁘시게 하고자 하는 마음이 생겨나기 시작하면서 하나님의 임재의 자리로 더 깊이 들어갈 수 있습니다.

다음은, 우리는 언제 어디서나 섬김의 자리에 있어야 합니다. 그 자리에서 하나님의 부르심으로 내가 이 자리에 있다는 것을 받아들이고 다른 사람들의 칭찬, 인정을 받으려고 해서는 안 됩니다. 언제나 하나님께 마음을 집중해서 모든 일을 하나님께 하듯 해야 합니다. 그렇게 하는 과정에서 우리의 마음에는 조용한 골방이 형성되게 되고 숨어 계시는 하나님과 마주 대하게 됩니다. 그러면서 언제 어디서 무슨 일을 하더라도 고요함 가운데서 하나님과 함께하게 됩니다.

무슨 일을 하든지, 마음을 다하여 주께 하듯 하고(골 3:23).

하나님을 갈망하는 삶

하나님의 임재 가운데 살아가는 삶을 살기 위해서는 다음으로, 하나님을 항상 갈망해야 합니다. 믿는 사람이나 믿지 않는 사람 모두에게 동경이 있습니다. 사람들은 그러한 동경의 근원을 발견하지 못해 늘 방황하며 살아가게 됩니다. 사람들이 가지고 있는 동경의 근원지는 하나님이십니다. 그리스도인들은 그 근원지를 발견한 사람들입니다. 우리는 그 근원지를 향해 우리 마음을 언제나 고정시켜 가는 습관을 들여 가야 합니다.

동경의 근원지를 향한다는 것은 근원지의 실체이신 하나님을 항상 갈망한다는 뜻입니다. 사람은 그가 무엇을 항상 갈망하면서 살아가느냐에 사람됨이 형성됩니다. 하나님을 항상 생각하며 산다는 것과 하나님을 마음으로 항상 갈망한다는 것은 다릅니다. 생각한다는 것은 의식적인 행위이며, 갈망한다는 것은 무의식 깊이 숨겨져 있는 갈망이 지향하는 방향으로 마음을 조율해 가는 것을 의미합니다.

마지막으로, 항상 감사하는 생활을 해야 합니다. 감사에는 부정적인 삶에서 긍정적인 삶으로 방향을 전환시키는 힘이 있습니다. 그리고 절망의 늪에서 빠져나오는 능력이 있습니다. 감사에는 긍정의 에너지를 창출하는 힘이 있습니다. 감사를 모르는 삶은 은혜를 누리지 못하게 만들고, 감사는 하나님의 은혜를 누리며 살게 만듭니다. 감사하는 습관은 하나님을 신뢰하는 길로 들어가게 만들지만, 감사가 없는 삶은 하나님으로부터 점점 멀어지게 만듭니다.

감사는 하나님의 사랑과 능력을 인정하고 받아들이는 믿음의 행위이므로 하나님 신뢰의 길입니다. 감사는 "하나님을 사랑하는 사람들, 곧 하나님의 뜻대로 부르심을 받은 사람들에게는, 모든 일이 서로 협력해서 선을"(롬 8:28, 새번역) 이루게 하시는 하나님의 사랑의 행위에 동의하는 것입니다.

내 영혼이 주를 찾기에 갈급하나이다(시 42:1-2).

현재를 바르게 향유해 가는 지혜

우리 그리스도인들의 일생은 '그리스도 안에서 새로운 피조물이 되어 가는 끊임없는 과정'이라는 데 그 소중함이 있습니다. 일 년이라는 시간의 가치도 그러한 과정이었다는 데 있습니다. 우리가 인생의 순례의 길을 걸어가면서 순간순간을 신실하게 살아가야 할 이유가 있다면 바로 그것입니다.

그래서 우리 그리스도인들은 우리의 생의 과정이라는 마디를 헛되게 살지 않아야 합니다. 우리 생의 한 과정은 성공과 출세의 결과로 가는 길에서 의미 없이 밟고 넘어가는 디딤돌이 아닙니다. 우리 생의 한 과정, 과정은 부활의 주님과 함께 시작한 새로운 피조물의 삶의 과정입니다. 우리 생의 모든 과정은 우리의 것이 아닌, 주님의 뜻이 이루어져야 하는 거룩한 마디입니다. 그러므로 우리가 주님을 잃어버리면 우리는 우리 자신뿐만 아니라 우리의 참된 생도 잃어버리게 됩니다. 우리의 본향은 이 현실을 넘어서 영원의 시간에 있습니다.

우리 생의 과정이라는 마디를 헛되게 살지 않기 위해서 우리는 현재를 살아가는 지혜를 배워야 합니다. 그러나 그리스도 안에서는 그렇지 않습니다. 그리스도 안에서 현실을 바르게 향유해 가는 지혜는 '생의 방향을 세상이 아닌 천국으로 잡는 것'입니다. 즉 물질과 성공, 쾌락이 아닌 하나님이 삶의 중심이 되셔야 합니다. 왜냐하면 새로운 피조물의 삶은 인간 외부에서 내부로 이어지는 것이 아니고, 인간 내면에서 외부로 형성되어 가기 때문입니다. 천국은 내 안에서부터 시작됩니다. 거룩함은 내부에서 외부로 점진적으로 흘러가는 새로운 삶의 질입니다. 신학자 패커(Packer)는 이 문제에 대해 이렇게 말합니다.

"거룩함의 본질은 성별(聖別)을 통한 변화이고, 거룩함의 조건은 예수 그리스도를 통한 의로움이며, 거룩함의 뿌리는 주님과 함께 십자가에 못 박히는 것이고, 또한 그와 함께 부활하는 것이다. 거룩함의 대리인은 성령이시며, 거룩함의 체험은 일종의 전투다. 거룩함의 규칙은 하나님의 계시된 법이며, 거룩함의 마음은 사랑의 영이다. 예수님은 이미 우리 마음에 천국의 생명을 심어 놓으셨기 때문에, 우리가 그를 알게 되면 우리의 삶은 천국으로 방향을 잡는다."

내게 무슨 악한 행위가 있나 보시고 나를 영원한 길로 인도하소서(시 139:13-18, 23-24).

내려놓는 지혜

과정을 놓치지 않고 현재를 살아가는 지혜는 '통제하려는 마음과 결과를 내려놓는 것'입니다. 케네스 보아(Kenneth Boa)는 이렇게 말합니다. "영적 여정에서 가장 큰 적들 가운데 하나는 우리들의 환경을 통제하려는 열망과 노력한 결과를 가늠하려는 욕구다. 우리 대부분은 사기꾼, 욕심쟁이, 소유자, 그리고 조종자가 되려는 천성적인 경향을 가지고 있다. 우리가 세상 다른 사람을 지배하고자 할수록 우리는 더욱 그리스도께 저항하는 사람, 즉 하나님의 손에 잡히기를 두려워하는 사람이 된다. 우리가 삶의 소유권을 포기하기 전까지는 하나님의 선하심과 사랑의 목적들에 순종하는 거룩한 안식을 경험할 수 없다."

우리는 세상과 다른 사람을 우리의 생각대로 조종하고 통제해 보려는 욕구의 노예가 될 수 있습니다. 그렇게 될 때 우리 자신은 매우 착한 사람, 의로운 사람이라고 속입니다. 그러므로 자신이 다른 사람을 가르쳐야 하고 바꾸어 놓아야 한다고 확신합니다. 우리가 그렇게 생각하고 살아갈 때 우리의 내면은 언제나 불만, 분노, 판단으로 가득 차 있기 때문에 현실에 주님과 함께 머무를 수 없습니다. 그러한 경우 현실에서 삶의 주인은 주님이 아니고 우리 자신이 되기 때문에 우리가 주인 노릇을 하게 됩니다. 우리가 세상과 우리 삶의 주인이 되는 현실에서는 언제나 불만과 갈등과 좌절만이 있습니다.

오늘 있다가 내일 아궁이에 던져지는 들풀도 하나님이 이렇게 입히시거든(마 6:25-34).

받아들이는 지혜

과정에 머물 수 있는 또 다른 열쇠는 '우리의 현실이라는 과정에서 어떤 일이 발생하더라도 그 모든 것을 하나님의 손에서 온전히 받아들이는 것'입니다.

이러한 삶의 표상이 요셉입니다. 요셉은 하나님이 극진히 사랑하시는 사람이었습니다. 일반적으로 신자들은 하나님께 사랑받는 사람에게는 항상 행운과 정상적인 일만이 있어야 한다고 생각합니다. 그러나 요셉의 경우에는 그렇지 않았습니다. 요셉의 생의 과정은 우리의 고정관념을 완전히 바꾸어 놓았습니다. 요셉에게는 하나님이 전혀 사랑하시지 않는 것처럼, 하나님이 함께하시지 않는 사람에게서나 일어날 수 있는 일들이 연속적으로 발생했습니다. 그럼에도 불구하고 요셉은 그의 생의 과정에서 일어나는 모든 것을 하나님의 선하심 가운데서 받아들였습니다.

그런데 요셉의 생에서 일어난 불행한 일들이 요셉의 현실을 빼앗지 못했습니다. 그는 어느 과정에서나 신실하게 현실을 향유해 갔습니다. 자신의 신세를 한탄하거나, 그에게 해를 입힌 사람을 원망하거나 분노를 품지 않았습니다. 그는 끝까지 믿음, 사랑, 소망 가운데서 살아갔습니다. 드디어 그는 하나님의 뜻에 도달했습니다. 파스칼(Pascal)은 《팡세》에서 이렇게 기도했습니다.

"하나님, 온전한 하나의 마음으로 모든 일을 받아들일 수 있도록 나를 도우소서. 우리가 무엇을 구할지 알지 못하며, 우리는 우리 스스로가 재판관이 되어 내리는 가정 없이는 어떤 행동도 바랄 수 없습니다. 오 주님, 저는 오직 한 가지를 알고 있습니다. 당신을 따르는 일이 선하며 당신을 거스르는 것이 악하다는 바로 그 사실입니다. 이것을 넘어서는 건강이나 질병이든지, 부요함이나 가난이든지, 또는 이 세상의 무엇이든지 간에, 그중에서 무엇이 나에게 선한 것인지 알지 못합니다. 이것을 아는 지식은 인간과 천사들 모두의 지혜보다 더 낫습니다. 그것은 내가 경배하는, 그러나 감히 밝히 볼 수 없는 당신의 섭리 속에 비밀로 감추어져 있습니다."

당신들은 나를 해하려 하였으나 하나님은 그것을 선으로 바꾸사(창 45:4-8, 50:15-21).

12월

우리는 하나님의 거룩한 역사에 참여해 하나님의 은총의 선물을 받은 사람들입니다.

우리는 우리가 받은 선물을 다른 사람에게 나누어 줄 책임이 있습니다. 은혜의 선물은

나누어 줄 때 기쁨이 더 큽니다. 우리의 기쁨은 하나님께로부터 은혜의 선물을 받는 데에도

있지만 다른 사람에게 나누어 주는 데에서도 있습니다.

하나님은 그러한 나눔을 통해서 하나님 자신을 세상에 드러내십니다.

하나님의 약속

기독교 신앙에서 하나님의 말씀으로 받아들이고 있는 성서는 구약과 신약으로 구성되어 있습니다. 구약과 신약을 연결 짓는 주제는 약속과 성취입니다. 구약은 하나님의 약속이며 신약은 그 약속의 성취입니다. 구약에는 하나님의 약속이 담겨 있습니다. 그 약속은 하나님에 의해 이루어지게 되는 것입니다. 구약에 있는 약속은 미래에 하나님에 의해 이루어질 성취를 지시하고 있습니다. 성서에 있는 하나님의 약속과 성취는 전적으로 하나님의 자유에 의해 선언되고 이루어지는 기적의 사건입니다.

하나님의 약속은 기다림을 뜻합니다. 성서적 관점에서 기다림은 망루에 올라가서 누가 오는가 망을 보는 시간이며, 무슨 일이 생기는지 주변을 주의 깊게 살펴보는 시간입니다. 이 시간은 잠자는 시간이 아니며 깨어 있는 시간입니다. 즉 하나님의 약속에서 지시하는 그때를 기다리게 합니다. 복음서에는 기다림과 관련된 비유들이 있습니다. 그 비유들의 공통점은 기다리는 자가 자기 의도대로 계획해 놓은 그 일을 해 가면서 그것이 성취되기를 기다리는 것이 아니라는 것입니다. 자기의 의도와는 상관없이 전적으로 주인의 뜻과 의지에 의해서 이루어지게 되는 그때를 기다리게 됩니다. 그러므로 항상 깨어 있어야 합니다. 이러한 기다림에는 절제, 순종이 뒤따릅니다. 이 기다림에 있는 사람들은 마음을 열어 약속을 주신 그를 향하게 됩니다. 이 기다림에는 긴장이 있고 지루함으로 시간을 죽이지 않게 됩니다. 이 기다림에 있는 사람들은 어떤 한 가지 목표를 겨냥하고 있기 때문에 부단히 그 목표를 향해 움직이게 됩니다. 사도 바울은 자신의 기다림의 삶을 경주로 비유했습니다.

하나님의 약속은 기다림입니다. 하나님의 약속을 가진 자는 의미 없고 지루한 시간을 보내면서 하루하루 살아가지 않게 됩니다. 기다림이 있다는 것은 목표가 있다는 것입니다. 하나님이 창조하신 모든 피조물이 하나님의 약속을 내다보며 그 약속이 지시하는 그때를 기다리며 살아가고 있습니다. 그 기다림은 파멸과 멸망의 시간이 아닌, 만물이 새롭게 되는 그때입니다. 하나님의 약속을 마음에 품고 사는 사람은 사랑하는 사람이 먼 나라에서 돌아오는 시간을 기다리는 심정으로 살게 됩니다. 우리 그리스도인들은 이러한 기다림에서 사는 사람들입니다.

때가 차매 하나님이 그 아들을 보내사(갈 4:1-7).

깨어 있는 삶

잠을 이루지 못하는 것은 괴롭고 고통스러운 일입니다. 그런데 오히려 깨어 있음으로 인해 잠 못 이루는 밤의 고통의 문제를 해결할 수 있는 길이 있습니다. 그것은 영적으로 깨어 있는 것입니다. 영적으로 깨어 있음으로 잠 못 이루는 밤의 고통의 문제를 풀어 갈 수 있습니다. 잠 못 이루는 밤의 문제는 단순히 정신적인 문제이기 전에 영적인 문제이기도 합니다. 사람들이 영적으로 깨어 있을 때 염려와 불안, 허망한 것들에 붙잡혀 잠을 자지 못하는 데서 벗어날 수 있습니다.

우리 시대에서 깨어 있다는 것은 세상 사람들과는 다른 삶의 방식으로 살아가는 것을 의미합니다. 세상 사람들이 허망한 것들을 추구해 가면서 살아간다면, 그리스도인들은 하나님 나라와 그의 의를 추구하며 살아가야 합니다. 그러한 삶을 평생 견지해 가는 것입니다. 그러한 방향으로 살아가는 삶을 포기하지 않는 것입니다. 그렇게 살아갈 때 소외, 따돌림, 뒤떨어짐, 어리석게 보일 때가 있어도 꾸준히 그러한 방향으로 살아가는 것입니다.

그러한 삶의 방식은 세상적인 가치와 목적을 가지고는 살아갈 수 없습니다. 깨어 있지 않으면 그러한 삶의 소중한 가치를 알 수 없습니다. 보상을 기대하지 말고 그렇게 살 수 있게 된 것을 축복으로 알고 살아가야 합니다. 깨어 있다는 것은 삶을 끝까지 긍정한다는 것을 의미합니다. 평생 삶을 긍정하지 못하고 비판으로 일관하며 살아가는 사람들이 있습니다. 그러한 사람들에게는 대안도 없습니다. 그저 비판이 전부입니다. 깨어 있다는 것은 분명한 삶의 이유를 갖고 있다는 의미가 됩니다. 그렇기 때문에 현재에 머물게 되고 현재에 자기가 해야 할 일을 하게 됩니다.

영적으로 깨어 있다는 것은 일상의 삶에서 하나님의 부르심을 놓치지 않는 것입니다. 우리의 일상의 삶에 하나님의 부르심이 있습니다. 그의 부르심은 매우 작은 소리로 들려오기 때문에 알아듣기 어렵습니다. 그래서 우리는 때때로 조용한 장소에서 침묵 가운데 머무는 훈련이 있어야 합니다. 하나님의 음성은 고난, 실패, 역경, 병, 안정된 삶에 내포되어 있습니다. 하나님의 부르심을 따라 살아가는 훈련을 해 갈 때 삶을 부분적으로 살지 않고 전체로 살아가게 됩니다.

인자 앞에 서도록 항상 기도하며 깨어 있으라 하시니라(눅 21:34-36).

무지로부터 깨어나십시오

지금 우리는 세계적으로 우리가 견지해 오고 있는 삶 전반(정치, 종교, 문화 등)의 한계에 이르렀습니다. 우리가 살아오고 있는 삶의 방식들이 영원하지 못하다는 것이 밝혀지고 있습니다. 우리의 먹고 마시고 입고 거하는 삶의 방식에 문제가 있습니다. 이러한 때에 우리에게 진정 하나님으로부터 오는 지혜가 필요합니다. 그리고 새로운 결단이 필요합니다.

영적으로 깨어 있는 삶은 지속적으로 무지로부터 깨어나는 것입니다. 사람들은 무지의 잠에서 깨어나지 못할 때 언제나 반복되는 실수와 후회를 하게 됩니다. 인간의 삶은 평생 무지에서 깨어나는 여정이라고 할 수 있습니다. 우리가 무지에서 깨어나지 않으면 항상 자신을 속이면서 살게 됩니다. 허세, 교만, 자기 연민, 독선, 미움, 분노, 자기 경멸, 헛된 일에 시간을 낭비하는 것 등 모두 무지에 속합니다.

예수님은 십자가에서 자신을 십자가에 못 박은 사람들을 위해 마지막으로 하나님께 이렇게 기도하셨습니다.

"아버지, 저 사람들을 용서하여 주십시오. 저 사람들은 자기네가 무슨 일을 하는지를 알지 못합니다"(눅 23:34, 새번역).

예수님을 십자가에 못 박은 사람들은 그들이 하는 일을 알지 못했습니다. 그들은 무지했습니다.

진정한 성숙은 무지로부터 깨어나는 것입니다. 허리에 띠를 띠고 등불을 켜 놓고 주인을 기다리는 종들의 모습에서 무지에서 깨어나 있는 지혜로운 사람을 연상하게 됩니다. 우리가 무지에서 깨어날 때 우리의 운명이 우리 자신에게 있지 않다는 것을 알게 됩니다. 그리고 우리의 운명을 주관하시는 분이 하나님이시라는 사실을 알고 겸손하게 그에게 무릎을 꿇게 됩니다. 그것이 겸손입니다.

허리에 띠를 띠고 등불을 켜고 서 있으라(눅 12:35-40).

깨어 있어야 할 이유

깨어 있지 않으면 나 자신을 잃어버리게 됩니다. 깨어 있지 않으면 외부의 요구에 따라서 살아가야 하기 때문에 나 자신을 잃어버리게 됩니다. 그렇게 사는 것이 속는 것입니다. 속아서 살지 않기 위해 깨어 있어야 합니다. 사람은 누구나 두 가지 요구에 직면해서 살아가게 됩니다. 하나는 외부의 세계가 자신에게 요구하는 것들입니다. 그러한 것들은 생산성과 능률을 높이기 위한 것들입니다. 외부 세계가 우리에게 요구하는 것은 우리의 전체가 아닌 우리의 부분입니다. 우리의 재능, 우리가 소유한 재물, 우리의 미모, 우리의 성, 우리가 가진 기술, 우리의 지위 등입니다. 사람들은 그러한 부분적인 것들이 자신이라고 단정합니다. 그리고 그러한 것들 가운데 어느 것도 잃어버리지 않으려고 노심초사합니다. 자기가 다른 사람에게 인정받고, 다른 사람이 자신에게 호감을 갖는 것은 그러한 것들 때문이라고 생각합니다. 그래서 사람들은 전체로 살지 못하고 부분적으로 살아갑니다. 그리고 더 많은 인정, 호감, 칭찬을 얻기 위해 주력합니다. 그러할수록 내면의 허무는 더 깊어 가게 됩니다.

다른 하나는 나 자신이 나에게 원하는 것입니다. 그것은 부분적인 것이 아닌 전체적으로 사는 삶입니다. 그러한 삶은 우리가 영적으로 깨어 있을 때 가능합니다. 영적으로 깨어 있을 때 분별력이 생기게 됩니다. 그렇게 됨으로 인해 잘 못된 것이 무엇인지를 알게 됩니다. 우리가 나 자신으로 산다는 것은 퍼즐 게임으로 비교할 수 있습니다. 우리가 항상 깨어 있을 때 부분적인 조각이 아니고 전체의 나의 모습으로 살아갈 수 있습니다. 우리가 깨어 있을 때 나를 바르게 의식하게 됩니다. 영적으로 깨어 있다는 것은 하나님과 분리되지 않는 것을 의미합니다. 우리가 하나님과 분리될 때 우리 자신을 잃어버리게 됩니다. 그리스도인들은 다른 사람들과는 다른 은혜의 자리에 있습니다. 영적으로 깨어 있어야 하는 자리입니다. 파수꾼이 성벽 초소에서 잠을 자지 않고 깨어 있으면서 밖으로부터 다른 사람들이 보지 못하는 다가오는 위기를 알려야 하는 것과 같은 자리입니다. 주인이 오는 시간에 깨어 있지 못하는 것은 결국 타락된 삶, 위기를 알아차리지 못하는 어리석음을 뜻합니다.

그러므로 깨어 있으라 어느 날에 너희 주가 임할는지 너희가 알지 못함이니라(마 24:42).

주님 안에서 자신 발견하기

삭개오는 어느 날 예수님이 그가 사는 곳을 지나가시게 된다는 소식을 들었습니다. 삭개오는 예수님이 보고 싶었지만 키가 작아 예수님을 볼 수 없었습니다. 그래서 그는 돌무화과나무에 올라갔습니다. 이것은 깊은 상징적인 의미가 있습니다.

먼저 삭개오는 자신의 열등감을 인정하며, 자신이 멸시받고 있고 가치를 인정받지 못하고 있다는 것 때문에 돌무화과나무에 오른 것입니다. 그는 자신을 인정하지 않으려 했습니다. 자신을 숨기려 했습니다. 그런데 그러한 자신을 받아들이게 되었습니다. 그렇게 함으로 이미 그는 새로운 삶의 방향으로 들어서게 되었습니다. 새로운 삶은 진정 자신과 대면하고, 그러한 자신을 받아들임에서부터 시작됩니다. 그러한 과정 없이 도덕적인 이상에서 시작되는 새 삶은 곧 무너지게 됩니다. 사람들은 진정한 자신을 외면한 채 그저 좋은 사람으로 새 삶을 시작하려 합니다. 그럴수록 자신을 소외시키게 됩니다.

삭개오는 자신의 외적인 가면을 포기하고 많은 사람 앞에 자신의 실제적인 본질을 드러냈습니다. 그는 지금까지 많은 돈으로 보상하려고 했던 왜소하고 업신여김당했던 면을 드러냈습니다. 그래서 진정한 자신으로 돌아오게 되었습니다. 그는 오랜 기간 동안 불필요한 자기 관리에 많은 시간과 에너지를 소비하며 살았습니다. 그의 부지런함, 열심, 수고는 헛된 것을 숨기기 위한 것이었습니다. 그는 그러한 것으로부터 자유로워졌습니다.

그는 주님 안에서 형성되어 갈 새로운 자기를 바라보게 되었습니다. 하나님 안에 있는 삭개오는 더 이상 돈의 노예로 살아가는 천박한 사람이 아닌 하나님의 자녀로, 하나님을 아버지로 섬기며 살아가는 아브라함의 자손이 되었습니다. 그는 주님 안에서 자신을 단죄하시는 하나님이 아닌, 자신을 용서하시고 받아 주시고 치유하시고 맞아 주시는 하나님 아버지를 만나게 되었습니다. 그는 주님 안에서 진정한 자기 자신을 발견하게 되었습니다. 그가 주님 안에서 발견한 자기 자신은 하나님이 사랑하시는 그 자신, 하나님이 용서하신 그 자신, 하나님이 부르시는 그 자신이었습니다.

오늘 구원이 이 집에 이르렀으니 이 사람도 아브라함의 자손임이로다(눅 19:1-10).

자신을 작게 느낌

누가복음 서두에 보면 들에서 양을 치던 목자들에게 천사들이 복음을 전하는 장면이 나옵니다. "오늘 다윗의 동네에 너희를 위하여 구주가 나셨으니 곧 그리스도 주시니라"(눅 2:11)라는 복된 소식은 삭개오와 같은 처지에 있는 사람들에게 진정한 자기 자신으로 다시 태어날 수 있는 길을 알려 주는 복음입니다. 천박하고 낮은 자리인 말구유에서 아기 예수가 태어나셨다는 것은 나 자신의 추함이나 천박함을 온갖 다른 것들로 보상하려던 노력을 다 포기하고, 자신을 그대로 받아들이고 드러내는 자리에서 새로운 자기가 태어난다는 구원의 신비입니다.

굶주리고 소외당하고 상처 입고 사랑에 목마르고 인정받지 못해 안타까워하는 나의 내면 깊은 곳에서 신음하는 한 아기가 하나님이 찾아오시는 그 자리에서 새롭게 태어납니다. 나의 내면에 있는 아기가 새롭게 태어나지 않으면 나라는 존재는 아무리 나이를 먹고 성인이 되어도 새롭게 태어나지 않은 아이 때문에 고통을 당하게 됩니다. 새롭게 태어나지 못한 아이는 나를 항상 괴롭힙니다.

사람들은 작게 느껴지는 만큼 자신을 크게 나타내 보이려고 노력합니다. 자신이 작게 느껴지는 것도 거짓이며, 자신을 크게 보이려고 하는 것도 거짓입니다. 자신이 작게 느껴지는 것은 일종의 열등의식이기도 하지만 존재의 결핍증입니다. 그러한 존재의 결핍증은 생명의 근원과의 단절에서 생겨납니다. 사람이 진정 자신의 근원과 연합하지 않고는 이 영적 문제를 해결할 수 없습니다. 참 소중한 존재임을 알지 못한 데서 연루됩니다. 참으로 소중한 나는 외적인 요인들이 첨가됨으로 이루어지지 않습니다.

예수님의 비유 가운데 밭에 묻혀 있는 보화의 이야기는 우리가 참으로 인정할 수 있는 나는 나의 존재 깊은 곳에 숨어 있다는 것을 말해 줍니다. 지저분한 밭에 깊숙이 숨겨진 보화를 발견한 농부는 그가 가진 모든 것을 팔아서 그것을 샀습니다. 그리고 매우 기뻐했습니다.

밭에 묻혀 있는 보화와 같은 참 소중한 나는 하나님께 발견된 나, 하나님의 사랑 가운데 있는 나, 하나님의 부르심 가운데 있는 나입니다. 우리가 바로 그 나를 찾아낼 때 신성한 자존감을 가진 나로 살아가게 됩니다.

앞으로 달려가서 보기 위하여 돌무화과나무에 올라가니(눅 19:1-10).

주기도

기도는 하나님 아버지께 자기 내면의 깊은 생각들을 쏟아 놓는 것입니다. 주기도는 예수께서 제자들에게 가르쳐 주신 기도로, 성서에 나오는 모든 기도 중의 기도입니다. 이 기도는 하면 할수록 그 뜻이 더 깊고 심오합니다. 주기도의 내용은 우리가 하나님과 함께 살아가면서 무엇을 소망하며, 무엇을 삶의 목적으로 삼아야 할 것인가에 대해 말해 주고 있습니다.

주기도의 내용은 하나님을 아버지로 부르는 데서부터 시작됩니다. 그 아버지는 우리와 인격적 교제를 갖기 원하시는 분입니다. 그는 우리와 대화하기를 원하시며 그의 창조 사역을 우리와 함께해 가기를 원하시는 분입니다. 그러므로 주기도에 나오는 '하늘에 계신 우리 아버지'라는 호칭은 이미 기도하는 그 사람이 하나님과 교제 가운데 있다는 전제가 됩니다.

주기도의 첫 번째 부분에서는 하나님의 목적이 우선입니다. 그러므로 하나님과의 교제 가운데서 우리는 끊임없이 그의 이름이 거룩히 여김을 받도록 기도해야 하며, 그의 나라와 함께 그의 뜻이 이루어지도록 더욱 간절히 기도해야 합니다.

그러나 주기도의 두 번째 부분에서는 우리의 목적이 우선이 됩니다. 일용할 양식은 그 목적과 관련된 부분입니다. 우리는 그날그날의 양식을 위해 하나님께 기도해야 합니다. 그날의 양식은 우리 삶에 필요한 전부입니다. 그런데 그 전부는 하나님의 나라나 그의 뜻과 관련됨이 없이는 불가능한 것입니다. 그의 나라와 그의 뜻이 이루어지는 곳에 우리가 구하는 양식도 있습니다. 일용할 양식은 우리의 일상생활과 밀접한 관련이 있고 일상생활은 삶의 현실과 밀접한 관련이 있습니다. 현실 사회에 몸담고 살 때 죄와 시험, 악의 문제는 언제나 현실적 문제로 대두됩니다. 그러므로 우리는 이 문제를 가지고 하나님께 기도하지 않을 수 없습니다.

하늘에 계신 우리 아버지여 이름이 거룩히 여김을 받으시오며(마 6:9-13).

하나님 아버지

누가복음 11장 1-4절을 보면 제자들이 먼저 예수께 와서, 세례자 요한이 그의 제자들에게 기도를 가르친 것과 같이 자신들에게도 가르쳐 달라고 요청한 것으로 나타나 있습니다. 그러나 마태복음 6장을 보면 그 내용이 생략되어 있으며, 인간을 찾아오신 하나님이 어떻게 기도하는 자의 기도를 기뻐하시는 분인가를 말하고 있습니다. 즉 하나님은 인격적인 교제를 원하시는 아버지라는 것입니다.

예수님은 '잃은 아들을 되찾은 아버지의 비유'(눅 15:11-32)에서 그 아버지에 대해 좀 더 구체적으로 말씀해 주십니다. 여기에 묘사된 아버지는 철학적 개념으로 설정된 관념상의 신이 아니십니다. 이 비유에 묘사된 아버지는 다음과 같은 분이십니다.

우리가 그와 거리를 두고 그 아닌 다른 것에 몰두하는 것을 가슴 아파하십니다. 우리가 그에게 가까이 나아가지 않는 것을 슬퍼하시는 분이십니다. 우리가 그를 잊어버리고 무조건 많고 큰 것만을 요구하는 것을 슬퍼하십니다. 우리와 함께 계시면서 우리와 교제하며 함께 모험하기를 원하시는 분이십니다. 우리를 집으로 돌아오라고 초대하고 계십니다. 우리의 본향이자 창조적인 목적지에 계신 분이십니다. 우리를 맞아들이기 위해 마음 문을 활짝 열어 놓고 기다리십니다. 하나님은 우리의 아버지이시기 때문에 우리가 그와의 교제 가운데서 대화할 때 추상적이며 피상적인 말을 하기보다는 있는 모습 그대로 나오기를 원하십니다. 이 하나님 아버지는 우리를 이해해 주시고 받아 주시는 분입니다. 그 없이 살던 모습 그대로 나아가도 우리를 끌어안으십니다.

예수님은 그 아버지는 외식하는 것을 싫어하신다고 하셨습니다. 그러므로 중언부언하지 말라고 하셨습니다. 그는 우리가 구하기 전에 우리의 필요를 다 알고 계신다고 하셨습니다. 우리의 필요를 다 알고 계신 분에게 우리가 할 수 있는 최선의 것은 우리를 있는 그대로 내놓는 것입니다. 하나님은 그러한 아버지이시기 때문에 우리는 어린아이와 같은 단순한 마음으로 그에 대한 깊은 신뢰 가운데서 "아버지"라 부르며, 우리의 사정을 솔직히 아뢰게 됩니다.

나라와 권세와 영광이 아버지께 영원히 있사옵나이다(마 6:9-13).

네가 낫고자 하느냐

대부분의 사람들이 자신의 불행이나 실패, 병듦, 고난, 나쁜 습관을 다른 사람들 때문이라고 생각합니다. 특히 자녀들에게는 그 부모들을 통해서 그런 것을 받았다고 이야기할 수 있습니다. 그들은 그러한 부정적인 상태에 도피해 있으면서 내심으로는 즐기며 그 책임을 다른 사람에게 떠넘깁니다. 그러한 사람들은 다른 사람과 비교하는 가운데서 자기 자신으로 살아가지 못하는 사람들입니다. 그들은 자기 자신이나 자신의 가치와 삶을 독자적으로 인식하지 못하고 살아갑니다. 그들은 자신을 다른 사람과 비교해서 평가합니다.

예수님은 그렇게 생각하며 살아가는 것을 원하지 않으십니다. 예수님은 다른 사람과 비교해서 우리를 평가하지 않으시고 우리 자신을 있는 그대로 보시고, 그것을 그대로 받아들이고 인정하시면서 우리를 바라보며 이렇게 물으십니다.

"너는 네 자신을 다른 사람과 비교 가운데서 정의하고 있지만, 나는 너를 그렇게 보지 않는다. 내가 너를 선택하고 너를 치유하고자 하는 것은, 그리고 너를 사역자로 세우고자 하는 것은 네가 누구보다 낫기 때문이 아니다. 내가 너를 사랑하고 귀하게 여기기 때문에 찾아온 것이다. 네가 낫고자 하느냐?"

예수님은 우리에게 "네가 너 자신의 삶에서 본래 원하는 것이 무엇이냐?"고 물으십니다. "네가 지금 내세우고 있는 정의, 사랑, 책임 같은 것들이 체면용 가면이 아니냐?", "네가 진정 정의, 평화, 사랑을 원하느냐? 너의 희생, 너의 책임이 따르는 그러한 삶을 원하느냐? 네가 진정 즐기는 삶이 무엇이냐? 네가 진정 머물고 싶은 삶의 자리가 어디냐?"고 물으십니다. "네가 낫고자 하느냐?"라는 질문은 핑계를 대며 스스로 일어나서 걷기를 거부하는 장애에 자신을 숨기고 있는 사람들에게 던지시는 물음입니다.

우리는 다른 사람보다 더 낫기 때문에 사는 것이 아닙니다. 우리가 사는 것은 하나님이 나에게 나만이 살아갈 삶의 이유를 주셨기 때문에, 그렇게 살 수 있도록 필요한 것을 주셨기 때문에, 그리고 하나님이 나를 인정하시고 부르고 계시기 때문입니다.

병이 벌써 오래된 줄 아시고 이르시되 네가 낫고자 하느냐(요 5:1-15).

애통하는 자는 복이 있나니

예수를 믿으면 진정 슬퍼해야 할 일을 깨닫기 때문에 슬픔을 느끼며 살아가게 됩니다. 하나님이 세상과 인간을 위해 하신 일을 알게 될 때 자유 가운데서 슬픔을 느끼며 살아갑니다.

예수께서 산에 올라가 앉으셨을 때 제자들과 많은 무리들이 그에게 나아와 그의 말씀에 귀를 기울였습니다. 그 가운데는 자기가 가장 소중한 것을 잃어버렸다는 것을 느끼는 사람들이 있었습니다. 어떤 사람은 나라와 함께 자유를, 어떤 사람은 사랑하는 사람을, 하나님을 믿는 신앙의 자유를, 인간의 존엄성을, 건강을, 희망을, 삶의 의미를, 삶의 목적 등을 잃어버리고 슬픔을 가지고 나왔습니다. 그들은 진정 행복한 삶을 잃어버리고 있다는 것을 느끼며, 그것을 어떻게 찾을 수 있을 것인가에 대한 물음을 가졌습니다. 그들은 예수님에게서 자신들이 잃어버린 것을 찾을 수 있거나, 그가 회복시키시리라는 기대를 가지고 나아왔습니다. 그들을 향해 예수님은 "복이 있다"고 선언하셨습니다. 그들에게 하나님의 위로가 있을 것이기 때문입니다. 하나님의 위로는 그러한 슬픔 가운데 있는 사람들에게 희망이 되며, 기쁨이 되고, 잃어버린 참된 인간의 삶을 살아가게 만듭니다. 중요한 것은 그들이 살아갈 이유를 찾았다는 것입니다. 하나님의 위로에는 치유, 희망으로 새로 일어남이 있습니다. 진정 슬픔 가운데서 하나님께 드리는 기도는 하나님이 들어주십니다.

성 어거스틴(Augustine)의 어머니 모니카는 청년기에 마니교에 심취한 아들을 위해 눈물의 기도를 쉬지 않았습니다. 어느 날 모니카는 존경하는 암브로시우스 감독을 찾아가 슬픔을 이야기했습니다. 그때 감독은 모니카에게 "눈물의 아들은 망하지 않는다"고 했습니다. 슬픔 가운데 있는 모니카에게 주신 하나님의 응답이었습니다. 그 후 하나님께로 돌아온 어거스틴은 기독교 신앙에서 중요한 인물이 되었습니다.

가장 소중한 것을 잃어버린 것에 대한 슬픔을 느끼지 못하고 살아가는 사람들로 이루어진 공동체는 희망이 없습니다. 자신이 가장 소중한 것을 잃어버린 데 대한 슬픔을 느끼는 사람이 희망이 있는 사람이요, 그 사람들이 많을 때 희망의 공동체는 이루어집니다.

애통하는 자는 복이 있나니 그들이 위로를 받을 것임이요(마 5:1-12).

온유한 자는 복이 있나니

하나님 나라는 마음이 가난한 사람들, 애통하는 사람, 온유한 사람, 하나님을 신뢰하는 사람의 것입니다. 그러한 사람들이 하나님과 함께하는 새로운 세상에서 살 수 있습니다. 그곳에는 지적장애인, 시각장애인, 병약한 사람, 가난한 사람, 실패한 사람, 자신이 죄인임을 알고 있는 사람들이 하나님을 찬양하며 기쁨의 춤을 추는 곳입니다. 사람들은 자신들의 있는 모습 그대로를 드러내 놓습니다. 그들은 하나님의 사랑, 긍휼로 만족하는 사람들입니다.

'온유'는 하나님 앞에서의 영적 태도입니다. 하나님의 처분을 겸손히 기다리는 태도를 의미합니다. 그런 사람이 예수님 앞에 섰다면 그들은 예수님께 제대로 온 것입니다. 신앙생활을 하는 형제자매들에게는 각자가 기도해 오는 문제가 있습니다. 묵상 시간에 자신이 기도해 오는 그 문제들이 자신이 생각하고 구상하는 대로 이루어지기를 기도한다는 사실을 발견하게 될 때가 있습니다. 그때에는 즉시 이렇게 기도를 바꾸어야 합니다.

"창조주 하나님, 공의의 하나님, 사랑의 하나님 당신께서 원하시는 대로 모든 것이 이루어지기를 원합니다. 오직 하나님의 처분을 기다리겠습니다." 이것이 기도의 응답입니다. 그는 그 순간 온유한 자의 삶의 자리에 서게 됩니다. 그곳에는 오로지 내가 다른 사람에게 어떻게 보이는가가 아닌, 하나님에 대한 신뢰로부터 오는 자유, 기대, 희망, 기다림이 있습니다. 하나님의 처분을 받아들일 때 그곳이 어떤 자리든지, 어느 시간대이든지, 누구와 함께하든지 상관이 없습니다.

온유는 반면 자신의 의지를 하나님께 확고하게 고정시키는 것입니다. 그러므로 외적인 것에 자신을 얽어매려 하는 것으로부터 자유로워집니다. 모든 것에 대해 자신을 열어 놓으면서도 내적 확고함과 아울러 외적으로는 매우 유연하게, 부드럽게 나타나게 됩니다. 그래서 온유의 외적인 모습은 부드러움, 여유, 관용, 경청입니다. 경직되지 않고, 쉽게 화를 내지 않으면서 내적으로는 평화로움이 있습니다. 다른 사람에 대한 비웃음이 아닌 그것의 진실이 무엇인가를 알려는 진지함이 있습니다.

온유한 자는 복이 있나니 그들이 땅을 기업으로 받을 것임이요(마 5:1-12).

의에 주리고 목마른 사람

하나님을 경험한다는 것은 그의 사랑을 경험한다는 것인데 하나님의 사랑은 넓고 깊고 높기 때문에 한 번의 경험으로 끝날 수 없습니다. 저의 경험으로는 하나님을 경험하게 되면 하나님에 대한 목마름이 간절해집니다. 그 대신 다른 것에 대한 목마름이 상쇄됩니다. 그러나 하나님에 대한 목마름은 우리를 참 인간다운 삶으로 인도해 갑니다. 하나님에 대한 목마름을 '신령한 것에 대한 목마름'이라고 표현할 수 있습니다. 이 목마름은 그것을 맛본 후에 더욱더 갈급해집니다. 그 갈급함은 나라는 한 인간을 바르게 세워 갑니다. 그리고 사랑, 정의, 평화, 신실함이라는 가치에 근거한 현실의 질서를 만들어 갑니다.

의에 주리고 목마름이 있는 사람이 있는 자리에는 밝은 일, 희망의 질서가 세워집니다. 그가 중도에서 변절하지 않는 한 그의 생이 그 방향으로 마치게 될 때 우리는 그를 추모합니다. 의에 주리고 목마른 사람은 하나님 나라에 속한 사람입니다. 오고 있는 하나님 나라를 희망하며 살아가는 사람입니다. 그는 그러한 삶에서 만족을 갖습니다. 유진 피터슨은 이 구절을 "하나님께 입맛이 당기는 너희는 복이 있다"고 했습니다. 하나님께 입맛이 당기는 사람은 현실에서 하나님 창조의 질서를 상징적으로 세워 갑니다.

예수님 시대의 사회 상황은 대제국 로마의 강압적인 지배와 헤롯 가문의 폭력적인 왕권이 지배하고 있었습니다. 그러한 상황에서 사람들은 살길을 찾아 우왕좌왕하는 이들도 있었고, 극도로 분리된 사회에서 모든 희망을 하나님께 두고 하나님이 약속하신 것을 신실하게 이루실 것이라는 희망에서 예수님께 온 사람들도 있었을 것입니다. 그들은 그 약속의 성취로 오신 예수님에 의해 배부름을 갖게 되었을 것입니다. 반면 어떤 기회로 부활의 주님을 만나서 자신의 갈급함의 수원(水原)이 그리스도이심을 알게 되면서 이미 맛보고 소유한 모든 것을 내려놓고 그를 따라나선 사람들도 있습니다. 그들에게는 삶의 진실이 있습니다. 이 세상에서 참된 것은 '의에 주리고 목마름'이라는 것입니다. 그것은 참된 인간의 삶으로 일으켜 세움이며, 하나님의 창조에 참여해 가는 삶의 동력이기도 합니다. 그러한 목마름은 현실에서 다른 사람들이 하지 못하는 의미 있는 질서, 희망의 질서, 기쁨의 질서를 만들어 갑니다.

의에 주리고 목마른 자는 복이 있나니 그들이 배부를 것임이요(마 5:1-12).

긍휼히 여기는 사람

예수님 시대에는 가난한 자, 병든 자, 귀신 들린 자, 영적으로 목마른 자, 깊은 실의와 좌절 가운데서 살아가는 자들이 많이 있었습니다. 예수님은 그러한 사람들을 하나님의 저주를 받은 사람들이 아니라 긍휼히 여겨야 할 이웃으로 보게 하셨습니다. 예수님은 현실의 인간 문제를 전연 다른 차원에서 받아들이게 하셨습니다. 긍휼은 이웃을 새로운 안목으로 바라보게 하고 받아들이게 합니다.

가난한 사람이나 부요한 사람, 건강한 사람이나 병을 앓고 있는 사람, 사회적 지위가 있는 사람이나 그렇지 못한 사람 등 인간이면 누구에게나 그의 마음속에 애정을 갈구하는, 애정에 목마른 아이가 있습니다. 그 아이의 목마름을 해소시킬 수 있는 길이 긍휼, 즉 돌봄입니다.

다른 사람을 돌보는 사람은 자신이 누구인지를 아는 사람입니다. 그러한 사람들은 자신이 하나님의 돌보심이 없이는 살 수 없다는 것을 잘 알고 있습니다. 우리는 우리 자신의 어려움과 상처와 연약함과 곤궁함과 대면하지 않고는 긍휼을 베풀 수 없습니다. 우리는 우리 자신의 고통을 받아들이지 않고서, 그리고 우리는 죽을 수밖에 없는 존재라는 현실과 피조물이기 때문에 서로 의존하지 않을 수 없다는 현실을 받아들이지 않고서 다른 사람들을 긍휼히 여길 수 없습니다. 우리는 하나님이 나 자신의 모든 더러움과 허물과 반항까지도 용서하신다는 것을 알게 될 때 다른 사람에게 긍휼을 베풀 수 있습니다. 우리 자신의 비참함과 하나님의 자비를 동시에 경험하지 않는 한 고통당하는 사람과 함께 있을 수 없습니다.

장 바니에(Jean Vanier)는 《희망의 문》에서 이렇게 말했습니다.

"고통받는 이와 함께 거하는 것은 아마도 긍휼의 가장 어려운 측면일 것입니다. 아니, 감히 불가능한 일이라고까지 말하고 싶습니다. 그래서 긍휼은 하나님의 선물입니다."

이 세상에 많은 직업이 있지만 다른 사람의 삶의 짐과 고통을 경감시켜 주고 하나님께로 나아가도록 하는 일만큼 고귀하고 의미 있는 일은 없을 것입니다. 주님의 이름으로, 주님의 마음으로, 그의 눈으로 사람을 돌보는 일이 긍휼입니다.

긍휼히 여기는 자는 복이 있나니 그들이 긍휼히 여김을 받을 것임이요(마 5:1-12).

마음이 청결한 사람

하나님이 이스라엘 백성에게 율법을 주신 것은 그들을 깨끗하게 보전하시기 위함이었습니다. 그들이 탐욕, 간사함, 이중성을 가진 민족으로 빠져들지 않게 하시기 위함입니다. 이스라엘 백성들이 하나님을 알고, 그를 사랑하고, 그가 창조하신 세상에서 하나님과 그들의 이웃에 대해 신실할 수 있게 하시기 위해 율법을 주셨습니다. 이러한 사실은 산상수훈, 예수님의 율법에 대한 가르침에서 읽어 낼 수 있습니다. 신학자 칼 바르트의 견해에 따르면, "하나님은 이스라엘 백성이 율법을 잘 지켜 스스로 깨끗한 사람들로 하나님 앞에 설 수 있게 하기 위해서가 아닌, 그들을 율법으로 깨끗한 백성으로 보전해 가기 위해 그것을 주셨다"고 했습니다.

하나님의 율법 말씀은 내면의 숨은 동기를 밝혀 주고, 죄의 얽매임에서 풀어 주고, 생각을 올바르게 하며 살아갈 수 있게 만듭니다. 모든 피조적인 것들에 대해 올바른 생각과 태도와 관계를 가지고 살도록 만들어 줍니다. 자신을 속이지 않게 하고, 다른 사람을 속이지 않게 하고, 자신을 위장하지 않게 합니다. 어떤 이기적인 목적으로 이웃을 이용하지 않게 합니다.

인간 역사를 돌이켜 보면 약삭빠른 사람, 다른 사람을 이용하는 사람, 탐욕에 사로잡혀 사는 사람들이 빠르게 성공하고 다른 사람보다 앞서 가는 것처럼 보입니다. 그러나 그와는 정반대의 길을 걸어온 사람들이 역사를 바르게 세워 왔고, 그러한 사람들의 헌신을 통해 나타난 그들의 삶이 하나님이 그가 창조하신 세상을 돌보고 다스리고 계신다는 믿음을 일깨워 줍니다. 마음의 깨끗함을 가진 사람의 삶은 자신의 의에 머무르지 않고 그의 가족, 그의 이웃, 그가 사는 사회에 파장을 일으킵니다. 그래서 어느 시대에서나 사회 각 분야에 그러한 사람들이 있게 될 때 그 사회는 건전한 사회가 됩니다. 마음이 깨끗한 사람의 품성은 자기를 다른 사람의 행복을 위해 내어놓습니다. 그의 동기는 매우 깨끗합니다.

우리를 깨끗하게 만드는 영은 하나님의 영이신 성령이십니다. 성령은 우리의 내면의 동기를 바꾸어 탐욕, 간사함, 분열된 마음에서 해방시켜 가십니다. 그리스도인들은 마음의 깨끗함이 어디로부터 오는지 알고 있습니다. 그렇기 때문에 자신의 의에서, 결백 증세에서, 교만에서 벗어나게 됩니다.

마음이 청결한 자는 복이 있나니 그들이 하나님을 볼 것임이요(마 5:1-12).

화평케 하는 사람

어느 시대에서나 그리스도인들은 하나님의 창조에 참여하고 있는 사람들입니다. 하나님의 창조에 참여한 그리스도인들이 하나님의 창조의 활동을 세상에서 드러내는 구체적인 행위가 평화입니다. 하나님은 창조에 참여한 그리스도인들을 통해 그의 피조 세상에 평화의 하나님 자신을 드러내십니다. 지금까지 세계 교회가 교파, 신학적 이해의 차이를 넘어서서 일치를 추구해 오는 것도 그러한 의미에서입니다.

하나님의 창조의 활동에 함께하시는 창조의 영, 희망의 영이신 성령은 먼저 하나님과 화해의 삶을 이루게 하시고, 우리 자신과 화해의 삶을 이루어 가게 하십니다. 그리고 다른 사람과 화해의 삶을 이루어 가십니다.

자신과 화해를 실현해 가지 못하면 시기, 질투, 비교의 삶에서 자유로워지지 못하게 됩니다. 자기와 화해를 이루어 가지 못하면 무슨 일을 하든지 경쟁심, 허영심, 남을 지나치게 우러러보거나 깔보고, 다른 사람을 나보다 낮게 여기지 못하고, 자신의 이익에만 집착하게 됩니다. 성령은 이러한 장애물을 넘어서 우리를 평화의 사역자로 세워 가십니다.

평화의 삶을 살아가는 데는 다른 사람과 평화롭게 지내는 삶의 방식을 배워 가야 합니다. 생텍쥐페리(Saint Exupery)의 《어린 왕자》에 유명한 말이 있습니다.

"여우가 말했다. '안녕, 여기 내 비밀이 있어. 그건 간단해. 마음으로 보면 잘 보인다는 거야. 가장 중요한 것은 눈에 보이지 않아.'"

안셀름 그륀은 《삶의 기술》에서 위 문장을 인용해 이웃을 대하는 기술을 말합니다.

"본질적인 것은 눈으로 볼 수 없습니다. (생략) 그러나 마음은 더 깊이 봅니다. 마음은 사람의 얼굴 이면과 그의 마음을 봅니다. 그리고 마음은 모든 사람의 마음에서 자기 자신과 그리고 세상과 평화롭게 지내고 싶은 갈망, 자신의 상처 입은 삶을 하나님께 맡기고 하나님 안에서 치유 받고 싶은 갈망, 자기 자신과 조화롭게 지내고 싶은 갈망을 봅니다."

마음으로 다른 사람을 보는 법을 배워 가는 것이 다른 사람과 평화롭게 지내는 기술입니다.

화평하게 하는 자는 복이 있나니 그들이 하나님의 아들이라 일컬음을 받을 것임이요 (마 5:1-12).

의를 위하여 박해를 받은 사람

의를 위해 박해를 받는다는 것에는 다른 사람이 갖지 않는 삶의 내용을 가지고 사는 사람이라는 전제가 있습니다. 그들이 가진 삶의 내용은 믿음, 희망, 사랑에 기초한 생명의 존엄성, 평화, 자유, 정의입니다. 그들은 대중 앞에서 자신이 그러한 삶의 내용을 가지고 살아가고 있음이 자연스럽게 드러납니다. 이해관계에 연연하지 않고 그 삶을 살아갑니다.

그들에게 그 삶의 내용으로 인해 나타나는 삶의 표현들은 자신의 품격으로 화한 것들이기 때문에 매우 자연스럽습니다. 언제나 같습니다. 그들에게는 자신이 그리스도인으로서 남다른 삶의 방식과 세계관을 가지고 살아간다는 데 대해서 아주 자연스러운 것으로 생각하고 부끄러워하지 않습니다. 그들의 삶의 의미와 가치는 남과는 다릅니다.

그렇게 사는 사람들은 정치적으로 그러한 삶을 살아갈 때 손해를 보게 되고, 생명의 위협을 당할 수 있는데도 불구하고 자신의 생명을 포기할지언정 그러한 삶을 포기하려 하지 않습니다. 그들은 그러한 삶 때문에 고난이나 핍박을 받는 것을 기뻐합니다. 그것을 영광스럽게 생각합니다. 그들에게 외적인 억압이나 위협은 그들의 삶을 더욱 견고하게 만들지, 약화시키지 않습니다.

예수님은 박해를 받은 사람이 복이 있다고 하셨습니다. 그들에게 허락된 약속이 있습니다. 바로 하나님 나라입니다. 그렇게 사는 사람들은 하나님 나라에 가까이 있습니다.

하나님께 충성하는 삶을 살고자 마음을 먹고, 그러한 삶을 시작해 놓고 다른 사람이 알아주지 않는다고, 인기가 없다고, 사회적으로 성공하지 못한다고 불평을 하면 안 됩니다. 그럼에도 불구하고 그러한 삶을 하나님이 보시는 앞에서 묵묵히 실천하면서 살아가야 합니다. 그러한 삶에 대한 보장은 예수님의 부활입니다. 하나님께 충성하는 삶의 최고의 모범은 예수 그리스도이십니다. 그는 십자가에 달려 죽기까지 충성하셨습니다. 예수님의 부활은 의를 위해 사는 삶에 대한 보증입니다.

의를 위하여 박해를 받은 자는 복이 있나니 천국이 그들의 것임이라(마 5:1-12).

하나님의 선물

대림절은 그리스도의 이미 오심과 다시 오심을 기다리며 준비하는 기간입니다. 대림절은 오시는 그로부터 허락되는 은총의 선물에 대한 기대 가운데서 지내는 절기입니다. 하나님의 충만한 은총은 한 번에 다 채워지는 것이 아닙니다. 때에 따라 적절하게 주어집니다. 그래서 오랜 기독교 전통에서 내려오는 교회력에는 절기에 따라 읽고 묵상하고 기도하는 성서 일과가 있습니다. 그 일과는 영적인 일용할 양식입니다.

사람은 누구나 매일 일정한 양식을 먹음으로 살아갑니다. 한 번에 평생의 양식을 먹을 수는 없습니다. 하나님의 충만한 은총도 한 번에 다 받을 수 없습니다. 때에 따라 필요한 양으로 채워집니다. 대림절 기간에 하나님이 주고자 하시는 은혜의 선물이 있습니다. 그 은혜의 선물의 본질은 하나님 자신이십니다. 하나님은 자신을 우리에게 드러내기를 기뻐하십니다.

만물을 새롭게 하시는 하나님은 세상을 창조하시고, 창조하신 세상에 자신을 드러내 오고 계십니다. 우리 인간은 세상을 창조하신 하나님께 속해 있고, 하나님이 우리 가운데 계시면서 하나님 자신을 드러내시는 인류의 가족에 속해 있습니다. 우리가 대림절에 하나님의 은총을 기다리는 것도 하나님이 우리에게 자신을 드러내기를 기뻐하시기 때문입니다. 하나님이 자신을 드러내시지 않는다면 우리는 하나님의 은총을 기대할 수 없습니다.

하나님의 은총은 대림절 주간만이 아니라 인간 생의 봄, 여름, 가을, 겨울에 걸쳐 채워집니다. 나아가 고난, 역경, 질병도 하나님의 은혜의 통로입니다. 하나님은 우리 인간의 생 전체를 통해서 자신을 드러내십니다. 그 사실을 알고 있는 우리 그리스도인들은 세상에 살면서 하루하루 성서 일과에 따른 말씀을 읽고 묵상을 하면서 하나님의 은총을 기다립니다.

그러한 점에서 우리의 생 전체는 하나님의 은총을 기다리면서 살아가는 순간들입니다. 그러한 기다림의 마지막은 하나님이 자신을 우리에게 온전히 드러내시는 시간입니다. 그 시간에 우리는 하나님과 온전한 연합을 이룰 수 있게 됩니다. 그래서 누구나 그리스도 안에 있게 될 때 그의 생은 언제나 희망으로 열려 있습니다.

이 사람은 의롭고 경건하여 이스라엘의 위로를 기다리는 자라(눅 2:25-35).

자신을 드러내시는 하나님

우리의 충만은 하나님의 드러내심과 그를 경험적으로 아는 데서 이루어집니다. 그리스도인들은 그들에게 자신을 드러내시는 하나님으로부터 오는 것으로 살아가게 됩니다. 하나님이 우리에게 자신을 드러내시는 순간마다 우리의 기존 것들이 흔들리게 되고 무너지게 됩니다. 그때 실망, 상심, 배척, 외로움, 혼란 등을 경험하게 됩니다.

그러한 것들은 하나님을 더 깊이 경험해 가는 과정에서 필연적입니다. 하나님은 더 좋은 것을 주시기 위해 기존의 것들을 허무십니다. 하나님은 무엇인가를 거두어 가시면 더 좋은 것을 주십니다. 우리는 고난과 역경이 우리를 생명의 하나님으로부터 분리시키지 못할 것을 압니다. 오히려 우리의 생명을 더 풍성하게 할 줄을 믿습니다.

대림절 주간에 우리가 말씀을 묵상해 오는 과정에서도 하나님은 자신을 우리에게 드러내셨습니다. 하나님이 자신을 드러내실 때에는 위로와 기쁨뿐 아니라 실망, 혼란, 부끄러움, 갈등이 있습니다. 그러나 더 좋은 것을 위한 전제입니다. 우리는 그 가운데서 회의, 반신반의, 자기 연민, 게으름에서 깨어나 새로운 신뢰로 들어서게 됩니다. 우리에게 자신을 드러내시는 하나님에 대해 우리가 취할 태도는 열린 마음입니다. 깨어서 기다린다는 것은 그를 향해 우리의 마음을 열어 놓는 것입니다. 하나님께 열린 마음은 하나님께 대해 신실함, 두 마음이 아닌 한마음, 간절함을 의미합니다.

우리는 하나님의 거룩한 역사에 참여해 하나님의 은총의 선물을 받았고 다른 사람에게 나누어 줄 책임이 있습니다. 나누어 줄 때 기쁨이 더 큽니다. 하나님은 그 나눔을 통해서 자신을 세상에 드러내십니다.

하나님은 자신을 우리에게 드러내심과 동시에 우리를 통해 세상에 자신을 드러내기를 원하십니다. 우리는 하나님이 거하시며, 하나님이 우리를 통해 자신을 세상에 드러내시는 거룩한 장소입니다. 우리와 함께하시며 우리 안에 거하시는 하나님이 자신을 우리에게 드러내지 않으시면 우리는 하나님의 충만하심에 머무를 수 없습니다. 우리의 영적 충만은 하나님이 자신을 드러내심과 함께 그를 경험적으로 알아 가는 데서 이루어집니다. 거기서 우리는 하나님을 더 깊이 신뢰하게 됩니다.

내 눈이 주의 구원을 보았사오니 이는 만민 앞에 예비하신 것이요(눅 2:25-35).

은혜의 시간을 향하여

기독교 복음에서는 끝이 마지막이 아니고 새것의 시작입니다. 예수님 시대에 죄인, 쓸모없는 인간으로 규정된 사람들은 인생의 끝자락에 서 있었습니다. 그들은 그들의 생이 마지막이라고 단정하고 지냈습니다. 그런데 예수님을 통해서 끝이 아니고 새로운 시작이라는 사실을 알게 되었습니다. 그리스도 안에서는 끝이 마지막이 아니고 새로운 시작입니다. 회개에는 끝과 새로운 시작의 의미가 담겨 있습니다.

대림절의 영적 의미는 '끝과 새로운 시작'입니다. 이것은 반드시 대림절에만 해당되는 것은 아닙니다. 우리가 한 해를 마감하면서, 또는 한 주간에, 그날 하루에 지금까지의 것이 끝이 되고 새로운 시작이 전개되는 경험을 하기도 합니다. 이러한 과정에서 우리가 나름대로 만들어 낸 잘못된 하나님의 표상이 무너지고 새로운 하나님의 표상이 형성됩니다. 어떤 사람은 그 자신이 끝에서 새로운 변화의 세계로 발을 들여놓지 못해 그의 생에서 끝내야 하는 시간이 오래 지루하게 이어지다가 죽음의 시간에 임박해서야 드디어 끝내고 변화의 세계로 발을 들여놓는 경우도 있습니다.

하나님이 우리에게 주신 생명은 불완전한 데서 온전한 단계로 진화되어 가고자 하는 특성이 있습니다. 그래야 생명이 풍성해지고 더욱 풍성해집니다. 우리 가운데 현존해 계시는 하나님은 자신을 드러내시면서 온전한 생명에로 우리를 부르십니다. 성서에 등장하는 신앙의 사람들은 모두 그러한 하나님의 부르심에 신실하게 응답했습니다. 그들은 자기 것에 대한 집착이 아닌 하나님의 부르심에 전적으로 마음으로 동의하고 나서곤 했습니다. 그들에게는 자신의 생의 변화의 과정에서 자신의 세계와 하나님의 부르심이 하나였습니다. 하나님은 그들을 알지 못하는 미지의 세계로 계속 불러내셨습니다. 하나님의 부르심에는 끝과 시작이 있습니다.

하나님의 아들 예수 그리스도의 복음의 시작이라(막 1:1-8, 14-15).

하나님의 은혜

팔레스타인 갈릴리 지방 나사렛 동네에 다윗의 혈통을 이어받은 요셉이라는 남자와 약혼한 마리아라는 여자가 살고 있었습니다. 마리아는 결혼을 앞두고 나름대로 행복한 가정을 만들어 갈 생의 설계를 하고 있었습니다. 천사 가브리엘에게 하나님의 메시지를 받던 그날에도 보통 때와 같이 늘 해 오던 가사일을 도우며 앞으로 있을 결혼을 준비하고 있었습니다.

일상성의 삶의 테두리를 벗어나지 못하고 반복되는 가사일을 돌보고 있는 마리아에게 일상의 일을 벗어난 신비스러운 사건이 발생되었습니다. 전연 예측하지 않고 있던 가브리엘 천사가 마리아에게 나타난 것입니다. 유진 피터슨의 《메시지》에는 천사가 마리아에게 찾아와 대화한 내용이 이렇게 표현되어 있습니다.

"잘 있었느냐! 너는 하나님의 아름다움으로, 안과 밖이 다 아름답구나! 하나님께서 너와 함께하신다."

마리아가 아름다운 것은 하나님의 은혜가 그에게 임했기 때문입니다. 하나님의 은혜가 임한 곳에 일어나는 변화는 아름다움입니다. 하나님의 은혜는 전적으로 하나님의 주권적인 자유에 의해 임합니다. 마리아에게 임한 하나님의 은혜는 하나님이 우주적으로 계획하시고 실행하시는 구원의 역사에 부르심을 받은 것입니다. 천사는 하나님이 결정하신 그 일을 마리아에게 알리기 위해서 왔습니다. 천사의 방문에 마리아는 크게 동요하며, 그 인사에 감춰진 뜻이 무엇인지 궁금히 여겼습니다. 천사가 그녀를 안심시켰습니다.

"마리아야, 두려워할 것 없다. 하나님께서 너에게 주시는 놀라운 선물이 있다. 네가 임신하여 아들을 낳을 것이니, 그 이름을 예수라고 하여라."

하나님의 은혜가 임할 때에는 기존의 것들이 크게 흔들리게 됩니다. 하나님의 은혜는 기존의 것들을 보존하고 감싸는 것이 아닙니다. 기존의 것들이 모두 무의미해집니다. 진정 하나님의 은혜를 입은 사람에게는 하나님이 하시는 일을 받아들일 수 있는 믿음이 함께 옵니다. 마리아에게도 자신의 형편을 고려하지 않고 전적으로 하나님이 하시는 일을 받아들일 수 있는 믿음이 생겼습니다.

마리아가 이르되 주의 여종이오니 말씀대로 내게 이루어지이다(눅 1:26-38).

은혜를 입은 자

일반적으로 신앙생활 잘하는 사람들에게 '하나님의 은혜를 입은 자'란 자신이 세운 생의 행복 프로그램이 그대로 잘되어서 하나님이 자신을 사랑하고 계신다고 확신하는 사람입니다. 그러한 우리의 생각이 마리아에게 일어난 은혜의 사건에서 완전히 무너집니다. 마리아의 경우 하나님을 중심으로 한 새로운 생이 시작됩니다.

마리아의 충격은 천사가 그에게 나타났다는 사실과 천사가 전해 준 메시지로 인해 결혼을 앞에 두고 행복의 설계를 해 가는 그에게 너무나 의외의 사건이 일어날 것이기 때문이었습니다. 그런데 마리아는 하나님의 은혜로 하나님의 부르심에 순응할 수 있었습니다. 마리아에게는 천사의 메시지를 "아멘"으로 받아들일 수 있게 된 것 자체가 하나님의 은혜입니다. 은혜를 입은 자이기 때문에 그러한 일을 받아들일 수 있었습니다.

하나님이 인간의 역사에 개입하시는 첫 관문으로 마리아를 택하셨습니다. 그를 통해 이 세상에 들어오신 예수 그리스도에 의해 은혜의 자리가 마련되었습니다. 그러한 은혜의 자리는 세상을 극진히 사랑하시는 하나님에 의해 이루어졌습니다. 그리고 그 은혜의 자리는 성령의 교제로 현실적 사건이 됩니다.

이 은혜의 자리에서 일어나는 구원 사건은 하나님과 나 자신과 이웃과 화해입니다. 이러한 구원의 역사는 주님이 오시는 날까지 계속될 것입니다. 이 은혜의 자리에서 발생되는 구원의 사건이 하나님 나라의 현실이기도 합니다. 이 은혜의 자리에 들어온 사람들은 하나님의 구원의 역사를 위해 부르심을 입은 사람들입니다.

하나님의 은혜를 입은 자들은 하나님 나라를 위해 부르심을 입은 자들입니다. 이 은혜의 자리에 있는 사람들의 공통적인 경험은 현재를 유쾌하게 살아갈 수 있다는 것입니다. 전적으로 하나님으로부터 오는 은혜의 선물인 영적 조건들 때문입니다. 그들이 현실을 유쾌하게 살아갈 수 있는 것은 지난날의 죄의 문제를 하나님에 의해 해결 받았고, 그들의 미래는 하나님의 약속이며, 현재는 하나님의 사랑으로 살아갈 수 있는 축복이기 때문입니다.

천사가 이르되 마리아여 무서워하지 말라 네가 하나님께 은혜를 입었느니라(눅 1:26-38).

마리아의 기쁨

우리는 '하나님의 사람'이라는 호칭을 성인(聖人)에게나 붙일 수 있는 존경의 표현이라고 생각합니다. 그러한 호칭은 하나님의 은혜를 입은 사람, 하나님의 사랑을 받아들인 사람으로, 모든 일을 그의 사랑에 근거해서 살아가는 사람에게 붙일 수 있습니다. 하나님의 사람이 되는 것은 하나님의 의에 근거합니다. 그러한 사람에게는 자신이 하나님의 사랑을 입은 자라는 새로운 정체성이 있습니다. 전에 자기 자신으로 동일화시켰던 것들을 내려놓고 넉넉히, 담담하게 살아갈 수 있는 내적인 근거가 생깁니다. 하나님의 은혜를 입은 사람이 된 후에는 아무것도 아닌 자신이 하나님의 자녀, 하나님의 종으로 살게 된 것만으로 자족하게 됩니다.

가브리엘 천사가 마리아를 방문한 후 그에게 나타난 두드러진 변화가 새로운 정체성입니다. 자신이 비천한 주님의 여종이라는 존재감이 생겼습니다. 자신이 주님의 여종이 되었다는 것이 감사하고 기뻤습니다. 그것은 천사를 통해 자신을 돌보셨으며, 자신을 사랑하시는 하나님에 대한 경험에서 생겼습니다. 그 후 마리아는 주님의 여종으로서 주님을 태에 맞아들였고, 주님의 여종의 신분으로 가사를 꾸려 가게 되었습니다.

주님의 여종 마리아에게 천사 가브리엘이 전해 준 복된 소식의 내용이 전부 밝혀진 것은 아니기에 마리아는 그 메시지에 대해 궁금한 것이 참 많았습니다. 그러한 궁금한 것들이 아기 예수의 탄생, 그의 유아기, 그리고 예수의 공생애, 예수의 십자가의 죽으심, 그리고 예수의 부활을 통해 점진적으로 밝혀지게 되었습니다. 주님의 여종인 마리아에게 하나님이 하시는 일이 그때그때 부분적으로 드러났습니다.

마리아는 자신을 부르신 분이 하시는 일이 자신에게 감추어진 것 때문에 여종으로서 불만을 갖지 않았습니다. 때때로 의문은 있었지만 인위적으로 풀려고 고심하거나 해답을 얻으려 하지 않고 하나님을 신뢰하는 데서 밝혀질 때까지 기다리곤 했습니다. 하나님이 여종의 신분인 자기에게 그의 계획을 알려 주신 것만으로도 감사했습니다. 주님이 그에게 들려주신 복된 소식과 큰 구원의 계획은 다른 사람이 이해할 수 없는 큰 기쁨이요 희망이었습니다. 그 경험에서 하나님을 찬양하게 되었습니다.

내 마음이 하나님 내 구주를 기뻐하였음은 그의 여종의 비천함을 돌보셨음이라(눅 1:46-56).

마리아의 찬가

마리아의 찬가는 천사 가브리엘이 전해 준 복된 소식에 대한 마리아의 응답입니다. 하나님의 복된 소식을 들은 마리아의 마음에는 억제할 수 없는 감격과 기쁨이 있었습니다. 그래서 마리아는 그것을 억제하지 못해 하나님께 "내 영혼이 주님을 찬양하며 내 마음이 내 구주 하나님을 좋아함은"(눅 1:46-47, 새번역)이라고 답을 합니다. 복된 소식을 들은 자로서 기쁨과 희망에서의 하나님 찬양입니다.

마리아는 자신에게 기적이 일어났다는 사실을 아뢰고 있습니다. 그 기적은 자신의 영혼이 하나님을 찬양할 수 있게 되었다는 사실입니다. 마리아 자신이 하나님을 찬양할 수 있게 된 것 자체가 하나님의 은혜이며 기적입니다.

하나님은 우리에게 찬양을 받으실 필요가 없으십니다. 하나님은 그것 없이도 능히 존재하십니다. 하나님은 매 순간 우리에게 다가오셔서 우리와 깊은 교제를 원하십니다. 우리를 그 교제로 부르십니다. 그러한 하나님의 부르심으로 가까이 갈수록 하나님을 찬양하게 됩니다. 우리의 영혼은 언제나 그가 임재하시는 데서 기뻐합니다. 우리의 영혼은 그와 멀어질수록 허무와 무의미에 시달리며 고통스러워하게 됩니다.

인생의 끝자락에서 주님 안에서 길을 찾은 사람, 늘 허무와 무의미에 시달리며 살아가던 사람이 주님 안에서 참의미의 근원지를 찾으면 하나님을 찬양하게 됩니다. 하나님에 대한 찬양은 하나님이 인간에 대한 요구 사항이 아니라 빛, 생명이신 하나님을 찾은 사람, 그를 경험한 사람의 응답입니다. 마리아가 하나님을 찬양하게 된 것은 전적으로 하나님께 있습니다. 비천한 자신을 돌보셨기 때문입니다.

우리는 하나님에 대한 찬양을 우리 자신에게서 찾으려고 합니다. 우리는 비천한 인간들을 찾고 계시며, 기다리고 계시며, 그들을 치유하시며, 그들을 위해 자신을 희생하신 사랑의 하나님을 바라볼 때 그를 찬양하게 됩니다. 하나님에 대한 찬양은 비천한 인간을 돌아보시는 하나님께 있습니다. 그래서 우리는 성탄절에 하나님을 찬양하게 되고 기뻐하게 됩니다.

능하신 이가 큰 일을 내게 행하셨으니 그 이름이 거룩하시며(눅 1:46-56).

은혜 안에 있을 때

하나님의 임재를 경험한 마리아는 세상을 보는 관점이 달라졌습니다. 하나님의 돌보심을 경험할 때에는 전에 높이 보이고 부럽게 보이며, 그것들 앞에서 위축을 느끼곤 했던 것들이 모두 비참해 보입니다. 그러한 것들에는 하나님이 함께하시지 않기 때문입니다.

이러한 경험은 어디까지나 하나님의 은혜 가운데 있는 사람들이 그 은혜의 아름다움과 고귀함을 깨달을 때입니다. 하나님의 은혜 안에서는 세상의 높은 것들과 세상의 낮은 것들이 뒤바뀌게 됩니다. 세상에서 보잘것없는 자들을 하나님이 돌보실 때 그들은 세상에서 높은 자리에 있는 자들보다 더 행복을 경험하게 되고, 세상의 높은 자들은 가장 비참하게 됩니다.

누구나 은혜 밖에 있을 때 삶의 비참성이 무엇인지 모르고 삽니다. 하나님의 심판 아래에 있는 삶이 어떤 것인지 모릅니다. 하나님 없는 권력, 하나님을 대신하는 부, 하나님의 영광을 무시한 성공의 비참성을 보지 못합니다. 그런데 하나님의 은혜로 볼 수 있게 될 때 그러한 비참성이 보이게 됩니다. 그래서 하나님의 돌보심을 받은 비천한 자들이 하나님을 찬양하게 됩니다. 그리고 비천한 자들이 권세 있는 자, 가진 자들의 끝을 내다보면서 그들에게 경고하게 됩니다.

예수님 당시에 비천한 자들이 예수님에게서 발견한 것이 무엇입니까? 하나님이 그들을 버리신 줄 알았는데 그렇지 않고 그들을 돌보시며, 그들을 위해 새로운 삶을 준비하고 계신다는 것을 발견하게 된 것입니다. 세상에 권세 있는 자들, 가진 자들이 전연 관심을 갖지 않는 자신들을 하나님이 버리시지 않고 돌보신다는 사실을 알게 될 때 그들의 마음은 터질 듯했습니다.

우리가 절망 가운데 있을 때 우리가 희망을 가지고 다시 일어설 수 있는 근거는 우리를 돌보시는 하나님께 있습니다. 하나님은 그러한 우리를 버리지 않으시고 우리에게 더 가까이 다가오셔서 우리와 함께하기를 원하십니다. 우리의 믿음의 근거는 오직 그의 참되심, 의로우심 때문에 우리를 사랑하시며 우리에게 다가오시는 하나님께 두어야 합니다. 우리는 전적으로 하나님의 의, 그의 사랑에 근거해서 그에게로 나아가 자신을 드러내 보이며 그의 자비하심을 구해야 합니다.

비천한 자를 높이셨고 주리는 자를 좋은 것으로 배불리셨으며(눅 1:46-56).

너희를 위하여 구세주께서 탄생하셨다

하나님은 예수님의 탄생으로 밝아 오기 시작한 세계 역사상 위대한 때를 당신의 천사를 통해 친히 목자들에게 알려 주셨습니다. 천사가 목자들에게 선포한 메시지는 기쁨과 승리의 메시지(복음)였습니다. 이 기쁨은 목자들만을 위한 것이 아니라 모든 사람들이 누리게 될 기쁨이었습니다.

천사가 전해 준 이 기쁜 소식의 내용은 "오늘 너희를 위해 구세주께서 탄생하셨다"는 것입니다. 그래서 모든 약속들이 여기 '오늘'을 고대하고 있었습니다. 마침내 오늘 그 약속들이 이루어졌습니다. 주님의 천사는 오늘이라고 말합니다. 구주가 태어나신 때가 바로 오늘이라는 뜻입니다. 오늘이란 단지 '그때'만을 의미하지 않습니다. 주님의 천사가 목자들에게 말한 바로 그 오늘은 어느 때든 구주가 태어나신 그 소식을 듣는 모든 사람에게 해당됩니다.

우리의 인간적인 상황과 관계 안에서, 우리의 일상적인 사건 안에서, 심지어는 세계사 안에서도 하나의 새로운 시작이 존재한다는 말을 오늘 들을 수 있습니다. 비록 지난날의 슬픔과 잘못과 두려움이 여전히 존재하지만, 이 모든 것이 은혜로 말미암아 제거되었다는 소식을 오늘 들을 수 있습니다. 왜냐하면 우리에게 구주가 태어나심으로써 이 모든 것이 이제는 우리를 해칠 수 없게 되었기 때문입니다.

이런 사실들은 우리가 저절로 알게 된 것은 아닙니다. 주님의 천사가 이 사실을 우리에게 알려 주었습니다. 구주가 태어나셨기 때문에 새로운 오늘이 열리게 되었다는 말입니다. 구주이신 그는 모든 곤경에서 우리를 도우시는 분, 우리를 세우시는 분입니다. 구주는 값없이 은혜로, 우리의 공로 없이, 우리가 조력하지 않더라도 우리에게 구원을 주시는 분입니다. 구주는 그 어떤 전제와 예외도 없이 아주 간단히 모든 사람을 구원하시는 분입니다. 왜냐하면 우리는 모두 그를 필요로 하기 때문입니다. 그리고 그는 우리 모두의 아버지이신 하나님의 아들이시기 때문입니다. 그는 인간이 되심으로써 우리 모두의 형제가 되셨습니다.

오늘 다윗의 동네에 너희를 위하여 구주가 나셨으니 곧 그리스도 주시니라(눅 2:8-11).

구주가 들어오시는 곳

구주가 태어나신 곳은 구유였습니다. 구유란 분명히 마구간이나 야외에 있는 건초 창고를 말합니다. 여하튼 구유는 쾌적하고 편안하고 편리하고 인간의 품위에 어울리는 곳을 찾는 사람들이 머물고 싶어 하는 아름다운 장소는 아닙니다. 구유에서, 마구간에서, 동물 옆에서 어두운 땅 위로 하늘이 열렸습니다. 하나님이 전적으로 우리와 함께하시려고, 전적으로 우리를 위하시려고 인간이 되셨습니다.

이제 구주가 우리에게 오심으로써 우리의 인생에서도 이처럼 전혀 다른 장소가 존재하게 되었습니다. 여기서 구주는 단지 묻기만 하지 않으십니다. 단지 바깥에서 문을 두드리기만 하지 않으십니다. 그는 안으로 들어오십니다. 아니, 그는 이미 은밀하게 들어오셨고, 우리가 그를 깨닫고 그의 함께하심을 기뻐하기를 기대하십니다.

우리 인생에서 이곳은 어떤 장소입니까? 우리의 인생과 행동 가운데 다른 사람에게 내보이고 싶어 하는 고상하고 아름다운 곳이 아닙니다. 구주가 우리에게 들어오시는 곳은 베들레헴의 마구간과 같은 곳입니다. 겉으로 보기에 화려한 숙소는, 그리고 그 안에서 살고 있는 우리는 단지 우리 인생의 표면적인 모습일 따름입니다. 그 밑에는 깊은 절망과 좌절의 구덩이, 그 어떤 바닥, 아니 심연의 골짜기가 숨겨져 있습니다. 바로 그 밑에 우리 인간이 존재해 있습니다. 그 누구도 예외가 아닙니다. 모두가 제 나름대로 그렇게 살고 있습니다. 거기서 모두가 거지꼴을 하고 있을 따름입니다. 모두가 집을 나간 탕자일 따름입니다. 모두가 탄식하는 피조물일 따름입니다. 모두가 죽어 가는 사람들이며, 모두가 탈출구를 전혀 찾지 못하는 자들입니다.

그렇기 때문에 예수 그리스도께서 우리에게 들어오십니다. 아니, 그는 이미 우리 모두에게 들어오셨습니다. 바로 거기서 우리는 그를 필요로 합니다. 바로 거기서 그는 우리를, 우리 모두를 필요로 하십니다. 거기서 우리가 그를 바라보기만을, 그를 알아보기만을, 그를 믿기만을, 그를 사랑하기만을 기대하십니다. 거기서 그는 우리를 환영하십니다.

강보에 싸여 구유에 뉘어 있는 아기를 보리니 이것이 너희에게 표적이니라(눅 2:12-21).

기다림 가운데 있는 삶

그리스도인들인 우리는 세상에서 은혜의 자리에 있습니다. 우리는 다른 사람들을 섬기기 위해 있습니다. 세상에서 은혜의 자리에 있는 우리는 다른 사람들을 섬기면서 하나님으로부터 오는 것으로 살아가야 합니다. 우리가 세상에서 하나님으로부터 오는 것을 공급받으면서 살아가는 훈련이 되어 있지 않으면 주님과 점점 멀어지게 됩니다. 우리가 세상을 이기는 힘은 주님으로부터 오는 영적 양식에 있습니다.

우리에게 과거는 하나님의 은혜 가운데서 모든 것이 용서되고 새로운 삶을 선물로 받은 시간이며, 미래는 하나님의 약속입니다. 그리고 현재는 하나님의 사랑 가운데서 그 사랑을 드러내는 시간입니다. 그래서 우리는 현재에 살게 됩니다. 우리에게 현재는 하나님의 현존 가운데서 살아가는 복된 시간입니다. 하나님과 사귐의 삶이 균형 잡혀 가면서 우리에게 현재에 머무는 삶이 점점 기쁨이 됩니다. 그러한 기쁨 가운데서도 온전한 기쁨의 근원이 되시는 주님을 기다리게 됩니다.

은혜의 자리에 있는 우리에게 현재는 구속받은 자리이며 미래는 그 구속의 완성의 시간이므로 기쁨을 드러내야 합니다. 그 기쁨은 주님과 함께함으로 오는 기쁨입니다. 그리고 오시는 주님에 의해 장차 이루어질 일들을 내다보면서 희망 가운데서 갖는 기쁨입니다. 우리가 기뻐할 수 있는 일들이 주님에 의해 이미 다 이루어졌습니다. 우리가 기뻐하지 않는다는 것은 단지 우리가 거기에 참여하지 못하고 있는 것뿐입니다. 그리스도인의 기쁨은 우리를 사랑하시는 하나님의 사랑을 받아들이고, 하나님께 순종함으로 옵니다.

우리가 기뻐하지 못하는 것은 우리의 이상대로 어떤 것이 되어 가지 않는 데서 느끼는 갈등, 가책에 너무 집착하기 때문입니다. 참된 것이 아닌 것, 경건하지 않은 것을 항상 생각하며 살기 때문에 스트레스에 시달리고, 혈압이 오르고, 분노에 시달립니다. 삶을 긍정하는 힘은 주님으로부터 옵니다. 우리는 하나님을 신뢰하고 그의 뜻을 생각하며 자아를 넘어서는 훈련을 해 가야 합니다. 은혜의 자리에 있으면서도 항상 불편한 감정, 다른 사람에 대한 부정적인 생각에 시달리며 살아간다면 신앙적 점검이 필요합니다.

주 안에서 항상 기뻐하라 내가 다시 말하노니 기뻐하라(빌 4:4-9).

영적 여정에서 배운 교훈들

우리는 우리의 인생의 여정이 얼마나 남아 있는지 잘 모릅니다. 그러나 우리가 가고 있는 여정에서 금년은 매우 소중한, 그리스도 안에서 결코 헛되지 않은 한 해였습니다. 이 여정에서 우리는 순례자로서 불확실성과 실패, 좌절, 예기치 않은 선물, 그리고 기쁨을 받아들이는 것을 배웠습니다.

우리는 우리의 인생에서 그리스도와 함께 현재의 시점에까지 왔습니다. 여기까지 오는 과정에서 우리가 배운 교훈들, 즉 깨달음이 있었습니다. 그것들은 돈으로 계산할 수 없는 소중한 보화이며, 우리의 존재 방식에 변화가 있게 했습니다. 이 여정에서 우리의 관점과 존재 방식을 바꾸어 놓은 교훈들이 어떤 것들인가 살펴볼 필요가 있습니다.

그것은 첫째로, 영적 여정에서 이루어지는 영성 형성은 어느 한 시기에 단번에 이루어지는 것이 아니라는 것입니다. 이것은 점진적인 것으로, 우리가 하나님의 목적에 맞는 순간순간의 작은 선택들을 여러 해 동안 계속해 오는 과정을 거치면서 우리는 더 많이 알차게 되고 실질적이 됩니다. 그리고 우리의 순종, 불순종에서 내리는 모든 결정은 다음 결정을 가능하게 만듭니다.

둘째로, 영성 형성 과정에서 하나님은 사람마다 다른 속도와 방법을 사용하십니다. 하나님은 우리의 유일성을 파괴하지 않으십니다. 하나님은 각 사람의 유일성을 통해서 우리를 인도해 가십니다. 하나님의 영, 생명의 영이신 성령 안에는 사람마다 유일한 존재로 머물 수 있는 사랑과 자유가 있습니다.

우리의 내적 생명은 성장의 원리에 의해 성숙하고 열매를 맺으므로 시간이 성장의 중요한 부분이 됩니다. 자연이 우리에게 가르침을 주듯, 영적 성장은 늘 균등하게 일어나지 않습니다. 우리의 영적 성장 역시 영적 여정을 걸어오는 과정에서, 다른 과정보다 더 많이 성장할 때가 있습니다. 이런 과정을 받아들이지 않는다면 다음 과정에서 하나님의 은혜 가운데 이루어질 성장이나 은혜 베푸심을 기다리지 못합니다. 하나님과 다른 사람에 대해서 인내하지 못하게 됩니다.

주의 약속은 어떤 이들이 더디다고 생각하는 것같이 더딘 것이 아니라 (벧후 3:8-9).

하나님의 시간

우리가 영적 여정에서 배운 교훈은 하나님의 시간은 우리에게는 고통스러울 만큼 느리게 느껴진다는 것입니다. 그러나 우리의 지혜가 자랄수록 하나님만이 언제, 무엇이 우리에게 필요한지를 아신다는 것을 깨닫게 되고, 하나님의 과정에 더 인내하는 것을 배우게 됩니다.

하나님의 시간이 우리에게 느리게 느껴지는 것은 하나님 자신이 무능력한 분이시기 때문이 아닙니다. 그것은 우리의 존재 방식이 초조 속에서 성공, 출세, 명예를 위해 끊임없이 경쟁하며 쉼 없이 빠른 속도로 달려가기 때문입니다. 그러나 하나님의 뜻은 그렇지 않습니다. 하나님은 우리에게 진정 무엇이 언제 필요한가를 아시기 때문에 적절한 시기에 우리에게 반드시 필요한 것을 주십니다. 그가 우리에게 주시는 것은 세상적인 성공, 출세가 아닙니다. 그가 주시는 것은 참된 삶의 지혜와 깨달음, 영원한 생명입니다.

우리가 명예심, 욕심, 경쟁심의 노예가 되어 있을 때에는 자신이 매우 빨리 달려가는 것처럼 생각됩니다. 그러한 상태의 내면에서 하나님의 시간은 매우 더디고 느립니다. 오히려 하나님이 방해거리가 되십니다. 그렇게 빨리 달려오는 인생의 여정의 과정에서 배워야 할 교훈들은 다 놓치게 됩니다. 그리고 남보다 경쟁에서 더 앞서 가려고 약삭빠름, 기술, 요령만 배우게 됩니다. 그러기 때문에 우리의 내면은 항상 공허 속에서 허덕이게 됩니다. 사회적으로 성공하고 사회적인 지식을 많이 습득했다고 하는데도 불구하고 내면은 공허하게 됩니다. 결국 인생을 겉핥기식으로 살게 됩니다.

하나님은 우리의 욕심, 경쟁심, 초조감에 편승하셔서 우리가 지향하는 목적대로 빨리 일을 처리하지 않으십니다. 하나님은 우리를 향해 깊은 생각을 갖고 계시고 뜻을 가지고 계십니다. 그 선하신 뜻을 이루어 가시는 것이 그의 목적입니다. 그 목적지를 향해 하나님은 적절하게 우리를 인도해 가십니다. 저의 생애에서 5년이라는 사회적 공백 기간은 바로 그 하나님의 뜻에 길들여져 가는 중요한 과정의 일부였습니다. 하나님 안에서는 상실, 허무가 없습니다.

주의 궁정에서의 한 날이 다른 곳에서의 천 날보다 나은즉(시 84:1-12).

믿음으로 걷는 것

영적 여정은 세상의 정보나 기술로 걷는 것이 아니고 믿음으로 걷는 것입니다. 믿음으로 걷는 것은 하나님 한 분만이 우리에게 있어서 무엇이 최선인지를 아시고, 하나님만이 능히 그것을 이루실 수 있다는 사실에 대한 확신을 갖는 것입니다. 하나님 없이 남보다 빨리 앞서 나가려는 초조와 경쟁심 속에서 갖고 있는 인생의 계획을 하나님을 이용해서 성취하려는 잘못된 방법이 아니고, 어떤 상황에서나 지속적으로 하나님의 견해만을 따르는 것입니다. 그리고 그것을 하나님이 반드시 이루실 것이라는 확신입니다. 영적 여정에서 미지의 세계로 모험의 발걸음을 내딛게 하는 것은 우리의 신념이 아닌 믿음입니다.

그리고 영적 여정에서 믿음과 함께 짝을 이루는 요소가 소망입니다. 여기서의 소망은 하나님이 시작하신 그의 뜻이 오래고 지루한 영적 여정의 과정을 통해서 이루어지는 약속입니다. 이 약속을 믿는 자들은 현실에서 온갖 유혹과 시련을 견디어 내게 됩니다. 그들은 순간적인 것들 대신에 영원한 것을 선택합니다. 소망을 가진 자의 특성은 순간의 이익, 쾌락, 안일, 안정 대신에 영원한 것을 눈에 보이는 것처럼 택한다는 것입니다.

세상적인 소망은 우리에게 지나가는 낙을 좇으라고 말하지만, 성경적인 소망은 우리를 그렇게 싸게 팔아넘기지 말라고 경고합니다. 하나님은 지속적이며 마지막에 우리를 실망시키지 않을 것에 우리 자신을 내어 주도록 우리를 부르셨습니다. 우리가 마음의 중심을 영원한 것에 둔다면 한시적인 생을 바르게 향유할 수 있습니다. 그러나 한시적인 것만을 주로 좇아 산다면 우리는 영원한 것뿐만 아니라 한시적인 생도 잃어버리게 됩니다.

케네스 보아는 이런 이야기를 했습니다.

"많은 질문을 하지 않아도 대부분의 사람들이 피상적이고 부적절한 것에 믿음과 소망을 두고 있음을 알 수 있다. …많은 사람들이 영원하고 중요한 일은 무시하고 한시적인 작은 일에 끌려가는 이유가 바로 이 땅은 그들에게 현실처럼 보이는 반면, 하늘나라는 모호하고 멀리 있는 것처럼 보이기 때문이라고 믿는다."

우리는 그의 약속대로 의가 있는 곳인 새 하늘과 새 땅을 바라보도다 (벧후 3:10-18).

나의 앞날이 주의 손에 있습니다

시편 31편의 주제가 되는 구절은 15절, "나의 앞날이 주의 손에 있사오니"입니다. 여기에는 시인의 신앙 핵심이 담겨 있습니다. 새번역 성경에는 "내 앞날은 주님의 손에 달렸으니"로 되어 있습니다. 시인은 자신이 살아온 지난날의 시간과 그가 살아야 할 미래가 하나님께 달려 있음을 말하고 있습니다. 시인은 그 시간 안에서 생의 문제로 인해 고뇌하며, 잠을 이루지 못하며, 원수들의 위협 앞에서 떨며 두려워하는 존재에 불과했습니다. 그의 시간 안에서 하나님의 위로, 치유, 어루만지심을 구체적으로 경험해 왔습니다.

우리 모두에게도 나의 시간이 있습니다. 지금까지 살아온 나의 역사이며, 앞으로 살아가야 할 미래입니다. 그 역사에는 다른 사람에게 드러내 놓고 싶은 것들보다 숨기고 싶고, 말하고 싶지 않은 것들이 더 많습니다. 거기에는 고난, 실패, 상처, 질병, 넘어짐, 불면의 밤이 있었습니다. 그것이 모두 나의 시간입니다. 그래서 앞으로 살아가야 할 나의 미래 역시 불확실합니다.

그러나 그러한 나의 시간이 하나님께 달려 있습니다. 죽은 후에도 나는 영원히 살게 되는데 그 시간조차도 하나님께 달려 있습니다. 우리는 이러한 나의 시간 안에서 '나는 도대체 누구였으며, 나는 나에게 주어진 시간 안에서 무엇을 했는가?'라는 질문을 해 보아야 합니다.

나의 시간에서 나는 상처 입고 두려워하고 초조해하고 미워하고 갈등하고 절망하며 사소한 일에 집착해 시간을 헛되이 보내며 살아갑니다. 그것이 바로 나입니다. 이러한 나는 하나님을 사랑하도록 결정된 나 자신입니다. 우리 모두에게 시간의 길이는 다르지만 각자 자신의 시간을 모두 가지고 있습니다. 돌이켜 보면 다 그것이 하나님의 손안에 있었습니다.

우리의 과거와 미래에 있는 모든 생이 다 주님의 손에 있다는 것을 우리가 알고 그를 신뢰해 갈 때 인생의 모든 문제는 해결됩니다. 하루하루를 향유해 가면서 살아갈 수가 있습니다. 고난과 역경, 투병 가운데서도 찬송하며 자기 일을 그대로 해 갈 수 있고, 죽음의 시간이 점점 가까워오는데도 태연하게 그 시간을 살아 낼 수 있습니다. 우리의 모든 시간은 주님의 손에 달려 있습니다.

나의 앞날이 주의 손에 있사오니(시 31:9-15).